엄마와 아기의 애착
상호작용 그림책

Beatrice Beebe · Phyllis Cohen · Frank Lachmann 공저
오현숙 · 남상철 · 유진숙 공역

The Mother-Infant Interaction Picture Book
Origins of Attachment

학지사

역자 서문

만 3개월에서 4개월 된 아기들이 상대방의 얼굴 표정과 태도를 얼마나 잘, 얼마나 빨리 이해할 수 있는지 아는가? 그리고 우리 행동의 규칙성을 얼마나 잘 이해하는지! 한 번 일어난 일은 '우연'이다. 그러나 똑같은 일이 두세 번 일어난다면 더 이상 우연이 아니다. 그리고 그것이 다시 일어날 것을 예상한다면 그것은 우리가 '조건화'라고 부르는 것이 된다. 바로 그렇게 우리의 신생아들은 양육자의 감정과 태도 그리고 그것의 규칙성을 이해하고 학습한다.

인간의 유전화된 타고난 능력은 참으로 뛰어나다. 이 책은 인간의 후예인 아기들이 양육자를 통해서 어떻게 타자 또는 세상을 배우는지, 자신에 대한 양육자의 반응을 통해서 인간 또는 세상을 어떤 존재로 이해하는지, 그리고 그것을 통해서 자신이 어떻게 취급되는 존재임을 이해하는지, 그리하여 자신을 어떤 존재로 인식하는지, 이름하여 좁게는 양육자에 대한 애착이, 넓게는 세상에 대한 기본 신뢰가 어떻게 출현하고 형성되는지 그 과정을 보여 준다.

내 아이가 나의 행동의 규칙성을 이렇게 빨리 감지하고 이해할 수 있다는 것을 안다면, 그리고 이때 형성된 아기의 믿음 또는 불신이 일생 동안 (특별한 개입이나 에피소드가 없는 한) 잘 변하지 않는 세상에 대한 태도와 대인관계 유형이 된다는 것을 안다면, 어찌 우리가 처음부터 아기에게 조심스럽고 신중하게 그리고 진심을 다하여 행동하지 않을 수 있겠는가. 아마도 그렇듯 부지불식중에 원래의 정서대로 행동하는 나의 반응 패턴은 훨씬 많이 조절되고 정제될 것이다. 아는 것이 곧 힘인 것이다.

이 책은 우리 역자들이 일찍이 발견하여 위와 같은 목적으로 양육자를 위해 그리고 부모들과 개인의 부적응적 행동패턴을 수정하는 치료자를 위해 치료에 활용하고 있는 것으로, 그 뛰어난 활용 가치를 알리기 위해 번역하기로 마음먹었다. 원저자인 Beebe 박사는 30년 이상 애착을 연구한 미국의 저명한 애착 연구가이다.

이 책에 담긴 미세 분석(microanalysis) 기법은 상호작용 분석에 대한 Beebe 박사의 뛰어난 최근 업적이다. 미세 분석을 통해 우리는 만 4개월 된 아기 때부터 엄마와 아기의 면대면 상호작용을 관찰할 수 있다. 우리는 이제 만 3, 4개월 된 아기가 그의 시선과 몸짓, 고개 돌림을 통해서 무엇을 말하고 있는지, 무엇이 필요한지 배울 수 있다. 그리고 찰나의 순간에 무의식적으로 엄마가 아기의 반응에 왜 그렇게 대응하는지 유추할 수 있다. 그리고 이것을 통해서 한 아기가 이후의 유년기, 아동기, 청소년기에 어떤 사회적 · 인지적 발달을 할지도 짐작할 수 있다.

이제 우리는 애착의 기원에 대해 알게 될 뿐만 아니라, 애착에 기원을 둔 인간의 많은 병리를 이해하고 예방할 수 있게 될 것이다.

역자 오현숙, 남상철, 유진숙

저자 서문

이 책은 영아가 4개월 때 촬영된 엄마와 아기의 면대면 상호작용을 보여 준다.

4개월 된 아기와 엄마의 상호작용 패턴 연구에서 사용된 그림을 통해 아기가 한 살이 되었을 때의 애착 유형을 예측했다. 4개월이란 시점이 중요한 이유는 엄마와 아기의 상호작용 패턴이 발달 결과를 예측할 수 있을 정도로 충분히 굳어진 시기이기 때문이다. 우리는 4개월 된 아기의 상호작용을 보여 주는 10개의 장면들을 통해 한 살이 되었을 때의 안정 애착과 불안정 애착을 예측했다. 우리 연구는 상호작용하는 순간순간의 장면을 캡처하는 비디오 미세 분석 기법을 사용한다. 이 과정은 마치 사회 현미경을 보는 것과 같아서 육안으로 파악하기에는 너무 빠르고 복잡한 상호작용의 미묘한 세부 사항을 관찰할 수 있게 해 준다. 이 순간순간의 연속된 장면들을 통해 아기와 엄마가 서로에게 어떻게 영향을 미치는지 알 수 있다.

우리는 4개월 된 아기가 상대방의 움직임과 정서에 놀라울 정도로 잘 반응하고 소통한다는 것을 알 수 있다. 우리는 연구에 참여한 가족의 익명성을 보장하기 위해서 삽화가인 Dillon Yothers에게 실제 영상 프레임을 기반으로 상호작용 장면을 그려 달라고 요청했다. 그림에서 참여자의 정서는 파악할 수 있지만, 참여자인 아기와 엄마의 신상은 확인할 수 없다. 이 책은 순간순간 발생하는 엄마와 아기의 행동을 보여 준다. 우리는 아기와 엄마의 비언어적 표현을 언어로 번역한다. 우리의 연구가 엄마와 아기의 상호작용에 기반을 두기는 하지만, 이 책의 내용은 아빠를 비롯한 주 양육자 모두가 해당한다고 할 수 있다.

차례

제 2 부

엄마와 영아의 의사소통 패턴 그림 및 설명

소개

영아의 안정 애착과 불안정 애착 유형의 발달에 있어 엄마와 영아의 면대면 의사소통의 역할

아기와 엄마가 함께 노는 순간을 보는 것은 즐거움을 준다. 그러나 우리가 보고 있는 것은 무엇인가? 이 책은 4개월 된 아기와 엄마 사이에서 일어나는 의사소통의 다양한 유형을 그림으로 보여 준다. 우리는 연구를 통해서 이런 다양한 유형이 1년 뒤 영아 애착의 기원임을 밝혀냈다. 이 책에서 우리는 4개월 된 아기와 엄마의 의사소통 패턴을 통해 한 살 때의 안정 애착과 불안정 애착을 예측했다.

연구는 엄마와 아기의 상호작용을 촬영한 비디오 녹화 장면을 분석한다. '미세 분석(microanalysis)'을 통해 순간순간의 영상을 검증했다. 미세 분석은 실시간 맨눈으로 파악하기에는 너무 빠르고 복잡한 부모와 아기의 의사소통 패턴의 세부 사항을 볼 수 있게 한다. 미세 분석은 마치 사회 현미경과 같은 역할을 해서 이를 통해 아기와 부모가 매 순간 서로에게 어떻게 영향을 미치는지 볼 수 있게 해 준다.

현재의 많은 연구가 엄마와 영아의 상호작용에 대해 다양하게 설명하지만, 이 책은 아기와 부모가 서로에게 어떻게 반응하는지에 대해서 다른 수준의 세부 사항들을 보여 준다. 상호작용을 초 단위로 분석한 제2부에서 이 같은 세부 사항을 확인할 수 있다.

그림에서 우리는 아기와 엄마의 얼굴에 멋진 미소가 활짝 번지는 모습을 볼 수 있다. 그러나 아기와 엄마의 얼굴이 침착해지고, 슬퍼지고, 괴로워하고, 회피하고, 위축되는 모습도 볼 수 있다. 이 외에도 몸을 휙 돌리고, 갑자기 우는 얼굴로 축 늘어지는 모습이 보이기도 한다. 매 순간순간, 서로가 상대방에게 영향을 미치는 장면도 볼 수 있다. 이 책을 보면서 마주하게 되는 장면들은 매우 놀라울 것이다.

우리 의사소통의 상당 부분은 스스로 자각하지 못한 상태에서 벌어진다. 따라서 자신의 비언어적 소통 방법을 인지하기는 쉬운 일이 아니다. 그러나 우리가 비디오를 사용해 관찰한 것처럼 이 같은 소통 방법(비언어적 소통 방법)을 잘 들여다보면 더 상세하게 파악할 수 있게 된다. 면대면 상호작용을 하는 엄마와 아기의 순간순간을 촬영한 영상을 연구했을 때 의사소통의 미묘함이 가시화된다. 그리고 이 과정에서 아주 짧은 순간은 누가 봐도 알 수 있게 명백해지는데, 실시간 영상에서는 대부분 누락되는 장면이다.

영아는 사회적 동물로서 삶을 시작한다. 이 책에 나오는 아기처럼 생후 4개월이 되면 영아의 소통력은 놀라울 정도이다. 영아들은 부모의 얼굴 표정과 음성 정서, 접촉의 질과 방향 변화에 있어 아주 미세한 변화도 인지하고 반응한다. 부모는 이를 직관적으로 알고 있으면서 무의식적으로 아기의 행동에 반응하기도 한다. 지난 반세기 동안 과학은 영아와 부모의 의사소통 패턴에서 대단한 미묘함과 복잡성을 설명했다.

게다가 이 같은 부모와 영아의 의사소통 패턴은 영아 발달의 핵심 이정표로서 아기가 한 살이 되었을 때의 애착 유형을 예측한다. 우리 연구의 첫 참여자는 4개월 된 아기와 엄마였다. 우리는 이 둘의 면대면 놀이 과정을 녹화했고, 이후 이 둘은 아기가 12개월이 되었을 때 Ainsworth의 분리 재회 패러다임 실험에 참여했다(Ainsworth, Blehar, Waters, & Wall, 1978). 이 애착 평가에서 엄마와 아기는 자유 놀이를 하고, 분리되고, 재회하는 과정을 거쳤다. 영아가 부모를 탐색하거나 괴로워할 때 부모를 안전기지로 사용하는 정도에 기초해서 영아는 안전 또는 불안전 애착 패턴을 가진다고 분류될 수 있다. 한 살 영아의 애착 패턴은 학업 성취도, 사회적 참여 그리고 정서적 건강함을 포함한 아동 발달의 여러 측면을 예상할 수 있게 한다(Sroufe, Egeland, Carlson, & Collins, 2005a). 놀랍게도 한 살 때의 애착 상태를 통해 청년기의 애착 상태를 예측하기도 한다(Lyons-Ruth & Jacobvitz, 2008; Main, Hesse, & Kaplan, 2005; Sroufe, Egeland, Carlson, & Collins, 2005b).

왜 4개월인가

우리의 연구는 아기가 4개월 때 엄마와 아기의 의사소통을 평가한다. 3~4개월까지 영아의 사회적 능력이 꽃피우기 시작한다. 아기들은 태어나기도 전에 표정을 짓기 시작하지만, 표정의 완전한 표현은 2~4개월부터 점차 확장된다. 우리는 아기가 4개월이 되었을 때 엄마와 아기를 연구실로 초대해 놀이 시간을 갖게 하고 이들의 면대면 상호작용을 촬영했다. 아기는 아기용 좌석에 앉히고, 엄마는 맞은편에 앉는다. 엄마는 집에서 하는 것처럼 아기와 놀아 주되 장난감 없이 놀도록 지시를 받는다. 한 대의 카메라가 엄마의 얼굴과 손을 촬영하고 다른 한 대의 카메라는 아기의 얼굴과 손에 초점을 맞춘다. 총 두 대의 카메라가 분할 화면을 생성해 엄마와 아기 모두 동시에 볼 수 있다. 엄마와 아기는 5~10분가량 촬영실에 남겨진 채 놀이 시간을 갖는다.

왜 면대면 상호작용인가

면대면 상호작용은 왜 중요할까? 생애 초기 몇 달 동안의 면대면 상호작용은 일생 동안 지속되는 관계성과 친밀감의 유형의 궤도를 형성한다. 면대면 상호작용은 영아가 의사소통 능력을 잘 발달시키도록 이끈다. 사회 인지적 발달을 위한 면대면 상호작용의 중요성은 널리 알려져 있다(Beebe & Lachmann, 2002, 2013; Cohn, Campbell, Matias, & Hopkins, 1990; Feldman, 2007; Field, 1995; Fogel, 1992; Jaffe, Beebe, Feldstein, Crown, & Jasnow, 2001; Lester, Hoffman, & Brazelton, 1985; Lewis & Feiring, 1989; Leyendecker, Lamb, Fracasso, Scholmerich, & Larson, 1997; Malatesta, Culver, Tesman, & Shepard, 1989; Martin, 1981; Messinger, 2002; Stern, 1985, 1995; Tronick, 1989, 2007).

면대면 상호작용의 핵심 역할

우리 중 한 사람(Beatrice Beebe)의 실험실에서 진행된 연구 프로그램은 생후 6주와 4개월 된 아기 엄마의 자기보고, 우울과 불안, 4개월 된 아기와 엄마의 면대면 상호작용 그리고 12개월 영아 애착을 대규모 지역사회 가족 표본을 통해 조사했다(Beebe et al., 2008, 2010, 2011). 생후 6주 또는 4개월 된 아기 엄마의 우울과 불안은 4개월 된 아기와 엄마의 자기조절과 상호작용조절 유형에 강력한 영향을 미쳤다. 하지만 생후 6

주 또는 4개월 된 아기 엄마의 우울은 한 살 때의 영아 애착 결과를 예측하지 못했다. 영아 애착 결과를 예측한 것은 4개월 된 아기와 엄마의 면대면 상호작용의 질이었다 (Beebe et al., 2010).

이것이 시사하는 바는 면대면 상호작용 유형 자체의 어려움이 있지 않다면, 6주 또는 4개월 된 아기 엄마의 우울한 마음 상태가 반드시 불안정한 영아 애착 결과를 가져오는 것은 아니라는 것이다. 이는 엄마가 우울할 경우 엄마와 아기를 위한 치료적 지원을 제공하기 위한 근거가 되기도 한다. 지원의 도움으로 나중에 불안정한 영아 애착 결과를 예방할 수 있다. 이러한 치료적 지원의 예는 9월 11일에 임신하고 미망인이 된 엄마와 그 영유아를 위한 프로젝트에서 찾아볼 수 있다(Beebe, Cohen, Sossin, & Markese, 2012).

이 책에서 우리의 목표는 엄마와 아기가 서로의 비언어적 언어의 미묘함과 복잡성을 보기 위한 방법으로서 엄마와 아기가 얼굴을 맞대고 상호작용하는 영상 프레임의 그림을 사용하는 것에 있다. 우리는 엄마와 아기 사이의 짧고 의미 있는 연속 장면들을 신중하게 선택했다. 그림은 시시각각 천천히, 순간순간 상호작용의 사건들을 통해 움직인다.

이 방법은 관찰자가 일반적으로는 인식할 수 없고, 실시간으로 보기에는 너무 빠르고 미묘한 비언어적 정보의 의미를 의식적으로 이해할 수 있게 한다.

왜 미세 분석인가

미세 분석은 종종 육안으로 보기에는 매우 미묘한 순간의 장면을 보여 준다. 우리 연구는 바로 이 깊은 차원의 의사소통을 밝혀낸다. 우리는 이를 사회 현미경이라고 부른다. 세부 사항을 분석해서 한 살 때의 안정 애착 유형과 불안정 애착 유형을 예측할 수 있게 하는 영아 의사소통 패턴을 이해할 수 있는 새로운 방법을 제시한다.

이러한 순간순간의 과정은 빠르고, 미묘하며, 엄마와 영아가 공동으로 기여하지만, 일반적으로 인식하지 못한다. 그럼에도 이는 유아기부터 성인기에 이르기까지 우리가 행동하고 느끼는 방식에 계속해서 큰 영향을 미치게 된다(Beebe & Lachmann, 2013; Grossmann, Grossmann, Winter, & Zimmerman, 2002).

의사소통 행동의 짧은 순간의 힘

우리는 엄마와 영아의 상호작용 중 매우 짧은 순간(segment)(2분 30초; Beebe et al., 2010)에서 한 살의 애착 유형을 예측했다. 이것이 가능했던 것은 엄마와 아기의 상호작용에서 순간순간의 작은 부분이 비교적 일관된 패턴으로 반복되기 때문이다. 연구에 따르면, 엄마와 영아의 면대면 상호작용 패턴은 몇 주 혹은 몇 달에 걸쳐 일관되게 유지된다(Cohn & Tronick, 1989; Moore, Cohn, & Campbell, 2001; Weinberg & Tronik, 1998; Zelner, Beebe, & Jaffe, 1982).

더욱이 성인에 대한 다른 연구에서는 짧은 행동의 관찰로부터 예측의 정확성을 결정하기 위해 다양한 길이의 비디오테이프 자료와 많은 연구를 비교했다(Ambady & Rosenthal, 1992). 행동의 짧은 순간(30초 이내)에 기반한 판단은 좀 더 긴 기간의 행동(최대 5분)만큼 정확했지만, 그 이상의 긴 시간 동안의 행동이라고 해서 정확도가 증가하지는 않았다. 예를 들어, 3분가량 녹화된 결혼한 부부의 대화에서 15년 후 결혼의 성공을 충분히 예측할 수 있었다.

보는(see) 법 배우기, 바라보는(look) 법 배우기

우리의 연구는 우리가 바라보는 방식을 알려 주고 녹화된 상호작용을 볼 때 필수 가이드를 제공한다. 우리는 특정 결과를 설명하는 특정 엄마-아기 쌍을 식별했다. 예를 들어, 우리는 안면 미러링을 보여 주는 쌍을 찾았는데, 이 둘은 상대방의 얼굴 표정에 나타난 정서에 점점 더 긍정적이 되고 입을 크게 벌린 미소를 보이며 절정에 이르렀다. 이 패턴에서 아기의 안정 애착을 예측할 수 있었다. 그리고 또 우리는 아기의 괴로움과 엄마의 정서적 위축의 형태를 보여 주는 쌍도 보았다. 이 패턴에서 아기가 점점 더 괴로워할수록 엄마는 공감하는 얼굴과 소리를 통해 아기의 괴로움에 참여하는 데 계속해서 어려움을 겪었다. 이 패턴에서는 아기의 불안정-혼란 애착을 예상할 수 있었다.

영상을 순간순간 분석하면서 우리는 다양한 패턴이 어떻게 전개되는지 연구할 수 있었다. 이러한 시각적 바탕은 우리에게 본능적이고, 직관적이며, 즉각적인 이해를 가능하게 한다. 이 연구를 바탕으로 이 책에서는 엄마와 아기의 10가지 의사소통 유형을 선정했다. 각각의 유형에서 우리는 한 살 때의 애착 결과가 안정 애착인지 다양한 형태의 불안정 애착인지 알게 된다.

발달의 연속성과 변화

한 가지 주의해야 할 사항이 있다. 4개월 된 영아의 상호작용에서 사회적 · 인지적 결과를 예측할 수 있지만, 그 과정에서 여러 변화 역시 발생할 수 있다는 점이다. 발달은 확정되지 않은 점진적이고 역동적인 과정이다. 발달에서 연속성과 변화에 대한 많은 연구 결과가 있다. 또한 대부분의 연구는 개인이 아닌 그룹 전반에 걸친 결과를 예측하도록 설계되었다. 모든 개인이 그룹의 결과에 부합하지 않을 수도 있는 것이다(Beebe & Lachmann, 2013).

모든 그림은 위장되어 있다

연구에 참여한 이들의 사생활 보호를 위해 디지털 삽화가의 도움을 받았다. 삽화가는 엄마들과 영아들의 신원을 위장하면서 이들의 눈, 얼굴 표정, 고개 움직임과 손에 반영된 이들의 감정을 전달해야 하는 중요하고도 어려운 일을 맡았다.

각 장은 엄마와 아기의 상호작용 중 안면 미러링과 같은 특정한 행동을 묘사한다. 각 그림에는 프레임 번호가 적혀 있다. 그리고 우리가 본 바를 전달하기 위해 각각의 그림 아래에 설명을 덧붙였다. 그리고 제3장의 마지막에 '용어 해설 도해'를 제공했다.

제 1 부

엄마와 영아의 면대면 의사소통은 어떻게 이루어지는가

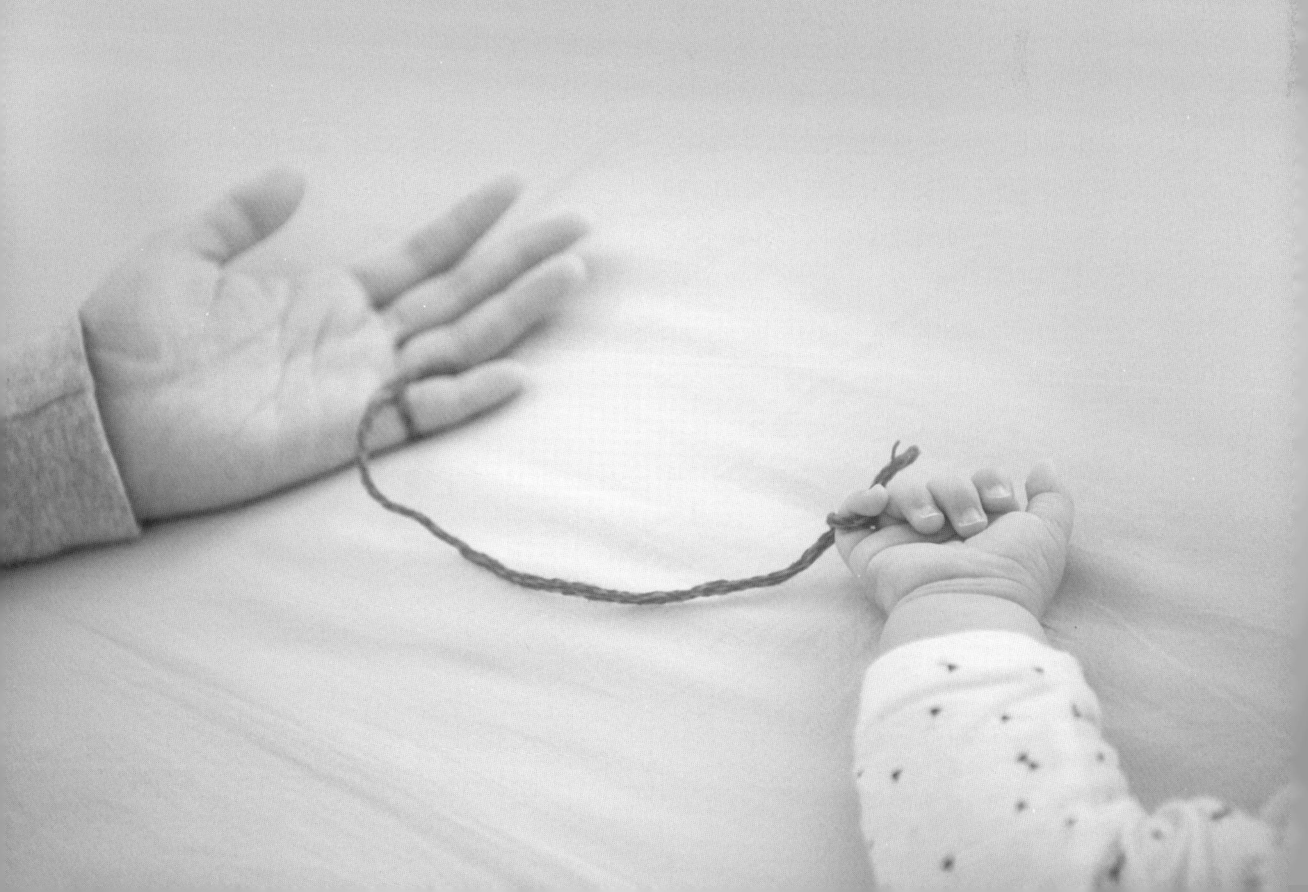

이 책은 4개월 된 아기와 엄마의 상호작용이 한 살 때 안정 애착이나 불안정 애착을 형성하는 방식에 대한 연구 결과를 보여 준다. 우리 연구에 참여한 엄마와 아기 84쌍은 저위험 지역사회에서 생활하는, 건강하게 태어난 첫째를 가진 가족이다(Beebe et al., 2010). 연구 결과를 보여 주는 엄마와 아기의 상호작용 패턴은 비디오 프레임의 그림으로 제시되었다.

이 연구는 두 개의 서로 다른 연구 방법을 통합했다. 첫 번째는 4개월 된 아기와 엄마의 면대면 상호작용이다. 엄마와 아기의 면대면 상호작용은 놀이로 구성되며, 서로를 즐겁게 하고자 하는 목적 외에 다른 의도는 없다(Stern, 1985). 두 번째는 낯선 상황 패러다임을 이용한 한 살 아기의 안정 혹은 불안정 애착 평가이다(Ainsworth et al., 1978). 이 애착평가는 아기와 엄마가 잠깐의 분리 후 재회했을 때 어떤 반응을 보이는지를 평가했다.

이 책에서 우리는 10가지 유형의 엄마와 영아의 상호작용을 선택했다. 그림은 제2부에서 살펴볼 수 있다. 각 유형의 연구 결과에서 우리는 아기가 한 살이 되었을 때 안정하게 혹은 불안정하게 애착을 형성했는지 알 수 있다. 안정 애착과 불안정 애착 결과는 대략 반반의 그림에서 나타난다. 따라서 각 그림 세트의 4개월 된 아기의 상호작용 유형에서 안정 애착, 미래 안정 혹은 불안정 애착, 미래 불안정을 예측할 수 있다.

제1~3장은 엄마와 영아의 면대면 상호작용의 작동 원리를 이해할 수 있게 도와준다.

제1장에서 우리는 엄마와 아기의 면대면 상호작용을 설명한다. 제2장에서는 엄마와 아기의 비언어적 행동-대화 언어를 우리가 어떻게 코딩(분석)했는지 여러 예를 들어 살펴본다. 제3장에서는 행동-대화 언어가 발달을 형성하는 상호작용의 패턴을 어떻게 만들어 내는지 알아본다. 제3장에서는 그림과 함께 용어 해설을 제공한다. 이어지는 페이지에서 이해를 돕기 위해 엄마는 '그녀'로, 아기는 '그'로 지칭했다(역자 주: 해당 부분의 번역은 했지만 실제 번역에서는 '엄마'와 '아기'로 지칭하였음)

4개월 된 영아와 엄마의 면대면 의사소통

4개월 된 영아의 면대면 의사소통

생애 초기 몇 달 동안의 면대면 상호작용은 일생 동안 지속되는 관계성과 친밀감의 유형을 형성한다(Beebe, Igleheart et al., 2015; Grossmann et al., 2002; Lyons-Ruth, 2008; Lyons-Ruth & Jacobvitz, 2008; Main et al., 2005; Sroufe et al., 2005a, 2005b). 면대면 상호작용은 영아가 의사소통 능력을 잘 발달시키도록 이끈다. 사회 인지적 발달을 위한 면대면 상호작용의 중요성은 널리 알려져 있다(Beebe & Lachmann, 2002; Feldman, 2007; Field, 1995; Fogel, 1992; Jaffe et al., 2001; Malatesta et al., 1989; Messinger, 2002; Stern, 1985, 1995; Tronick, 1989, 2007). 우리는 이 연구에 4개월 된 아기와 엄마를 참여시켰다. 생후 4개월은 사회적 발달이 꽃피기 시작하는 시기로, 이들의 면대면 상호작용을 촬영했다. 엄마와 아기는 5분에서 10분 정도 촬영실에서 놀이를 시작했다.

영상 촬영 전, 엄마와 아기 모두 편안한 상태를 유지하도록 했다. 아기는 배부른 상태이고, 기저귀를 갈았으며, 필요하면 낮잠도 재웠다. 그리고 엄마와 아기가 준비되었을 때 촬영을 시작했다. 아기가 아픈 경우 엄마와 아기는 집으로 돌아가는 것으로 하고 다음 약속을 잡았다.

한 살 때의 애착 평가

한 살 때의 안정 혹은 불안정 애착은 영아 발달의 핵심 이정표로서 한 인간이 형성되는 데 있어 매우 중요하다(Sroufe, 2005). 이는 일생 전반에 걸쳐 발달의 중요 측면인 사회적 연결성, 흥분 조절 및 감정 조절, 호기심, 애착 패턴 및 성인기의 사회적 적응과 관련이 있다(Sroufe, 2005; Sroufe et al., 2005a, 2005b).

안정 애착은 보호받기 쉬운 발달적 궤도를 설정한다. Sroufe(1983, 2005)와 그 동료들(Sroufe et al., 2005a, 2005b)은 영아기의 안정 애착이 자신과 타인에 대해 더욱 긍정적인 기대치를 형성하고 성공적인 밀접한 관계성을 수립한다고 보았다. 그리고 살아가면서 직면하는 도전과 시련의 시기에 타격을 덜 받고 유연성과 회복성을 발휘한다고 말한다.

영아 애착은 아기가 걷거나 적어도 기어다닐 수 있는 시기인 한 살 때에 낯선 상황 패러다임을 통해 평가할 수 있다. 이 평가에서 엄마와 아기는 함께 놀고, 분리되고, 다시 재회하는 과정을 거친다(Ainsworth et al., 1978). 엄마와 아기의 분리와 재회는 이 나이 때 아기의 일상에서 빈번하게 발생하는 일이다. 애착 평가는 아기가 엄마와 분리되는 상황에서 어떻게 대처하는지, 그리고 엄마와 아기가 재회할 때 어떤 과정이 벌어지는지를 살펴본다(Cassidy, 1994; Sroufe et al., 2005a, 2005b; Steele & Steele, 2008).

낯선 상황 패러다임에서 코딩 기준을 적용해 아기는 안정 애착이나 불안정 애착 유형으로 분류된다. 불안정 애착은 그 유형이 다양한데 회피형, 저항형, 혼란형으로 분류할 수 있다. 애착 평가는 아기가 분리의 괴로움에서 부모를 얼마나 안전한 피난처 혹은 접촉점으로 여기는지에 기반을 두었다. 예를 들어, 아기가 엄마에게 안기는가와 같은 질문을 한다. 이외에도 애착 평가는 재회 후 아기가 다시 놀기와 탐색하기로 돌아갈 때 안전한 기반으로서 엄마를 활용할 수 있는 정도에 따라 결정된다.

재회 에피소드에서 안정 애착 아기는 쉽게 편안해진다. 엄마를 안전한 기반으로 여기고 놀이를 재개한다. 회피형 애착 아기는 엄마와 분리될 때 거의 괴로워하지 않고 재회할 때도 엄마를 피하고 혼자서 놀이를 계속한다. 저항형 아기는 분리될 때 매우 괴로워하지만 엄마와 재회 시 안정되지 않고 쉽게 놀이를 재개하지도 않는다. 일반적으로 아기의 55~65%가 안정 애착으로 분류되고, 회피형 애착은 15%, 저항형 애착은 10% 정도라고 한다(van IJzendoorn, Goldberg, Kroonenberg, & Frenkel, 1992; van IJzendoorn, Schuengel, & Bakermans-Kranenburg, 1999).

재회 에피소드에서 혼란 애착 아기는 엄마에게 다가가는 동시에 피한다. 이 유형의 아기는 엄마를 위해 문을 열지만 차갑게 엄마를 외면한다. 혼란 애착 아기는 혼란, 불안, 순간적 경직 등의 모습을 보일 수 있다. 예를 들어, 엄마가 들어올 때 엄마를 향해 손을 뻗으면서도 동시에 뒤로 물러난다. 혹은 엄마에게 매달리면서도 울면서 고개를 돌린다. 엄마는 스스로 무섭게 행동하거나 무서워하는지도 모른다. 그리고 이런 엄마들은 대개 해결되지 않은 상실, 슬픔 혹은 학대의 과거를 가지고 있다(Lyons-Ruth, Bronfman, & Parsons, 1999; Main & Hesse, 1990). 인구의 약 15%가 혼란 애착으로 분류된다.

안정 애착 아기의 엄마는 훨씬 더 반응적이고, 민감하고, 일관적이며, 아기의 괴로움에 즉시 반응한다. 아기를 보듬고, 덜 침입적이면서 긴장감과 짜증은 적다. 안정 애착(vs 불안정 애착) 아기는 면대면 놀이에서 훨씬 더 반응하고, 돌봄을 끌어내게 행동하고, 더 긍정적이고, 괴로움을 잘 표현하고, 다양한 방식에서 상호작용이 이루어지며, 엄마가 아기를 안아 올렸을 때 쉽게 진정된다(Ainsworth et al., 1978; Antonucci & Levitt, 1984; Bates, Maslin, & Frankel, 1985; Balsky, Rovine, & Taylor, 1984; Blehar, Lieberman, & Ainsworth, 1977; Crockenberg, 1983; De Wolff & van IJzendoorn, 1997; Egeland & Farber, 1984; Grossmann, Grossmann, Spangler, Suess, & Unzner, 1985; Isabella & Belsky, 1991; Mikaye, Chen, & Campos, 1985; Stayton, Ainsworth, & Main, 1973).

한 살 때의 안정 애착은 교우 관계, 학업 성취도, 감정 조절에서 더 나은 모습과 아동기와 청소년기에 적응 문제에 있어 문제점이 적은 것과 관련이 있다(Sroufe, 1983). 혼란 애착은 아동기의 반항심, 적대적인 공격성, 두려운 행동, 낮은 자존감과 인식의 어려움과 연관이 있다(Jacobsen, Edelstein, & Hofmann, 1994; Lyons-Ruth et al., 2002; Shi, Bureau, Easterbrooks, Zhao & Lyons-Ruth, 2012; Sroufe et al., 2005a, 2005b). 이 책에서 우리는 혼란 애착 유형의 그림 4개를 보여 주는데, 불안정 애착 유형의 하나인 혼란 애착은 심리적 어려움을 예측할 수 있게 한다.

Hesse와 Main(2006)은 안정 애착을 형성하는 영아는 엄마의 심리 상태를 걱정하거나 과도하게 신경 쓸 필요가 없는 반면, 불안정 애착을 형성하는 영아는 엄마의 심리 상태에 주의를 기울여야 한다. 불안정-저항 애착을 형상하는 영아는 주의를 끌려고 더욱 소란스러울 수 있다. 불안정-회피 애착을 형성하는 영아는 더욱 침울해지고 관심을 끌려고 하지 않을 수도 있다. 반면에 불안정-혼란 애착을 형성하는 영아는 애착을 무서워하고 어떠한 해결책도 없다. 요란해지거나, 축 늘어진 모습을 보이는 건

효과가 없고, 그래서 영아는 있을 곳이 없게 된다(Hesse & Main, 2006).

50여 개가 넘는 연구는 한 살 아기의 애착 안정성이 상대방의 정서적 가용성 및 민감도에 의존한다는 사실을 보여 준다(De Wolff & van IJzendoorn, 1997). 하지만 생애 초기의 아기와 엄마의 상호작용에서 비롯된 혼란 애착을 연구한 사례는 우리 연구(Beebe et al., 2010; Jaffe et al., 2001)를 제외하고는 매우 드물었다.

이 책의 기초가 되는 연구를 바탕으로 우리는 4개월 된 아기의 혼란 애착, 저항 애착 그리고 안정 애착 기원의 세부 내용을 자세히 살펴볼 수 있었다(Beebe et al., 2010). 12개 내외의 연구에서 애착 결과를 예측하는 데 영상의 미세 분석을 사용했다. 마치 사회 현미경과 같이 작동하는 미세 분석은 안정 애착과 불안정 애착뿐 아니라 특히 혼란 애착 기원의 세부 내용을 확인할 수 있게 한다.

2~3분의 짧은 시간 동안 진행된 4개월 된 아기의 상호작용에서 애착 결과를 예측하는 우리의 연구를 걱정하는 사람들은 종종 아기가 그날 기분이 안 좋았던 건 아닌지, 영상 촬영일에 엄마가 평소와는 다른 모습이었는지와 같은 의구심을 갖는다.

이런 질문에 답하자면, 생후 4~6개월이 되면 엄마와 영아의 행동 패턴은 조직화와 예측이 가능하다. Weinberg(1991)는 6개월에서 6.5개월 된 아기 80명을 대상으로 2세션의 놀이에서 행동의 안정성을 살펴보았다. 아기의 상호작용하는 행동(엄마나 물건들을 바라보고, 방을 둘러보고, 음성과 제스처로 엄마에게 신호를 보내는 행동 등)과 아기의 표정에 드러나는 정서(기쁨, 흥미로움, 슬픔, 분노)를 초 단위로 분석했다. 그 결과 세션 간의 상관관계에서 유의미한 결과가 나타났다. 이 발견은 4~6개월 된 아기를 연구한 다른 연구 결과의 세션 간 일관성과 맥락을 같이한다(Cohn & Tronick, 1989; Tronick, 1989; Zelner, 1982). 세션 간 일관성은 행동이 얼마나 조직되어 있는지 또는 상대적으로 안정적인 방식이 나타나고 있는지를 나타내는 지수로 이해할 수 있다. 이 결과는 엄마와 아기의 상호작용에서 강력한 초기 조직화 과정을 가리킨다.

그림으로 설명하는 엄마와 영아의 행동-대화 언어

이제 놀랍고도 복잡한 책의 그림을 살펴보자. 매우 짧은 시간에 빠르게 발생하는 미묘함을 파악하기 위해서는 많은 인내심과 예리한 시각이 필요하다. 이번 장에서 우리는 아기와 엄마의 행동–대화 언어를 살펴보는 방법을 설명한다. 4개월 된 아기는 어떻게 우리에게 자신들이 느끼는 바와 자신들이 좋아하는 것과 싫어하는 것을 알려 주는가? 어떻게 이 방법으로 아기들은 상호작용 중에 휴식이 필요한지 말해 주는가? 또 우리는 언제 아기들이 슬프고 놀라고 걱정스러워 하는지 알 수 있는가? 상호작용 중에 나타나는 엄마의 표정과 음성, 아기에게 몸을 기울이거나 만질 때 아기들은 어떻게 반응하고 응답하는가? 그리고 엄마들은 또 무슨 감정을 느끼고 어떠한 방식으로 대응하는가?

언어란 보통 말로 표현된다. 하지만 언어의 개념을 확장하면 언어는 음악과 춤의 언어처럼 어떠한 표현의 체계적인 수단을 의미한다. 우리는 아기의 의사소통 언어를 마치 춤의 언어와 같은 방식으로 정의한다. 여기에는 일반적으로 생소하게 느낄 수 있는 상대방 응시 혹은 회피, 얼굴 표정, 소리, 엄마의 공간 움직임과 아기의 머리 움직임, 다양한 신체 접촉이 포함된다. 이러한 개념을 제2장과 제3장에서 보여 주고, 마지막 장에서 이 용어를 정리해서 제공한다.

영아는 사회적 존재로서 태어난다

일반적으로 알려진 것과 달리 아기들은 본질적으로 사회적인 존재로서 태어난다. 초기 사회 경험은 상호작용 속에서 조직화된다(Beebe & Lachmann, 1988). 태어날 때부터 영아의 지각 능력은 사회적 파트너를 찾고, 인식하고, 상호작용을 할 수 있는 능력을 갖추게 한다(Berlyne, 1966; Brazelton, Koslowski, & Main, 1974; Haith, Hazan, & Goodman, 1988). 영아는 출생하면서부터 상대방의 행동과 자신의 행동을 조율할 수 있다(Peery, 1980; Trevarthen, 1979). 따라서 모든 상호작용은 각 파트너가 다른 파트너와 상호적이고 양방향으로 조정하는 과정에서 발생한다. 어느 한쪽만을 기준으로 설명할 수 없는 이원적 과정이다.

우리의 관점은 영아에 대한 부모의 반응이 아기의 경험을 조직화한다는 일부 널리 알려진 시각과는 매우 다르다. 이런 시각은 영아에게 영향을 미치는 부모의 반응을 강조하는데, 이는 한쪽의 영향력만 중요시하여 상대적으로 영아가 부모에게 미치는 영향을 배제한다(Bell, 1968; Lewis & Rosenblum, 1974). 대신 우리의 관점에서는 부모가 조금 더 광범위하고 유연한 능력을 갖추면서 아기와 부모 모두가 아기의 경험의 본질을 함께 형성한다. 우리의 견해는 현재 많은 유아 연구와 그 맥락을 같이한다 (Feldman, 2007; Messinger, 2002; Tronick, 1989, 2007). 또한 뒷부분에서 다루겠지만 우리는 각 파트너의 공동 형성에 있어 개인의 기여도를 개념화한다. 그리고 파트너 간의 상호적이고 양방향적 조절은 각 파트너의 자기조절과 역동적인 관계 속에 존재한다고 생각한다(Beebe, Jaffe, & Lachmann, 1992; Beebe & Lachmann, 1994, 2002). 우리는 엄마-아기 한 쌍(dyad)과 엄마-아기 짝(pair)이라는 용어를 같은 의미로 사용한다.

심리적 발달은 영아의 선천적인 생물학적 특성과 상대방과의 상호작용 패턴 사이의 상호작용을 통해 발생한다. 그러나 영아의 선천적 생물학적 특성도 산모의 우울, 불안 혹은 스트레스 조건과 같이 자궁에서 발생하는 일에 의해 상호적으로 형성된다 (Monk, 2001).

상호 양방향 교환에서 영아가 하는 역할은 무엇인가? 1960년대 말에서 1970년대 초에 영아의 사회적 능력이 과소평가되었음을 보여 주는 일련의 실증적 연구가 등장했다(Ainsworth, 1969; Als, 1977; Brazelton et al., 1974; Fantz, Fagan, & Miranda, 1975; Kessen, Haith, & Salapatek, 1970; Lewis & Brooks, 1975; Oster, 1978; Stechler & Carpenter, 1967; Stern, 1974). Stone, Smith와 Murphy(1973)는 이를 "유능한 유아"라고 묘사하며 요약했다. 이 시기 전까지 초기 상호작용의 관점은 먹이는 것과 긴장 상태의 관리에 중점을 두었다. 이 새로운 연구는 사회적 상호작용과 놀이를 하고, 초기 상호작용의 본질에 중요한 역할을 하는 보다 활동적인 영아를 강조했다. 이 책에서는 영아의 이런 능력을 바라보는 관점을 사용한다. 태어날 때부터 영아는 능동적이고, 자극을 추구하는 행동을 하도록 조직화되어 있다. 영아는 반응하기, 빨기, 태도 형성을 비롯해 행동 변화를 보인다. 영아는 시각적으로 살펴보고, 초점을 맞추고, 부모의 얼굴과 같이 움직이는 물체를 추적하고, 눈을 크게 뜨고 시각적 자극에 반응하고, 호흡을 조절하고, 얼굴 표정에서 미세한 변화를 나타내는 능력들을 가지고 있다. 신생아들은 사회적 상호작용을 추구하고 시작할 뿐 아니라 스스로를 진정시키는 조치를 통해 사회적 자극을 조절할 수 있다. 이같이 본질적으로 조직화된 행동 패턴은 영아가 사회적 파트너와 일차적인 관계를 맺도록 준비시킨다(Beebe, 1986; Tronick, 1989).

1960년대와 1970년대 초기, 영아의 사회적 능력에 대한 연구는 현재까지 계속되면서 엄마와 아기의 면대면 의사소통에 대한 관심의 발판을 마련했다. 영아의 사회적 능력이 꽃을 피우는 3~4개월 된 아기와 엄마의 면대면 상호작용에서 이런 영아의 능력이 어떻게 발휘되는지 확인하기 위해 많은 연구가 이루어졌다.

영아는 출생 시 대응을 인식한다

출생 후 42분이 지나면 영아는 실험자의 몸짓을 모방할 수 있다(Meltzoff, 1990). 영아는 자신의 행동과 입을 벌리거나 혀를 내미는 실험자의 행동 사이의 유사성(대응성)을 인식한다. 영아가 입에 젖꼭지를 물고 있는 1분 동안 실험자의 몸짓을 지켜본다. 그런 다음 젖꼭지를 제거하고 실험자는 중립적인 자세를 취했다. 서서히 영아의 안면 움직임이 실험자의 표정 변화와 비슷해지면서 점진적으로 자신이 본 것을 모방한다. 젖꼭지를 물고 있는 동안은 흉내 내는 것이 불가능하기에 영아는 실험자의 몸짓, 즉 표현의 기본적인 형태를 기억해야만 흉내 낼 수 있었다.

이것은 교차모델일치(cross-model matching)의 메커니즘으로 설명할 수 있다. 영아는 자신이 보는 것(입을 벌리는 행위 등)과 자신의 안면 근육이 고유 감각을 느끼는 것 사이를 해석한다. 그리고 영아는 점진적으로 자신이 본 것과 유사한 얼굴 움직임을 보이면서 유사성(대응성)의 정도를 감지할 수 있다.

따라서 영아는 태어나면서부터 환경적 자극(상대방의 얼굴 표현이나 몸짓)과 내면 상태(안면 근육의 고유 감각) 사이를 해석하여 일치 또는 대응을 감지하게 된다. 교차모델일치의 인식을 통해 영아와 상대방은 서로의 상태를 감지하고 이 상태가 공유되는지를 알 수 있다. 교차모델일치의 메커니즘을 인지하는 영아의 능력은 상대방의 내적 감정 상태의 질을 알아챌 수 있게 하는 핵심 수단이다(Meltzoff, 1990; Stern, 1985; Trevarthen, 1998). 우리가 생각했던 것보다 훨씬 일찍 타인의 행동을 표현하고 일치시키는 기초적인 능력이 있다. 이 실험은 영아가 상대방을 인식하고 상대방과의 의사소통을 감지하면서 삶을 시작한다는 것을 보여 준다.

영아는 출생 시 수반성(隨伴性, contingencies)을 인지한다

영아는 시간이 지남에 따라 사건이 발생할 때 패턴, 순서 및 연속성을 감지하려는 내재적 동기를 가지고 있다(DeCasper & Carstens, 1980; Papousek, 1992). 영아들은 태어날 때부터 (우발성) 조건 감지기(contingency detectors)라고 할 수 있다. 즉, if-then 패턴과 순서를 감지하도록 가르칠 필요가 없다. 예를 들어, 입을 벌리는 것과 같은 특정 영아 행동에 이어 미소와 같은 엄마의 행동이 뒤따를 수 있다. 이 순서가 몇 번 반복되면 영아는 예측할 수 있게 된다. 예측이 가능해지면 조건적이라고 한다. 영아는 이러한 예측 가능한 순서 또는 수반적 조건을 감지하고 예상하게 된다. 성인 파트너가 유아의 행동에 대해 평균적으로 예측할 수 있는 반응을 제공하면 영아는 일종의 상호작용 주체로서의 형태로 발전한다. 즉, 영아는 자기 행동이 상대방이 행동에 예측할 수 있는 조건을 형성한다고 기대할 수 있게 된다. 영아 행동에 대한 조건적인 조정을 제공하는 것은 성인 파트너의 필수적인 기능인데, 이는 직관적이고 무의식에서 발생한다(Papousek & Papousek, 1979). 더욱이 영아는 성인 파트너와 조건적으로 협력한다. 각 파트너와 다른 파트너의 조건적 조정의 특성은 각 파트너의 상호작용 주체 감각에 영향을 미친다. 주의를 기울이고, 정보를 처리하고, 행동과 감정 상태를 조절하는 영아의 능력은 파트너 간의 순간순간 조건적 조정(contingent coordination)의 특성에 의해 영향을 받는다(Hay, 1997; Lewis & Goldberg, 1969; Stern, 1985, 1995; Tronick, 1989).

영아는 출생 시 차이가 있다

수면, 수유, 흥분 패턴 혹은 소리, 냄새 또는 촉각에 대한 특별한 민감성을 포함하는 영아의 기질 패턴은 영아마다 다른 중요한 반응 방식이다(DeGangi, Di Pietro, Greenspan, & Porges, 1991; Korner & Grobstein, 1977; Van den Boom, 1995). 신생아는 상태와 흥분을 조절하는 능력이 다르다(Brazelton, 1994). 영아가 흥분을 관리하는 한 방법은 과도한 자극에 직면했을 때 흥분을 약화시키는 능력과 행동을 억제하는 능력으로 설명된다. 예를 들어, 마지막 3개월의 태아는 자신을 향한 반복적인 불빛이나 소리에 직면하면 스스로 잠들 수 있는 능력이 있다(Brazelton, 1973, 1992). 이러한 능력의 차이는 자기조절을 위한 영아 능력의 차이가 발현되는 데 기여한다.

4개월 된 영아의 면대면 상호작용을 평가할 때쯤이면 영아의 상태 및 흥분 조절은 안정화된다. 그럼에도 출생 시 이러한 영아의 차이와 보호자가 반응한 방식은 영아와 부모가 4개월까지 관계를 맺는 방식에 영향을 미칠 수 있다.

짧은 상호작용의 힘

사람의 얼굴은 표현력이 매우 풍부하다. 살아가면서 눈썹을 치켜올리거나 입술을 깨무는 것과 같은 우리의 표현 행동은 빠르고 일반적으로 의도하지 않은 것이다. 게다가 행위를 하는 사람도, 이를 보는 사람도 인지하지 못할 가능성이 높다. 성인들은 말을 신중하게 할 수는 있지만 얼굴과 음성 표현, 머리와 손 제스처, 말하고 듣는 주기 또는 바라보고 시선을 돌리는 패턴을 살펴보고 제어하는 능력은 떨어진다(Ekman & Friesen, 1969).

순간적인 표현 행동은 놀라운 의사소통 능력을 갖추고 있다. 영아와 성인의 대면 의사소통에서 의식적인 지각과 인지 이전에 즉각적인 정서적 반응이 발생한다. 참신함, 모호성 또는 위협의 맥락에서 이 프로세스는 극대화된다(Porges, 2003; Zajonc, 1985).

우리의 진화적 적응은 유쾌-불쾌, 참여-비참여, 안전-위협의 차원에 따라 자극을 신속하게 평가하고 신속한 행동에 대비할 수 있게 해 준다. 따라서 서로에 대한 대인 관계 이해의 대부분은 자동적이며 무의식에서 발생한다(Iacoboni, 2009; Keysers & Gazzola, 2006; Pally, 2002). 또한 인식하지 못한 상태에서 각 파트너는 이러한 신속하고 미묘한 프로세스를 통해 상대방의 다음 움직임에 대한 기대치를 주고받는다.

사람들은 약 1/3초 만에 비언어적 행동에서 감정을 상당히 정확하게 식별한다(Ambady & Rosenthal, 1992; Rosenthal, Hall, DiMatteo, Rogers, & Archer, 1979). 따라서 순식간의 표현을 살짝 엿보는 것만으로도 긴 표현을 보는 것만큼 강력할 수 있다. '단지 한 순간'이라기보다 '강력한 순간'이라는 표현이 더 정확할지도 모른다. 예를 들어, 이 책의 그림에서 상호작용 순서를 포착하기 위해서 종종 우리는 실제 시간의 1~2초 만에 발생하는 순간을 4개의 그림으로 보여 줄 필요가 있다. 시선 이동, 고개 돌리기, 입 벌리기와 같은 개별 행동은 평균 1/4에서 1/3초 동안 지속된다. 한 개인의 행동 시작과 상대방의 행동 시작 사이의 기간은 일반적으로 0.5초 이내이다(Beebe, 1982; Cohn & Beebe, 1990; Stern, 1971). 서로의 이러한 움직임의 시작과 끝을 살펴보면 한 상대가 다른 상대의 행동이 완료되기 전에 조정 또는 응답을 시작하는 거의 동시적 시스템(a semi-synchronous system)이 드러난다. 각 개인의 행동은 상대방의 변화하는 행동 때문에 지속해서 수정된다(Beebe & Stern, 1977; Beebe, Stern, & Jaffe, 1979; Fogel, 1992; Stern, 1971).

따라서 이러한 상호작용의 많은 측면은 자각하지 못하는 상태에서 발생하며, 종종 의식적 인식의 문턱 아래에서 발생하고, 육안으로는 볼 수 없을 정도로 빠르게 발생한다. 하지만 서로의 행동에 주의를 집중함으로써 인식할 수 있게 된다. 우리는 비의식과 무의식을 구분한다. 무의식은 갈등이나 트라우마와 같은 이유로 의식할 수 없는 것이다.

찰나의 부정적 순간들

이 책에서 제시하는 그림에서 가장 불안하고 어려운 순간은 엄마의 표현이 영아의 괴로움을 인식하지 못하는 순간이다. 예를 들어, 엄마는 영아의 괴로운 표현에 미소를 짓거나 놀란 얼굴을 보일 수 있는데 이는 영아의 상태와 매우 불일치함을 보여 준다. 때때로 엄마는 영아가 괴로움에서 벗어나도록 주의를 돌리거나 즐겁게 해 주려고 한다. 이러한 시도는 엄마가 처음에 영아의 고통을 인지하지 않는 한 효과가 없는 경향이 있다.

다른 순간에 엄마는 아기가 괴로워하는 순간에 순간적으로 혐오스러운 표정을 나타내거나 용납하지 않는다는 모습으로 눈살을 찌푸릴 때도 있다. 이러한 엄마의 표현은 짧고 순간적이며 일반적으로 1초도 채 걸리지 않아서 실시간 영상에서는 두 사람의 괴로움을 볼 수 있지만 정확한 표현을 포착할 수는 없다. 엄마는 자신의 표정을 모르고 있을 가능성이 크다. 그러나 영상에서 알 수 있듯이, 영아는 일반적으로 괴로움이 증가하면 강하게 반응한다. 영아는 얼굴 표정이 확대되거나 괴로워하는 소리를 내거나, 갑자기 몸을 구부리거나, 불안한 듯 발을 차는 등의 반응을 보일 수 있다. 영아는 엄마 표정의 모든 미묘한 변화를 인식하고 반응한다.

전반적으로 대부분의 상호 사회적 상호작용은 보상으로 경험된다. 그러나 어떤 상황에서는 사회적 상호작용이 위협이 될 수도 있다. Porges(2003, 2011)는 인간의 사회적 의사소통에서 사회적 접근과 사회적 혐오 사이의 역학 관계를 설명했다. 사회적 접근은 상호작용에서 안전과 보안 감각을 촉진한다. 이는 보상과 관련된 뇌 활동에 의해 유지된다. 사회적 혐오는 위협 상황에서 생존을 촉진한다. 그것은 도주 또는 싸움을 활성화시키는 교감신경계를 통해 작동한다(Porges, 2003; Vrticka, 2012). 영아가 순간적인 위협적인 표정이나 몸짓을 인식할 때 이 혐오 시스템이 활성화되는 것을 볼 수 있다. 영아는 다음에서 논의하는 것처럼 자신만의 도주나 싸움의 버전을 보여 준다.

엄마의 모순된 감정, 부정적인 감정 또는 위협적인 표현이 보이는 짧은 순간을 어떻게 이해해야 할까? 때때로 모든 엄마가 이런 식으로 느낄 수 있기는 하지만, 이러한 일시적인 표현은 나중에 혼란 애착으로 분류되는 영아를 가진 엄마에게서 더 자주 발생하는 경향이 있다(Beebe et al. 2010; Beebe & Lachmann, 2013; Hesse & Main, 2006). 혼란 애착으로 분류되는 영아는 안정 애착으로 분류되는 영아보다 4개월에 훨씬 더 많은 음성적 괴로움을 보인다. 따라서 영아의 괴로움에 대한 엄마의 반응은 이러한 영아에게 특히 중요하다.

1세 영아의 애착 분류와 임신 중 엄마 자신의 애착 분류 사이에는 강한 일치가 있다(Fonagy, Steele, & Steele, 1991; Steele, Steele, & Fonagy, 1996). 따라서 혼란 애착을 가진 영아의 엄마는 혼란 애착 이력을 가지고 있을 가능성이 높다(Raby, Steele, Carlson, & Sroufe, 2015). 혼란 애착 이력을 가진 엄마들은 학대를 경험했거나 해결되지 않은 상실과 애도에 시달리고 있을 가능성이 높다(Main & Solomon, 1990). 따라서 이러한 엄마들의 어려움을 인식하는 것이 중요하다. 이 엄마들은 아기의 괴로움을 다루듯이 그들 자신의 괴로움을 다루는 복잡한 일을 해야 한다.

초기 외상성 경험이 해결되지 않으면 노출된 상처와 같다. 혼란 애착을 가진 영아의 엄마는 자신의 과거에서 참을 수 없는 고통을 겪었을 가능성이 있기 때문에 영아가 매우 화를 내면 인지하지 못한 상태로 남아 있던 엄마 자신의 고통스러운 경험이 촉발할 수 있다. 이 순간, 아기의 괴로움이 말 그대로 엄마 자신의 괴로움을 다시 경험하게 하며 위협한다. 우리는 엄마가 영아의 괴로움을 자신에 대한 위협으로 느끼기 때문에 무의식적으로 일시적인 불일치 감정, 부정적인 감정 또는 위협적인 표현을 보일 수 있다고 설명한다(Beebe & Lachmann, 2013).

엄마의 경험을 이해하는 방식은 영아의 괴로움에 대한 반응으로 일시적인 엄마의 부정적인 얼굴을 볼 때 엄마에 대해 공감할 수 있게 한다. 우리의 그림을 보는 모든 사람이 엄마보다 영아에게 공감하기가 더 쉬운 경향이 있다. 그러나 엄마를 비난하지 않고 두 파트너 모두에게 공감할 수 있어야 한다.

미세 분석은 관찰하는 법을 가르쳐 준다: 우리가 엄마와 영아를 분석하는 방법

이 책의 기반이 된 연구는 결코 간단하지 않다. 미세 연구는 글로벌, 거시적 수준에서 검토되지 않은 다양한 행동의 미묘한 차이를 식별한다. 이러한 세부 사항은 분석하기 어렵지만, 이를 통해 신뢰할 수 있는 평가를 얻고, 통계적으로 행동을 분석하고, 아기와 엄마가 어떻게 소통하는지 이해할 수 있게 한다. 이 책에서는 종종 실시간에서 놓치기 쉬운 많은 여러 세부 사항을 볼 수 있다. 이 책을 통해 주의, 정서, 방향 및 접촉의 의사소통 양식 전반에 걸쳐 상호작용을 분석하는 법을 배우게 될 것이다. 그리고 초기 상호작용에서 이러한 다양한 양식이 동시에 작용하는 여러 방법을 볼 수 있게 된다.

우리는 엄마와 영아의 상호작용을 어떻게 분석하는가

우리는 엄마와 아기의 놀이 세션을 각각 촬영하였고, 영상의 처음 2분 30초를 초 단위로 미세하게 분석했다. 이를 통해 엄마와 아기가 사용하는 비언어적 표현의 기본 요소를 알 수 있다. 그리고 이들의 애착 결과를 예측하는 데 사용된 데이터를 얻기까지 10년이 걸렸다. 이 기간 동안 많은 헌신적인 박사 과정 학생들이 이 영상을 분석했다. 이 책의 여러 그림은 우리 연구 결과를 가장 잘 설명하기 위해 선택되었다.

이제 우리는 다양한 의사소통 양식, 엄마와 아기가 이를 사용하는 법, 그리고 우리가 이들을 분석하는 법을 설명한다. 분석 과정은 엄마와 아기가 실제로 면대면 놀이를 진행하는 데에 기반을 두었다. 카메라는 두 파트너의 머리, 상반신 그리고 손을 촬영한다.

대면 의사소통 중에 많은 행동 양식이 동시에 작동한다. 엄마의 자세(똑바로 앉기, 몸을 앞으로 기울이기, 혹은 갑자기 얼굴을 가져가기)와 같은 각 양식은 응시 및 얼굴 표정과 같은 다른 양식에서 발생하는 상황에 따라 달라진다. 예를 들어, 엄마가 아기 얼굴에 가까이 다가가서 미소 지으면 아기가 화를 낼 가능성은 줄어든다. 하지만 엄마가 해석하기 어려운 중립적인 표정으로 아기에게 가까이 다가가면 아기는 자신의 손을 들어 얼굴을 가린다.

응시와 표정 정서는 의사소통의 중심 양식이다. 영아의 음성 정서는 감정, 특히 괴로움을 전달하는 주요 수단이다. 영아가 시작하는 접촉 역시 중요한 행동이지만 종종 눈에 띄지 않는다. 엄마의 애정 어린 접촉부터 침입적인 접촉 역시 중요하다. 아기의 머리 방향은 응시와 시선 회피를 조절하고, 엄마의 공간적 방향 전환은 엄마가 아기 쪽으로 움직이거나 몸을 바로 하고, 뒤로 하는 때를 측정한다.

두 파트너는 비슷한 반복적인 행동 양상을 보인다는 점에서 일부 행동은 완전히 대칭적이다. 예를 들어, 각 파트너는 상대방의 얼굴을 바라보거나 피할 수 있다. 또한 긍정적인 표정부터 부정적인 표정까지 가능한 한 모든 범위를 보여 준다. 그러나 엄마의 신체 방향 움직임(바로 앉거나, 앞으로 움직이거나, 갑작스레 다가가는 등)의 범위는 의자에 느슨하게 앉아 있는 아기와는 다르다. 그럼에도 아기의 머리 움직임의 범위는 상대방과 마주 보는 자세에서부터 머리를 살짝 혹은 크게 돌리거나, 어깨를 움츠리고 머리를 숨기거나, 상체를 뒤로 젖히고 엄마로부터 몸을 돌리는 행동까지 그 범위가 넓다. 접촉하는 동작도 대칭적이지 않다. 엄마는 아기보다 접촉 레퍼토리의 종류가 훨씬 더 다양하다.

우리는 각각의 의사소통 양식을 한 번에 하나씩, 다른 요소는 배제하고 분석한다. 예를 들어, 상대방의 얼굴을 응시/회피하는 시선을 분석할 때는 머리 방향은 무시한다. 마찬가지로 머리 움직임을 분석할 때 우리는 시선을 배제했다. 이렇게 함으로써 서로 다른 양식이 함께 작동하는 양상을 확인할 수 있고, 두 양식이 서로 다를 때를 식별할 수 있다. 그 예로 혼란 애착의 기원에서 우리는 아기가 미소 지으면서 거의 동시에 칭얼대는 모습을 볼 수 있었다(Beebe et al., 2010). 우리가 얼굴 정서와 음성 정서를 각각 분석했기에 이 같은 내용을 감지할 수 있었던 것이다.

이어지는 내용과 이 책의 제2부에서 우리는 계속해서 파트너와 함께하고 이탈하는 경험을 하는 아기의 모습을 보게 된다. 참여와 이탈은 빠르고 연속적으로 조직되고, 여기에 두 사람 모두 기여한다. 이것들은 "함께 있는"(Stern, 1985) 형태들인데, 직접적인 상호응시와 같은 것들이 포함되고 긍정 정서를 거쳐 긍정 정서의 최고점인 입을 벌린 미소의 차이 변화를 동반한다. 그러나 영아는 또한 시선 회피, 머리와 몸의 방향 전환 정도와 이탈의 형태도 경험하게 되는데, 마주보는 각도에서 살짝 벗어난 정도, 90도로 몸을 돌리는 행동, 몸을 뒤로 젖히는 행동, 혹은 주변 환경으로부터 완전히 몸을 돌리는 행동을 포함한다.

우리는 다음과 같은 방식으로 엄마와 아기의 면대면 상호작용을 분석한다.

- **관심**: 파트너의 얼굴을 응시하거나 외면하기
- **방향**: 마주 본 상태에서 몸을 뒤로 젖히는 아기의 머리 방향과 똑바로 앉은 자세에서 몸을 앞으로 기울이거나 갑자기 다가가는 엄마의 공간적 방향
- **감정**: 아기의 표정 얼굴 표정에서 보이는 긍정 정서부터 부정 정서의 정도
- **유아의 음성 영향**: 아기의 음성 톤에서 보이는 긍정 정서부터 부정 정서의 정도와 엄마의 얼굴 표정에서 보이는 긍정 정서부터 부정 정서의 정도
- **접촉**: 아기가 자기 자신(피부), 물체(의자, 끈, 옷 등) 혹은 엄마를 만지는 행위. 애정어린 손길에서 침입적인 접촉까지 엄마가 아기를 만지는 형태

주목: 시선

우리는 시선을 살펴보는 것부터 시작한다. 먼저 엄마와 아기는 서로 반대편에서 마주 보고 있다는 사실을 기억하자. 두 개의 그림은 한 화면을 분할해서 나타낸 것이다. 그림을 볼 때 두 화면을 구분하는 검은 선에 주목하자.

[그림 1a]는 상호 응시를 보여 준다. 엄마와 아기는 서로의 얼굴을 바라본다. [그림 1b]에서 아기는 응시에서 벗어나 아래를 바라본다. 엄마도 아래를 보지만 여전히 아기를 바라본다.

때때로 한 프레임에서 서로가 어디를 바라보는지 파악하기 힘들 수도 있다. 상대의 얼굴을 응시하거나 피하는 장면을 분석할 때, 분석하는 사람은 실시간 영상을 본다.

그런 다음 분석하는 사람은 모든 프레임을 초 단위로 확인할 수 있다. 더불어 항상 두 명의 분석하는 사람이 상대방을 응시하거나 시선을 피할 때 무엇이 이 과정에 작동하는지 합의해야 한다. 가끔씩 영상의 품질이 낮아서 응시의 정확한 방향을 파악하기 어려울 수도 있다.

엄마들은 대부분의 경우 아기의 얼굴을 바라본다. 전형적으로 상호 응시를 시작하고 멈추는 것은 아기이다. 아기는 일정 시간 동안 엄마를 바라보고, 시선을 피하고, 다시 돌아보는 주기를 보인다(Stern, 1971, 1974).

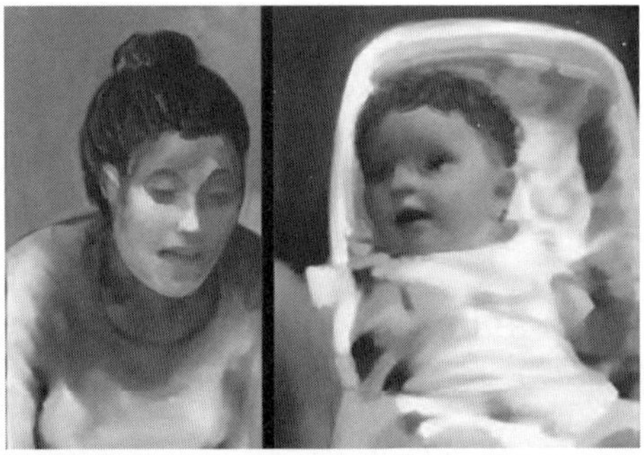

그림 1a. 상호 응시, 서로 마주 본다.

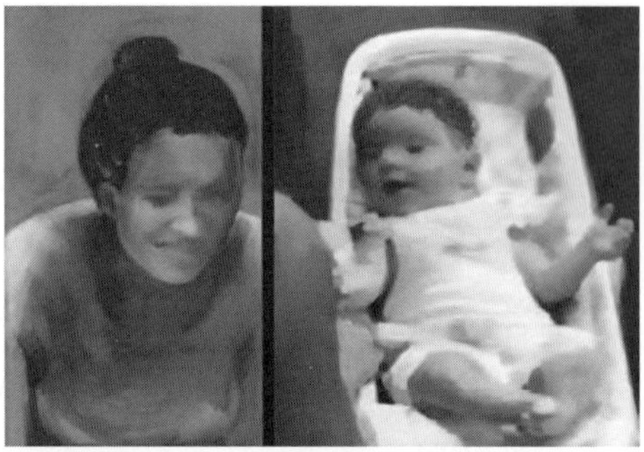

그림 1b. 아기는 응시를 멈추고 아래를 내려다본다. 엄마는 아래를 내려다보지만, 아기를 계속 쳐다본다.

따라서 아기의 시선 회피는 영아의 전형적인 행동 중 하나이다. 영아는 엄마를 보는 것보다 시선을 돌리는 경향이 좀 더 있다. 상대방의 얼굴을 바라보는 행동은 매우 자극적일 수 있다. 사실 대부분의 동물은 싸우거나 짝짓기 할 때가 아니면 상대방을 오래 쳐다보지 않는다(Chance & Larsen, 1996; Eibl-Eibesfeldt, 1970).

성인뿐만 아니라 영아도 자신의 흥분을 조절하기 위해 시선을 돌린다. 엄마와 아기가 놀이하는 동안 아기가 시선을 돌리기 직전과 직후의 흥분 정도를 알아보기 위해 아기의 심박수를 연구했다(Field, 1981). 그 결과, 아기가 시선을 피하기 5초 전, 흥분도가 증가했다. 아기가 시선을 돌리면 5초 이내로 아기의 심박수가 정상 수치로 돌아오고, 시선은 다시 엄마에게로 향한다(Field, 1981). 따라서 영아의 시선 회피는 자신을 조절하는 데 매우 중요한 요소라 할 수 있다.

일반적으로 엄마는 영아의 시선 응시/회피 주기에 따라 자극의 양을 조절한다. 아기가 바라보면 더 많은 자극을 주고, 아기가 시선을 돌리면 자극의 정도를 줄인다(Brazelton et al., 1974). 이는 영아가 시선을 돌리면서 자신의 흥분을 억제하는 능력을 촉진하는데, 이 능력은 영아의 주요 대처 방식이다. 그러나 다음에 이어질 '쫓기와 피하기'에서처럼 아기가 시선을 돌릴 때 엄마가 더 많은 자극을 주면 자신의 흥분을 가라앉히는 능력이 손상된다.

이것이 엄마와 영아의 전형적인 응시 패턴이지만, 우리는 엄마와 아기가 최대 100초 동안 서로를 바라보는 '사랑의 눈 맞춤(eye love)' 순간도 있을 수 있다는 사실에 주목했다. 물론 이는 모든 부모가 바라는 순간일 것이다.

방향

영아의 머리 방향

이제 다음으로 엄마를 향한 아기의 머리 방향을 살펴본다. 머리 방향은 종종 간과되기 쉬운데, 이것 역시 영아의 의사소통에서 중요한 측면이다.

영아의 머리가 엄마의 정면을 향하고 있는가? 이 모습은 [그림 1a]에서 볼 수 있다. 2.5분의 놀이 시간 중에 대체로 아기가 정면을 향한 시간은 1.5분이었다. 아기가 엄마의 얼굴을 바라보는 때는 바로 이 정면을 향하는 순간이다.

영아의 머리가 정면에서부터 약 30도, 60도, 90도 정도 기울어져 있는가? 대부분의 아기는 약 1/4시간 동안 정면에서 머리를 30도에서 60도 떨어진 방향을 향한다. 이런 머리 움직임은 다음의 [그림 2a], [그림 2b] 및 [그림 2c]에서 확인할 수 있다.

드문 경우이기는 하지만 영아의 머리 방향이 90도를 향하는 때도 있는데, 이는 머리를 어깨 쪽으로 완전히 돌려야 하므로 상당한 에너지가 필요하다. 30도, 60도 혹은 90도로 머리를 돌릴 때 머리를 들거나 아래로 향하는 모습이 같이 보인다면 이는 영아가 엄마를 더욱 피하려는 모습이다. 또 마주 보는 자세로부터 머리와 등을 굽히는 전신 움직임은 가장 극단적인 회피의 자세로 역시 드물게 나타난다.

그림 2a. 아기의 30도 회피

그림 2b. 아기의 60도 회피

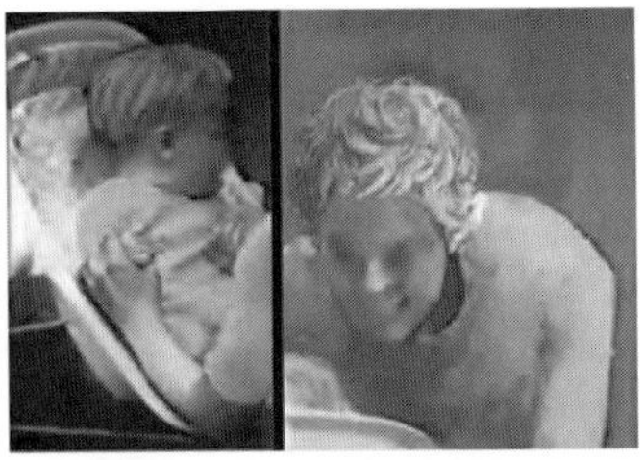

그림 2c. 아기의 90도 회피

이 같은 머리 방향 전환의 증가세는 '차단'의 정도로 설명된다(Chance, 1962; McGrew, 1972). 엄마는 이 같은 자세 변화를 벗어나기 위한 영아의 능동적인 모습으로 해석할 수 있다. 아기가 60도가량 몸을 돌릴 때 여전히 아기는 주변 시야로 엄마를 관찰할 수 있고, 이를 통해 엄마의 존재, 방향 그리고 움직임의 강도를 살펴볼 수 있다. 그러나 아기가 머리 방향을 90도로 돌리거나 등을 굽히고 돌리면 아기는 엄마의 움직임을 시각적으로 관찰할 수 없게 된다. 보통 영아들은 시선을 돌릴 때 정면의 30~45도 내에서 머리 방향을 유지한다. 이 각도에서는 빠른 시간에 최소한의 노력으로 시각적으로 다시 참여할 수 있다(Koulomzin et al., 2002).

90도로 머리를 돌린 모습에서 아기가 상호작용에 어려움을 겪고 있음을 추론할 수 있다. 다음에 논의할 내용처럼 90도로 머리를 돌리는 것은 보통 아기가 몸을 피하려 하는 중에도 엄마가 아기 쪽으로 다가오는 쫓기의 모습을 보일 때다. 또 다른 극심한 차단 행동에는 얼어붙기가 있는데, 이는 완전히 움직이지 않는 상태를 말하고 (Fraiberg, 1982), 무기력하게 되고 몸의 긴장을 잃어버리는 행동(근육의 긴장이 없이 얼굴이나 몸이 축 늘어진 상태) 역시 차단 행동 중 하나이다. 이런 극심한 차단 행동은 잠재적 위협에 직면했을 때 스스로를 보호하는 장치이다.

뇌는 계통 발생학적으로 형성되어 있고, 준비하고 위협에 경계심을 갖는다(Porges, 2003, 2011). 진화적으로 현대인의 뇌의 미엘린화된 미주신경은 일반적으로 위협을 느낄 때 진정시키고 사회적 참여를 할 수 있게 한다. 그러나 위협이 임계치를 넘거나 특정 맥락에서 발생하면 두려움이 발생하고, 이에 맞서 싸우거나 회피하게 하는 교감신경계가 작동한다.

영아의 신경계는 아직 완전히 발달하지 않았고 교감신경계 역시 형성되는 과정이지만 영아 버전의 투쟁, 대항, 회피 혹은 얼어붙는 반응을 볼 수 있다. 예를 들어, 영아가 의자에 앉아서 엄마 쪽으로부터 완전히 돌아서는 것은 영아 버전의 회피라 볼 수 있다. 또한 엄마의 강력한 움직임에 대해 화난 항의의 소리를 내거나, 격렬하게 발을 차고, 우는 얼굴을 하고 혹은 몸을 돌려 버리는 영아 버전의 싸우는 모습도 볼 수 있다.

위협이 장기화하거나 격렬해지면 뇌의 가장 오래된 부분인, 미엘린화 되지 않은 미주신경이 활성화되어 얼어붙음이나 늘어짐의 반응을 하게 한다. 아기가 움직이지 않거나 몸의 균형을 잃고 축 늘어지는 모습에서 영아 버전의 얼어붙음이 나타난다. 이 모습은 제2부의 그림(쫓기와 피하기, 혼란)에서 제시된다. 엄마의 위협적인 얼굴이나 갑자기 다가오는 행동에 아기의 얼어붙은 모습이나 일시적으로 얼굴의 긴장이 사라진 모습을 볼 수 있다(Beebe & Lachmann, 2013).

엄마의 공간 방향

아기와 달리 엄마는 머리를 앞이나 뒤로 향하지만, 좌우로 움직이는 모습은 보이지 않는다. 대신 엄마는 정면을 향한 자세에서 아기에게 시각적으로 집중하고 상반신을 움직인다. 엄마는 똑바로 앉은 자세에서 앞으로 기울이기도 하고 아기 얼굴에 갑작스레 다가가기도 한다. 이 행동들이 우리가 분석한 엄마의 공간적 자세이다. 엄마는 관찰 시간 중 약 절반가량을 똑바로 앉아 있었고, 절반이 채 안 되는 시간 동안 몸을 앞으로 기울이고 가끔씩 아기 얼굴에 갑자기 다가가기도 한다.

아기가 시선을 피하는 순간에 엄마가 아기 스스로 자신의 흥분을 가라앉히고 조절할 시간을 주려고 잠시 멈추고, 기다리는 게 어려울 수 있다. 앞에서 설명한 것처럼, 엄마가 기다려 주면, 아기는 진정된 후 다시 엄마를 바라본다. 아기가 자신을 힘들게 하거나 자신에게 충분한 관심을 보이지 않는다고 걱정하는 엄마가 아기의 시선 회피 순간을 견디기 어려운 것은 흔한 일이다.

쫓기와 피하기

엄마가 영아의 시선 회피를 자신을 사랑하지 않거나 자기에게 관심이 없음을 나타내는 행동이라 생각하면 엄마는 아기가 몸을 돌려 피할 때 아기 쪽으로 다가가는 쫓기 행동을 한다. 이런 엄마의 자극적인 행동은 스스로 흥분을 가라앉히고 다시 엄마를 바라보려는 영아의 능력을 손상시킨다. 엄마의 쫓기는 아기의 이름을 부르거나, 아기의 팔을 잡아당기거나, 아기 얼굴 가까이 다가가거나 혹은 드물기는 하지만 강제로 아기가 엄마를 바라보게 고개를 이동시키는 행동 등이 포함된다. 그림에서 이런 쫓기와 피하기의 패턴을 확인할 수 있다([그림 3a]에서 [그림 3c] 참조). 우리 연구에 따르면 쫓기와 피하기 패턴은 양방향으로 진행되는데 엄마의 쫓기가 아기의 피하기를 이끌어 내고, 아기의 피하기가 다시 엄마를 쫓게 만든다(Beebe & Lachmann, 2002; Beebe & Stern, 1977 참조). 이 패턴을 통해 4개월 된 아기가 한 살이 되었을 때의 불안정(저항) 애착을 예측했다(Beebe et al., 2010).

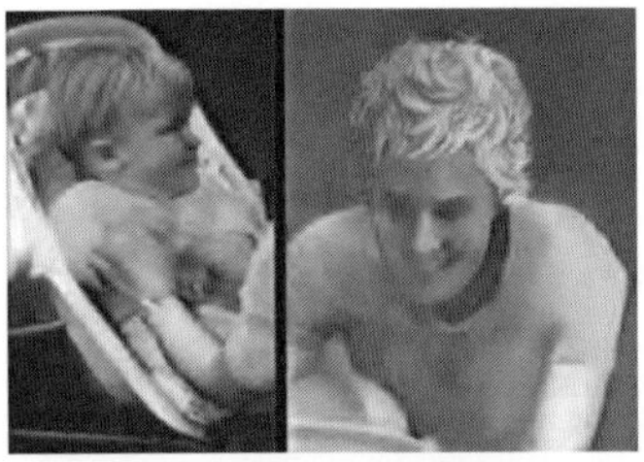

그림 3a. 엄마가 아기 얼굴에 가까이 다가가고, 아기는 외면하기 시작한다.

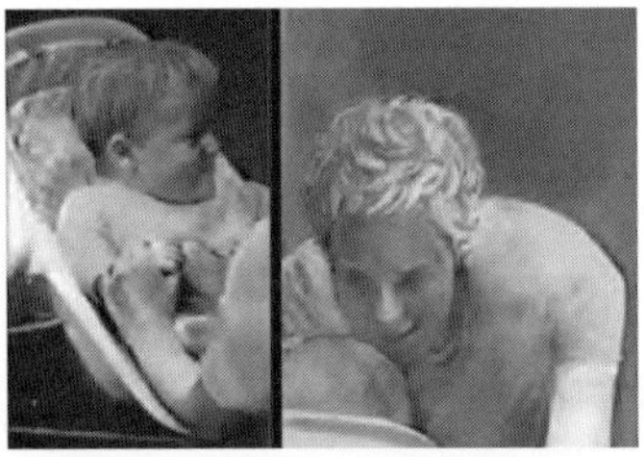

그림 3b. 엄마가 완전히 아기 얼굴 앞에 다가간다.

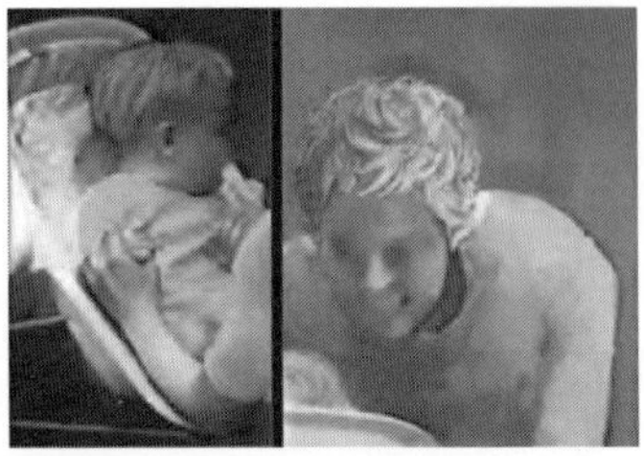

그림 3c. 아기가 고개를 돌려 피한다.

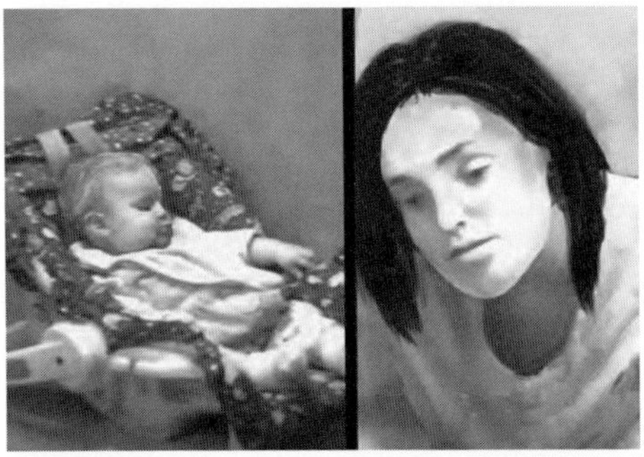

그림 4a. 아기는 쳐다보지 않고 왼쪽으로 고개를 돌린다. 엄마는 똑바로 앉아 아기가 기울인 방향으로 고개를 기울이고 기다린다.

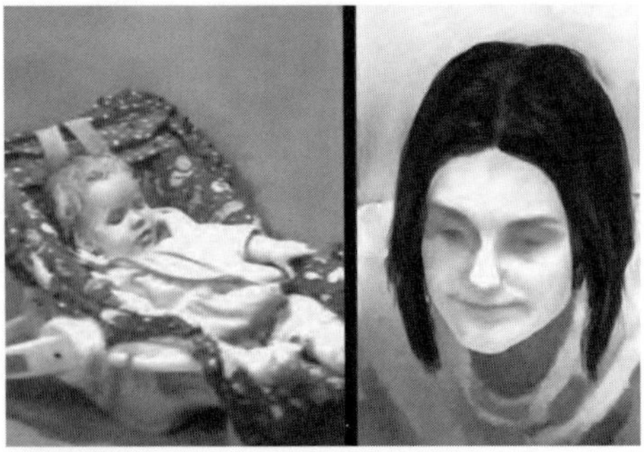

그림 4b. 아기가 고개를 정면으로 돌렸지만 계속해서 아래를 바라본다. 엄마는 아기의 움직임에 맞춰 고개를 정면으로 하고 기다린다.

안전한 시선 회피

엄마가 갑작스레 아기에게 다가가거나 쫓는 행동은 역효과를 낳는다. 이 경우 아기는 흥분을 가라앉히고 조절하기 위해 더 많은 시간이 필요하게 되어 엄마를 다시 바라보기가 어려워진다. 대신 엄마가 아기에게 조절할 시간을 주고, 다시 자기에게로 돌아올 것이라 믿으면 아기는 빠르게 다시 참여하게 된다. 안전한 시선 회피는 [그림 4a]와 [그림 4b]에 간단히 설명되어 있는데, 아기가 시선을 회피할 때 엄마가 차분하고 침착하게 기다려 주면 아기는 금방 다시 엄마를 바라본다. 둘은 다시 연결되고 미소 짓는다.

[그림 4a]와 [그림 4b]에 나타난 안전한 시선 회피 패턴에서 엄마와 아기 모두 아기가 시선을 돌리는 순간을 견딜 능력이 있다. 엄마는 실망하거나 걱정하지 않고 차분하게 기다리는 모습을 보인다. 아기가 다시 돌아올 것을 확신하는 것 같다. 이후 그림에서 설명하겠지만, 그림의 순서가 끝날 무렵 아기는 엄마를 다시 바라본다. 아기가 바라보고, 시선을 피하는 주기에 엄마와 아기 모두 이 상황에 대처할 수 있으면 아기는 편안하게 흥분을 조절한 후 계속해서 서로를 바라보는 순간을 즐길 수 있다. 이 순간 동안에는 주로 즐거운 표정과 목소리가 의사소통의 중심이 된다.

감정

영아의 얼굴 정서

우리는 면대면 놀이 시간 중 약 80%의 시간 동안 나타나는 아기의 표정을 분석했다. 흥미로운 표정은 실제로 웃는 것은 아니며, 입을 넓게 벌리거나 벌리려는 기미가 보이는 모습이다([그림 5a] 참조). 영아가 입을 벌리거나 다무는 것은 강력하고 지속적인 의사소통 방식이다(Beebe, 1973).

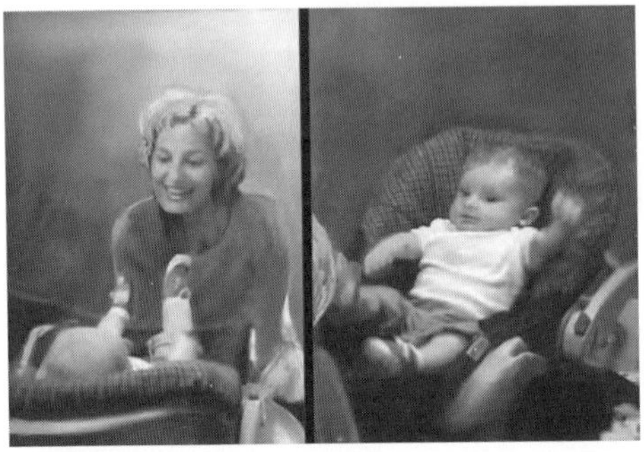

그림 5a. 아기의 중립적인 관심 표현

그림 5b. 아기의 약간의 미소

그림 5c. 아기의 환한 미소와 자신 만지기

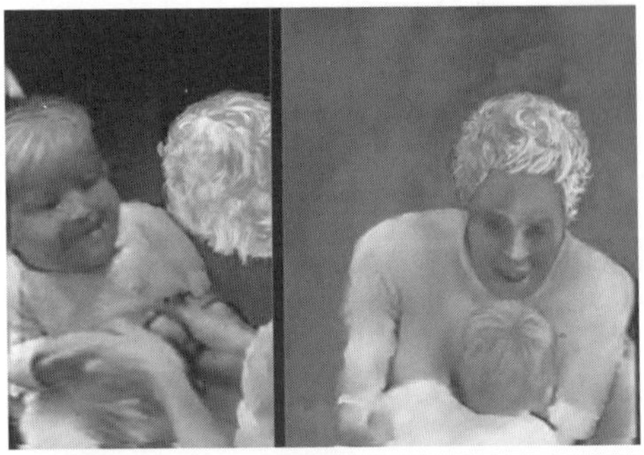

그림 5d. 아기의 다문 입술

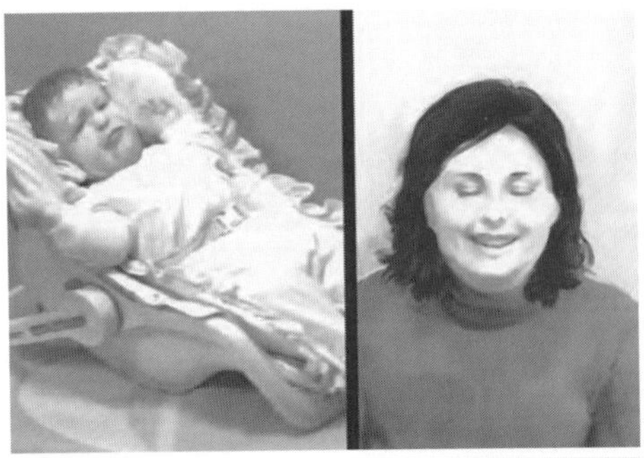

그림 5e. 아기의 찡그림

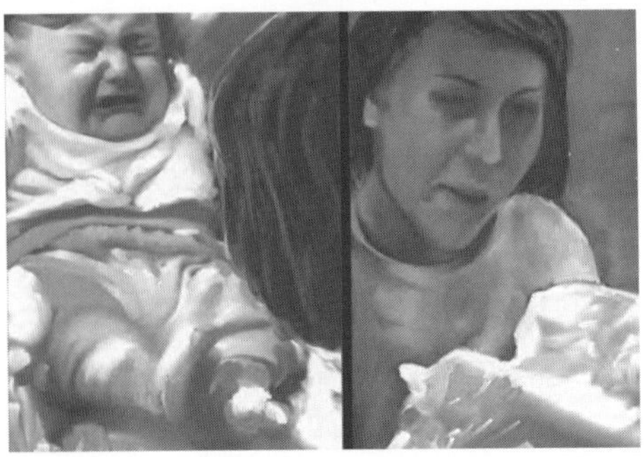

그림 5f. 아기의 우는 얼굴

홍미롭지만 일반적이지 않은 변형된 홍미로움의 모습을 중립적인 입 벌림이라 하는데, 이는 입을 완전히 벌리면서도 더 넓게 벌리거나, 웃으려는 기색이 전혀 없는 매우 의미심장한 모습이다(Beebe, 1973; Bennett, 1971; [그림 6b] 참조). 이 표정은 원숭이와 유인원에게서 보이는데 인간 진화 유산의 한 모습이다(Van Hooff, 1967).

우리는 아기의 미소를 작은 미소와 환한 미소로 분류한다([그림 5b]와 [그림 5c] 참조). 작은 미소와 환한 미소는 놀이 시간 중 20% 미만에서 발생한다. 작은 미소란 입을 거의 혹은 전혀 벌리지 않지만, 입꼬리가 올라간 모습이다([그림 5b]). 반면에 환한 미소는 입꼬리도 올라가고 입을 크게 벌린 미소를 말한다([그림 5c]). 이 중 가장 환히 웃는 입 벌린 미소([그림 6b])는 환한 미소에 포함된다. 부정적인 아기의 표정(마찬가지로 적은 정도와 많은 정도로 분류됨)은 긍정적인 표정보다 더 드물었다. 부정적인 표정이란 찡그림, 입술을 꾹 다물기([그림 5d]; 적은 부정으로 분류됨), 찌푸림([그림 5e]), 울기 전 얼굴과 우는 얼굴([그림 5f]; 많은 부정으로 분류됨)이 있다.

영아의 음성 정서

우리는 음성 감정 혹은 음성 정서의 두 용어를 혼용해 사용한다. 이는 종종 '운율'로 불리는 소리의 윤곽이나 형태를 말한다. 여러 문화권에서 종 모양처럼 위아래로 움직이는 정현파(사인파) 형태인 엄마의 소리는 허락을 의미하고, 급작스럽게 오른쪽으로 떨어지는 종의 오른쪽 절반 모양의 소리는 불허를 나타낸다(Fernald, 1993). 영아들은 음성의 윤곽을 인지하고, 특히 허락과 불허의 형태에 반응한다.

우리는 아기의 소리를 높은 긍정, 중립/낮은 긍정, 무성, 짜증-훌쩍임, 화난 항의, 울음으로 분류한다. 엄마는 아기의 소리 윤곽에 맞추고 자세히 설명한다. 이는 엄마와 영아의 강력한 정서적 소통 방법이다.

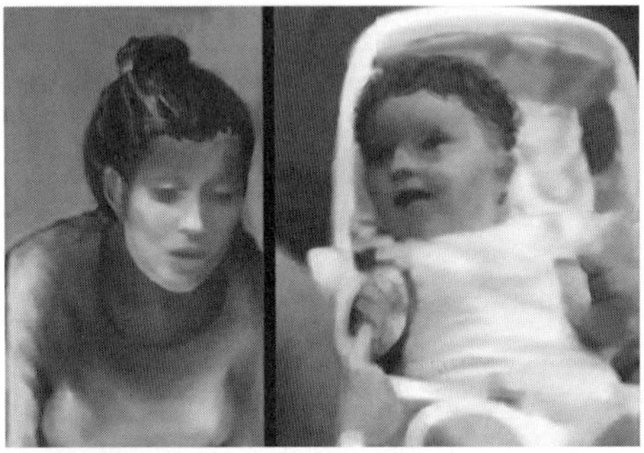

그림 6a. 아기의 살짝 열린 입과 작은 미소

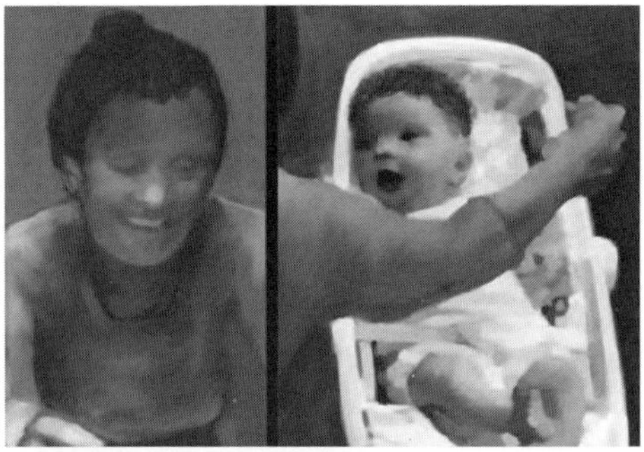

그림 6b. 아기의 입을 벌린 미소

그림 7a. 엄마는 중립적인 관심 표현을 하면서 입이 약간 벌어지고 넓어졌다. 아기는 중립적인 얼굴이다.

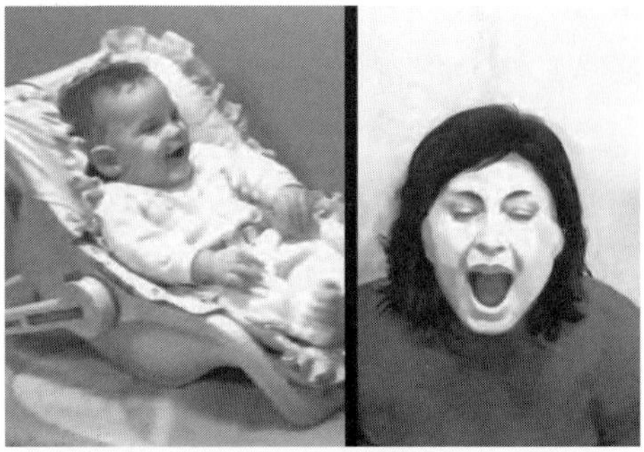

그림 7b. 엄마의 입을 벌린 미소, 아기의 활짝 웃는 미소(입을 살짝 벌린 미소가 아님).

엄마의 얼굴 정서

엄마와 아기의 면대면 상호작용에서 엄마는 절반이 넘는 시간 동안 중립/관심 있는 표정을 짓는 경향이 있다([그림 7a] 참조). 엄마와 아기는 절반이 안 되는 시간 동안 적은 혹은 중간 정도의 미소를 짓는다. 엄마의 입을 벌린 미소([그림 7b]), 놀란 채 하는 모습([그림 7c]), 동정하는 얼굴([그림 7d]와 [그림 7e])과 같은 부정적인 표정들은 상대적으로 드물다.

입을 다문 채 넓게 미소 짓는 모습 자체는 중간 정도의 긍정적인 표정이다. 미소에 입을 벌리는 정도가 더해질수록 긍정적인 정서는 더욱 증가해 완전히 입을 벌린 미소

([그림 7b])까지 이른다. 종종 엄마와 아기는 서로의 방향에 맞춰 고개를 들고 그 순간에 신나게 소리 내 긍정 정서의 강도를 더욱 높인다(Beebe, 1973; Beebe & Lachmann, 2002; Beebe et al., 2010; Messinger, Fogel, & Dickson, 2001; Stern, 1985; Tronick, 1989 참조).

우리는 엄마의 음성 정서를 분석하지 않는다. 대신 엄마와 아기의 음성 리듬을 분석하는 자동화된 시스템을 사용하는데, 여기에는 제시하지 않았다(Jaffe et al., 2001 참조).

그림 7c. 엄마의 가짜 놀람

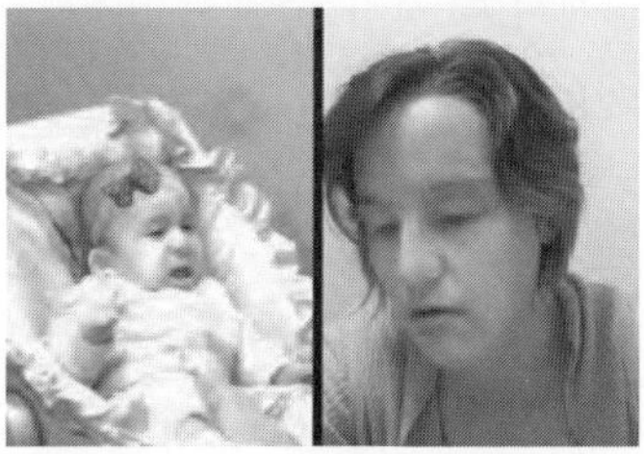

그림 7d. 부분적인 엄마의 동정의 표정

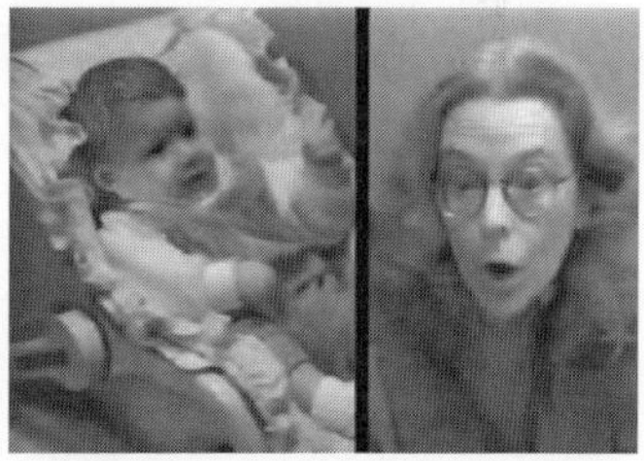

그림 7e. 놀람을 동반한 강한 동정의 표정

안면 미러링

일반적으로 엄마와 영아는 상대방의 긍정 정서에서 부정 정서로의 변화에 방향을 일치시키는 모습을 보이는데, 이를 안면 미러링(facial mirroring)이라고 한다(Beebe, 2005; Beebe & Lachmann, 2013). 여기서 말하는 일치란 유연하고 대략적인 모습으로, 정확하게 일치하는 표정은 드물다. 이 과정은 일치나 모방(Stern, 1985)보다는 세부화(Fogel, 1993), 에코, 대응 또는 보완(Trevarthen, 1977)으로 묘사된다고(Stern, 1985) 하는 게 더 정확하다.

다음에서 설명하듯이 일치는 일치(match), 불일치(mismatch), 재일치(rematch) 과정을 포함하는데 우리는 이를 혼란과 회복(Tronick, 1989 참조)이라고 부른다. 이 과정에서 엄마와 아기는 일치된 상태와 그렇지 않은 상태 사이를 유연하게 이동한다.

접촉

영아의 접촉

우리는 아기의 접촉을 자신의 피부 만지기(입으로 물기 포함), 물체(예: 끈, 옷, 의자) 만지기, 엄마를 만지기([그림 8a] 참조), 또는 접촉하지 않기로 분류한다. 아기의 접촉 패턴은 응시, 얼굴 표정 혹은 소리를 통해 의사소통하지 않을 때 접촉의 계층을 제공한다. 예를 들어, [그림 8a]에서 아기가 엄마를 바라보고 있을 때 엄마는 카메라를 바라보고 있는데, 우리는 아기가 엄마의 손을 잡고 만지는 작은 움직임을 볼 수 있었다.

엄마의 접촉

엄마의 접촉에 관해서는 각각의 미묘한 차이와 특성을 확인하기 위해 21가지의 유형으로 분류한다(Beebe et al. 2010; Stepakoff, Beebe, & Jaffe, 2000). 그런 다음, 이 다양한 접촉의 특성을 애정 어린 접촉부터 침입적인 접촉까지 순서대로 배열한다. 이러한 접촉의 특성은 쓰다듬기나 어루만짐과 같이 애정적인 것에서부터 손이나 손가락을 잡는 것([그림 8b] 참조)과 같이 정적인 것, 두드리기, 간지럽히기, 문지르기와 같이 장난스러운 것, 아기의 옷 매무새를 가다듬는 것과 같은 돌보기, 아기의 옷과 같은 물체를 통해 아기를 만지는 흔들기, 거칠고 침입적인 접촉에 이르기까지 다양하다. 접촉은 즐겁고 장난스러운 측면 외에도 상호작용이 잘 진행되지 않을 때 연결되게 하는 중요한 방법이 될 수 있다.

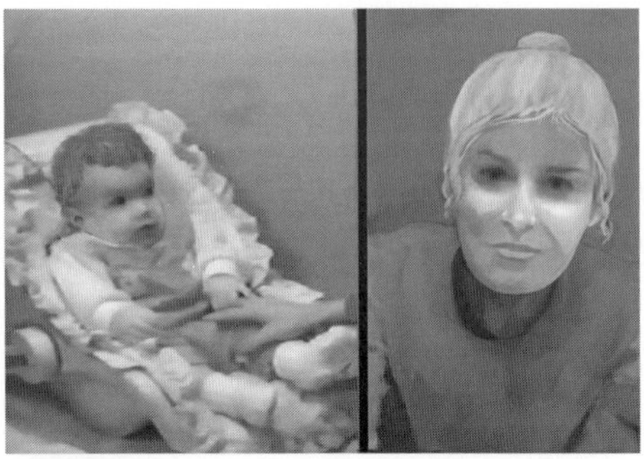

그림 8a. 아기가 엄마 손가락을 잡는다.

그림 8b. 엄마의 정적인 접촉

의사소통의 패턴은 예상되며 영아 발달을 형성한다

지금까지 엄마와 영아의 행동을 어떻게 분석했는지 설명했다. 이제 우리는 엄마와 영아가 행동 언어를 사용해 서로 일치하는 순간을 만들어 내는 방법, 영아의 괴로움을 다루는 방법, 그리고 이 둘의 상호작용이 방해되는 순간과 이를 바로잡는 방법을 살펴본다. 이 과정에서 자기조절과 상호작용조절의 다양한 패턴이 만들어진다. 이러한 패턴은 양쪽 파트너가 기억하고, 기대하게 되며, 영아의 발달을 형성한다. 특히 이전에 언급했던 영아의 안정 애착이나 불안정 애착을 형성한다.

영아와 부모는 상대방의 상태를 어떻게 감지하는가? 행동의 일치는 라포를 형성한다

일치는 서로의 감정이 공유되고 상대방에게 인정받는지 여부를 알 수 있는 방법을 알려 준다. 우리는 공유될 수 있는 감정이 있고, 공유할 수 없는 감정도 있다는 것을 배운다(Stern, 1985). 엄마와 영아가 공동으로 일치하는 패턴을 만드는 능력이 중요한 것은 이러한 일치가 애착 안정성과 친밀감 생성에서 중요한 역할을 하기 때문이다.

많은 행동의 일치나 유사성은 무의식적으로 빠르게 발생한다(Chartrand & Bargh, 1999; Dimberg, Thunberg, & Elmehed, 2000; Kendon, 1970). 다음 [그림 9]에서 우리는 비슷하게 입을 벌린 채 미소를 짓고 있는 엄마와 아기를 볼 수 있는데 이는 긍정적인 얼굴 정서의 정점에서 일치를 보여 주는 예시이다. 서로 맞은편에서 얼굴을 바라보며 행동이나 실제 얼굴 표정을 유사하게 만드는 것에서 일치가 발생한다.

영아의 음성 윤곽(소리의 형태)과 음성 리듬(소리와 침묵의 지속 시간)을 맞추는 것은 또 다른 형태의 일치로, 이는 영아의 참여를 유도하는 효과적인 방법일 수 있다. 영아가 방향을 바꾸거나 바라볼 필요가 없기 때문에 영아의 음성 윤곽이나 리듬을 일치시키는 것은 '누군가 나의 파동에 맞추고 있다'고 느끼게 하는 침입적이지 않은 방법이다.

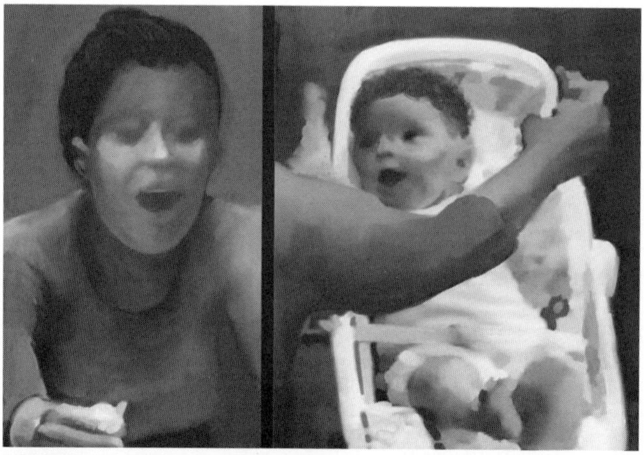

그림 9. 엄마와 아기가 동일하게 입을 벌리고 웃는다.

엄마와 영아는 면대면 상호작용에서 서로의 행동을 일치시키는 데 기여한다. 모든 행동양식(응시, 얼굴 정서, 음성 정서, 음성 리듬 등)에서 잠재적인 일치의 여지가 있다. 게다가 일치는 엄마의 얼굴 표정과 아기의 얼굴 표정, 혹은 엄마의 음성 리듬과 아기의 음성 리듬처럼 동일한 의사소통 양식일 필요는 없다. 대신 일치는 교차 양식일 수 있는데 서로가 각각 다른 행동 양식에서 일치시킬 수도 있는 것이다. 예를 들어, 엄마의 긍정적인 음성 윤곽과 아기의 긍정적인 얼굴 표정, 혹은 그 반대의 경우를 교차모델일치라고 할 수 있다. 우리는 이제 행동의 방식, 즉 리듬, 모양 및 활성화의 역동적이고 변화하는 패턴으로 돌아가 살펴 본다(Stern, 1985). 일치는 이러한 동적인 패턴이나 의사소통 양식의 조합 속에서 발생한다.

Stern과 동료는 일치를 "우리와 다른 사람들 사이에서 패턴화된 변화로 인식되는 동적인 순간적 변화"로, 무의식중에 자동적으로 다른 사람에게 인지되었다고 느끼게 하기 위해 다른 사람과 함께 변화하는 것으로 설명했다. 각 파트너는 잠재적으로 상대방의 미묘한 움직임에 따라 변한다. 앞에서 얼굴 정서의 일치를 설명했지만, 리듬의 일치와 같은 일부 일치는 그림으로 설명하기에 더 어렵다.

영아는 상대방의 행동(응시, 회피, 긍정적이거나 부정적인 얼굴 표현), 강도, 시기 등을 바탕으로 상대방의 감정 상태를 인지한다(Stern, 1985; Trevarthen, 1998). 중요한 점은 영아가 상대방의 행동이 자기 행동과 일치하는지를 인지한다는 것이다. 일치를 인지하는 영아의 능력은 상대방의 내적 감정의 질을 파악하고 자신과 공유되었는지 구별할 수 있게 한다(Stern, 1985). 이 과정은 자동적이고 암묵적이다. 엄마에게 있어, 이런 행동은 대부분 무의식에서 비롯된다. 이것은 절차적(행동-순차적) 인지의 측면이다. 하지만 이러한 패턴을 엄마가 의식하게 되면, 특히 이 과정에서 공감적 지지가 함께하면 엄마는 아기의 감정 상태를 반영하게 된다.

행동 일치에 관한 또 다른 연구는 엄마가 영아의 정서적 상태에 참여할 수 있는 더 많은 방법을 조명한다. Dimberg와 동료는 마스킹 기술을 이용해 성인 피험자들을 30ms(1,000분의 30초) 동안 행복하고, 분노하고, 중립적인 얼굴에 노출시켰다. 피험자는 5초 동안 얼굴의 중립적인 자세에, 30ms 동안 같은 얼굴의 화난(혹은 행복한) 자세에, 그리고 다시 5초 동안 중립적인 자세에 노출됐다. 피험자들이 화난(혹은 행복한) 얼굴을 의식적으로 인지하기에는 너무 빨랐다. 그래서 피험자의 얼굴에 미니어처 전극을 착용했다. 얼굴 근전도 그래프는 행복한 얼굴과 화난 얼굴을 일치시키는 데 구별되는 얼굴 근육 반응을 보였다(Dimberg et al., 2000). 따라서 긍정적이거나 부정적인 얼굴 반응은 무의식적으로 발생함을 알 수 있다. 이 연구는 상대방의 상태에 참여하는 또 다른 방법을 밝혔다.

일치에 관한 대부분의 문헌은 엄마와 영아 사이에 공유된 긍정적인 상태를 설명한다. 하지만 영아의 부정적인 상태를 동정적으로 공유하는 엄마 역시 매우 중요하다. 앞으로 살펴보겠지만, 엄마가 영아의 괴로운 상태를 동정적인 표정으로 공유할 때 영아는 안정 애착을 형성할 가능성이 높다(Beebe et al., 2010). 반면에, 엄마가 자신의 괴로움을 함께하지도, 인지하지도, 공감하지도 않는다고 느끼는 영아는 불안정 애착 결과를 보일 가능성이 높았다.

여기에 한 가지 주의 사항을 추가하자면 대부분의 행동 일치 형태는 알려진 경험 또는 같은 파장에서 발생하는 반면, 어떤 형태의 일치는 최적이 아닐 수도 있다. 바람직하지 않은 일치 형태의 두드러진 예는 서로가 지나친 흥분을 고조하는 패턴이다(Beebe, 2005). 이 패턴에서 아기는 극심하게 괴로워하고, 엄마는 아기를 참여시키려고 점점 더 지나친 행동을 한다. 이 과정에서 4개월 된 아기는 지나치게 흥분해 구토를 하고 말았다. 그리고 이 아기는 한 살 때 혼란 애착으로 분류되었다(Beebe, 2005). 한 순간만으로 향후 영아의 애착이 결정되지는 않지만, 상호적으로 심화하는 과잉 활동의 패턴이 이 엄마와 아기 사이에 전형적인 모습일 것으로 추정된다.

영아와 부모는 상대방의 상태를 어떻게 감지하는가? 얼굴 표현의 일치와 생리적 흥분

Ekman과 동료들은 특정한 얼굴 표현이 특정 생리적 흥분 형태와 관련이 있다는 것을 발견했다(Ekman, Levenson, & Friesen, 1983; Levenson, Ekman, & Friesen, 1990). 상대방의 얼굴 표현과 일치하는 것은 보는 사람도 유사한 생리적 상태를 겪게 한다. 서로의 얼굴 표현에 일치시키면 서로는 상대방의 정신 생리 상태를 자신에게 재현한다. 따라서 각각은 상대방의 주관적인 상태에 참여할 수 있게 된다(Beebe & Lachmann, 1988, 2002). 개인의 흥분의 패턴을 통해 상대방의 정서 상태를 알 수 있다(Levenson & Ruef, 1997). 그리고 이 과정은 일반적으로 무의식중에 발생한다.

영아와 부모는 상대방의 상태를 어떻게 감지하는가? 거울신경세포

거울신경세포는 엄마와 영아가 서로의 상태를 감지하게 하는 또 다른 방법이다. 어느 날, 연구원 Rizzolatti가 아이스크림콘을 핥아 먹고 있을 때 원숭이 한 마리가 지켜보고 있었다. 사전에 이 원숭이의 뇌에는 전극을 이식했다. 아이스크림을 먹는 모습을 보는 원숭이의 전운동피질(premotor cortex)이 활성화되었다. Rizzolatti는 원숭이가 아이스크림에 손을 뻗을 때에도 바라보고 있을 때 활성화되었던 것과 같은 세포가 활성화된 사실을 발견했다. 신경세포는 인간의 경우에도 비슷하게 작동한다. 신경세포는 행동인지 메커니즘을 제공하는데, 이는 행위자의 행동을 관찰자의 전운동피질에서 재현시킨다(Iacoboni et al., 2005; Rizzolatti, Fadiga, Fogassi, & Gallese, 1996). 거울신경세포를 통해 관찰자는 행위자의 의도를 인지하는 능력을 향상한다(Wolf, Gales, Shane, & Shane, 2001). Pally(2000)는 거울신경세포를 "내가 당신과 같은 행동을 한다면 나는 (절차적 형태로) 내 의도가 무엇인지 파악함으로써 당신의 의도를 이해한다"는 의미로 볼 수도 있다고 설명했다.

영아와 부모는 상대방의 상태를 어떻게 감지하는가? 체화된 시뮬레이션

체화(體化)된 시뮬레이션이라 불리는 새로운 연구 영역은 사회적 상호작용 동안 어떻게 감정이 전달되는지에 대한 Ekman의 연구 결과(Ekman et al., 1983)와 거울신경세포 연구를 기반으로 구축됐다. 앞에서 언급한 바와 같이 사회적 의사소통은 보통 무의식중에 상대방의 행동에 대략 일치시키고, 비슷한 행동, 제스처, 얼굴 표현을 한다. 종종 일치 과정은 두 사람 사이에서 너무 빨라서 0.5초 이내에 발생할 수 있는 안면 미러링과 같이 보이지 않을 때도 있다(Niedenthal, Mermillod, Maringer, & Hess, 2010). 따라서 상대방의 행동을 관찰하면 비슷한 행동을 이끌어 낼 수 있다.

체화된 시뮬레이션 연구는 상호 효과를 보여 준다. 상대방의 행동에 일치시키는 것은 상대방의 행동에 대한 개인의 인식에 영향을 미치고 상대방의 행동에 대한 인식을 촉진한다. 이 과정은 의식적으로 혹은 무의식적으로 발생한다. 이 효과는 감정의 미묘한 뉘앙스가 있는 상황에서 가장 크게 보이는데, 체화된 시뮬레이션 이론은 이 일치의 과정이 상대방의 인지된 표현(제스처, 자세)의 내적 시뮬레이션을 반영하고 그 의미에 대한 이해도를 높인다고 설명한다. 이 연구 분야는 행동의 인지, 실행, 관찰이 모두 뇌의 보상, 운동, 체성감각, 정서적 시스템을 포함하는 같은 신경 기질을 공유한다는 것을 보여 준다(Niedenthal et al., 2010; Oberman, Winkielman, & Ramachandran, 2007).

음성 리듬 협응과 애착 예측: 최적의 중간범위 모델

여러 저명한 연구 패러다임과 마찬가지로 공통적인 관점에서 "많을수록 좋다"라는 개념이 우세하다. 이러한 관점에서 더 많은 유인, 더 많은 수반성, 더 많은 일치 또는 더 많은 대응이 더 나은 것으로 간주되고 최적의 결과를 가져올 것으로 예상한다. 그러나 많은 연구가 중간 범위의 일치 모델이 애착에 최적이라는 것을 입증했다(Belsky et al., 1984; Cohn & Elmore, 1988; Jaffe et al., 2001; Lewis & Feiring, 1989; Leyendecker et al., 1997; Malatesta et al. 1989; Roe, Roe, Drivas, & Bronstein, 1990; Sander, 1995). 이 연구는 더 많은 것이 반드시 더 나은 것은 아니라는 것을 보여 준다. 그 이유는 중간 범위에서 움직임과 파트너를 찾을 수 있는 유연성이 높아지고, 혼란과 회복 과정도 훨씬 유연하게 작동하기 때문이다.

이러한 연구의 한 예(Beebe, 2000; Jaffe et al., 2001)로 4개월 된 아기와 엄마의 음성 리듬 일치와 아기와 낯선 사람의 음성 리듬 일치에서 한 살 때의 애착을 예측했다. 낯선 사람은 새로운 파트너로서 이 책의 저자 중 한 명이거나 훈련된 대학원생이었다. 음성 리듬은 한 사람의 음성 흐름에서 소리와 침묵의 지속 시간을 의미한다. 일치란 상대방의 행동에 기반하여 자기 행동을 변경하는 상호작용 과정을 말한다. 음성 리듬의 일치는 각 개인이 소리와 침묵의 지속 시간을 단축하거나 연장할 때 파트너가 자신의 소리와 침묵의 지속 시간을 상대방과 유사하게 단축하거나 연장함으로써 얼마나 느슨하거나 정확하게 일치시키냐로 평가된다. 4개월 된 아기와 엄마, 그리고 낯선 사람과 엄마와 아기의 중간범위 정도의 일치에서 아기가 한 살이 되었을 때 안정 애착을 예측했다. 반면에 매우 적은 혹은 강한 일치에서 불안정 애착을 예측했다.

이 연구로 우리는 일치를 연속적인 개념으로 이해할 수 있는데, 이는 상대방과의 의사소통에서 최적의 중간범위와 매우 강한(과도한) 혹은 매우 낮은(위축된) 양극단으로 정의된다. 여기서 강한 일치를 과도한 트랙킹, 너무 열심히 하려는 시도 혹은 경계라고 부른다. 강한 일치는 불안정 애착에서 대응 전략으로 해석되는 상호작용의 예측 가능성을 높인다. 매우 낮은 일치는 위축으로 설명되는데, 여기서 두 파트너 모두 상대방으로부터 독립적으로 행동하고 둘 다 상대방의 행동에 크게 적응하지 않는다.

그래서 이 연구는 일반적으로 알려진 '많을수록 좋다'는 개념과 상충하는 면이 있다. 이 관점에서 더 많은 유인, 더 많은 우연, 더 많은 일치 또는 더 많은 대응은 매우 긍정적이다. 그러나 때로는 적은 게 더 좋을 수도 있다. 중간범위를 찾는 것이 종종 최적일 수도 있다. 또 다른 관점은 자신의 아기와 정확하게 일치해야 한다는 부모의 부담감을 덜어 준다. 많은 경우에 속도를 줄이고, 한 걸음 물러나 영아가 무엇을 하는지 지켜보는 것이 부모와 영아 모두에게 재조정할 수 있는 시간을 준다.

괴로움을 조정하는 것은 공동 참여의 결과이다

어떻게 우리는 엄마와 아기의 면대면 상호작용에서 영아의 얼굴이나 음성에서 나타난 괴로움을 확인할까? 앞서 언급한 바와 같이, 우리는 영아의 얼굴에서 보이는 괴로움을 찡그림, 찌푸림, 그리고 긴장된 입술로 분석했고, 음성에서 확인되는 영아의 괴로움은 칭얼댐/훌쩍거림, 화난 항의의 소리와 울음으로 분석했다.

고조된 괴로움의 순간을 관리하는 영아의 능력은 모두 다르고, 영아의 괴로움에 대응하는 엄마의 능력도 각각 다르다. 엄마와 아기는 모두 자신의 괴로움을 가라앉히고 달래는 자신만의 능력이 있다. 게다가 엄마는 공감적으로 참여하는 방법으로 아기를 도울 수 있다.

우는 리듬에 동참

엄마가 영아의 괴로움을 도울 수 있는 효과적인 방법은 영아가 칭얼대거나 영아의 우는 리듬에 일치시키거나 함께하는 것이다. 이 리듬적 참여는 공감적 우는 소리 윤곽(운율)을 동반한다. 이 과정에서 괴로움의 리듬과 운율(음성 정서)은 대략 일치하지만, 그 소리 크기나 강도는 일치하지 않는다. 영아의 괴로움의 소리 크기나 강도에 일치시키는 것은 영아를 과도하게 자극할 위험이 있다.

엄마가 우는 리듬에 함께하면 영아는 엄마의 리듬과 운율이 자신의 것과 일치한다고 느낄 수 있고, 자신의 괴로움이 인지되고 느껴졌다고 알게 된다. 이렇게 영아의 괴로움에 함께하는 것은 영아가 자신의 괴로움을 조절하는 데에도 도움이 된다. 엄마와 아기 모두 점진적으로 천천히 자신의 리듬을 늦추고, 따라서 아기 역시 서서히 진정된다. 이는 양쪽이 함께 만들어 내는 과정으로서 각각의 사소한 조정이 서로에게 영향을 주어 비슷한 조정을 하게 된다(Beebe, 2000; Beebe et al., 2010; Gergely & Watson, 1997; Stern, 1985).

엄마의 침울한 얼굴(woe face)

제2부의 그림에서 볼 수 있듯이 엄마가 아기의 괴로운 상태에 침울한 얼굴로(소리가 아닌) 일치하여 괴로움을 공유할 수 있는지 여부가 안정 애착이나 불안정 애착 발달에 매우 중요하다. 엄마의 침울한 얼굴은 제2장의 [그림 7d]와 [그림 7e]에서 볼 수 있다. 게다가 괴로운 와중에도 영아가 계속 엄마를 바라볼 수 있으면 엄마는 침울한 얼굴을 보임으로써 영아에 공감할 가능성이 더 높다(Beebe, Bigelow et al., 2015). 이것은 영아가 엄마의 반응을 형성하도록 하고 모두가 괴로움을 조절하는 데 함께하게 한다.

혼란과 회복

엄마와 아기가 정확하게 일치하거나, 대부분 일치하거나 혹은 상응하는 방식으로 횡단한다는 낭만적인 개념 대신(Cohn & Tronick, 1989 참조), 우리가 설명한 최적의 중간범위 모델은 정확한 일치보다 유연성을 가진다. 하지만 이것이 영아의 괴로움을 구체적으로 다루는 것은 아니다.

Tronick과 동료들(Cohn & Tronick, 1989; Gianino & Tronick, 1988; Tronick, 1989; 또한 Beebe & Lachmann, 1994 참조)이 개발한 두 번째 유연한 모델은 영아의 괴로움을 구체적으로 다룬다. 혼란과 회복(혹은 불일치와 회복)이 그것이다. 이 모델에서 상호작용은 일치, 불일치 및 안면 시각적 참여가 순차적으로 발생한다. 우리는 아기가 상대방이 자신의 행동과 일치하는지 또는 일치하지 않는지 알 수 있는 능력이 있다는 점을 주목한다. 게다가 아기는 불일치가 회복되면 더욱 일치되는 상태로 복구되는지 알 수 있는 능력이 있다.

혼란과 회복 그림

엄마와 아기의 불일치 상태는 매우 일반적으로 발생하는 일이다(Cohn & Tronick, 1989; Tronick, 1989). 면대면 상호작용에서 이러한 불일치 상태, 상호작용의 오류는 대략 2/3정도 발생한다. 일치와 불일치 상태를 오가는 건 3~5초에 한 번씩 발생한다. 따라서 불일치 상태는 정상적인 상호작용의 일부라 할 수 있다(Tronick, 1989, 2007 참조).

연구에 따르면 혼란을 겪은 후 2초 이내에 빠른 재일치 발생 가능성이 한 살 때의 안정 애착으로 예측 가능하게 한다(Tronick, 1989, 2007 참조). 따라서 얼굴 시각적 참여 상태와 정서, 리듬의 일치 개념은 중요하지만, 면대면 상호작용에서는 매우 제한적인 의사소통 모델을 구성한다. 비일치 상태와 여기서 회복되는 과정 역시 마찬가지로 중요하다.

엄마가 불일치를 인지하고 의식적이든 무의식적이든 잠시 속도를 늦추고 아기가 다시 함께하기를 기다릴 때 회복이 발생한다. [그림 10a]~[그림 10c]에서 엄마와 아기의 상호작용이 살짝 혼란스러워졌다가 회복되는 예를 볼 수 있다. [그림 10a]에서 아기가 고개를 돌리고 몸을 젖힐 때 엄마는 살짝 웃고 있다. [그림 10b]를 보면 아기는 이후 눈을 감은 채 방향을 바꾸지만, 아랫입술은 당긴다. 엄마 역시 자기 아랫입술을 당기는데, 이는 아기의 표현과 정확히 일치하며 마치 "어-오"라고 말하는 듯하다. 엄마가 아기의 상태를 알아챘다. 이 순간은 1초 동안 지속된다. [그림 10c]에서 엄마가 아기에게 손을 뻗자 아기도 손을 내밀며 회복하는 모습을 볼 수 있다.

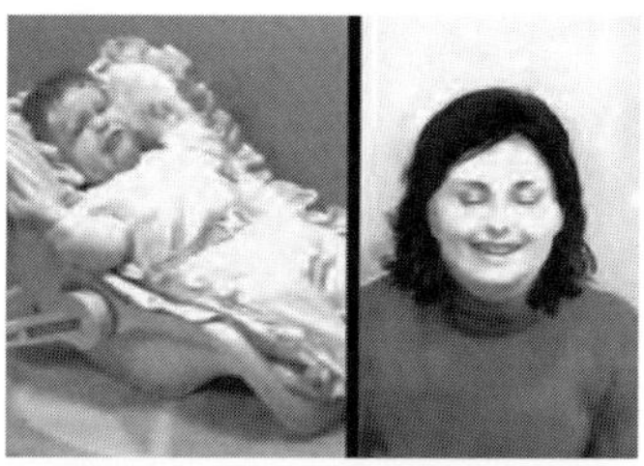

그림 10a. 아기는 고개를 돌리고 살짝 찌푸리고 팔을 당긴 채 '나를 만지지 마세요'라는 몸짓을 보인다.

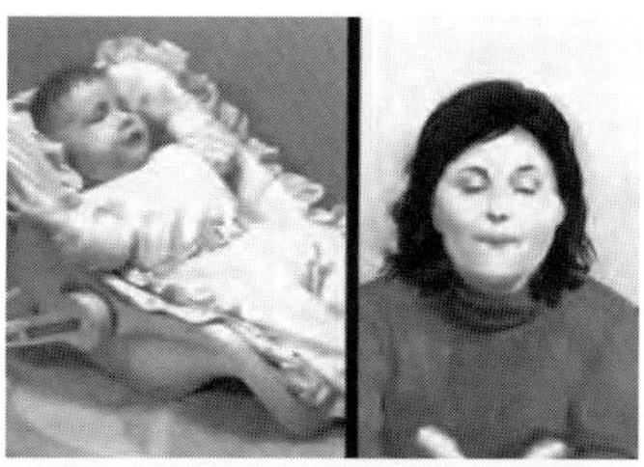

그림 10b. 아기는 눈을 감은 채 방향을 바꾸고 아랫입술을 당긴다. 엄마가 아기의 표현과 동일하게 입을 당기면서 "어-오"라고 말하는 듯하다.

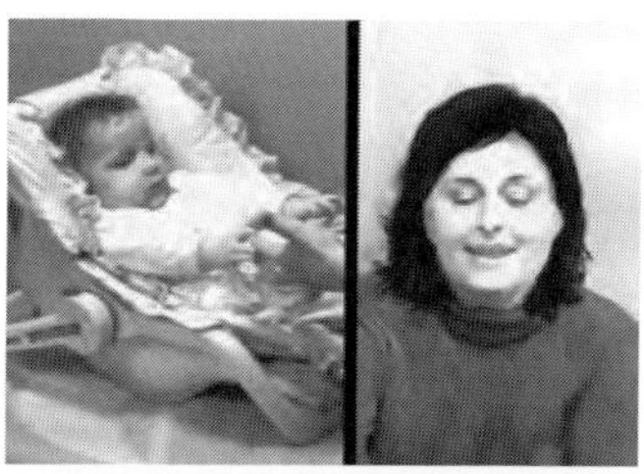

그림 10c. 아기는 엄마에게 손을 뻗고, 엄마는 손을 잡으며 함께 한다. 회복이 시작되었다.

새로운 파트너, 낯선 사람

우리 연구에서, 엄마와 아기가 먼저 면대면 놀이를 하고 이후 낯선 사람이 면대면 놀이를 했다. 낯선 사람의 역할은 우리 중 한 명 혹은 훈련된 대학원생이나 연구 조교가 담당했다. 낯선 사람과 아기의 상호작용은 한 살 때의 애착을 예측할 수 있게 한다(Jaffe et al., 2001). 더욱이 낯선 사람과 아기의 음성 교환에서 청년기의 애착 유형을 알 수 있다(Beebe, Igleheart et al., 2015).

생후 1년까지 일부 영아들은 낯선 사람에게 불안감을 느낀다. 하지만 생후 6개월, 특히 4개월에 우리는 영아를 평가하는데, 낯선 사람은 새로운 도전인 동시에 매우 흥미로운 새로운 파트너가 된다. 대부분의 4개월 된 영아는 종종 엄마보다 낯선 사람에게 더 사회적이다. 반면에 또 다른 영아는 낯선 사람을 경계한다(Weinberg & Tronick, 1998). 우리는 낯선 사람과 상호작용하는 아기를 평가했다. 게다가, 만약 이 상호작용이 엄마에게 스트레스 요인이라면 때때로 아기는 낯선 사람과 회복하고 다시 관계를 맺을 수 있다.

행동-대화 언어에서 자기조절 및 상호조절

엄마와 아기의 행동-대화 언어를 살펴보면서 행동을 일치시킬 때 이 언어를 사용하는 여러 방법을 설명했다. 예를 들어, 일치의 형태, 특히 안면 미러링에 관해 설명했다. 또한 쫓기와 피하기, 안전한 응시 회피, 괴로움 조절, 혼란과 회복도 보았다. 이들은 모두 무의식중에 발생하는데도 불구하고 고도로 조직화되어 있다. 사실 성인뿐 아니라 엄마와 영아는 이러한 무의식중에 발생하는 자기 및 상호작용적 조직 형태를 기대하고 예상하는 방법을 배운다. 이런 과정은 비언어적 의사소통의 기초가 되며 일평생에 걸쳐 작동한다.

상호조절

엄마와 아기는 순간순간 공동으로 상호작용을 만들어 낸다. 이것은 시간이 지남에 따라 상호적이고 양방향의 이중적인 과정으로 전개된다. 즉, 각 파트너는 상대방과 함께 변하고(Stern, 1985), 서로의 행동에 영향을 미치는 데 종종 1초도 안 걸린다(Beebe, 1982; Beebe et al., 2010; Beebe & Stern, 1977; Stern, 1971; Tronick, 1989, 2007).

우리는 이를 상호작용의 조절이나 일치라고 부른다. 이것은 지속적이고 상호적으로 조정되는 과정이다. 각각은 순간마다 상대방의 변화하는 행동에 영향을 주고받는다. 그리고 각 파트너는 상대방에게 영향을 주고받는 과정을 감지한다. 상호조절은 우리가 제시한 관심, 정서, 방향성 및 접촉과 같은 모든 의사소통 방식을 통해 발생한다.

하지만 엄마와 영아는 동등한 파트너가 아니다. 이들은 비슷하거나, 대칭적이거나 혹은 동등한 방식으로 조정하는 것은 아니다. 영아는 활동적인 기여자로서 놀라울 만한 범위에서 참여뿐만 아니라 비참여 행동을 보인다(Beebe & Stern, 1977; Brazelton et al., 1974; Murray & Trevarthen, 1985; Stern, 1971, 1985). 엄마는 더 큰 유연성과 범위를 가진다. 그 예로, 쫓기와 피하기 그림에서 아기는 자신과 연결되려는 엄마의 노력에 강하게 거부하는데도, 엄마는 계속해서 아기를 쫓거나 갑작스럽게 다가가는 모습을 보였다. 이런 상황에서 아기가 할 수 있는 행동은 고개를 돌리고, 소리 내어 항의하고, 몸을 구부리고, 축 처지거나 얼어버리는 모습을 보임으로써 "싫어요."라고 하는 것이다. 아기의 이 같은 모습은 엄마의 쫓기를 중단시킬 수도 있지만, 엄마를 계속하게 하거나 혹은 더 심하게 하는 경우도 있다.

종종 상호영향력이라는 용어는 상호조절 혹은 함께 이룬 상호작용과 혼용되어 사용하지만 우리는 더 이상 상호영향력이라는 단어를 사용하지 않는다. 일반적인 의미에서 상호성이나 영향력은 정확하게 적용되지 않기 때문이다. 상호성은 보통 긍정적인 단어이지만 '쫓기와 피하기'와 같은 유해(有害)한 상호작용 역시 서로의 행동에 해로운 영향을 미친다는 점에서 상호성이란 단어는 적합하지 않다. 또한 상호조절에서 의식적으로 상대방의 행동에 영향을 미치려는 의도가 나타나지 않기 때문에 영향력이란 용어도 그 의미가 잘못 전달될 수 있다(비록 부모가 영아에게 영향을 미치려는 의식적인 의도가 많이 있지만). 한 사람의 행동이 다른 사람의 행동을 유발한다는 점에서 일반적인 과정이 아니라 오히려 확률적인 과정이다. 현재 순간의 한 사람의 행동은 상대방이 직전에 한 행동으로부터 예측할 수 있다. 이와 같은 이유로 우리는 좀 더 중립적인 표현인 상호조절이나 조정이란 용어를 선호한다.

자기조절

상호조절만큼 중요한 것이 자기조절이다. 상호조절과 자기조절은 각 파트너에게 동시에 진행되는 과정이다. 서로가 상대방을 주지하고 조정하는 동시에 자신의 정서, 감정 혹은 흥분 상태를 조절한다. 이 관점에서 모든 상호작용은 자기 상호과정의 동시 발생적 산물이다(Gianino & Tronick, 1988; Sander, 1977; Thomas & Martin, 1976; Tronick, 1989).

반응하고 사회적으로 참여하는 능력은 파트너의 입력치 성격이나 자신의 반응성뿐 아니라 서로의 상태 조절에도 달려 있다(Beebe & Lachmann, 1994). 영아와 부모 모두에게는 자기조절에 영향을 미치는 기질적 특징과 흥분 조절 스타일과 같은 독특한 성향이 있다. 서로의 자기조절 능력과 스타일은 상호조절에 영향을 미치고, 그 반대의 경우도 마찬가지이다.

자기조절에는 여러 가지 의미가 담겨 있고, 발달이 진행되면서 그 의미도 달라진다. 자기조절의 일반적인 정의는 흥분의 관리이다. 이는 한 사람의 신체 상태의 활성화 수준을 말한다. 여기에는 사회적 파트너에 반응할 준비 상태의 변화(Kopp, 1989, 2002), 그리고 영아의 배고픔, 졸림, 혹은 접근과 위축을 얼마나 명확하게 전달하는지와 같은 사회적 신호의 명확성의 변화(Als & Brazelton, 1981; Gianino & Tronick, 1988; Korner & Grobstein, 1976; Sander, 1977)가 포함된다. 여기에는 괴로움을 완화하는 능력도 포함된다. 자기를 만지고, 시선을 돌리고, 얼굴 표정의 범위를 제한하는 것은 흥분을 누그러뜨리려는 자기조절 전략의 예이다(Field, 1981; Koulomzin et al., 2002). 유아기부터 사람들은 흥분을 조절하고, 상태를 변화시키고, 다른 강도의 자극을 견디고, 행동을 예측할 수 있는 방식으로 조직하기 위해 자극을 사용하는 등 자신의 상태에 영향을 미치는 중요한 자기조절 능력에서 차이를 보인다. 우리 그림에서 자기조절의 예는 외면하는 순간([그림 2a, 2b]), 자기를 만지는 순간([그림 5c]), 또는 파트너의 손을 손가락으로 만지는 순간([그림 8a, 10c])에서 찾을 수 있다. 그러나 이러한 동일한 행동은 상대방에게도 전달되므로 상호작용 과정의 일부이기도 하다는 것을 기억하는 것이 중요하다.

자기조절 및 상호작용조절의 패턴은 예상된다: 기대 및 절차적 기억

상호작용 과정에서 각 파트너는 '내가 당신에게 어떻게 영향을 미치는지'와 '당신이 나에게 어떻게 영향을 미치는지'에 대한 기대를 발달시킨다. 또한 각 파트너는 자신의 자기조절 패턴이 어떻게 전개되는지에 대한 기대도 발달시킨다. 따라서 두 파트너는 특정 자기조절 과정과 관련된 특정 상호작용 패턴을 기대하게 된다. 자기조절 및 상호작용조절의 다른 패턴에 대한 영아의 기대는 발달의 궤적에 근본적인 방식으로 기여하는 하나의 과정을 제공한다. 엄마와 영아의 행동-대화는 순간순간 행동과 상호작용 순서가 어떻게 전개되는지에 대한 기대를 서로에게서 만들어 낸다. 이러한 행동에는 앞에서 설명한 모든 행동이 포함된다. 응시와 회피, 얼굴과 목소리의 감정(예: 운율, 강도, 음정), 상대를 향한 공간적 방향과 상대를 멀리하는 것, 그리고 다른 특성의 접촉이 그것이다.

영아는 행동-대화의 세계에 대한 기대치를 어떻게 만들어 내는가

우리가 이미 논의한 바와 같이, 영아는 태어날 때부터 수반성을 탐지한다. 이들은 if-then(만약…그러면) 순서의 가능성을 추정함으로써 자기의 행동과 상대방의 행동에서 예측할 수 있는 결과를 탐지한다(Saffran, Aslin, & Newport, 1996; Tarabulsy, Tessier, & Kappas, 1996). 예를 들어, 만약 내가 고개를 위로 들고 여러분을 향해 미소를 지으면, 여러분도 고개를 위로 들고 미소를 지을 가능성이 매우 높다. 이 과정이 반복되면 영아는 이 순서를 기대하게 된다. 우리가 주목한 바와 같이, 파트너가 영아의 행동에 예측할 수 있는 조정을 제공하는 것은 영아의 상호작용 경험의 토대를 만든다.

영유아가 어떤 사건을 수반적인 것(예: 상대방의 행동 다음에 영아가 행동하는 것)으로 인식하기 위해서는 그 행동들의 일련의 순서를 예측할 수 있어야 한다. 즉, 우연히 발생하는 것보다 더 높은 확률로 발생해야 하고 또한 매우 빠르게 발생해야 한다. 사실 수반성은 매우 빠른 경향이 있다. Stern(1977, 1985)은 엄마와 영아가 면대면 상호작용 순간 동안 서로 반응하는 방식을 특징짓기 위해 "찰나의 세계"라는 말을 만들었다. 우리는 찰나의 세계가 극적으로 묘사된 장면을 제2부의 그림에서 볼 수 있다. 수반성에 대한 영아의 학습은 기대와 예측의 인지 과정을 포함한다(Tarabulsy et al., 1996). 이러한 기대의 과정은 행동 순서의 세계가 왜 찰나의 세계인지 설명하는 데 도움이 된다.

예상되는 기대

영아가 예측한다는 증거는 무엇일까? 생후 3.5개월 된 아기들에게 바둑판 모양의 슬라이드, 황소의 눈, 그리고 얼굴의 도식적인 그림을 두 시리즈로 보여 줬다(Haith et al., 1988). 한 시리즈는 이미지가 위아래로 움직일 때 일정한 리듬으로 시각 중심의 왼쪽과 오른쪽에서 규칙적으로 나타났다. 패턴의 규칙성에 기초해 아기는 이미지가 어디에서 나타날지 예측할 수 있을까? 대조군인 다른 시리즈는 왼쪽이나 오른쪽 위치에서 무작위로 나타났고 아기들은 어떤 패턴도 감지할 수 없었다. 동시에 연구자들은 아기의 한쪽 눈을 촬영했다. 그리고 아기들이 규칙적으로 교대하는 시리즈를 관장하는 공간-시간적 패턴을 감지한다는 것을 발견했다. 실제로 아기들은 예측적인 눈 움직임을 보였다. 아기들의 눈은 화면이 나타나기 몇 초 전에 초점을 맞췄다. 행동의 연속성을 감지하고, 예상을 생성하고, 사건을 예측하는 능력은 끊임없이 변화하는 세계에서 영아가 연속성을 유지하는 방법을 제공한다(Haith et al., 1988).

제2부에서 보여 주는 그림들은 불안정한 애착을 가진 엄마-영아 쌍과 비교하여 한 살 때 안정 애착을 형성하는 영아들 사이에서 현저하게 다른 행동 순서의 패턴이 생성되는 것을 보여 준다. 이러한 패턴이 반복되면서 두 파트너 모두 이러한 행동 순서에 대한 일반화된 기대를 형성한다.

아기의 관점에서 상상한 이러한 기대는 다음과 같다(엄마의 기대는 이와 유사하다).

(a) 자신이 예측할 수 있는 과정은 '내가 이렇게 하고 나서 나는 그렇게 한다'는 것이다. 예를 들어, 엄마와 아기의 안면 미러링 상호작용에서 아기는 '내가 엄마를 보고 미소를 짓기 시작할 때, 나는 가장 큰 미소를 보일 때까지 입을 벌리고

점점 더 고개를 들 거야.'라고 기대할 수 있다.

(b) 상대방인 엄마가 예측할 수 있는 순서는 '네가 이렇게 하고 나서 너는 그렇게 한다'는 것이다. 예를 들어, 엄마와 아기의 안면 미러링 예를 계속해서 설명하자면, 아기는 '엄마의 미소가 커질수록 입이 더 열리고, 머리가 위로 올라갈 거야' 라고 기대할 수 있다.

(c) 아기에서 엄마까지 파트너 사이에 예측 가능한 상호작용 순서는 '내가 이렇게 하면 너는 그렇게 한다'는 것이다. 안면 미러링을 계속해서 설명하자면, '내가 점점 더 큰 미소로 입을 열면, 엄마는 나를 보고 미소를 짓고 우리가 서로를 향해 미소를 지을 때까지 엄마는 입을 벌리고 고개를 들 거야.'이다.

(d) 엄마에서 아기까지, 파트너들 사이의 예측 가능한 상호작용 순서, 즉 '네가 그렇게 하면, 나는 이렇게 한다'를 설명하기 위해 엄마와 아기의 안면 미러링을 계속해서 설명하자면, '엄마가 입을 벌리고 나를 향해 미소를 지으면, 나도 엄마에게 미소를 보이기 위해 점점 더 내 입을 열 거야.'이다.

엄마와 영아 사이에서 형성된 특정 패턴은 각각의 행동을 이끌어 내고, 이는 학습되고 기억된다. 그리고 행동-대화의 상호작용 패턴에 대한 일반적인 기대는 언어가 아닌 행동 절차에서 배우고 학습된다. 앞에서 우리는 이러한 형태의 학습 절차를 절차적 기억이라고 불렀다. 이런 절차적 기억은 반복과 함께 반자동적이 되며, 다음 행동에 영향을 미친다(Emde, Birengen, Clyman, & Oppenheim, 1991; Grigsby & Hartlaub, 1994; Squire & Cohen, 1984). 이 같은 기대는 앞으로 일어날 일에 대한 예상과 함께 과거에 일반적으로 일어난 일을 기억하는 것을 포함한다(Haith et al., 1988). 하지만 이 모든 과정은 무의식에서 발생한다.

성인으로서 우리는 자신과 타인의 상징화된 정신상태(욕망, 생각, 기억, 느낌)를 통해 자신의 행동과 타인의 행동을 이해하는 데 익숙하다. 이를 언어를 기반한 마음 이론이라 한다(Fonagy, Gergely, Jurist, & Target, 2002). 영아는 앞서 설명한 바와 같이 절차적 기대, 즉 행동-대화 언어를 통해 자신과 타인의 행동을 이해한다. 언어 이전에 사용 가능한 전상징기적(presymmbolic) 마음 이론에서 이러한 기대가 정의된다(Beebe et al., 2013).

Stern(1995)은 영아의 기대가 부모와의 관계에서 중심이 된다고 여겼다. 영아의 기대는 영아가 어떻게 느끼고, 지각하고, 행동하고, 부모와의 관계를 어떻게 해석할지를 알려 준다. 그리고 이 기대는 자신이 관련된 부모와의 관계에서 생각하고 느끼는 모든 것의 발달의 궤적을 설정한다. 영아의 기대는 일반화된 기대의 기초를 형성하고 다른 관계에서도 발생한다(Beebe et al., 2009; Field et al., 1988).

다음 장에서 살펴볼 그림들은 영아가 면대면 상호작용 중에 자신과 부모에 대한 기대를 하게 되는 과정을 보여 준다. 마찬가지로 부모가 영아와 자신에 대한 기대를 하게 되는 과정도 보여 준다. 그림을 설명할 때 이러한 행동 절차와 각 파트너가 어떻게 느끼고 행동하려 하는지에 대한 이해를 높이기 위해 엄마와 아기의 행동-대화 언어를 말로 해석하려고 시도했다. 그러나 그것이 영아가 자신의 기대를 반영한다는 의미는 아니다. 또한 영아가 발달하면서 이 같은 행동이 실제로 언어의 형식으로 변환된다고 의미하는 것도 아니다. 부모 역시 일반적으로 자신의 행동-대화를 말로 변환하지 않는다. 오히려 우리는 엄마와 영아 모두에게 언어 이전 상호작용의 기대치는 비언어적, 절차적, 이미지적, 청각적, 본능적 및 시간적 정보의 방식으로 인코딩되고, 이러한 절차적 형태 안에서 계속해서 행동하게 한다고 보았다(Bucci, 1985, 1997 참조).

이 장에서 행동의 많은 예시를 소개했지만 관심, 방향, 감정, 접촉의 네 가지 주요 영역에서 용어집을 제공한다. 각 용어는 삽화가가 그린 예와 함께 제시된다.

제2부에서는 10개의 상호작용 예시에 대한 그림을 살펴본다. 그림들과 상호작용을 초 단위로 나눈 장면을 살펴보면서 엄마와 아기가 어떻게 느끼고 행동하는지 확인해 본다.

용어 해설 도해

영아의 관심: 엄마의 얼굴을 응시하거나 외면함

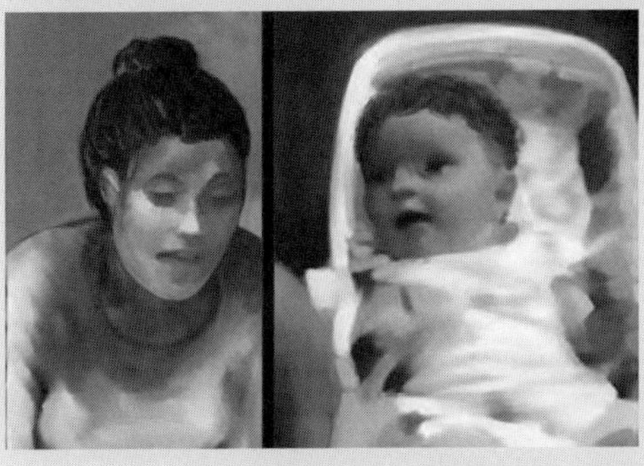

영아가 엄마를 응시함

영아가 다른 곳을 바라봄

엄마의 관심: 엄마가 영아의 얼굴을 응시하거나 외면함

엄마가 영아를 응시함

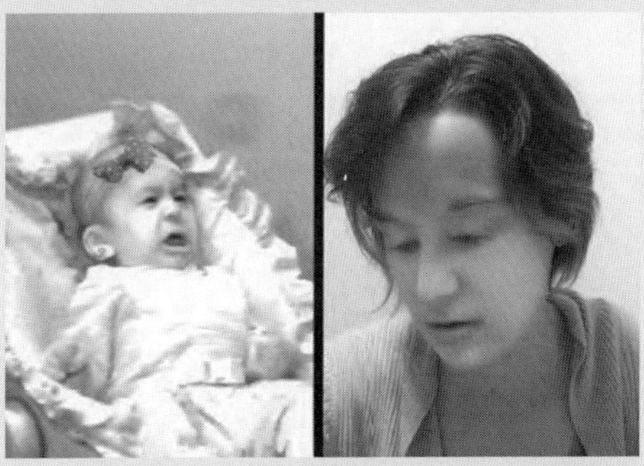

엄마가 시선을 멀리해
아래를 내려다봄

영아의 고개 방향: 정면에서 몸을 뒤로 젖힘

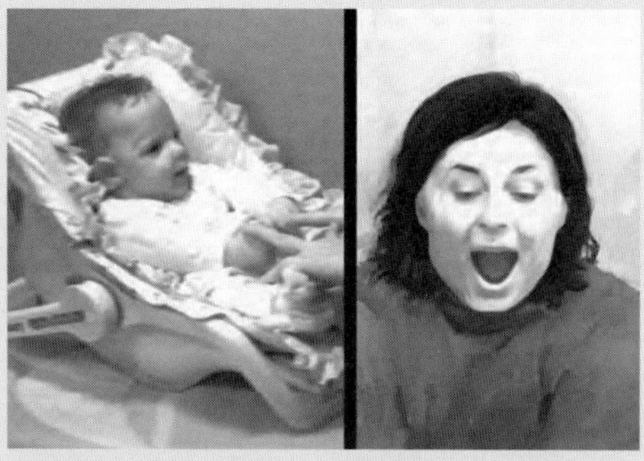

아기의 정면

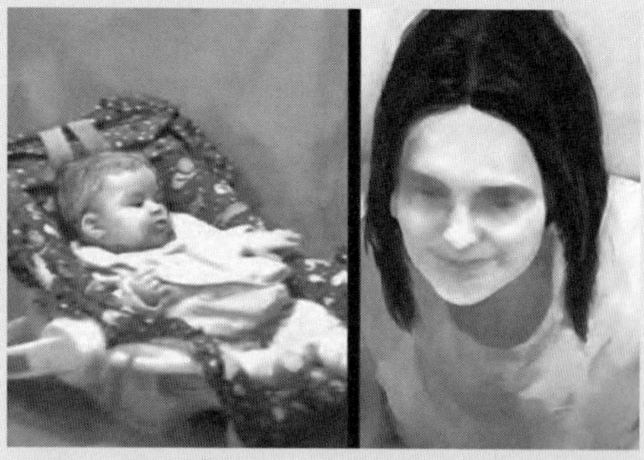

아기의 정면/고개를 숙임

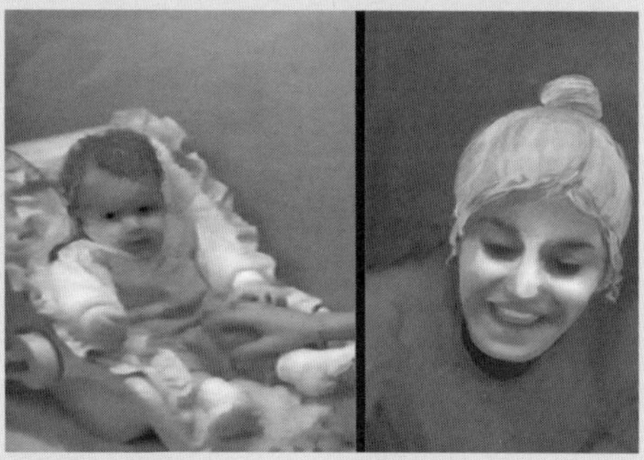

아기가 30~60도 정도 고개를
살짝 돌려 피함

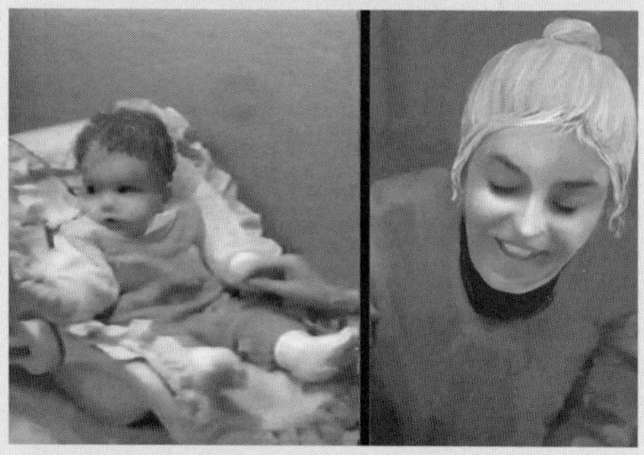

아기가 60~90도 정도 고
개를 돌려 피함

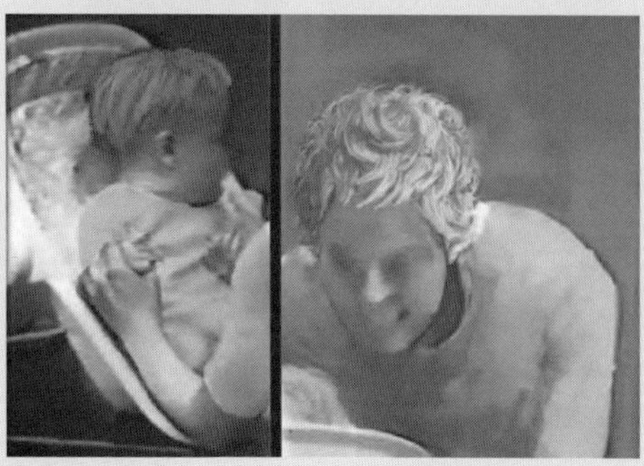

아기가 90도 정도
고개를 돌려 피함

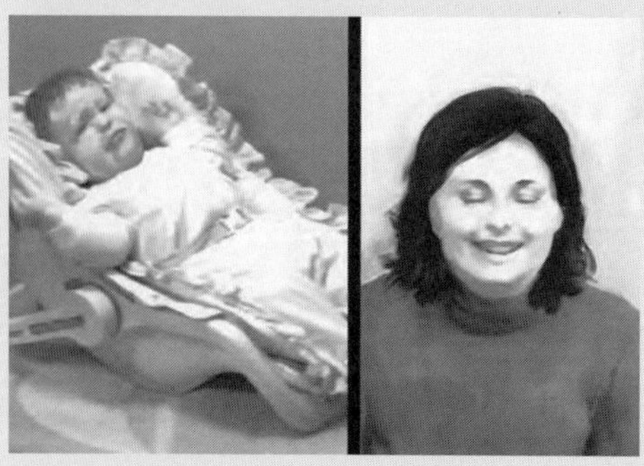

아기가 몸을 뒤로 젖힘

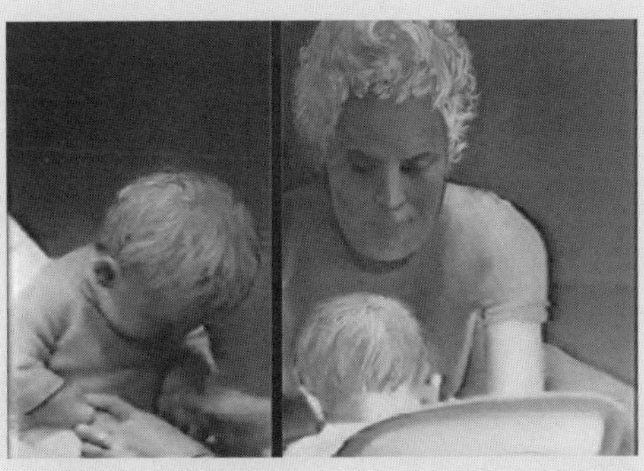

아기가 몸의 긴장을
완전히 잃어버림

엄마의 공간 방향: 똑바로 앉은 자세에서 아기에게 불쑥 다가가는 모습까지

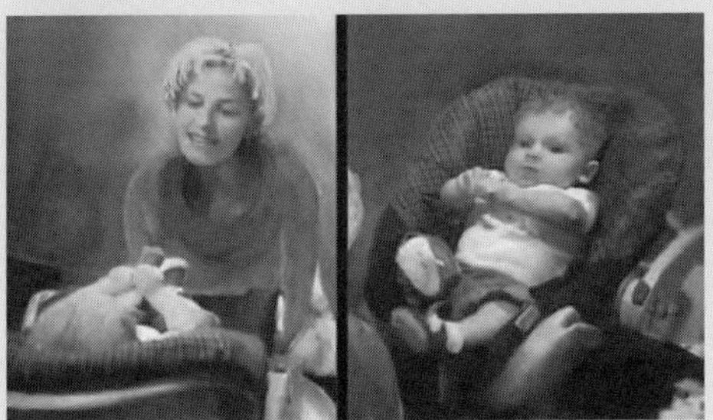

엄마가 똑바로 앉아 있음

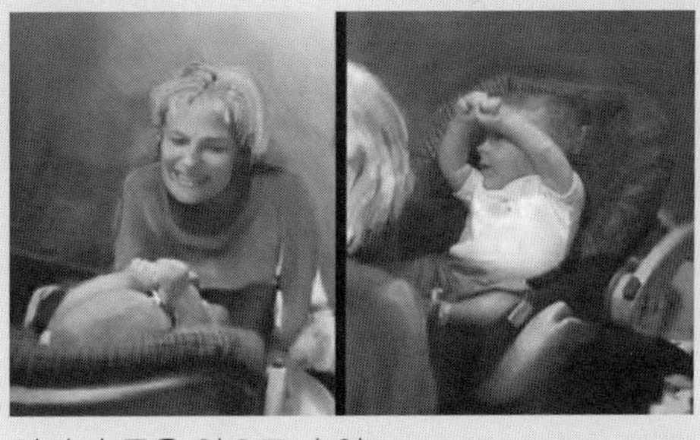

엄마가 몸을 앞으로 숙임

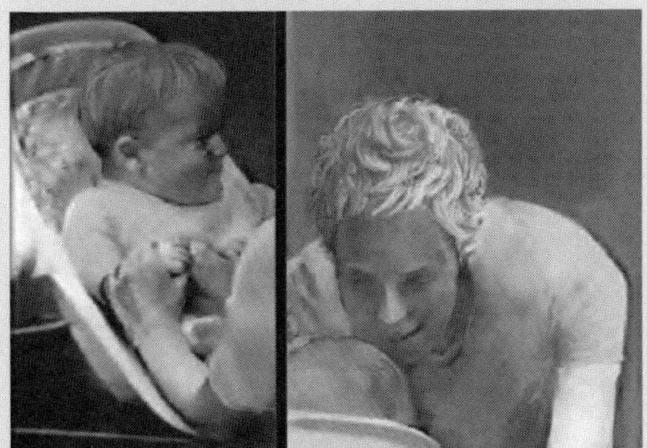

엄마가 아기에게 불쑥 다가감

영아의 감정: 얼굴 표현의 긍정적/부정적 정도

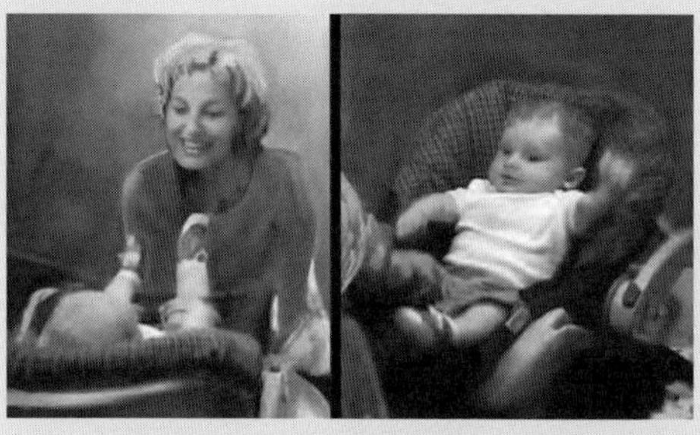

아기의 흥미로움: 입을 살짝 벌리고 넓힘

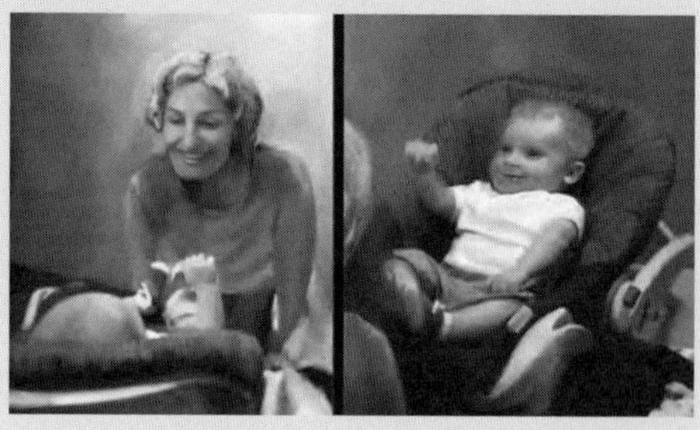

아기의 옅은 미소

아기의 환한 미소

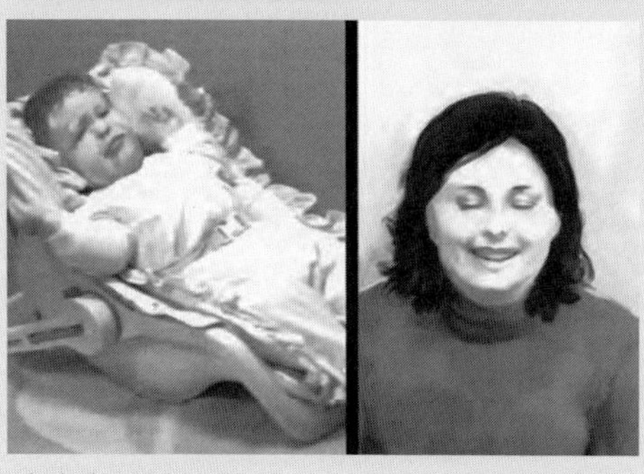

아기의 부정적인 찡그림/찌푸림

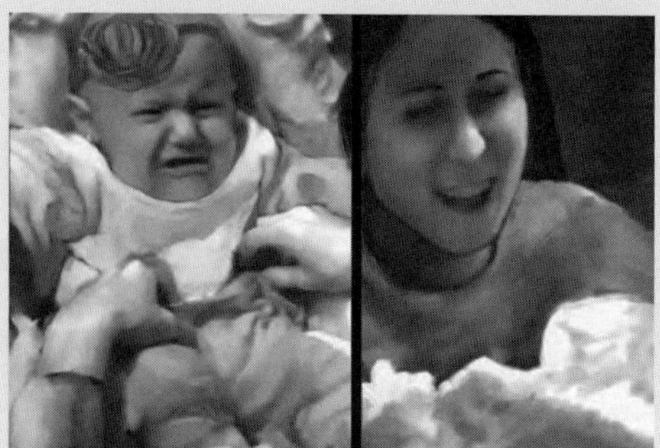

아기의 부정적인 울기 직전의 얼굴

엄마의 감정: 얼굴 표정의 긍정적/부정적 정도

엄마의 흥미로움

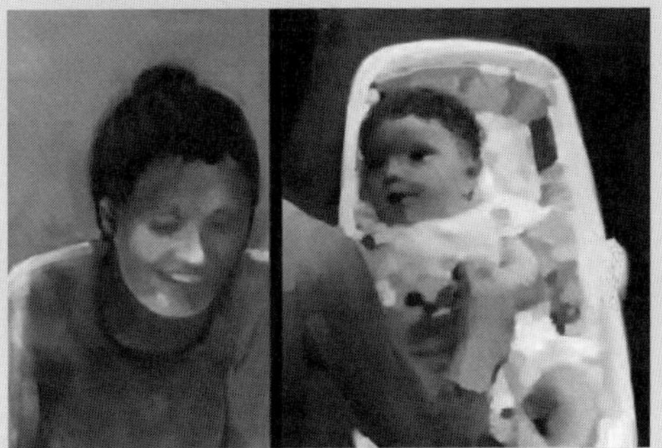

엄마의 미소

엄마의 입을 벌린 미소

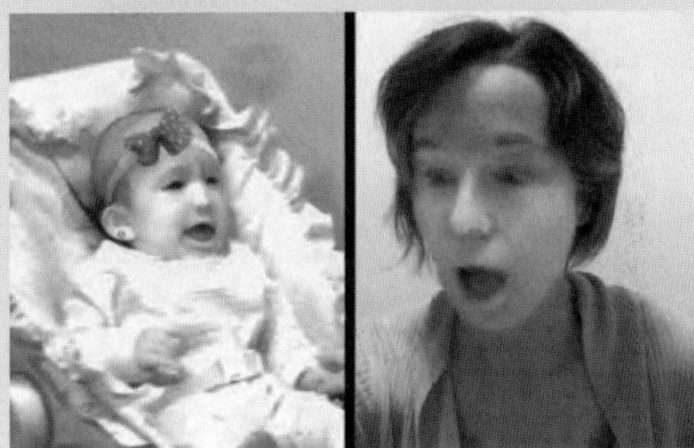

엄마가 놀란 척하는 모습

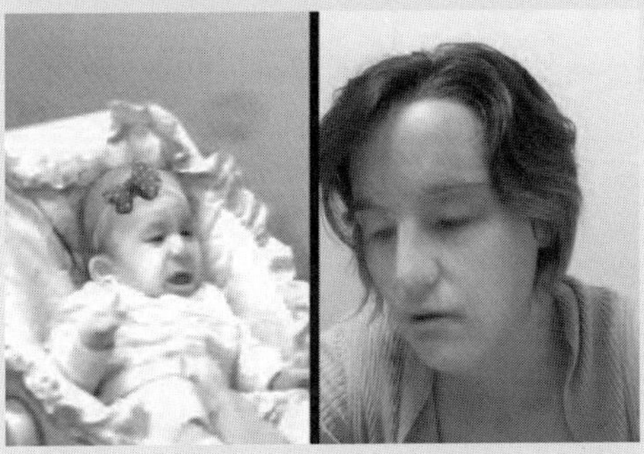

엄마의 살짝 침울한 모습

낯선 사람의 놀라워
하며 침울한 모습

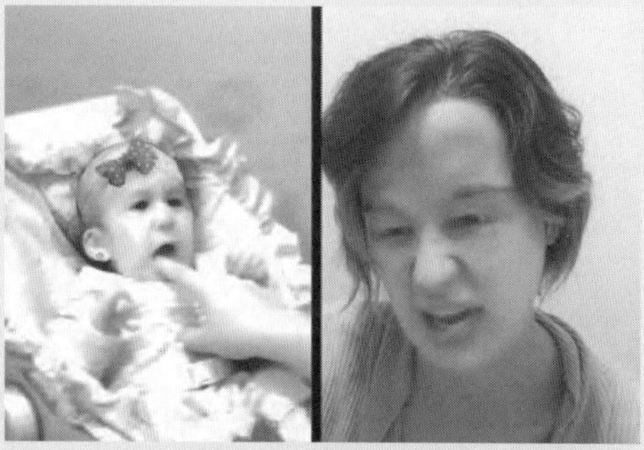

엄마의 치아를 들어낸 혐
오스러워 하는 얼굴

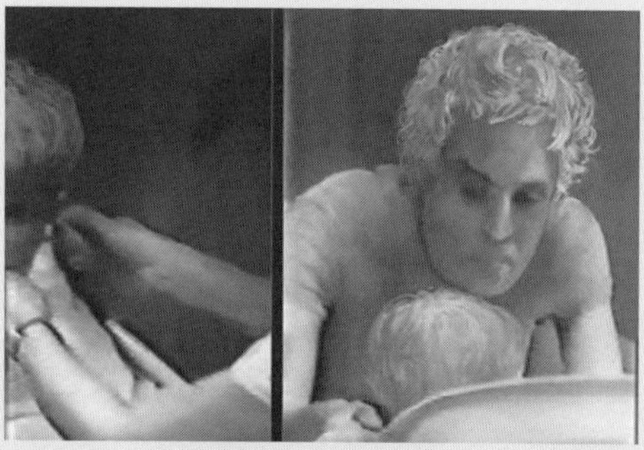

엄마의 찡그림

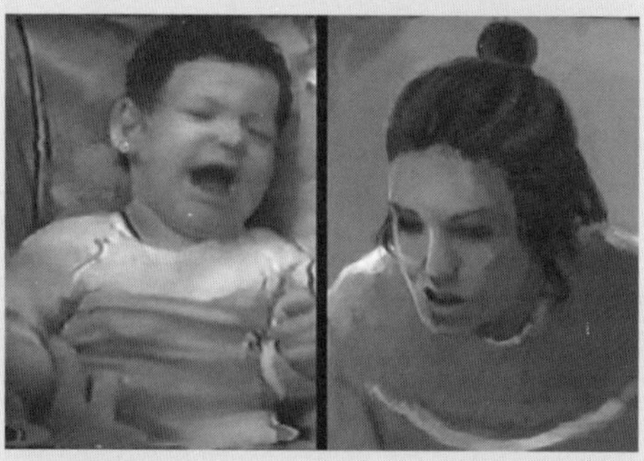

엄마의 냉소(오른쪽 입꼬
리에 팔자 주름이 잡힘)

엄마의 미소가 약해지는 순서

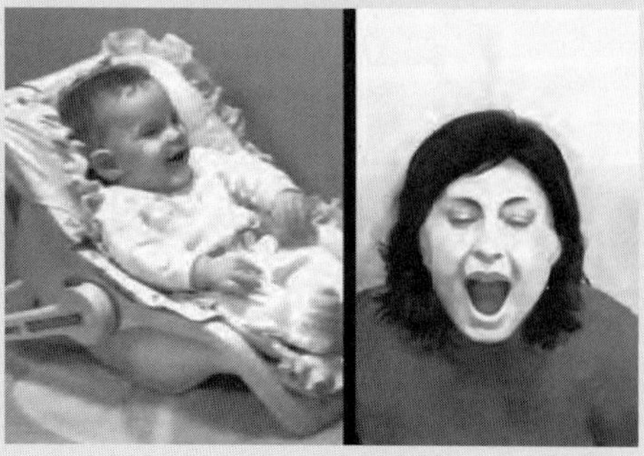

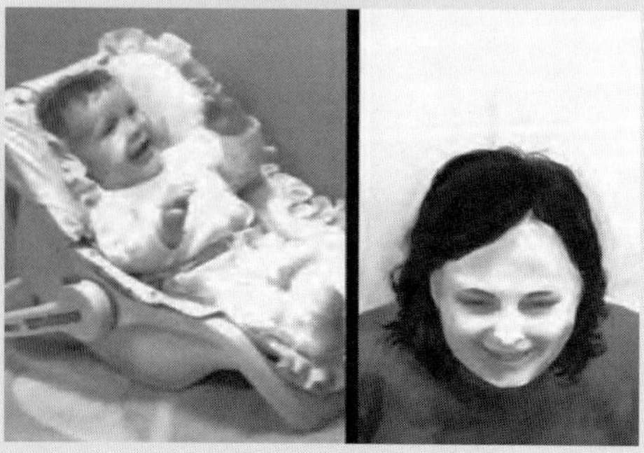

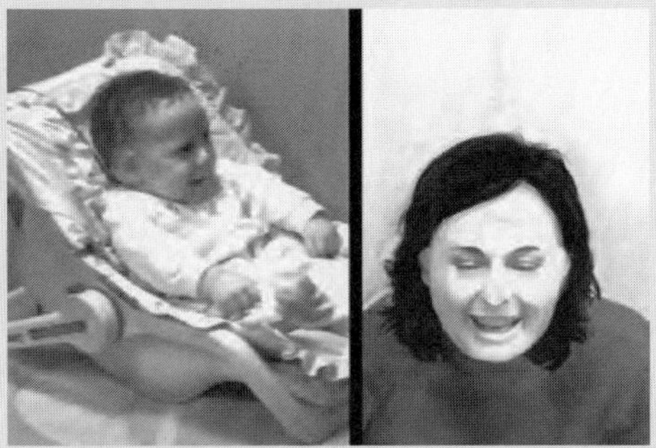

아기의 접촉: 자신, 사물, 엄마를 만짐

아기가 자신을 만짐

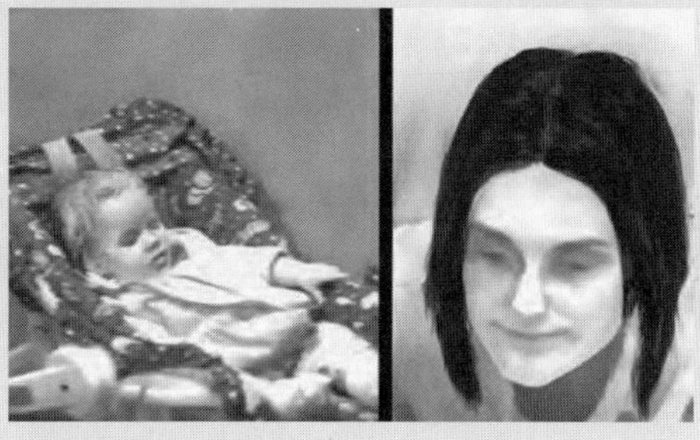

아기가 물건(의자)을 만짐

아기가 엄마를 만짐

제 2 부

엄마와 영아의 의사소통 패턴 그림 및 설명

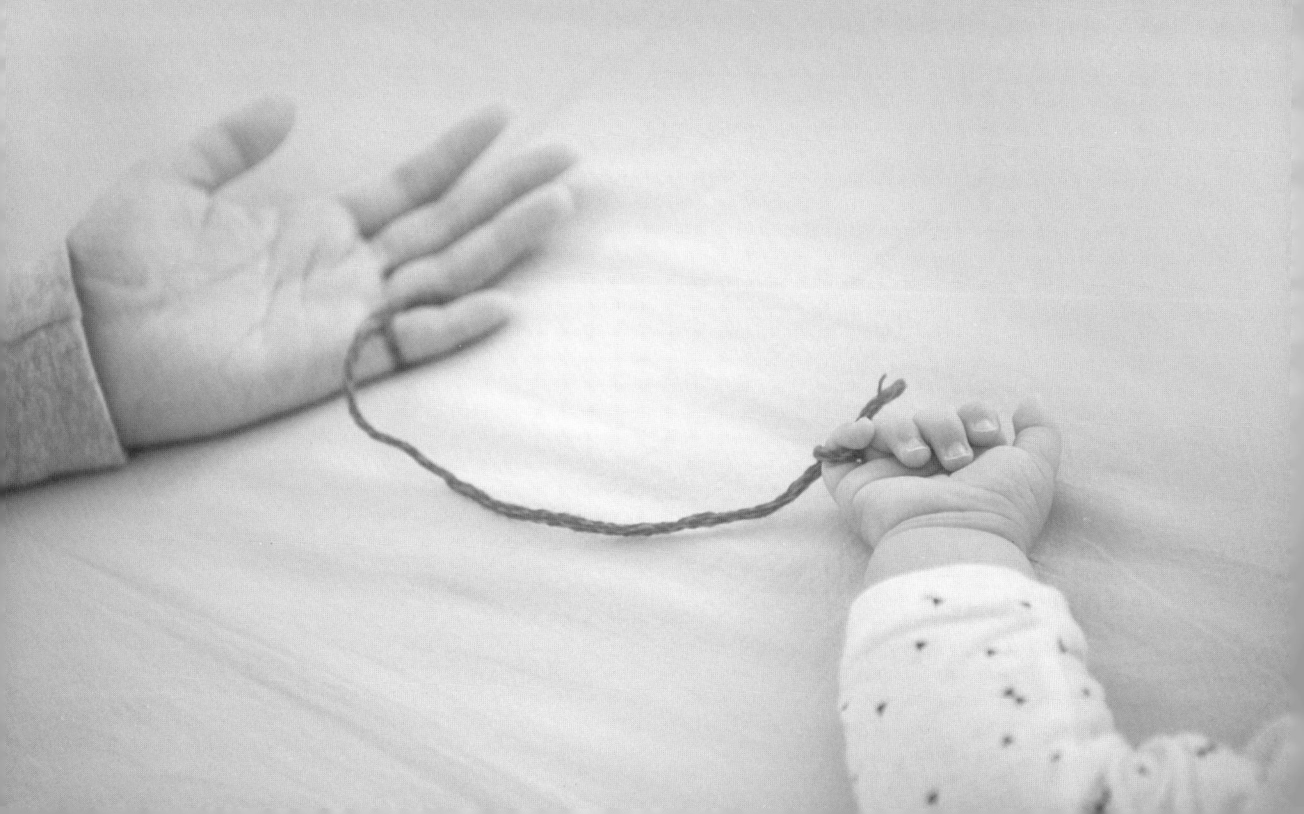

제2부 소개

엄마와 영아의 의사소통과 설명에 관한 그림은 다음과 같은 방식으로 구성된다. 먼저, 제4장부터 제7장까지 처음 4세트의 그림은 한 살 때 안정 애착을 형성하는 4개월 된 아기와 엄마의 상호작용 패턴을 보여 준다. 다음 제8장과 제9장은 불안정 애착, 저항 애착, 회피 애착을 형성하는 아기와 엄마의 상호작용을 보여 준다. 마지막 제10장에서 제13장은 한 살 때 혼란 애착을 형성하는 아기와 엄마의 의사소통 패턴을 보여 준다.

먼저, 그림 가이드로 시작한다. 이 가이드는 우리 그림을 이해하는 데 도움이 될 것이다.

그림 가이드

그림들은 여러 단계로 나누어서 살펴볼 수 있다. 좀 더 전체적인 측면에서 '줄거리'를 살펴보고 그림들의 내용을 보는 것이 시작하기 가장 좋은 방법이다. 또한 각각의 그림에 수반되는 상세한 설명을 볼 수 있다. 이 과정은 인내심이 필요하다. 중심 목표는 움직임을 식별할 수 있게 한 그림에서 다른 그림으로 넘어가 살펴보는 것이다. 우리가 묘사하는 움직임을 파악하기 위해서는 약간의 노력이 필요하다. 그림을 엄마와 아기(또는 낯선 사람과 아기)의 상호작용을 촬영한 영상을 분할한 프레임에서 가져왔다는 것에 주목하자. 두 대의 카메라가 사용되었는데, 하나는 엄마를, 다른 하나는 아기를 촬영했다. 두 장면은 두꺼운 검은 선으로 분리되었다.

우리는 다음과 같은 방법으로 그림을 구성했다.

- 제4장부터 제13장까지 총 10가지 패턴 그림이 제시된다.
- 우리의 목표는 이 그림들을 사용해 한 살 때 아기의 안정 애착이나 불안정 애착을 예측할 수 있는 서로 다른 패턴의 엄마와 아기의 상호작용을 설명하는 것이다.
- 엄마와 아기는 같은 공간에서 마주 보고 앉아 있다는 것을 기억하자. 두 개의 분할된 장면에서 나타난다. 그림을 보면 두 장면이 가운데 검은 선으로 분리되었음을 알 수 있다.

- 각 의사소통 장면에서 각각의 그림은 번호를 매긴 프레임으로 제시된다. 각 프레임은 '분:초'(예: 01:10)로 분류된다. 이같이 분:초로 나타내어 각각의 특정한 상호작용의 시간 순서를 나타낸다.
- 분:초 뒤의 예를 들어 01:10a나 01:10b는 동일한 1초 내의 변화를 나타낸다.
- 특정 상호작용에서 두 개의 독립적인 장면은 '4초 후'와 같이 명시한다.
- 각 그림에서는 특정 맥락을 고려해 엄마 또는 아기의 행동을 먼저 설명해야 할지 여부를 결정했다.
- 미세 분석은 연속된 두 개의 프레임을 앞뒤로 이동시키면서 수행된다. 따라서 다음 1초(혹은 1초보다 짧은 시간)의 움직임의 변화를 볼 수 있다. 예를 들어, 프레임 2에서 프레임 3까지 식으로 설명하여 프레임 2에서 시작한 변화를 프레임 3에서도 볼 수 있음을 알려 준다.
- 독자는 두 그림 사이를 번갈아 바라보고 움직임을 추론할 필요가 있다.
- 각 그림에는 간략한 설명이 있다. 이 그림들에서 엄마와 아기 그리고 낯선 사람과 아기의 행동이나 감정을 묘사하려고 했다. 또한 매우 미묘한 움직임도 설명하려고 했다(많은 장면이 두 그림을 번갈아 살펴볼 때에만 알 수 있다).
- 일부 그림은 특정 순서가 다르게 읽히거나 해석될 수 있다. 이런 경우에는 믿음을 가지고, 한 단계 더 나아가 우리가 보는 것을 보도록 해 보자. 이 책을 읽는 사람은 원본 영상 프레임을 볼 수 없고, 대신 연구에서 분석된 전체 2분 30초의 영상에서 선별된 작은 부분만을 본다는 단점이 있다. 하지만 우리가 이 그림에서 묘사한 패턴은 많은 유사한 순서에서 대표적으로 나타나는 점임을 기억하자.

안정 애착의 기원을 설명하는 그림 소개

Bowlby(1958, 1969)는 영아 애착 행동이 주 양육자와의 친밀감과 접촉을 유지하는 데 사용되어 영아와 양육자를 결속시키고 전 생애에 걸쳐 지속된다고 말했다. 애착은 개인이 아닌 관계를 설명하는 구성 요소이다. Ainsworth와 동료들(1978)은 Bowlby의 이론을 더욱 발전시켜 애착 발달의 질이 영아의 신호와 기분에 민감한 모성행동에 크게 의존한다고 제시했다. 이러한 민감성은 영아가 엄마를 환경에 대한 탐색뿐만 아니라 보호와 양육을 위한 기반으로 사용할 수 있는 안정적인 관계를 촉진하는 경향이 있다. 반면 불안정 애착을 가진 영아는 엄마와 가까이 있거나 환경을 탐색하는 데 너무 많거나 적은 시간을 보내며 애착 탐색의 균형을 깨뜨린다. 반복된 영아의 경험의 본질은 발달에서 영아의 정서적 경험과 기대에 영향을 주는 자신과 타인에 대한 기대의 발달로 이어진다(Erickson, Sroufe, & Egeland, 1983; Main, Kaplan, & Cassidy, 1985; van IJzendoorn, 1995; Waters, Merrick, Treboux, Crowell, & Albersheim, 2000).

영아 애착은 사회적 연관성, 흥분 조절, 정서 조절, 호기심 등 매우 많은 중요한 발달기능에 영향을 미치기 때문에 "사람의 형성에 중요한 요소"(Sroufe, 2005, p. 365)라 할 수 있다. 그러나 안전 애착이 건강한 기능을 보장하지는 않는다. 대신, 성공적인 친밀한 관계와 유연한 스트레스 대처 패턴을 위한 발달 궤적을 설정하기 때문에 보호적 요인으로 볼 수 있다(Sroufe, 2005). 서론에서 주목한 바와 같이, Ainsworth의 낯선 상황 애착 평가에서 엄마와 아기는 자유 놀이, 분리, 재회의 과정을 거친다(Ainsworth et al., 1978). 아기가 부모를 탐색할 수 있는 안전한 근거지로 그리고 아기가 괴로울 때 안전한 피난처로 활용하는 정도를 근거로 영아의 애착 유형을 안전하거나 불안정한 것으로 분류할 수 있다.

엄마와의 짧은 분리 시간 동안, 안정 애착 아기들은 괴로움을 보일 수 있지만 재회 에피소드에서 아기들은 엄마를 찾고 쉽게 안정되어 빨리 놀이를 재개한다. 이 부류의 아기들은 자신의 괴로움을 공공연하게 표현할 수 있다. 엄마(양육자)가 아기의 괴로움에 반응하기 때문에, 아기들은 부정적인 감정을 받아들이고, 자신을 편안하게 해 줄 사람인 것을 알게 된다(Bell & Ainsworth, 1972; Cassidy, 1994). 결과적으로, 안정(vs. 불안정한) 애착 영아에게 괴로움의 경험은 덜 위협적일 수 있다. 안정 애착의 핵심 측면은 일시적인 괴로움을 참아 내는 영아의 능력인데, 이는 영아가 도움을 받을 수 있고 위협적이거나 두려운 상황에 대처할 수 있다는 자신감이 있기 때문이다(Kobak & Sceery, 1988). 위험 요소가 없는 상황에서 안정 애착 영아는 탐구하는 데 양육자를 이용할 수 있다. 위협이 발생했을 때 영아는 양육자를 안전한 피난처로 본다(Ainsworth et al., 1978; Main & Solomon, 1986). 이 전략은 영아가 자신이 필요로 할 때 양육자에 대한 접근을 유지하면서 환경의 가능성을 완전히 탐색할 수 있기 때문에 최적이다(Cassidy, 1994).

한 살 때의 영아 애착 양상은 학업 성취도, 사회적 참여 및 정서적 안녕감을 포함한 아동 발달의 많은 측면을 예측한다(Sroufe et al., 2005a, 2005b). 한 살의 안정 애착은 더 나은 교우 관계, 학업 성과 및 정서 조절 능력과 관련이 있다(Sroufe, 1983). 안정 애착 이력이 있고, 중간 아동기를 잘 보낸 아동들은 다른 모든 집단보다 청소년기에 더 높은 역량 등급과 낮은 병리 등급을 받았다(Sroufe, Carlson, Levy, & Egeland, 1999).

안정 유아 애착은 어떻게 발달하는가? 출생 후 1년 동안 부모와 영아의 반복적인 일상 경험과 서로가 서로에게 영향을 미치는 방식은 관계가 어떻게 진행될지에 대한 기대감을 형성하고 이런 기대감이 영아 애착의 패턴을 조직한다(Beebe et al. 2010). 안정 애착 영아는 자신의 의사소통적 제스처와 감정이 민감한 방식의 대응을 이끌어 낼 것이라는 기대감을 갖게 된다. 이는 Winnicott(1965)이 묘사한 “충분히 좋은” 엄마의 모습과 유사하다. 다음 그림들은 이런 기대를 발달시키는 영아의 상호작용 모습을 보여준다. 엄마가 영아의 모든 감정에 민감하게 반응하는 경우 영아는 안정 애착을 형성할 가능성이 더 높다(Ainsworth et al., 1978; Belsky et al., 1984; Egeland & Farber, 1984).

모성 민감성

모성 민감성은 애착 이론과 연구에서 중심적인 구성요소 중 하나이다(Beebe & Steele, 2013; Bretherton, 2013). Ainsworth의 민감성 구성요소는 첫해 동안 3주에 4시간씩 집을 방문한 26명의 엄마-영아 쌍을 관찰한 것에서 비롯된다. 관찰자들은 엄마와 영아의 상호작용을 자세히 메모했고, 그 메모는 이후 녹음되고 전사되었다. Ainsworth는 9개월에서 12개월의 대화 기록을 바탕으로 영아 신호 인식, 정확한 해석, 적절한 반응, 신속한 반응의 네 가지를 필수 요소로 하는 모성 민감도 척도를 개발했다. 예를 들어, 놀이와 사회적 상호작용 중 영아 신호 인식은 너무 강하거나, 격렬하거나, 오래 지속되거나, 흥분되는 방식으로 상호작용하여 영아를 과도하게 자극하지 않고 적절하게 반응하는 것으로 설명된다. 엄마(양육자)는 과도한 흥분, 과도한 긴장, 또는 초기 괴로움의 징후를 정확하게 해석할 수 있다. 그리고 상황이 너무 지나치기 전에 속도나 강도를 변화시킬 줄 안다. 또한 엄마는 영아가 지루해하거나 더 많은 상호작용을 원한다는 신호를 보낼 때 이를 정확하게 파악하고 응답할 능력이 있기에 영아에게 부족한 자극을 주는 경향도 적었다(Ainsworth, Bell, & Stayton, 1974).

Blehar, Lieberman과 Ainsworth(1977) 역시 앞에서 설명한 대화 녹취록을 사용하여 초기 면대면 상호작용을 분석했다.

낯선 상황에서 엄마에게 안전한 애착(vs. 불안정 애착)을 느낀 아기들은 초기 면대면 상호작용에서 더 반응성이 높았고, 엄마들은 더욱 예측할 수 있게 반응하고 상호작용을 격려했다. 대화 기록을 코딩하여 수반적 반응성을 판단했다. 후에 불안정한(vs. 안정) 애착으로 분류된 아기들은 더 반응이 없었고, 엄마들 역시 무감각하고 갑작스러운 모습을 보였다. 안정(vs. 불안정) 애착 아기는 면대면 상호작용에서 익숙하지 않은 인물(낯선 사람)보다 엄마에게 더 긍정적으로 반응했다(Beebe & Steele, 2013 참조).

많은 연구를 비교한 결과, 모성 민감성과 영아-엄마 애착이 관련이 있는 것으로 나타났다(De Wolff & van IJzendoorn, 1997). 그러나 모성 민감성이 애착의 기원에 중요하다는 결론을 도출했지만, 제1장과 다음 장에서 언급될 연구 결과와 같이 애착의 기원에 다른 요소도 영향을 미칠 수 있다.

성인 애착 인터뷰

안정 애착을 가진 영아들의 엄마(아빠)는 어떠할까?

출산 3개월 전의 산모들과 진행한 과거 애착 이력 인터뷰에서 아기가 태어나기 전임에도 한 살 때의 영아 애착을 예측할 수 있었다(Fonagy et al., 1991; Steele et al., 1996). 따라서 애착 패턴은 한 세대에서 다음 세대로 전달될 수 있다. 한 사람이 생애 초기에 형성하는 애착 유형은 그 사람이 자신의 아이들과 어떻게 상호작용하는지에 영향을 미친다(Kovan, Chung, & Sroufe, 2009; Main et al., 1985; Raby et al., 2015; Sroufe & Fleeson, 1986).

성인 애착 인터뷰(Adult Attachment Interview: AAI; Hesse, 2008; Main, Hesse, & Goldwyn, 2008)는 1시간에 걸쳐 진행되는 반구조화 면접이다. 여기서 애착 경험과 관련하여 성인의 현재 심리상태를 평가한다. 응답자는 부모와의 어린 시절 애착 경험에 대해 질문을 받고, 분리나 거부당했을 때의 구체적인 기억을 말한다. 또한 이러한 초기 경험에 의해 영향을 받은 방식을 설명하고, 부모와의 현재 관계를 바라보게 된다(Groh et al., 2014; Riem, Bakermans-Kranenburg, van IJzendoorn, Out, & Rombouts, 2012). 애착 분류를 결정하는 것은 자전적 이야기의 내용보다는 내용의 일관성이다(Hesse, 2008).

안정 애착 영아에게서 볼 수 있는 다양한 감정에 대한 유연성과 개방성은 이들 부모의 AAI에서도 볼 수 있는데, 이들은 대부분 안정 애착으로 분류되었다(Cassidy, 1994). 이러한 성인들은 애착 관계를 중요시하고, 애착 경험을 (긍정적이든 부정적이든) 일관성 있게 묘사하며, 성격 발달에 중요하다고 여기는 경향이 있다(Riem et al., 2012). 또한 안정적인 성인은 자신의 감정을 조절하는 데 능숙하다. 그래서 다른 사람의 괴로움에 직면했을 때 그 괴로움에 집중하는 데 자유롭다. 다시 말해 타인의 괴로움을 대리적으로 경험할 때 지나치게 감정적으로 흥분하지 않는다(Eisenberg & Fabes, 1992; Peck, 2003).

미세 분석의 기여

이후 4개월 된 아기와 엄마의 상호작용을 통해 영아의 안정 애착의 기원을 보여 주는 그림에서 엄마가 영아의 다양한 표현과 감정에 주의를 기울이는 많은 순간을 볼 수 있다. 엄마들이 영아의 과도한 흥분, 지나친 긴장, 또는 초기 괴로움의 징후를 정확하게 해석하고 속도와 강도를 바꾸는 모습을 볼 수 있다. 이 순간들은 모성 민감성의 개념을 보여 준다. 다음에서 보는 것처럼, 엄마와 아기의 상호작용에서 혼란과 회복의 개념도 보여 준다.

그러나 미세 분석 접근 방식은 더 상세하게 모성 민감성의 측면과 애착의 기원을 식별할 수 있게 한다(Beebe & Steele, 2013). 애착의 기원에 대한 우리의 미세 분석 연구(Beebe et al., 2010)는 이전에 모성 민감성 접근 방식으로 식별되지 않은 4개월 된 영아와 엄마 사이의 새로운 의사소통 패턴을 문서화했다(Beebe & Steele, 2013). 서론 및 제1장과 제2장에서 언급했듯이 면대면 상호작용은 매우 빠르고 종종 실시간으로 잘 인식되지 않는다. 대부분은 무의식중에 발생한다. 게다가, 실시간으로 정확한 행동 순서를 식별하는 것은 종종 매우 어려운 경우가 많다. 사회적 현미경과 같이, 미세 분석은 이렇게 빠른 의사소통의 정확한 순서를 식별하게 한다. 비디오로 촬영된 엄마와 영아의 상호작용을 미세하게 분석하고 엄마와 영아가 서로에게 순간적으로 반응하고 조화롭게 상호작용하는 능력을 평가하여서 한 살 때의 영아 애착을 예측한 연구 결과는 많지 않다. 6개의 미세 분석 연구를 요약하면 영아 애착 결과와 관련해 엄마와 영아에게서 다음과 같은 행동이 나타난다(Beebe et al., 2010; Beebe & Steele, 2013 참조).

(1) 영아가 엄마의 얼굴을 바라보는 동안 영아와 관계를 맺고 자극하는 엄마들과 영아가 시선을 돌리는 순간 자극을 참는 엄마들은 영아가 시선을 회피함으로써 자신의 흥분을 가라앉히는 대처 메커니즘을 사용할 수 있게 한다(Brazelton et al., 1974; Field, 1981). 이러한 모성 패턴은 영아의 안정 애착과 관련이 있다(Langhorst & Fogel, 1982).

(2) 영아가 괴로워하기 시작할 때 자극을 증가하는 경향이 있는 엄마의 아기는 불안정 애착으로 분류될 가능성이 더 높다(Langhorst & Fogel, 1982).

(3) 광범위하게 시선을 피하고 자세를 돌려 회피의 양상을 보이는 영아는 불안정하게 애착을 느끼는 것으로 분류될 가능성이 더 높다(Langhorst & Fogel, 1982).

(4) 매우 높거나 매우 낮지 않은 중간 정도의 수반성으로 영아의 행동을 조정하는 엄마는 안전 애착을 가진 것으로 분류될 영아를 가질 가능성이 더 높다.

a) 예를 들어, 영아의 얼굴 정서에 대한 엄마의 수반적 얼굴 조정은 영아의 긍정적 혹은 부정적 얼굴 변화에 의존하여 정의된다. 이 개념은 영아의 정서적 변화 방향을 따르는 엄마로 설명될 수 있다. 중간 범위(중간)에서 엄마의 안면 조율은 안전한 영아 애착을 예측했고, 높은(지나친) 수준의 엄마의 안면조율은 영아의 회피 애착을 예측했다(Malatesta et al., 1989). 이 결과는 최적의 중간 범위 모델의 초기 사례이다. 가장 높은 조정이 안전한 애착에 반드시 최적은 아니다.

b) 두 번째 예로, 엄마들은 출산 3개월 전에 AAI를 진행했다. AAI에서 안정/자율적이었던 엄마들이 4개월 된 영아와의 면대면 상호작용에서 사회적 참여의 수반성 조정 정도가 중간 정도를 보였다. 대조적으로, (저항 애착의 영아 분류와 유사한) 몰입/혼란으로 분류된 엄마들은 더 높은 조정 정도를 보였다(Slade et al., 1995; Tobias, 1995). 놀랍게도, 영아들의 조정 수준은 그들 엄마의 조정 수준과 일치했다.

c) 세 번째 예로, Jaffe와 동료들(2001)은 4개월 된 영아와 엄마 그리고 영아와 낯선 사람의 음성 상호작용에서 얼마나 잘 조정되는지에 따라 한 살 때의 혼란, 저항, 회피 애착을 예측했다. 음성주고받기(vocal turn-taking) 조정은 각 파트너가 음성의 차례를 전환할 때 멈추는 시간과 지속하는 시간을 얼마나 일치시키는지를 측정했다. 중간 범위의 조정에서 안정 애착을 예측할 수 있었다. 높거나 낮은 정도의 조정은 각각 혼란, 저항, 회피 애착을 예측했다.

중간 범위 조정이 최적인 이유는 무엇인가? 높은 조정은 상호작용의 예측 가능성을 높이는데 과도한 주위 살핌이나 지나친 노력 혹은 경계로 보일 수 있다. 이는 새로움이나 상호작용에서 어려움이나 위협에 대한 대처 전략이다. 낮은 조정은 상대방을 살피는 것을 억제하거나 위축된 모습으로 보일 수 있다. 중간범위조정은 안정 애착에 최적인 수반성과 조정의 경험 안에서 더 많은 공간, 불확실성, 주도성과 유연성을 남긴다.

(5) 4개월 된 아기와 엄마의 면대면 상호작용에서 영아만의 행동으로 한 살 때 안정 애착이나 회피 애착을 예측할 수 있었다(엄마의 행동은 분석되지 않았다; Koulomzin et al., 2002). 4개월 된 미래 안정(vs. 회피) 애착 영아는 (a) 엄마를 더 많이 바라보고, 응시하는 시간을 좀 더 유지하는 패턴을 보였고, (b) 더 많은 범위의 긍정적이거나 부정적인 얼굴 신호를 보였으며, (c) 더 조정된 시선과 머리 방향 패턴을 보였다(엄마의 얼굴에 안정적으로 집중하는 것을 말함). 미래 회피 애착 영아는 (a) 더 빈번하고 가변적인 접촉 행동을 보였고, (b) 더 자주 시선을 돌렸으며 (c) 머리를 고정하지 않고 이리저리 움직이며 엄마를 바라볼 가능성이 더 높았다(머리를 중앙으로 하지 않고 위치를 계속 변경한다). 미래 회피 애착 영아는 자신을 만지거나 입에 무언가를 물고 있을 때만 안정 애착 영아와 동일하게 지속해서 엄마를 바라보는 모습을 보였다. 여기서 엄마의 행동은 분석되지 않았지만, 이 연구는 영아 자신만의 일부 행동들이 애착 유형과 연관이 있음을 보여 준다. 이 연구는 안정 애착 영아가 더 광범위한 범위의 긍정적이거나 부정적인 감정에 접근할 수 있다는 애착 연구의 개념을 확인했다. 또한 엄마의 얼굴을 바라보거나 머리 움직임에서 더 안정적인 패턴을 보이는 것이 안정 애착과 연관되어 있음을 보여 준다. 게다가 회피 애착 영아에 대한 연구 결과는 회피 애착 영아가 자신을 만지거나 입에 무언가를 가져가는 것이, 엄마를 계속 바라보는 데 도움이 되는 자기조절 전략임을 암시한다. 임상적으로 우리는 영아의 접촉 패턴을 방해하는 엄마의 행동이 영아의 자기조절 능력을 방해한다는 점에 주목했다(Beebe, 2003, 2005; Cohen & Beebe, 2002).

(6) 혼란 이후에 회복을 촉진하는 엄마에게서 안정 애착을 예측할 수 있었다. 무표정 패러다임(Tronick, 1989)은 엄마와 영아의 면대면 상호작용 중에 잠시 중단을 도입해서 진행했다. 일반적인 놀이에 이어 엄마는 2분 동안 완전히 무표정한 얼굴을 유지하도록 요청받았다. 그러고 나서 보통 수준으로 다시 놀이가 시작됐다. Tronick(1989)은 지속적인 상호작용 속에서 불일치의 회복을 더 많이 경험하고, 무표정 실험에서 더 적응적인 대처 방법(엄마에게 계속 신호를 보내는 것과 같은)을 사용한 영아들이 안정 애착을 형성할 가능성이 더 높다는 것을 발견했다. 무표정 패러다임을 사용한 다른 연구에서 회피형이 아닌 미래 안정 애착을 형성하는 6개월 된 아기는 엄마의 무표정한 모습에 긍정적인 신호나 행동(엄마 쪽으로 손을 든다든지, 엄마를 향해 소리를 내는 것과 같은)을 보였다. 무표정의 엄마에게 계속해서 긍정적인 신호를 보내는 영아는 미래 안정 애착을 형성할 가능성이 높았다(Cohn et al., 1991). 놀랍게도, 6개월 된 영아는 반응하지 않는 엄마와의 관계를 회복하려고 노력할 것이다.

두 가지 원칙: 지속적인 조절과 혼란 및 회복

Beebe와 Lachmann(1994)은 면대면 관계에서 유아의 경험을 조직하는 몇 가지 원칙을 제시했다. 이 중 두 가지는 지속적인 조절과 혼란 및 회복이다. 한편으로는 특징적인 상호작용 패턴에 대한 영아의 기대 형성에 기반한 지속적인 조직화 과정이 있다. 지속적인 조절 원칙에서 조직화 과정을 구성하는 것은 바로 엄마의 가용성, 민감성, 일관성, 예측 가능성과 영아의 상호 대응 방식이다. 반면에 혼란과 이를 회복하려는 노력 역시 영아가 기대하고 경험을 조직화하는 데 강력한 기회를 제공한다.

이 두 가지 원칙, 즉 지속적인 조절과 혼란 및 회복은 서로 다른 시간 구간과 경험을 구성한다. 여러 일치하는 상호작용과 같이, 조절의 정도가 긍정적인 범위에 있는 정도에서 예상 가능하고, 기대할 수 있고, 일관되고 조정 가능한 것에 의해 경험이 조직화한다. 이 견해에서 최종 목표는 최적의 조정이다. 반대로 혼란과 회복은 대비, 괴리, 차이에 의해 조직화된 경험을 가리킨다. 기대하는 것과 발생한 것 사이의 간극 역시 회복될 수 있다. 이 관점에서 목표는 최적의 괴리와 회복이다. 이런 상반된 점들은 동시에 구성된다(Beebe & Lachmann, 1994, 2002, 2013).

혼란과 회복은 대처, 효능, 재개정, 희망의 경험을 조직한다(Tronick, 1989). 상호작용은 회복할 수 있는 것으로 표현된다. 기대는 긴장과 불일치에 직면했을 때 상대방과의 참여를 유지하는 것이 가능하다는 것을 발전시킨다. 이와 대조적으로, 최적으로 조정되는 지속적인 조정은 일관성, 예측 가능성, 상대방과 잘 어울리고 잘 연결된 경험을 조직한다. 또 조정은 지속되는 것이 가능하다는 기대를 발전시킨다. 조정이 지속될 수 있다는 기대가 확고할수록 영아는 혼란과 회복의 경험을 더 잘 참고 그 이점을 누릴 수 있을 것이다(Beebe & Lachmann, 1994).

안전 애착의 기원을 보여 주는 다음 그림들에서, 영아가 약간 괴로워하는 순간들이 있다. 엄마는 이를 재빨리 인식하고 영아가 다시 조절할 수 있도록 돕기 시작한다. 이 순간들은 작은 혼란과 빠른 회복을 보여 준다. 그 이후에 엄마와 영아가 함께 가장 긍정적인 정서를 보여 주는 아름다운 순간들을 볼 수 있다. 이렇게 대단히 긍정적인 순간들은 불안정 애착이나 혼란 애착으로 가는 과정에서 엄마–영아 상호작용 그림에서는 대부분 빠져 있다.

아기가 엄마가 하는 모든 행동, 심지어 작은 움직임에도 어떻게 반응하는지 주목하고, 반대로 엄마가 아이가 하는 모든 행동을 절차적, 행동 순서상 수준에서 어떻게 인지하는지 살펴보자. 미세 분석은 엄마와 아기의 행동에서 순간순간 놀라운 상호작용의 조정을 볼 수 있게 한다. 안정 애착의 기원에서부터 이후의 불안정 애착의 기원까지 넘어가면, 특별한 상호작용의 조정은 그 최적 여부나 보이는 괴로움이나 기쁨 혹은 안정 애착이나 불안정 애착 결과를 가져오는지에 상관없이 모든 상호작용의 기초가 된다는 사실을 알 수 있게 된다.

다음 장에는 4개월 된 영아와 엄마의 상호작용 패턴이 이 둘이 친밀한 관계에 대한 절차적 기대를 함께 만들고 이것이 한 살 때 안정 애착 또는 불안정 애착을 형성하게 하는 세부 과정을 보여 준다.

안정 애착의 기원에서 안면 미러링

그림: 안면 미러링

다음 그림은 4개월 된 아기와 엄마를 보여 준다. 이 아기는 한 살 때 안정 애착으로 분류되었다(Beebe et al., 2010).

26초 동안 19개 프레임이 제시된다. 엄마와 아기는 상대방을 바라보며 긍정적으로 참여한다. 13초 후, 아기가 아래를 보며 침울해지자 엄마가 아기의 배를 부드럽게 살짝 찌르며 "다시 돌아오렴."이라고 하는 것 같다. 아기가 눈을 뜨면서 약간의 불일치와 회복이 있다. 엄마는 먼저보다 훨씬 더 신나게 아기를 반긴다. 하지만 엄마는 바로 아기 상태와 비슷하게 머무르며 불일치를 회복한다. 그러고 나서 둘은 점차 상호 긍정적인 모습의 정점에 도달한다.

정확한 손 움직임을 보기 어렵기 때문에 우리는 엄마가 아기의 두 손을 잡고 밖으로 벌릴 때까지(프레임 10~12) 아기의 손을 감싼 엄마의 손가락이 앞뒤로 흔들리는 모습에 주목했다.

참고: 분할된 화면과 카메라의 각도 때문에, 특히 한 프레임에서 엄마와 아기가 직접적으로 바로 보는지 알 수 없는 경우가 많다. 예를 들어, 4.1 프레임 1의 실시간 영상에서는 엄마와 아기가 서로를 보고 있는 것이 분명하다. 독자들이 이어지는 그림들에서 묘사된 응시하는 장면을 믿음 있게 봐 주기를 바란다.

4.1 분:초 01:33~01:35

줄거리: 엄마와 아기 사이에 상호 기쁨이 커진다. 상대방의 머리와 입의 움직임에 반응하고 서로를 바라보며 긍정적인 얼굴 정서가 증가한다.

프레임 1. 분:초 01:33a

엄마와 아기가 서로 정면을 향하고 상대방을 바라본다. 둘의 얼굴에 약간의 긍정적인 흥미로운 표정이 보인다. 아기는 오른손으로 엄마의 손가락을 잡고 있다.

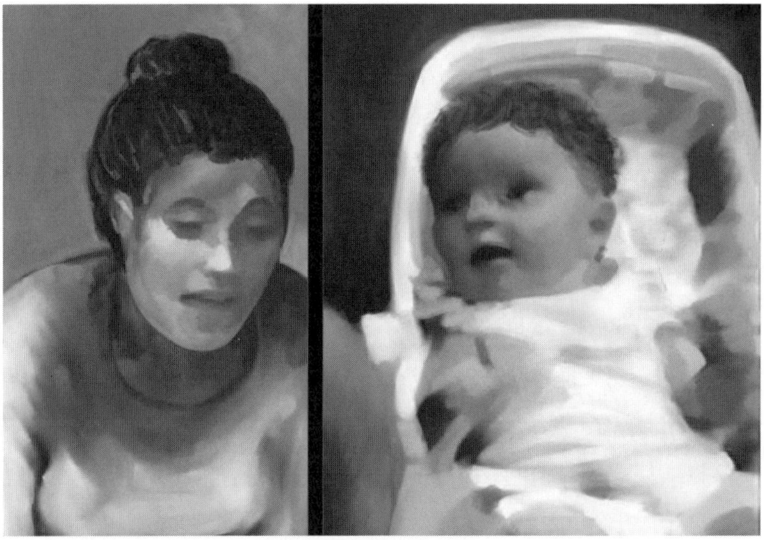

프레임 2. 분:초 01:33b

거의 동시에, 아기의 흥미로운 표정은 더욱 긍정적이 되고 미소의 기미가 보인다. 엄마는 살짝 입을 다물고 있다(영상에서 엄마는 노래를 부른다).

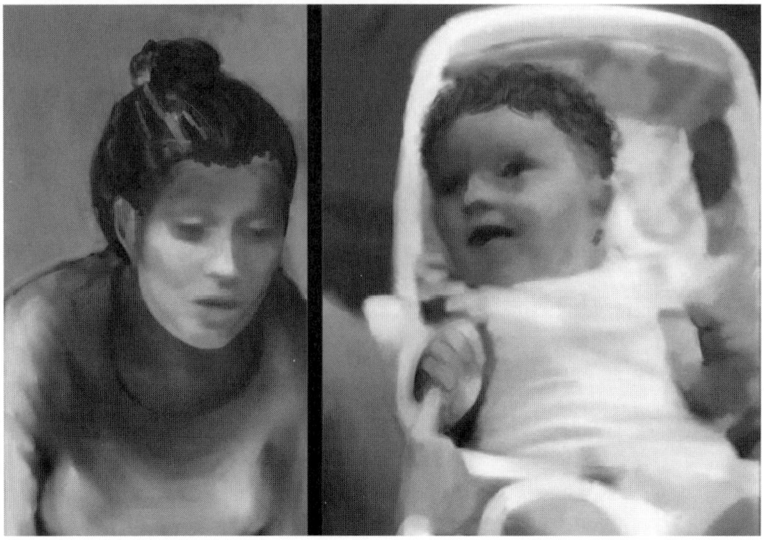

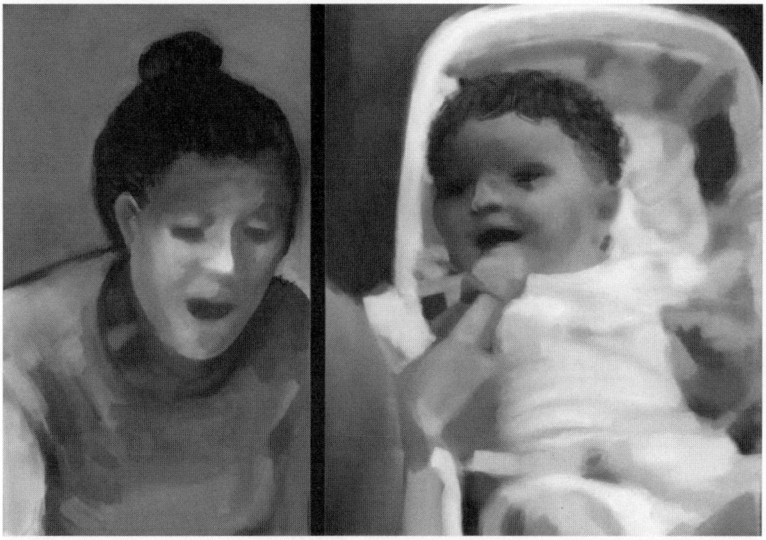

프레임 3. 분:초 01:34

1초 후, 둘은 계속해서 서로를 바라보며 더욱 긍정적이 된다. 엄마는 입을 살짝 벌리며 미소를 띠고 있고, 아기는 환하게 웃고 있다. 엄마와 아기가 서로의 얼굴 표현을 일치시켰다. 아기는 계속해서 오른손으로 엄마의 손가락을 잡고 있다.

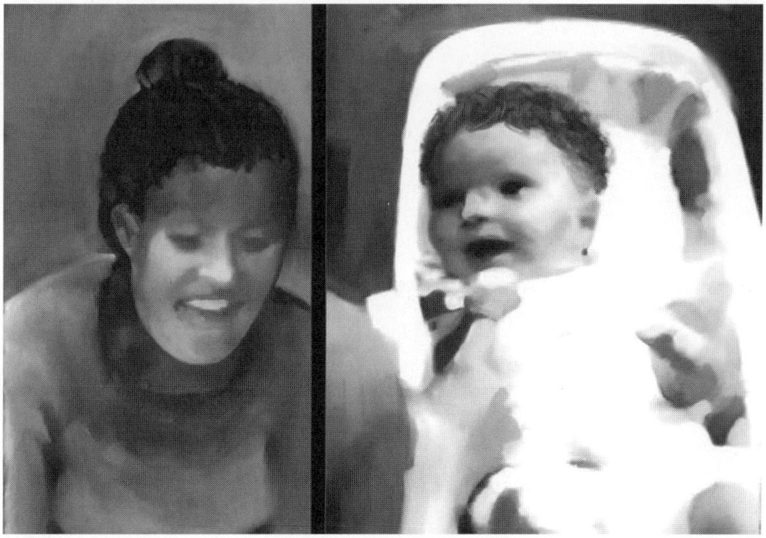

프레임 4. 분:초 01:35

1초 후, 엄마와 아기의 미소가 더욱 강해진다. 엄마는 활짝 입을 벌려 웃는 얼굴이다.

4.2 13초 후 분:초 01:48~01:52A

줄거리: 아기가 아래를 보고 고개를 숙이고 입을 다물기 시작하자 엄마의 미소가 긴장된다. 엄마는 몸을 앞으로 기울여 아기의 배를 부드럽게 찌른다. 이 장면에서는 왜 아기가 시선을 돌리는지 정확히 알지 못한다. 아마도 아기는 자신의 흥분을 다시 조절하고 쉬는 시간이 필요할 것이다.

프레임 5. 분:초 01:48

13초 후, 엄마와 아기는 긍정적인 표정의 기미가 보이며 서로를 바라본다. 엄마는 몸을 앞으로 기대고 있다. 아기가 왼쪽 손가락 사이를 벌린다. 손가락을 벌리는 동작은 다음 네 개의 프레임에서 계속된다. 아기는 여전히 오른손으로 엄마의 손가락을 잡고 있고, 엄마는 손을 앞뒤로 흔든다.

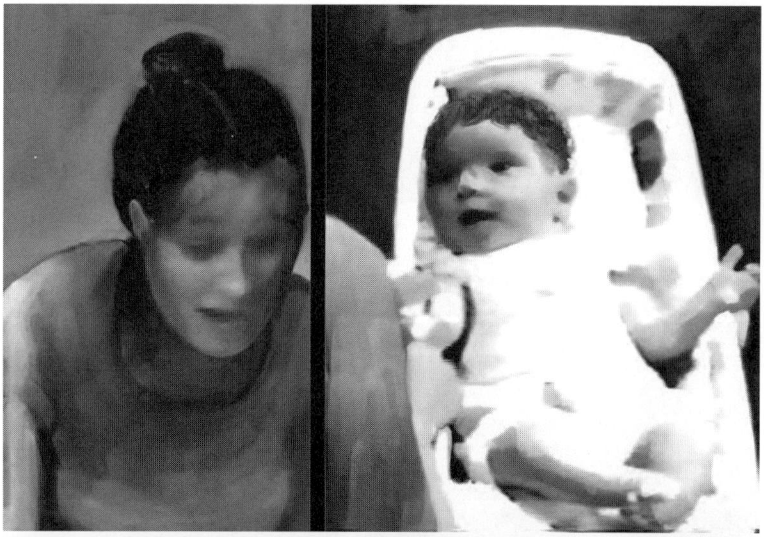

프레임 6. 분:초 01:49

1초 후, 아기가 아래를 보면서 눈 맞춤을 중지하고 고개를 아래로 숙인다. 엄마가 살짝 뒤로 물러난다. 엄마의 입에 약간의 긴장이 보인다.

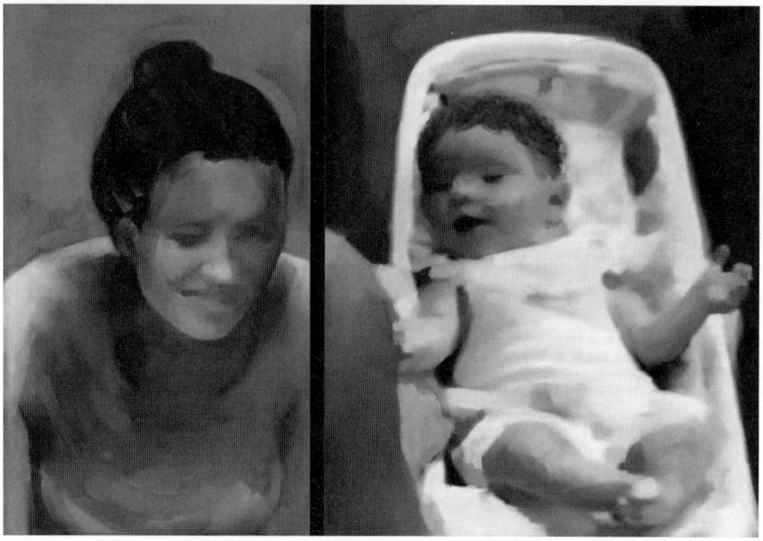

4.3 분:초 01:52~01:53

줄거리: 아기가 다시 돌아보면서 약간의 불일치와 회복이 발생한다. 엄마는 즐거운 미소로 아기를 반긴다(프레임 10). 하지만 아기는 잠시 아래를 바라본다(프레임 11). 아기가 다시 돌아볼 때 엄마는 아기의 상태와 비슷하게 살짝 절제된 미소로 아기를 맞이하고, 아기는 엄마에게 시선을 유지한다. 엄마는 아기가 보인 행동을 조심스럽게 주목하고 자신을 조절한다.

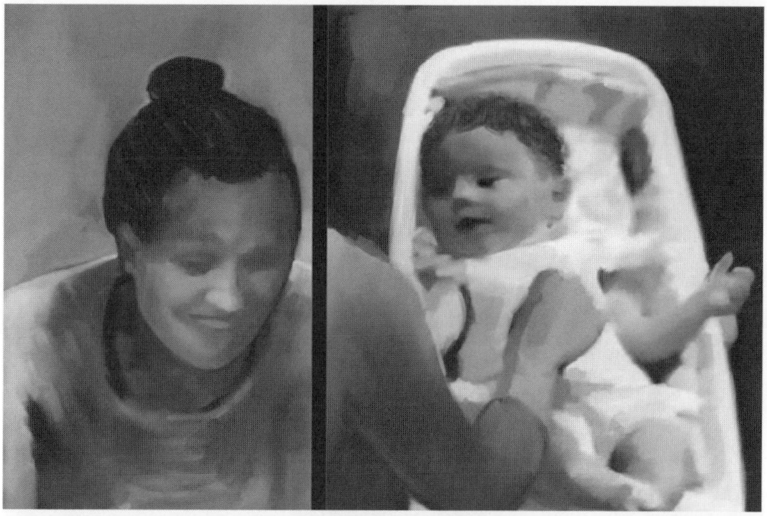

프레임 7. 분:초 01:50

1초 후, 아기가 입을 다물기 시작하면서 약간 고개를 아래로 숙인다. 엄마의 오른손이 아기의 배를 부드럽게 찌른다. 엄마는 살짝 긴장된 미소로 아기를 계속해서 바라본다.

프레임 8. 분:초 01:52a

약 2.5초 후, 엄마는 계속해서 아기의 배를 찌르고 여전히 살짝 긴장된 미소와 함께 아기를 보고 있다. 아기는 눈을 감고, 입을 다문 채 좀 더 아래로 고개를 숙인다. 아기가 왼손을 오므리기 시작한다.

프레임 9. 분:초 01:52b

거의 동시에 아기가 눈을 뜨고 엄마를 바라보기 시작한다. 아기의 입은 완전히 닫혀 있다. 아기가 관심 있는 흥미로운 표정을 한다. 아기는 이제 왼손을 완전히 쥐고 있다. 엄마는 여전히 약간 긴장된 미소를 띠며 조용해진다.

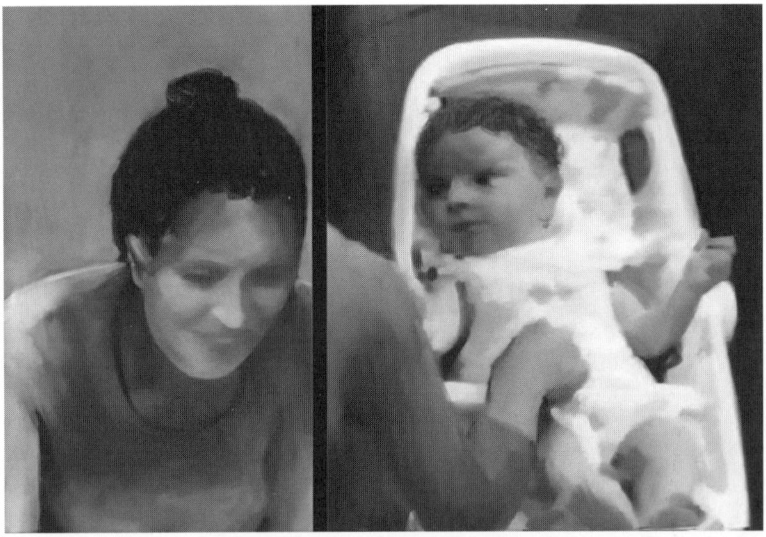

프레임 10. 분:초 01:53a

동시에, 아기가 더욱 긍정적이고 흥미로운 표정으로 엄마를 똑바로 바라본다. 엄마는 아기보다 훨씬 더 신이 나서 입을 벌리고 웃는다. 엄마가 오른손을 아기의 왼손 쪽으로 기울이기 시작한다.

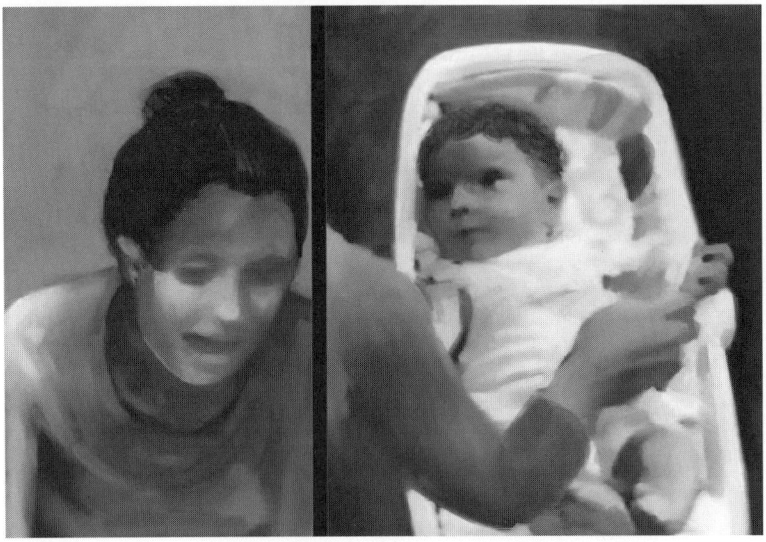

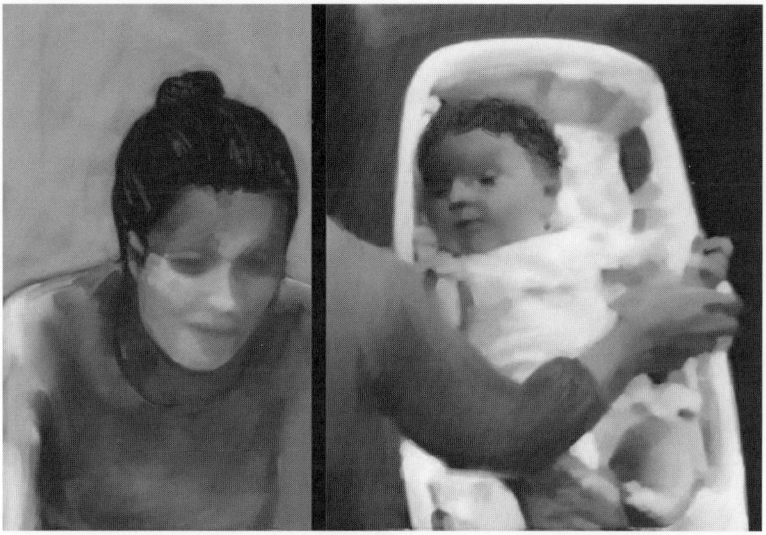

프레임 11. 분:초 01:53b

거의 동시에 아기가 다시 눈을 감는다. 엄마는 차분해지고 입을 닫는다. 여기서 엄마가 아기의 상태에 더욱 일치시킨다. 이 모습은 0.5초도 되지 않은 매우 짧은 시간에 발생했다. 엄마의 손은 계속해서 아기의 왼손으로 향한다.

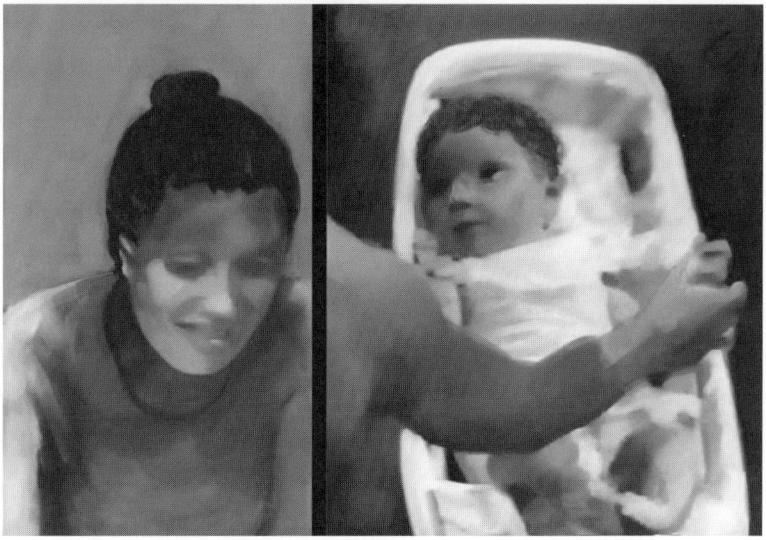

프레임 12. 분:초 01:53c

거의 동시에, 아기가 눈을 뜨고 조금 더 긍정적이고 흥미로운 얼굴로 엄마를 바라본다. 엄마는 프레임 10보다 조금 절제된 미소를 띤다. 엄마가 아기의 낮은 흥분 수준에 자기 모습을 거의 일치시킨다. 그리고 여전히 자신의 손을 아기의 왼손으로 향한다.

4.4 분:초 01:54~01:56B

줄거리: 엄마와 아기는 서로 긍정적인 관계를 다시 형성한다. 둘은 입을 더욱 벌리고 상대방에게 점점 더 큰 미소로 응답한다.

프레임 13. 분:초 01:54

1초 후, 둘은 조금 더 긍정적인 모습이다. 엄마는 입을 좀 더 벌린 미소를 띠고, 아기 역시 조금 더 긍정적인 표정이다. 엄마는 아기의 왼손을 완전히 잡았다.

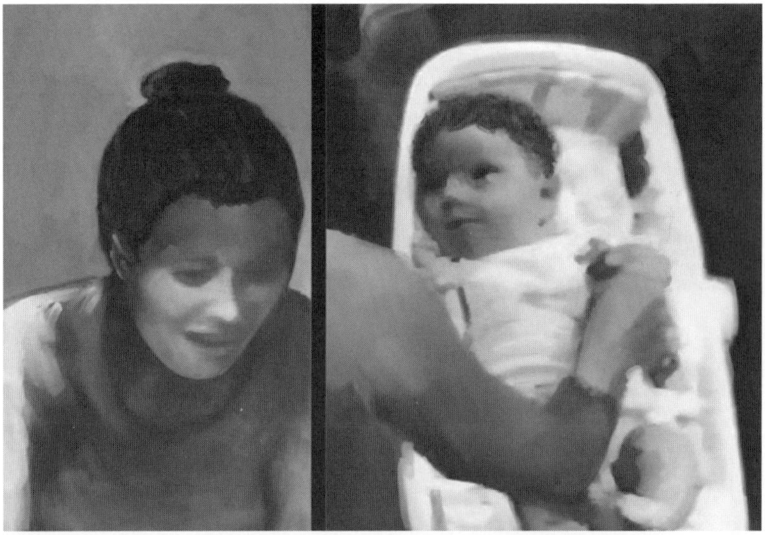

프레임 14. 분:초 01:55

1초 후, 둘은 더욱 긍정적으로 된다. 엄마는 더 큰 미소를 보이고, 아기도 입을 더욱 벌리고 긍정적이며, 흥미로운 얼굴이다. 엄마는 오른손으로 아기 왼손을 감싸 잡는다.

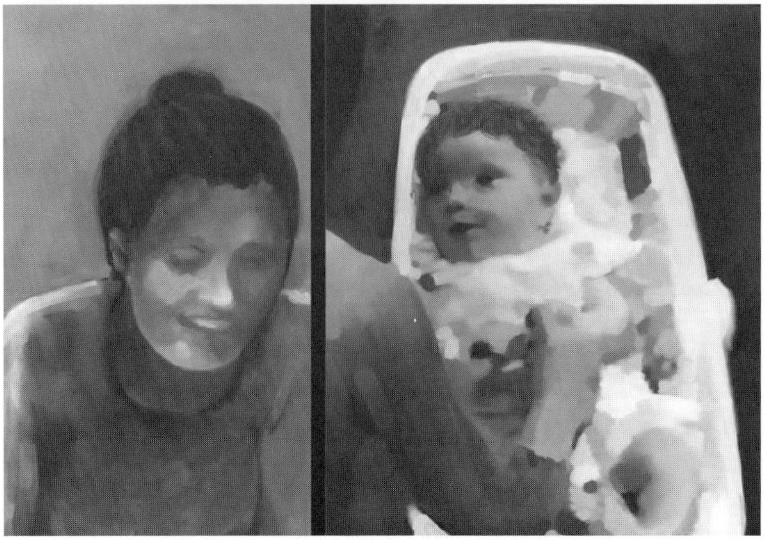

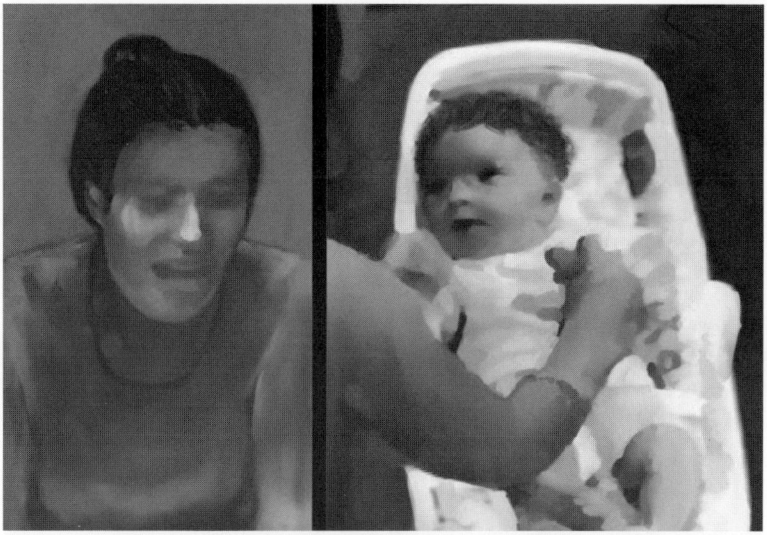

프레임 15. 분:초 01:56a

약 0.5초 후, 둘은 입을 더 벌리고 좀 더 긍정적인 참여의 모습을 보인다. 엄마는 머리를 뒤로 하고 아기의 왼손을 움직인다.

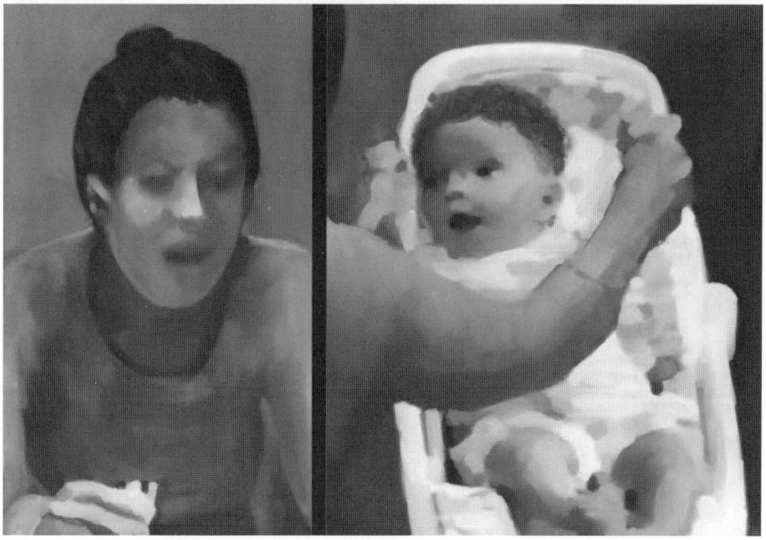

프레임 16. 분:초 01:56b

거의 동시에 둘은 입을 벌리고 고개를 들어 긍정적인 참여를 계속해서 증가시킨다. 엄마가 아기의 손을 위로 올린다. 둘은 신이 나 보인다.

4.5 분:초 01:57~01:59

줄거리: 엄마와 아기는 서로의 미묘한 반응에 각각 반응하면서 상호 긍정적 영향의 정점에 도달한다. 이는 부모와 아기 모두 서로를 사랑하는 순간이다.

프레임 17. 분:초 01:57

1초 후, 계속해서 서로를 바라보고, 입을 활짝 벌린 미소로 엄마와 아기는 긍정 정서의 정점을 보여 준다. 둘은 동시에 머리를 들어 올린다. 엄마가 아기의 왼쪽 팔을 좀 더 위로 올리자 아기는 오른발과 발끝을 든다.

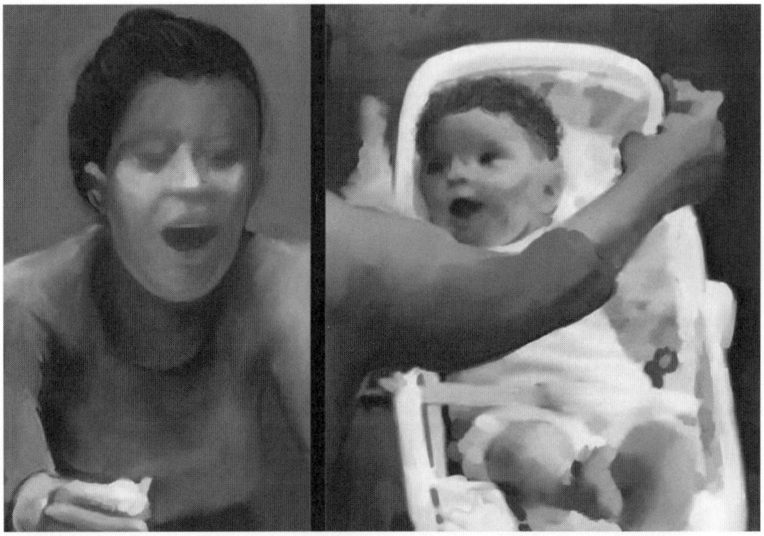

프레임 18. 분:초 01:58

1초 후, 계속해서 엄마와 아기가 서로를 바라보고 미소 지으며 매우 긍정적으로 참여한다. 엄마가 중간 정도의 미소를 지으면서 입을 약간 닫는다. 아기는 계속 입을 벌리고 웃는다.

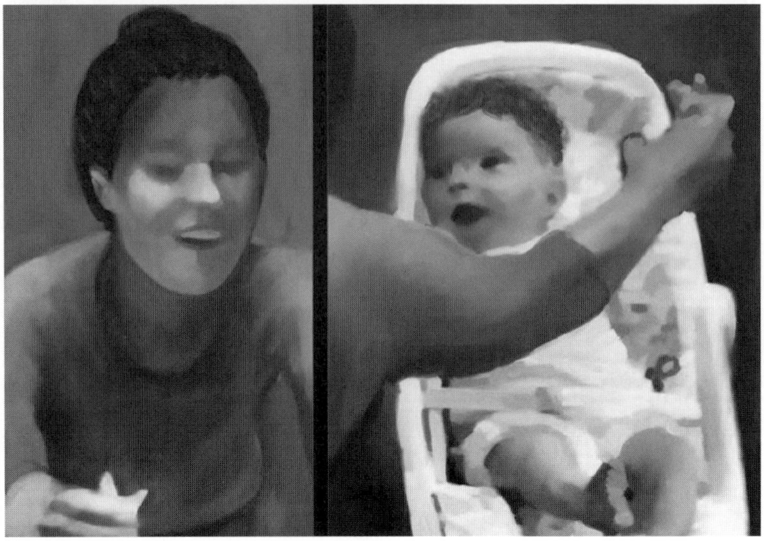

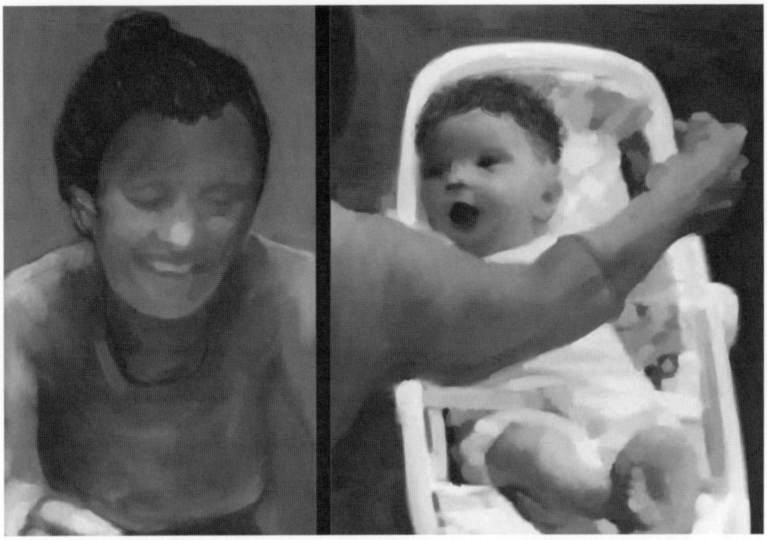

프레임 19. 분:초 01:59

1초 후, 계속해서 둘의 긍정적인 교감이 이어진다. 엄마는 즐거운 표정을 짓고, 아기는 입을 벌려 활짝 웃는다.

안면 미러링에 대한 설명

안면 정서는 독특한 정보를 전달하는데 상당한 조정과 미묘함이 동반된다. 각 파트너의 얼굴이 상대방의 얼굴을 끌어당기고 반응하는 방식은 일생 동안의 친밀감을 형성하는 기반 중 하나이다.

우리가 '애착 기원에서의 아기의 얼굴 미러링'을 선택한 이유는 엄마와 아기가 함께 긍정적인 기쁨의 절정으로 조금씩 올라가는 순간들을 보여 주기 때문이다. 다음 설명의 일부는 Beebe와 Lachmann(2013)에서 인용했다.

지금쯤 프레임 단위로 그린 그림에 의해 드러난 내용이 실시간으로 볼 수 있는 것과 매우 다르다는 것을 알 수 있을 것이다. 엄마와 아기는 모두 긍정적인 얼굴 정서를 점점 더 보여 주며 머리를 위로 움직이고 점점 더 입을 벌린다. 이 놀라운 움직임은 오직 미세 분석에서만 볼 수 있다. 머리를 들어 올리고 입을 벌리는 모습은 정점을 향해 간다는 특성이 있다. 비슷하게 엄마와 아기는 거의 동시에 머리를 아래로 움직이고 입을 완전히 다무는 모습도 보인다.

아기가 마주친 시선을 거두고 아래를 내려다보는 순간에 발생하는 복잡한 상호작용은 실시간에서는 구분할 수 없다. 실시간 영상에서 우리 학생들은 엄마가 아기 배를 부드럽게 찌르기 시작했기 때문에 아기가 아래를 바라보는 것이라고 말한다. 하지만 미세 분석에서 나타난 내용은 이와 반대였다. 아기가 먼저 아래를 내려다보자, 엄마의 얼굴에 살짝 긴장감이 돌았고 이후 엄마가 아기의 배를 찌른 것이다.

아기가 다시 돌아보고 서로 바라보려고 준비하려는 때에 엄마는 뒤로 물러서며 둘 사이에 미세한 불일치가 보인다. 엄마는 환히 웃고 있지만 아기는 침울해 보이기도 한다(프레임 10). 그리고 아기는 다시 재빨리 아래를 바라본다(프레임 11). 이에 엄마의 입에서 살짝 긴장감이 돌고 엄마는 입을 다물며 반응한다. 아기가 잠시 후 다시 바라보자, 엄마는 절제된 미소를 보이며(프레임 12) 아기의 상태와 비슷하게 행동한다. 엄마는 아기가 다시 준비되기 전에 미소의 강도를 높여서 아기를 앞서가려 하지 않는다. 이는 엄마가 아기에게 재조정할 시간을 주고 아기의 리드에 따르는 중요한 순간이다. 여기서는 매우 미세한 혼란과 회복이 보인다.

그러고 나서 엄마와 아기는 긍정적인 미소의 정점을 나누기 위해 조금씩 움직인다

(프레임 16~19). 이 과정에서 둘은 긍정적인 상호작용의 강렬한 순간에 이르게 하는 순서를 배운다. 또한 둘은 아기가 아래를 바라보는 순간 아기에게 재조정할 시간, 즉 시각적인 휴식 시간을 주면서 부드럽게 고조된 감정을 낮추는 법을 배운다. 아기는 이 순간 흥분을 조절하기 위해 시선을 돌리고, 높아진 심박수를 편안한 수준으로 낮추고 엄마와 아기는 다시 서로를 바라본다(Field, 1981). 엄마와 아기 모두 활짝 입을 벌린 채 웃음을 짓고, 다시 서로를 바라보면서 다시 한번 긍정 정서의 최고점에 오르게 된다. 따라서 엄마와 아기는 모두 순간순간 편안하게 정서 변화의 방향을 맞추는 데 대한 기대를 하게 된다. 이런 기대에는 시선 회피나 흥분 조절을 위한 시간을 포함한다. 또한 이런 기대는 최고의 긍정적인 미소의 정점에 다다르는 데 대한 가능성도 포함한다.

기대에 대한 설명

이제 우리는 아기가 상호작용하는 상대방에게서 기대하는 바에 대해 생각해 볼 수 있다. 아기의 사회적 상호작용에서 기대는 어떻게 형성되는가? 우리는 상호교환의 행동 순서가 기대로 발전하는 방법을 더 자세히 설명하기 위해 그림의 설명을 사용한다. 우리는 엄마와 아기의 경험을 말로 표현할 수 있다고 가정하고 각 패턴에서 행동 대화를 언어로 해석하려고 한다.

안면 미러링 순서에서 안정 애착을 형성하는 아기의 행동-대화를 말로 할 수 있다면 엄마와 아기는 상호작용에서 다음과 같은 기대를 할 것이다. "우리가 서로를 바라보고 시선을 돌릴 때 서로의 움직임을 따라 해. 긍정적이 되거나 침착해지면서 서로의 얼굴을 위아래로 따라 하지. 서로 기쁨의 미소를 터뜨릴 정점까지 함께 조금씩 움직여. 우리는 서로의 시선과 얼굴, 그리고 우리가 어떻게 연결될지를 예상할 수 있어. 우리가 느끼고 행동하는 것이 상대방에게 반영되는 방식으로 보여 줘. 우리는 경계할 필요도, 위축될 필요도 없어." 아기는 아마도 다음과 같이 느낄 것이다. "엄마랑 함께 있어서 안전하다고 느껴요. 엄마가 나를 느끼고 나와 함께해요. 엄마는 나를 잘 알아요." 엄마 역시 다음과 같이 느낄 수 있다. "너와 함께 있으면 안전해. 나는 너를 알아. 네가 어떻게 느끼는지 알 수 있어. 네가 나를 사랑한다는 것도 알아. 네가 내 아이여서 정말 행복해."

관련 연구

이 책의 기초가 된 연구 결과에서 연구는 한 살 때 안정 애착이나 불안정 애착을 형성하는 4개월 된 아기의 상호작용 패턴을 확인했다. 한 살 때의 안정 애착은 학령기의 또래 관계와 관련이 있다(Sroufe, 1983). 여기서는 Beebe와 동료들(2010)을 통해 안정 애착을 예측하게 하는 4개월 된 영아의 행동 패턴을 설명했다.

한 살 때 안정 애착으로 분류되는 4개월 된 아기와 엄마는 상대방의 얼굴을 바라보거나 얼굴에서 시선을 돌릴 때 상대방의 관심의 방향을 따랐다. 따라서 서로 바라보고 외면할 가능성을 예측할 수 있다. 아기가 긍정적인 모습에서 조금 진정되거나 부정적으로 될 때 엄마의 얼굴 표정은 아기의 얼굴과 음성 정서의 방향을 따랐다. 아기도 자신의 얼굴과 음성 정서를 엄마의 얼굴 정서의 방향에 따랐다.

이는 양방향 안면/음성 미러링 과정이다. 각자는 상대방의 정서적 행동을 예측하고, 상대방이 자신의 정서적 변화의 방향에 따라 줄 것이라 예상할 수 있다. 이 과정이 계속해서 반복되면 엄마와 영아가 서로 일치하고, 일치될 것이라고, 다시 말해 결국 같은 정서적 방향을 향할 것이라고 기대하게 된다. 여기서 말하는 일치는 완벽한 연굴 표현의 일치가 아니라 대략적인 유사성을 의미한다. 각자는 상대방의 얼굴 표현이 자신과 대략 더 비슷해지도록 계속해서 변화하는 경험을 기대하게 된다. 서로는 매우 짧은 순간에 정서적 변화의 방향이 일치되어 가는 수반성 상호작용을 기대하게 된다. 이 과정은 보통 엄마의 무의식중에 발생한다. 그리고 이 과정은 절차적, 행동 순서 지식을 기반으로 한다.

행동의 유사성은 감정 일치와 공감의 관계 사이를 말한다. 이것은 어떻게 작용하는 것인가? Ekman과 동료들(1983)과 Zajonc(1985)의 연구는 상대방의 표현을 일치시키는 것이 생리적인 흥분 패턴을 일치시키는 것과 높은 상관관계가 있다는 것을 보여주었다. Ekman과 동료들(1983)은 특정한 얼굴 표정이 특정한 자율 활동 패턴과 관련이 있다고 설명한다. 다른 사람의 표현을 재현하는 것은 보는 사람에게 유사한 생리적 상태를 만들어 낸다. 이 공감 메커니즘은 유사한 얼굴 표현 일치를 말하며, 이는 관련된 대략적인 생리학적 매칭과 일치한다. 공감 메커니즘은 부모-영아뿐 아니라 성인-성인의 상호작용과도 동등하게 관련이 있다.

이 연구 결과를 언어로 표현할 수 있다면 미래 안정 애착의 아기와 엄마는 다음과 같이 예상할 것이라 추론한다. "당신이 바라보거나 시선을 피할 때를 예상할 수 있어요. 나를 바라보는 주기를 알 수 있어요. 당신이 나를 바라보는 걸 느낄 수 있어요. 당신이 행복하거나 괴로울 때 나의 행복과 괴로움도 당신의 기분에 맞출 거예요. 내가 행복하거나 괴로울 때 당신도 마찬가지일 거라 기대할 거예요. 내가 느끼는 걸 당신도 당신 내면에 반영하리란 걸 알아요. 내 감정을 나누고, 내가 느끼는 것을 알 수 있다 생각해요. 당신의 얼굴 표현이 무엇을 말하는지 알아요. 나는 당신을 알아요." (Beebe et al., 2010).

안정 애착의 기원에서 혼란과 회복

그림: 혼란과 회복

이번 장에서는 엄마와 4개월 된 아기의 모습을 보여 준다. 이 아기는 이후 한 살이 되었을 때 안정 애착으로 분류되었다(Beebe et al., 2010).

23초 동안 총 12개의 장면에서 우리는 입을 벌린 미소를 지으면서 서로를 바라보는 아기와 엄마를 볼 수 있다. 이후 아기가 엄마와 연결된 상태에서 벗어나며 괴로워하는 모습을 보이자, 엄마는 차분하게 아기를 기다린다. 엄마는 뒤로 물러나서 아기의 상태에 함께하고, 손을 내밀어 아기가 다시 자신과 연결될 수 있도록 한다. 그리고 마침내 아기와 엄마의 관계는 회복되고 둘은 서로를 바라보며 기쁨의 미소를 짓는다.

5.1 분:초 16:02~16:06A

줄거리: 4초 동안 아기와 엄마는 미소짓는다. 하지만 뒤이어 아기가 위축된 모습을 보이면서 엄마의 미소가 엷어진다. 엄마와 아기 모두에게서 즐거움이 사라졌다.

프레임 1. 분:초 16:02

제일 첫 장면에 아기와 엄마는 웃으면서 서로를 바라본다. 엄마는 입을 크게 벌리고 웃고 있다. 아기와 엄마는 서로를 즐겁게 하고 있다.

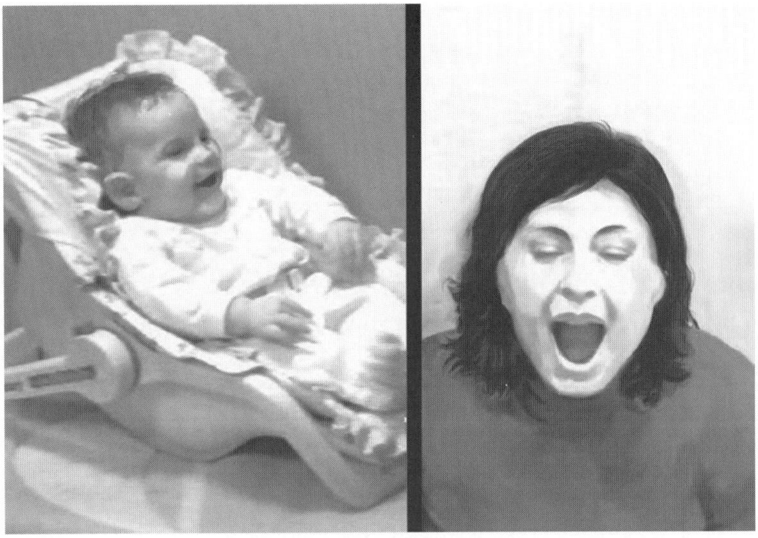

프레임 2. 분:초 16:03

1초 후, 엄마와 아기는 조금 차분해진 모습이다. 두 사람 모두 고개를 숙이고 있고 둘의 미소는 엷어졌다.

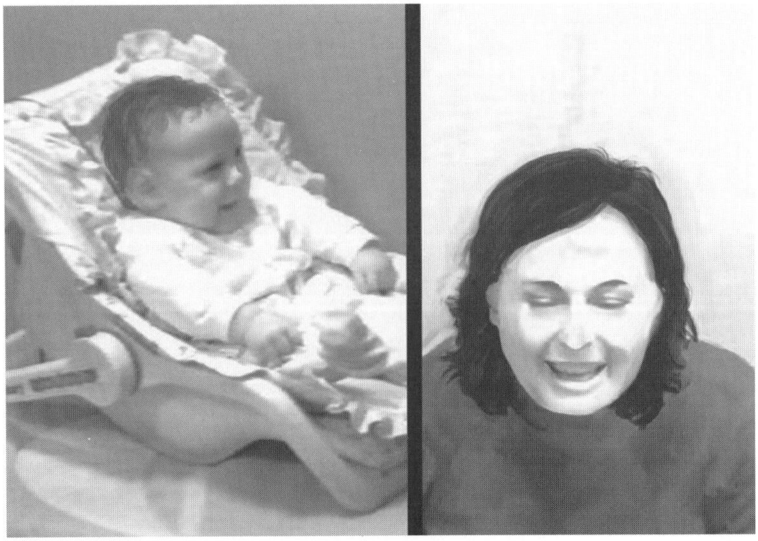

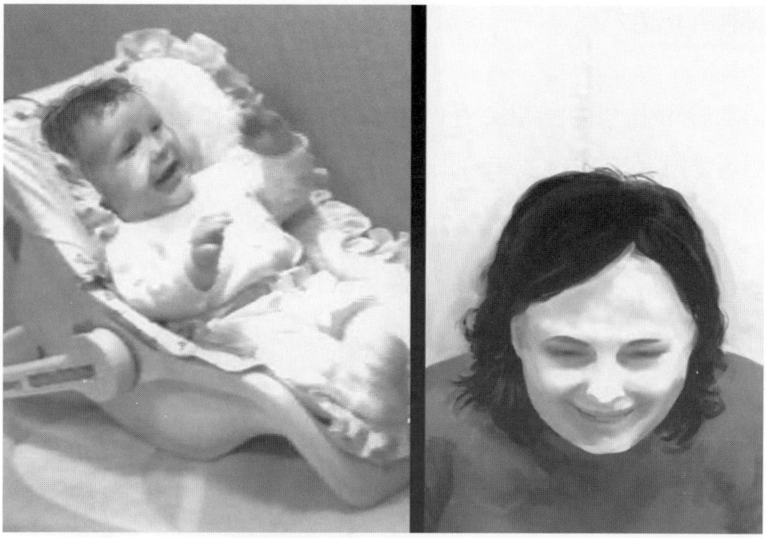

프레임 3. 분:초 16:05

2초 후, 아기는 머리와 몸, 손을 뒤로 당기면서 여전히 엄마를 바라보고 살짝 웃는다. 엄마는 얼굴을 아기에게 조금 더 가까이 가져간다. 엄마의 미소가 더욱 희미해진다.

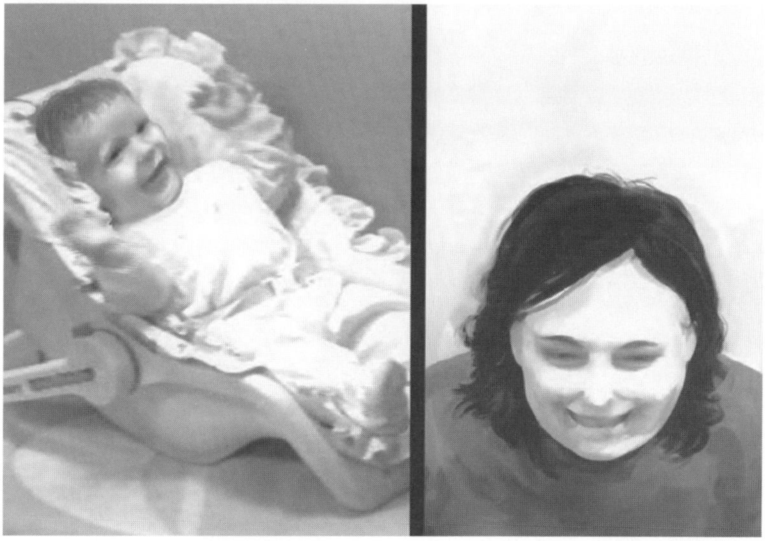

프레임 4. 분:초 16:06

거의 동시에 아기가 엄마에게서 시선을 거두고 오른쪽으로 고개를 약간 돌린다. 아기는 손을 더욱더 뒤로 당기면서 "날 만지지 마세요."라는 동작을 취한다. 아기의 미소가 사라졌고, 엄마의 미소 역시 옅어졌다.

5.2 분:초 16:06B~16:07

줄거리: 아기가 괴로워하자, 엄마는 뒤로 물러나서 아기의 괴로운 상태에 함께하며 아기를 자극하는 어떠한 행동도 하지 않고 차분히 기다려 준다.

프레임 5. 분:초 16:06b

약 0.5초 후, 아기는 괴로워 보인다. 아기는 얼굴을 찡그리고 몸을 뒤로 젖히고 고개를 오른쪽으로 더욱 돌리면서 계속해서 다른 곳을 바라본다. 이제 아기의 손동작은 “정말 나를 만지지 마세요”라고 말하고 있다. 엄마는 몸을 뒤로 하고 아래를 바라본다. 엄마는 여전히 희미해진 미소를 짓는다.

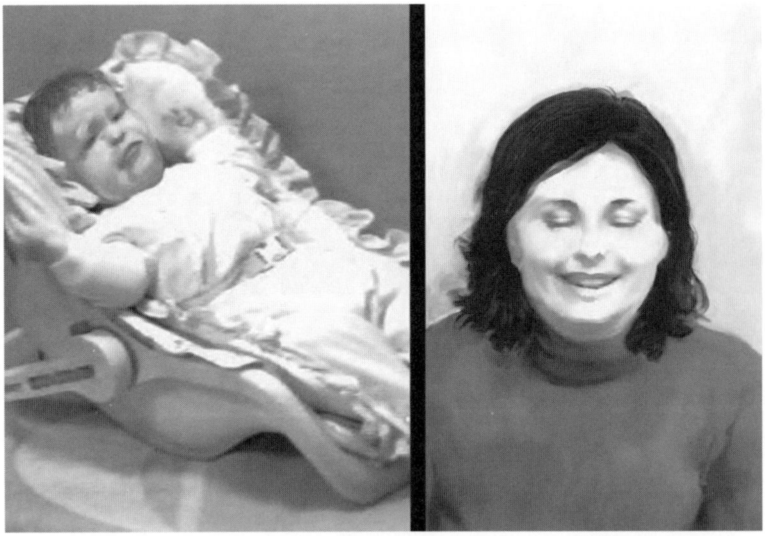

프레임 6. 분:초 16:07

약 0.5초 후, 이 장면에서 우리는 엄마가 괴로워하는 아기의 상태에 함께하는 놀라운 순간을 볼 수 있다. 아기는 정면으로 고개를 돌리고 눈을 감은 채 아랫입술을 당기고 ‘어-어’라는 표정을 짓는다. 이 표현은 괴로움을 참고 불편한 마음을 다스리는 방법일 수 있다. 엄마 역시 아랫입술을 당기며 아기의 표현을 따라 한다. 하지만 이 순간 아기는 자신의 상태에 함께하려는 엄마를 보지 않는다. 계속해서 아기는 손을 완전히 뒤로 당긴다.

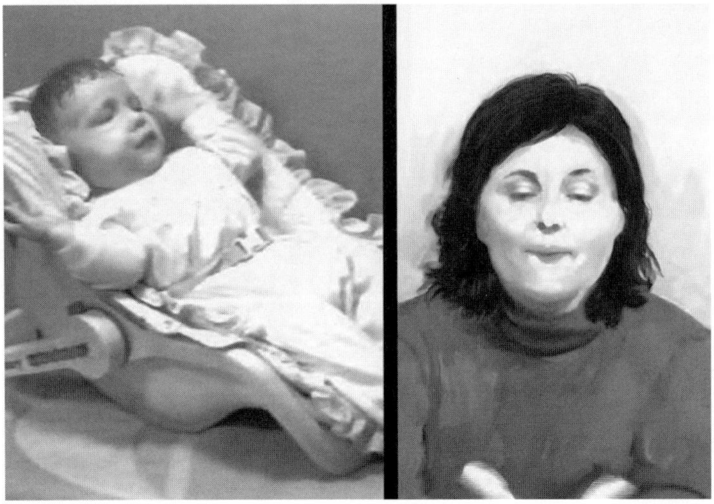

5.3 분:초 16:08~16:24

줄거리: 17초 동안 엄마와 아기는 손을 맞잡으며 다시 참여한다. 둘은 처음의 즐거웠던 관계를 회복한다.

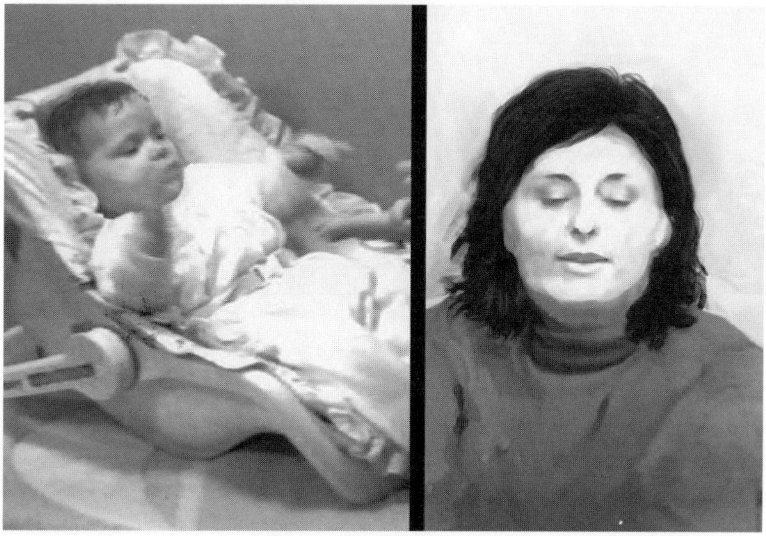

프레임 7. 분:초 16:08

1초 후, 아기와 엄마는 서로에게 손을 내민다. 엄마의 손가락(왼쪽 아기 그림에서 보이는)이 아기에게 향한다. 아기는 고개를 숙여 엄마의 손을 바라보고 팔을 아래로 내린다. 엄마의 얼굴은 차분해 보인다.

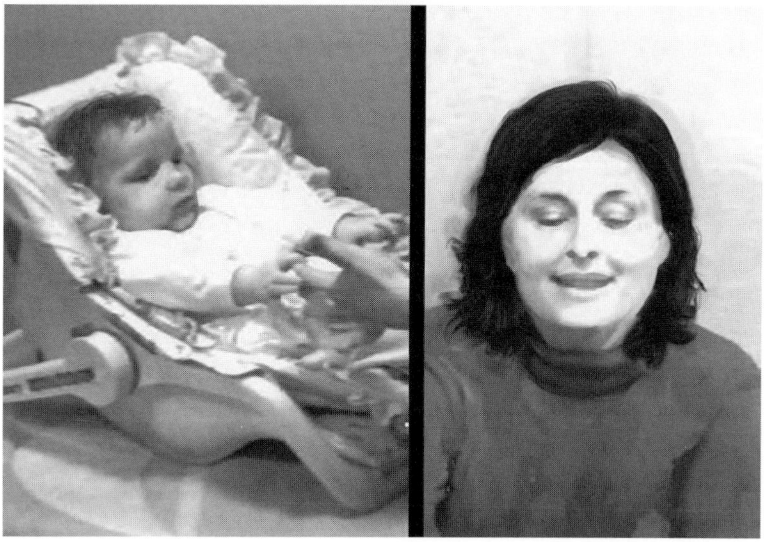

프레임 8. 분:초 16:10

2초 후, 엄마와 아기는 서로의 손을 맞잡으며 다시 참여한다. 아기는 오른쪽 손으로 엄마의 왼쪽 손을 잡고 가만히 엄마와 자신의 손을 쳐다본다. 엄마가 살짝 미소를 짓는다.

프레임 9. 분:초 16:13

3초 후, 아기가 입을 옆으로 살짝 벌린다. 아기의 얼굴이 긍정적 호기심을 나타내는 표정으로 바뀌었다. 아기는 계속해서 자신과 엄마의 손을 바라보면서 엄마의 손가락을 잡고 있다. 하지만 아직 엄마를 보지는 않는다. 엄마는 입을 더 넓게 벌리고 손을 올린다.

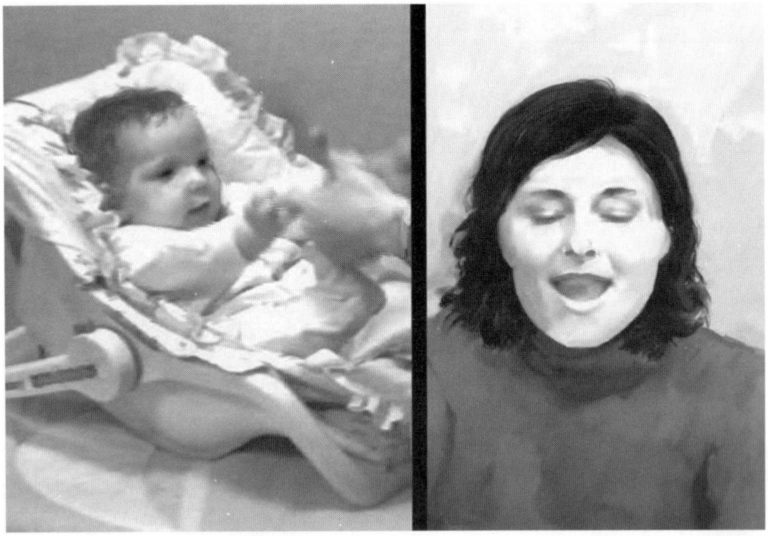

프레임 10. 분:초 16:15

2초 후, 아기는 이제 흥미로운 표정으로 엄마를 바라본다. 아기의 얼굴에 미소가 떠오른다. 엄마는 살짝 미소를 지으며 아기를 반긴다. 이제 둘은 다시 연결되었다. 엄마는 손을 더 위로 올리고, 아기는 엄마의 양쪽 손가락을 잡고 있다.

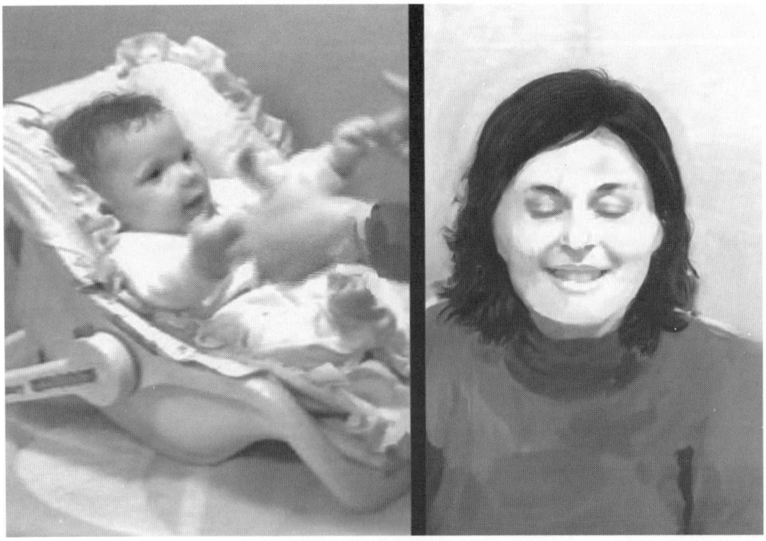

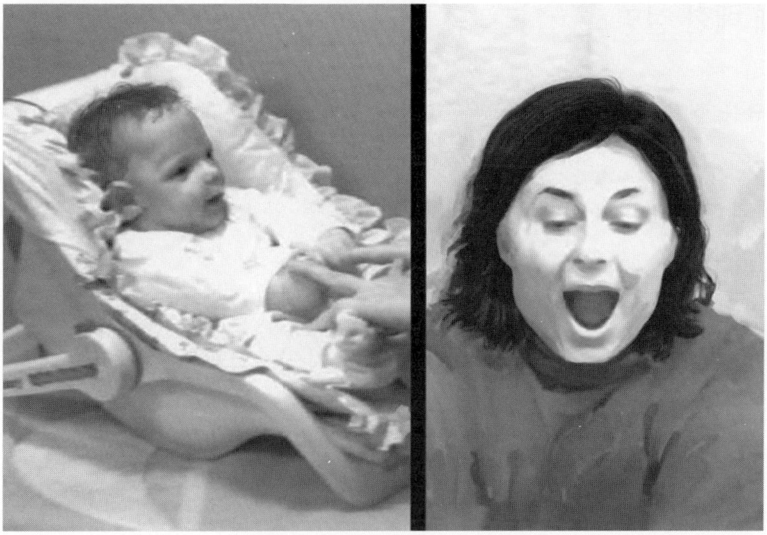

프레임 11. 분:초 16:20

5초 후, 계속해서 아기는 흥미로운 표정으로 엄마를 바라본다. 엄마는 입을 크게 벌리고 눈썹은 위로 올리며 짐짓 놀란 척 아기를 반긴다. 둘은 손을 아래로 내렸다. 엄마는 여전히 아기에게 손가락을 내주고, 아기는 왼쪽 손을 구부려 엄마의 손가락을 잡는다.

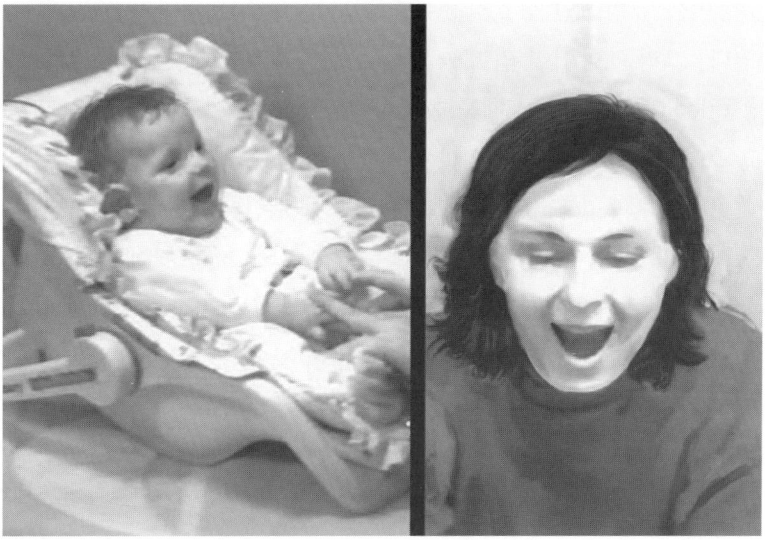

프레임 12. 분:초 16:24

4초 후, 엄마와 아기 관계는 완벽하게 회복되면서 서로 즐거워했던 처음의 모습을 되찾았다. 두 사람 모두 입을 벌린 기쁜 미소를 짓는다. 엄마와 아기는 손가락을 맞잡으며 참여한다.

혼란과 회복에 대한 설명

우리가 이 상호작용 장면들을 선택한 것은 아기가 갑작스럽게 괴로워할 때 아기와 엄마가 이를 회복하고 다시 긍정적인 상호작용으로 돌아오는 모습을 잘 보여 주기 때문이다. 다음 설명의 일부는 Beebe와 동료들(2010), Beebe와 Lachmann(1994, 2002, 2013), Beebe, Lachmann과 Jaffe(1997)에서 인용했다.

모든 엄마와 아기들(그리고 모든 사람)은 의사소통에서 종종 실수하고 이를 바로잡는 방법을 배워야 한다. 이 과정은 종종 자신도 모르게 자연스럽게 이루어지지만 때때로 실수를 바로잡기 위해서는 이를 의식적으로 인지해야 할 필요가 있다. 앞서 언급한 안면 미러링(facial mirroring)과 같은 상호작용에서의 실수는 작은 실수라고 할 수 있는 반면, 혼란과 회복을 보여 주는 엄마와 아기의 모습에서는 이보다 조금 더 큰 실수가 보인다.

장면들의 원본 영상에서 긍정적인 상호작용이 일어나는 도중에 엄마가 아기 쪽으로 몸을 살짝 기울인다. 그리고 곧이어 엄마는 얼굴과 머리를 아기 얼굴 앞으로 훨씬 가까이 가져가는 행동(loom)을 한다. 이 때문에 곧바로 괴로워진 아기는 얼굴을 찌푸리고 팔을 치켜들고 고개를 뒤로 젖힌다. 엄마에게서 시선을 돌리고 칭얼거린다. 아기는 엄마가 불쑥 다가오는 행동(loom)에 반응하는 것처럼 보인다. 아기는 엄마를 피해 시선을 돌리고 훌쩍거린다. 엄마의 행동이 혼란을 가져왔다. 다음 장에서 다룰 혼란 애착의 아기와 엄마의 상호작용에서도 볼 수 있겠지만 아기에게 갑작스럽게 다가가는 엄마의 행동은 안정 애착보다 혼란 애착에서 더 많이 보인다. 이번 그림에서 엄마는 재빨리 상황을 파악하고 바로 이를 바로잡는다. 우리가 장면 분석을 시작할 때쯤 엄마는 이미 동작을 취했다. 이번 장의 장면들은 이 회복의 과정을 잘 보여 준다.

혼란과 회복에 대한 설명

이 그림에서 엄마는 괴로워하는 아기의 상태에 함께하며 상황을 다루는 모습을 보여 준다. 엄마는 아랫입술을 당기며 '어-오(uh-oh)'의 표정을 짓는 아기를 정확히 따라 한다(프레임 6). 이 순간 아기는 눈을 감고 있지만, 여기에서 엄마가 아기의 괴로운 상태를 절묘하게 감지하고 이 상황에 참여하는 모습을 볼 수 있다. 영상에서는 보이지 않지만, 바로 이것이 상호작용을 이해하는 핵심이다. 그러고 나서 엄마와 아기는 서로에게 손을 내밀고 회복의 과정에 참여한다. 실시간 영상에서는 볼 수 없었지만 엄마와 아기는 거의 동시에 서로에게 손을 내민다(프레임 6~7). 그리고 이 둘은 서서히 처음의 긍정적인 관계를 회복한다.

기대에 대한 설명

이제 우리는 아기가 상호작용하는 경험에서 무엇을 기대하는지 살펴본다. 사회적 상호작용에서 아기의 기대는 어떻게 형성되는가? 우리는 장면을 통해 아기와 엄마가 주고받은 일련의 행동들이 어떠한 기대로 변하는지 설명할 수 있다. 우리는 엄마와 아기가 자신의 경험을 말로 표현할 수 있다고 가정하고 이들의 행동-대화를 언어로 표현했다.

'안정 애착을 형성하는 과정에서의 혼란과 회복'을 보여 주는 그림에서 아기의 행동-대화를 말로 표현한다면 아기는 상호작용하는 상대방에게 다음과 같이 기대할 것이다. "엄마는 내 감정을 느낄 수 있어요. 내가 괴로워하면 엄마가 이를 알아차리고 내가 멈추고 고민하는 동안 내 상태와 함께할 것이라고 기대해요. 엄마는 내가 스스로 조절할 때까지 기다려 줄 거예요. 내가 천천히 엄마에게 다가가 엄마와 연결되려고 하면 엄마도 조금씩 내게 올 준비를 하고 있어요. 그러고 나면 우리는 다시 서로의 얼굴을 바라보고 서서히 즐거운 미소를 되찾을 거예요."

엄마 역시 마찬가지로 "네가 시선을 피하고 괴로워할 때 엄마는 너를 도와줄 방법을 알고 있어. 나는 네게 다가가는 속도를 조금 늦추고 네가 다시 내게 돌아올 때까지 기다릴 거야. 내가 손을 내밀고 우리 두 손이 맞닿으면 나는 너를 찾을 수 있단다. 네가 천천히 내게 돌아오리라는 것을 믿어. 그리고 우리는 다시 서로의 얼굴을 바라보고 행복한 미소를 지을 거야."라고 기대할 것이다.

관련 연구

혼란과 회복의 과정에서 상호작용은 여기서 발생한 어려움과 이를 해결하려는 노력이 수반되며 일어난다. 아기는 상호작용 과정에서 문제(혼란)가 발생하면 이를 알아차리고 문제 상황이 회복되었는지 여부를 알 수 있다(Stern et al., 1985).

앞서 언급한 안면 미러링과 같은 서로의 상태를 일치시키는 상호작용이 중요하기는 하지만, 제3장에서 살펴봤듯이 안면 미러링은 안면-시각적 의사소통을 설명하기에 매우 제한된 모델이다(Cohn & Tronick, 1989; Tronick, 1989).

안면 미러링 상호작용에서 엄마와 아기의 정서적 표현이나 시각적 연결은 완벽하게 일치하지 않는다. 대신 두 사람 모두 어느 정도 안면-시각적 변화를 일치시키면서 긍정적인 정서의 정도를 다르게 나타낸다.

성공적인 면대면 상호작용에서 엄마와 영아의 참여 상태가 꼭 일치해야 하는 것은 아니다(Kronen, 1982; Malatesta & Haviland, 1983; Tronick, 1989). 예를 들어, 엄마와 영아의 참여 상태는 약 1/3 정도만 일치하고 나머지 시간 동안에는 다소 일치하지 않을 수도 있다. 엄마는 미소를 짓고 있지만, 영아는 무표정으로 있는 모습을 보이기도 한다(Cohn & Tronick, 1989; Malatesta & Haviland, 1983). Tronick과 Cohn의 연구에서 엄마-영아가 불일치 상태가 되더라도 2초 이내에 다시 일치 상태로 돌아가는 '상호 회복'을 보여 주었다(Cohn & Tronick, 1989; Tronick, 1989). 이들의 연구는 일반적으로 성공한 상호작용이란 상대적으로 일치한 상태와 사소한 혼란 혹은 불일치 상태가 신속하고 유연하게 전환되는 과정으로 묘사되어야 한다고 말한다. Tronick과 그 연구진은 이를 혼란과 회복 모델로 불렀으며, 이는 불일치와 회복으로도 알려져 있다.

또한 상호작용에서의 회복 능력은 영아가 1살이 되었을 때의 애착 유형을 예상할 수 있다. 4~6개월 된 영아와 엄마가 불일치 상태에서의 회복 능력이 좋을수록 아기가 1살 때 안정 애착을 보일 가능성이 높다(Cohn et al., 1991). 엄마와 영아 모두는 회복 가능성을 기대하게 된다. 게다가 회복은 상호 조절에 의해 이루어진다. 즉, 엄마와 영아 모두가 회복에 참여한다(Cohn & Tronick, 1989; Tronick, 1989). 따라서 회복은 누구 한 사람의 성과가 아니라 상호 노력의 결과라고 할 수 있다.

회복의 경험은 영아의 효능을 향상하고, 대처 능력을 길러 주며, 다른 사람과의 관계에서 문제가 발생했을 때 이를 회복할 수 있다는 기대를 키워 준다(Beebe & Lachmann, 1994; Beebe, Lachmann, & Jaffe, 1997; Gianino & Tronick, 1988). 회복 경험은 엄마에게도 매우 중요하다. 이 경험을 통해 엄마는 영아를 도울 수 있다는 자신감과 실수 후에도 영아와 함께 이를 바로잡아 다시 연결될 수 있다는 확신을 갖게 된다. 이로써 엄마로서의 자존감도 높아진다. 회복은 엄마와 영아 모두에게 대응 능력, 효율성, 문제 발생 시 이를 바로잡는 능력과 다시 연결될 수 있다는 희망의 기대를 할 수 있게 한다. 상호작용 과정에서 실수는 언제든지 회복할 수 있다. 회복에 대한 기대는 긴장과 불일치 상황에서도 상호작용이 유지될 수 있음을 보여 준다. 이러한 능력을 통해 알 수 있는 점은 혼란과 회복이 일어나는 상호작용에서 엄마와 영아가 기대하는 바(회복 가능성)가 형성된다는 것이다.

여기에서 무엇보다 중요한 점은, 친밀감에서 중요한 요소 중 하나인 회복을 위해 노력하는 두 사람의 능력이다. 회복 가능성에 대한 기대가 안정 애착을 형성하는 데 기여한다는 것을 알 수 있다.

안정 애착의 기원에서 영아의 시선 회피

그림: 영아의 시선 회피와 안정 유형

제6장에서는 엄마와 한 살이 되었을 때 안정 애착으로 분류된 4개월 된 아기의 모습을 살펴본다(Beebe et al., 2010).

이번 장은 19초 동안 총 14개의 장면으로 구성된다. 엄마와 아기는 서로 긍정적으로 참여하는 모습을 보이면서 시작한다. 이후 아기는 점차 차분해지면서 엄마의 시선을 피한다. 엄마는 참을성 있게 아기를 기다리면서 아기와 연결된 상태를 유지한다. 어느 순간, 엄마는 아기에게 손을 내민다. 하지만 아기는 몸을 돌려 엄마의 손을 원하지 않는다는 것을 보여 준다. 곧바로 엄마는 손을 거두고 다시 기다린다. 엄마의 침착한 얼굴에서 아기가 다시 돌아올 것이라는 자신감을 볼 수 있다. 곧이어 아기는 엄마를 다시 바라보고, 엄마는 미소로 아기를 맞이한다. 둘은 서서히 처음의 긍정적인 관계를 회복한다.

6.1 분:초 22:13~22:17

줄거리: 아기와 엄마는 서로 긍정적으로 참여하는 모습을 보이며 시작한다. 아기가 차분해지면서 다른 곳으로 시선을 돌리자, 엄마가 아기에게 다가간다.

프레임 1. 분:초 22:13

엄마와 아기는 서로를 바라보고 있다. 둘은 서로를 향해 활짝 웃으며 긍정적으로 연결된 모습이다.

프레임 2. 분:초 22:17

4초 후, 엄마가 몸을 앞으로 움직인다. 엄마는 여전히 웃고 있지만 살짝 활기가 줄어든 미소를 보인다. 아기는 아래를 바라보며 차분해진 모습이다.

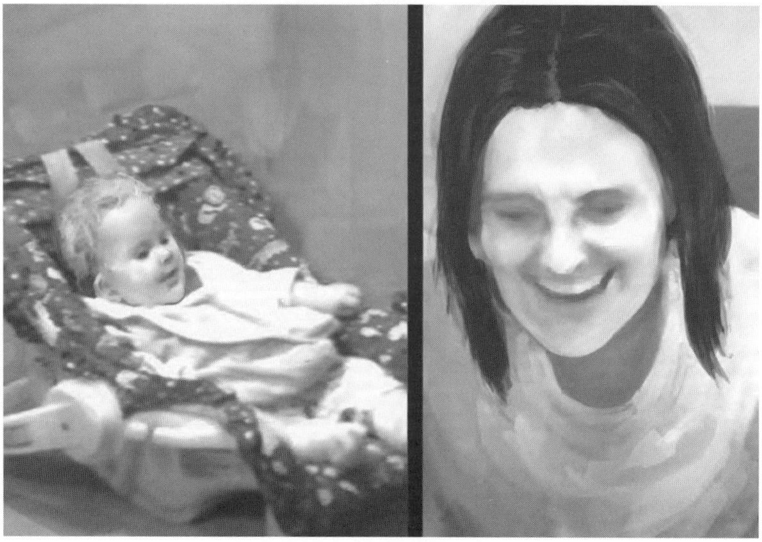

6.2 분:초 22:20~22:32

줄거리: 아기가 아래를 보면서 엄마의 시선을 피하자, 엄마는 차분하게 기다린다. 엄마가 손을 내밀고, 아기가 이를 거부하자 엄마는 계속 기다린다.

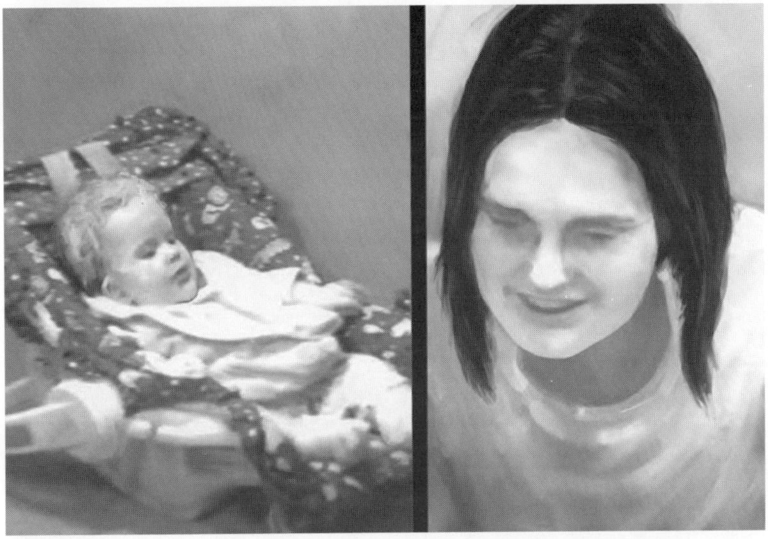

프레임 3. 분:초 22:20

3초 후, 아기는 아래를 보고 있다. 입을 조금 벌린 차분한 표정의 엄마는 처음에 보인 활기찬 모습을 살짝 거두고 아기의 상태에 맞추면서 '긍정적 관심'을 보여준다.

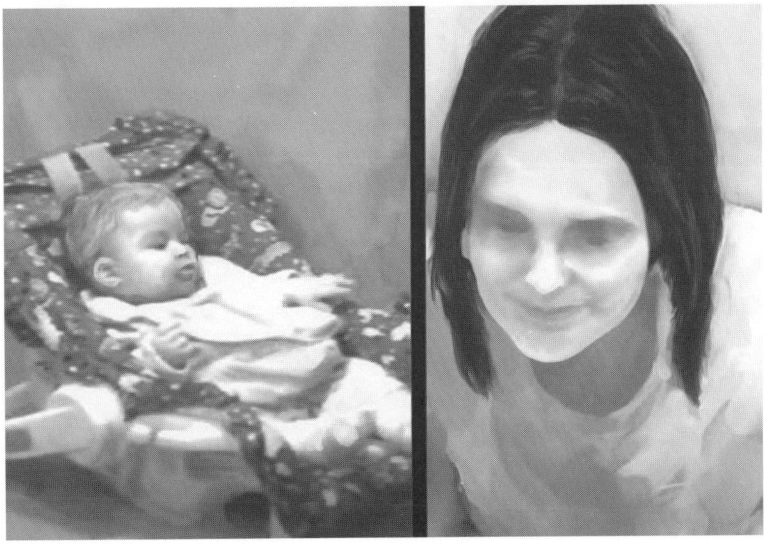

프레임 4. 분:초 22:21

1초 후, 아기는 머리를 왼쪽으로 움직인다. 아기의 양손도 함께 움직인다. 더욱더 차분해진 모습의 엄마는 입을 살짝 다물었다. 엄마의 입가에 약간의 긴장이 보인다.

프레임 5. 분:초 22:24

3초 후, 아기가 고개를 오른쪽 아래로 숙인다. 엄마와 마주하고 있지만, 엄마를 바라보지는 않는다. 아기는 거의 감은 눈으로 오른쪽 아래를 내려다보고 있다. 아기의 얼굴은 차분해 보인다. 엄마는 고개를 약간 뒤로 움직이고 살짝 벌린 입가에 미소를 띠면서 아기에게 손을 내민다.

프레임 6. 분:초 22:27

3초 후, 아기가 몸을 뒤로 젖히면서 엄마의 손을 피한다. 아기 얼굴에 약간의 긴장감이 보인다. 아기는 한 손을 위로 올리면서 "만지지 마세요"라는 제스처를 취한다. 엄마가 동시에 자신의 손가락을 구부린다. 엄마의 얼굴에 미소가 옅어진다.

프레임 7. 분:초 22:30

3초 후, 아기는 몸을 정면으로 하고 왼쪽 손가락 사이를 통해 오른쪽 눈으로 엄마를 슬쩍 바라본다. 엄마가 걱정스러운 표정으로 몸을 살짝 앞으로 기울인다. 입을 살짝 벌린 엄마의 미간이 찌푸려졌다.

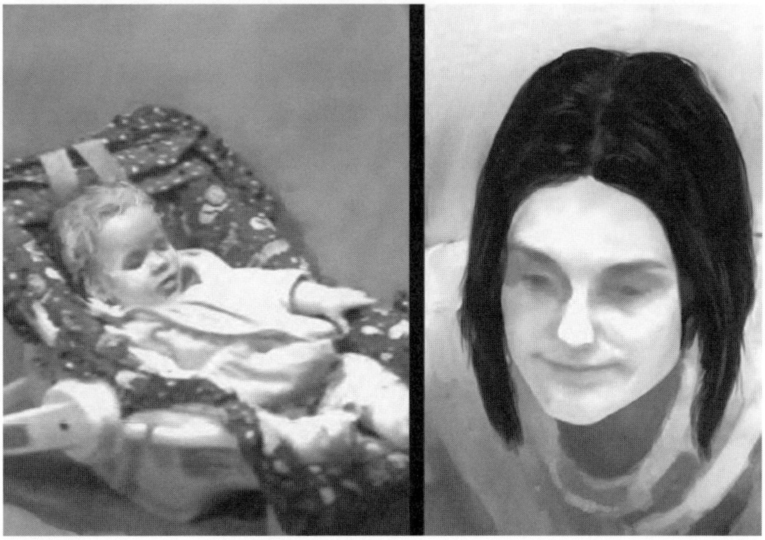

프레임 8. 분:초 22:32

3초 후, 엄마가 침착하고 흥미로운 표정으로 몸을 앞쪽으로 기울이자 아기는 눈을 감고 자신의 왼쪽 팔을 의자 팔걸이에 내려놓는다.

6.3 분:초 22:33~22:37

줄거리: 아기가 시선을 피하는 동안에 엄마는 침착하게 기다린다. 이후 아기가 다시 돌아오자 엄마는 아기를 반긴다.

프레임 9. 분:초 22:33

1초 후, 아기는 엄마를 피해 왼쪽으로 고개를 기울이고 의자를 만지작거리면서 자기 손을 바라본다. 엄마는 아기가 고개를 기울인 방향에 맞추어 자신의 고개를 오른쪽으로 기울인다. 엄마는 차분한 표정으로 침착하게 기다린다.

프레임 10. 분:초 22:35a

약 2초 후, 아기가 고개를 정면으로 돌려 엄마를 바라보고 자신의 왼쪽 손을 들어 엄마 쪽으로 뻗는다. 엄마는 입을 살짝 벌리고 흥미로운 표정으로 아기를 맞이한다. 엄마가 아기의 방향에 맞춰 고개를 살짝 바로 세운다.

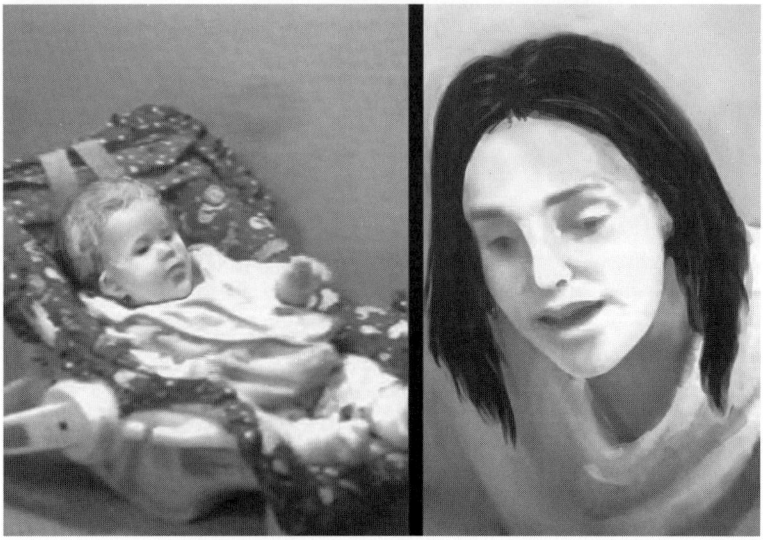

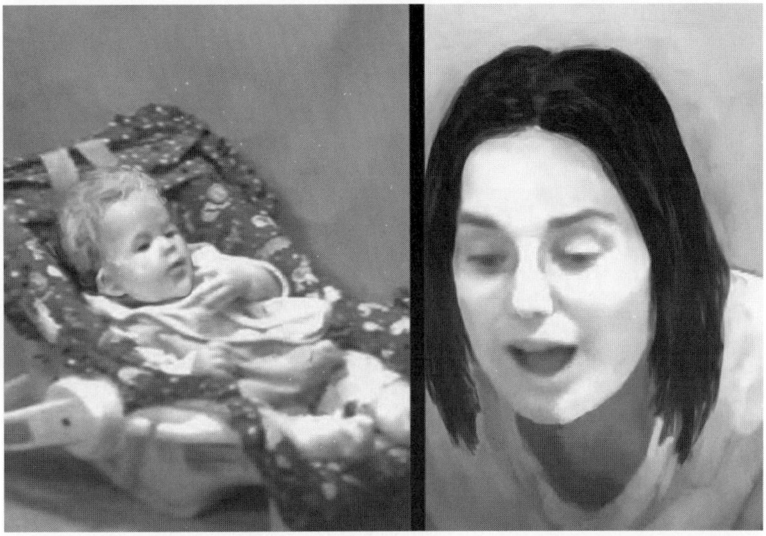

프레임 11. 분:초 22:35b

거의 동시에 아기는 계속 엄마를 보면서 고개를 든다. 아기의 입은 살짝 벌어졌고 왼쪽 팔은 가슴 앞에 있다. 엄마는 미소를 지으며 입을 벌리고 아기 쪽으로 몸을 기울여서 아기를 맞이한다. 엄마의 눈썹은 놀란 듯 위로 올라갔다.

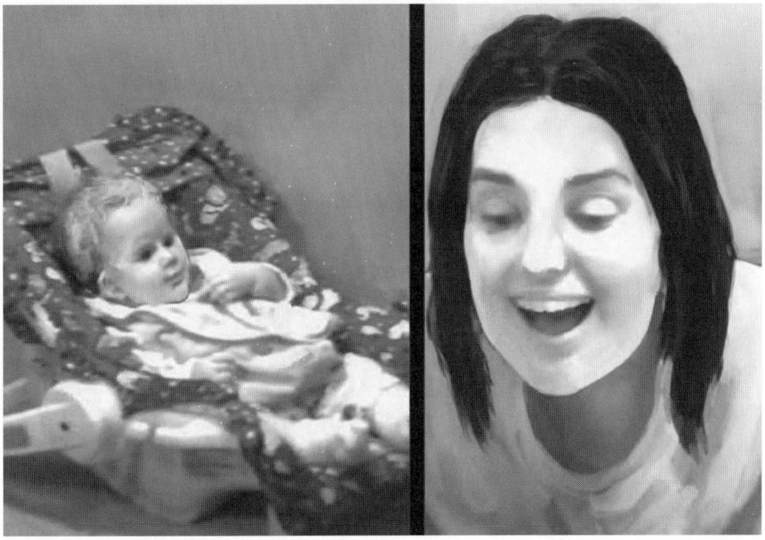

프레임 12. 분:초 22:37

약 1.5초 후, 완전히 눈을 뜬 아기는 고개를 살짝 숙이고 자신의 왼쪽 손을 가슴 아래로 가져간다. 아기는 입을 벌려 긍정적인 관심의 표정을 짓는다. 엄마는 살짝 뒤로 움직이고 입을 크게 벌려 미소 짓는다.

6.4 분:초 22:38~22:41

줄거리: 아기는 다시 엄마와 즐겁게 연결되고 둘의 미소는 서로를 즐겁게 한다.

프레임 13. 분:초 22:38

1초 후, 아기는 계속해서 엄마를 바라보며 웃기 시작한다. 엄마는 차분한 미소를 띠고 살짝 더 뒤로 물러난다. 엄마의 눈썹이 위로 약간 올라갔다.

프레임 14. 분:초 22:41

3초 후, 아기는 고개를 바로 세우고 입을 벌려 활짝 웃는다. 엄마도 얼굴에 미소를 가득 담은 채 살짝 뒤로 움직인다. 둘은 다시 상호 긍정적인 관계를 회복했다.

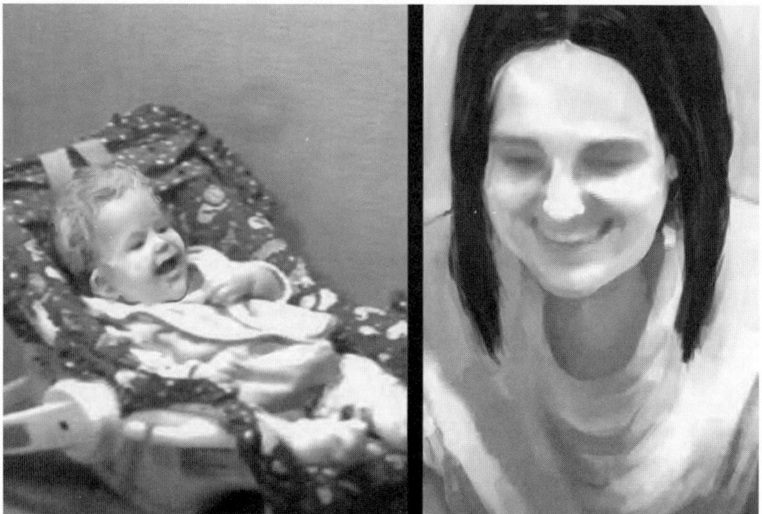

영아의 시선 회피/안정 애착에 대한 설명

상대방의 얼굴을 바라보는 것은 매우 자극적인 행동이다. 생태학자들에 따르면 대부분의 동물은 싸우거나 짝짓기 할 때가 아니면 상대방을 오랫동안 쳐다보지 않는다(Chance & Larsen, 1996; Eibl-Eibesfeldt, 1970). 영아는 시선을 피하면서 이러한 자극으로부터 오는 흥분을 가라앉힌다. 이는 영아의 매우 중요한 대처 능력으로 영아는 순간순간 시선 응시나 회피를 통해 자신이 안정감을 느낄 수 있을 만큼의 시각적 접촉량을 조절한다(Stern, 1971, 1985).

대부분 엄마는 아기가 시선을 피할 때 아기가 그 순간의 흥분을 조절해야 한다는 사실을 직관적으로 안다. 엄마는 아기가 자신을 바라보면 관계를 맺고, 아기가 시선을 피하면 차분해지려는 모습을 보인다(Brazelton et al., 1974). 하지만 아기가 엄마의 시선을 피하는 순간에 이를 견디는 엄마는 힘들 수 있다. 엄마는 아기가 자신을 좋아하지 않는다거나 자신에게 관심이 없다고 느끼면 자극의 정도를 줄이는 것이 아니라 아기를 쫓으며 더욱더 자극한다. 우리는 제2장에서 엄마가 쫓아가고 아기는 이를 피하는 예를 보았고, 이제 제8장에서 그 전체 과정을 살펴볼 것이다. 엄마가 쫓는 행동은 아기가 흥분을 가라앉히고 엄마를 다시 바라보기까지 더 많은 시간이 필요하게 하는 역효과를 낳는다. 대신 아기가 시선을 피할 때 엄마는 아기가 다시 돌아올 것이라 믿고 아기에게 조절하고 차분해질 수 있는 시간을 주면, 아기는 더 빨리 다시 엄마와 연결될 수 있다. 제2부 '안정 애착의 기원을 설명하는 그림 소개'에서 살펴본 바와 같이, 아기가 엄마를 외면할 때 아기에게 조절할 시간을 주는 엄마의 행동에서 이후 아기의 안정 애착 형성을 예상할 수 있다(Langhorst & Fogel, 1982).

4개월 된 아기가 엄마에게서 시선을 돌릴 때 아기가 엄마에게서 90~100도 방향으로 완전히 몸을 돌린 것이 아니라면 아기는 엄마에게서 완전히 시선을 거둔 것은 아니다. 일반적으로 아이의 시선 회피는 90도 미만으로 고개를 돌리는 것으로, 아기는 여전히 주변을 살펴볼 수 있다. 따라서 아이의 시선 회피가 엄마를 완전히 외면하는 것이라고 말할 수 없다.

우리가 '안정 애착의 기원에서 영아의 시선 회피'를 선택한 이유는 아기가 시선을 돌릴 때 엄마가 다른 행동들을 취하지 않고 차분하게 기다려 주는 모습을 아름답게 보여 주었기 때문이다(프레임 9 참조). 여기서 엄마는 아기가 다시 자신을 바라보면서 서로 눈을 맞출 수 있을 것이라는 믿음이 어떤 것인지 보여 준다. 마지막 장면에서 아기는 돌아왔고, 둘은 상호 긍정적인 관계를 회복했다(프레임 14~15). 다음의 설명 일부는 Beebe(2005, 2014), Beebe와 동료들(2010), Cohen과 Beebe(2002), Cohen과 Stern(1971, 1974)에서 인용했다.

기대에 대한 설명

이제 우리는 아기가 상호작용하는 경험에서 무엇을 기대하는지 살펴본다. 우리는 아기와 엄마가 경험한 바를 말로 표현할 수 있다고 가정하고 행동-대화를 언어로 표현했다. 안정 애착을 형성하는 과정에서 보여 주는 시선 회피 그림에서 이들의 행동-언어를 언어로 해석한다면 아기는 상호작용에서 다음과 같은 기대를 할 것이다.

"내가 시선을 피하면, 엄마는 내게 여유가 필요하다는 것을 느껴요. 엄마는 재빨리 차분해지고 내 기분에 맞출 거예요. 내가 몸을 더욱더 돌리고 흥분을 가라앉히기 위해 시간을 더 많이 필요로 하면 엄마가 나를 기다려 줄 거예요. 엄마는 내가 준비되기 전까지 나를 엄마 쪽으로 돌려 세우지 않을 거예요. 엄마가 손을 내밀었는데 내가 원하지 않으면 엄마는 빨리 손을 거둘 거예요. 내가 다시 엄마를 볼 준비가 되면 엄마는 그곳에서 나를 반겨 줄 거예요. 그리고 우리는 다시 미소를 되찾을 거예요."

그리고 엄마는 아기와의 상호작용에서 다음과 같은 기대를 할 것이다.

"우리가 즐겁게 지내는 중에도 네게는 종종 휴식이 필요하다는 걸 알아. 너에게 여유를 찾을 시간을 줄게. 내가 손을 내밀 때 네가 거절해도 괜찮아. 나는 침착하게 너를 기다릴 수 있어. 네가 준비되는 대로 나에게 돌아올 것을 믿어. 그리고 우리는 다시 서로를 보며 웃게 될 거야."

관련 연구

생후 3~4개월이 되면 영아의 시각계(視覺系)는 매우 발달한다. 이 시기의 영아는 성인과 거의 비슷하게 초점을 맞출 수 있고(Kaye & Fogel, 1980; Stern, 1971; Tronick, 1989; White, Castle, & Held, 1964) 성인과 거의 동일하게 시각적 접촉량을 조절할 수 있다는 것을 의미한다. Stern(1971)에 따르면 시각계는 영아가 성인과 비슷하게 그 정도를 통제할 수 있는 첫 번째 행동계(行動系)이다.

Field(1981)는 아기가 자신의 흥분을 조절하기 위해 응시하거나 시선을 회피하는 주기를 조절한다는 사실을 증명했다. 그는 면대면 놀이에서 아기의 심박수를 관찰했다. 연구에 따르면 영아가 시선을 피하기 5초 전에 심박수가 올라가고 아기가 시선을 피하자마자 심박수는 5초 이내에 정상 수치로 돌아왔다. 이후 영아의 시선은 다시 엄마에게로 향했다. Field는 아기의 시선 회피가 자신을 조절하는 데 매우 중요한 요소임을 밝혔다.

Brazelton과 동료들(1974)은 최초로 엄마가 아기의 응시와 회피 주기에 따라 자신에게 가해지는 자극의 양을 조절한다는 사실을 밝혔다. 아기가 엄마를 바라볼수록 엄마는 아기를 더 자극하고, 아기가 엄마를 외면하면 자극의 정도를 줄인다는 것이다. 하지만 이 같은 전형적인 패턴에도 우리는 엄마와 아기가 긍정적인 정서 관계를 맺는 동안 최대 100초까지 서로를 바라보는 '사랑의 눈 맞춤(eye love)' 순간도 있을 수 있다는 사실에 주목했다. 물론 이는 매우 드문 경우이기는 하지만 이 순간은 모든 부모가 바라는 순간일 것이다.

Beebe, Bigelow와 동료들(2015)은 아기의 시선 회피가 의사소통에서 엄마와 아기가 협응(協應)하는 방식에 영향을 미친다는 사실을 발견했다. 아기가 엄마를 바라보는 것은 시각과 청각의 높은 협응성 및 촉각의 낮은 협응성과 관련이 있다. 이 과정에서 아기는 엄마를 먼저 바라본 후 자신의 표정 정서를 엄마의 것과 일치시키는 반면, 엄마는 아기를 먼저 바라보지 않고 아기가 자신을 바라본 후에야 표정과 음성 정서를 더욱 일치시킨다. 또한 엄마는 아기가 자신을 바라본 후에야 공감하는 표정으로 아기의 표정과 음성의 괴로움에 대답한다. 이 사실은 아기가 괴로움을 느낄 때 상대방의 얼굴을 찾는 아기의 능력이 중요하다는 것을 말해 준다. 따라서 매 순간 아기가 시선을 응시하고 회피하는 행동을 계속하는 것은 엄마와 아기의 상호작용을 지속하게 하는 매우 강력하고 중요한 요소라고 할 수 있다.

응시와 시선 회피에서 가장 중요한 점은 일시적으로 아기가 시각적 비참여 상태가 될 때 이 순간을 대처하는 엄마와 아기의 능력이다. 그리고 보통 아기의 시각적 참여는 매우 부분적으로, 아기는 여전히 주변을 계속해서 살피고 있다. 따라서 아기가 엄마의 시선을 피하는 순간에도 아기와 다시 연결될 것이라는 엄마의 확신과 자신에게 애착을 갖고 있다는 자신감이 엄마가 아기가 회피하는 순간을 견디는 데 매우 중요하다.

이번 장의 여러 그림에서 엄마는 아기가 다시 자신과 연결될 것이라는 자신감을 보여 주었다. 아기가 시선을 외면하자 엄마는 자신의 감정을 가라앉히고 기다릴 수 있었다. 아기가 자신이 내민 손을 거부할 때 엄마는 화를 내거나 거절당했다고 생각하지 않았다. 각각의 순간에 엄마는 아기가 자신과 더욱 연결되기를 바라는지 아니면 조금 떨어져 있기를 바라는지 혹은 자신이 아기에게 가깝게 앉기를 원하는지 물러나기를 바라는지, 아니면 환한 표정을 원하는지 아니면 차분한 얼굴로 기다려 주기를 바라는지를 정확하게 감지했다.

아기는 스스로 흥분을 조절한 후에 다시 재빨리 엄마를 바라보았다. 아기가 엄마에게 돌아왔을 때 아기는 엄마에게 손을 내밀고 따뜻한 미소를 보였다. 따라서 엄마와 아기 모두 서로 연결되고, 부분적으로 멀어지고, 다시 연결되는 과정을 조절하면서 아기가 응시하거나 시선을 피하는 순간에 중요한 역할을 한다.

안정 애착의 기원에서 엄마가 갑작스럽게 영아의 얼굴로 다가가는 행동과 회복

그림: 엄마가 갑작스럽게 영아의 얼굴로 다가가는 행동(loom)과 회복

이번 장에서 살펴볼 모습은 4개월 된 엄마와 아기의 상호작용으로 이 아기는 한 살이 되었을 때 안정 애착을 형성한 것으로 분류되었다(Beebe et al., 2010).

제7장은 총 19초 동안 11개의 프레임을 보여 준다. 엄마는 아기의 얼굴에 갑작스럽게 다가가기 시작한다. 아기는 이에 즉시 반응해 고개를 돌린다. 그러자 엄마는 곧바로 뒤로 물러난다. 서서히 아기의 시선이 다시 엄마에게로 향한다. 이 과정은 엄마와 아기가 서로 긍정적인 관계를 맺는 회복을 보여 주며 끝난다.

이번 상호작용은 엄마가 갑작스럽게 아기에게 얼굴로 다가가는 자세를 취하며 시작되었기에 우리는 엄마가 행동 직전 몸을 바로 세운 영상의 또 다른 순간을 제일 처음 그림에 추가했다.

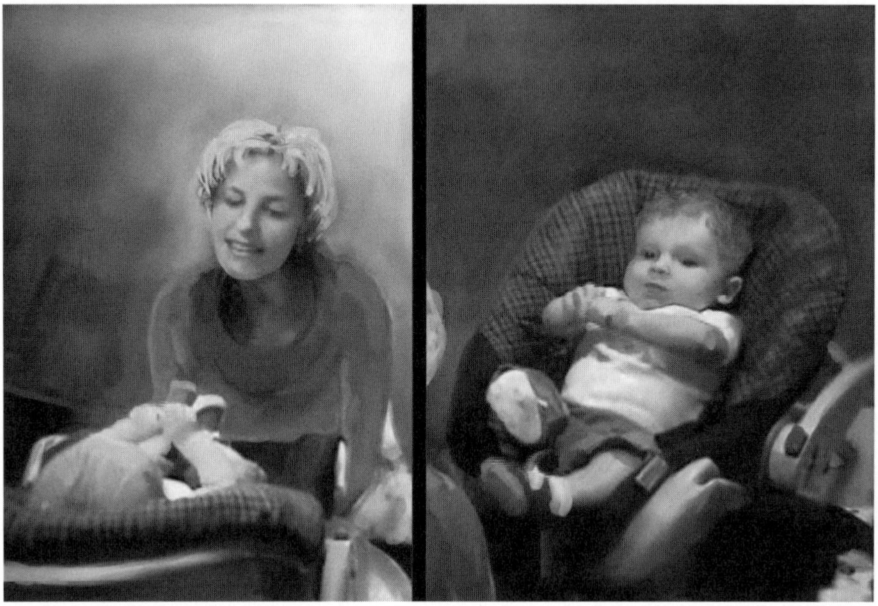

그림에서 엄마는 아기에게 갑작스레 다가가기 전에 몸을 바로 세우는 일반적인 자세를 취하고 있다. 엄마 쪽 그림(왼쪽 그림)에서 아기는 엄마 아래에서 엄마와 얼굴을 맞대고 있다. 아기 쪽 그림(오른쪽 그림)에서는 엄마의 머리카락이 그림 왼쪽 끝에 살짝 보인다. 역시 엄마와 아기가 서로 마주하고 있음을 알 수 있다.

7.1 분:초 02:05~02:07A

줄거리: 엄마가 아기 얼굴 앞으로 갑작스럽게 다가가자 아기는 손을 올리고 고개를 돌린다.

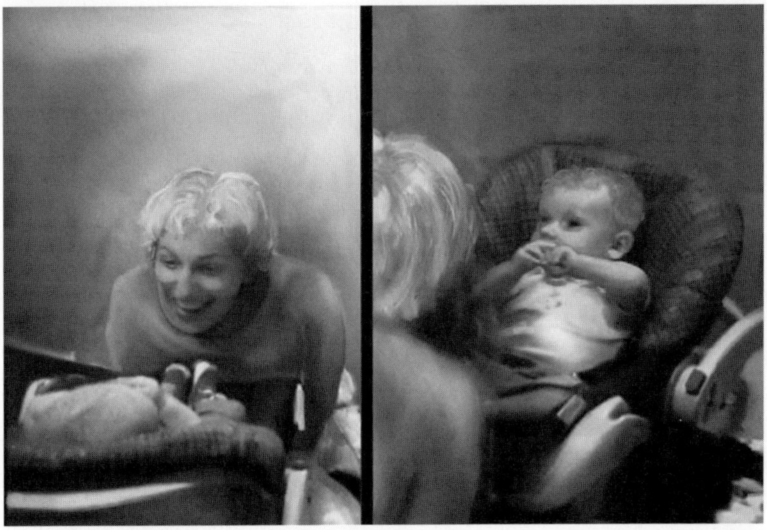

프레임 1. 분:초 02:05

엄마는 눈썹을 위로 살짝 올리고 입을 옆으로 살짝 벌린 미소를 지으면서 아기의 얼굴에 갑작스럽게 다가간다. 아기는 양손을 꽉 움켜잡고 팔을 입까지 올려 엄마를 바라본다.

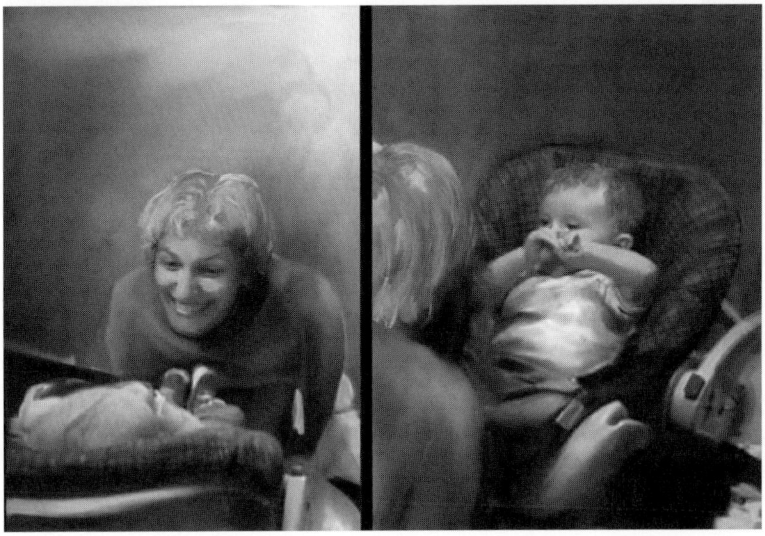

프레임 2. 분:초 02:06a

거의 동시에 엄마는 여전히 환하게 웃고 있다. 엄마는 입을 살짝 다물면서 아기 얼굴 앞으로 다가간다. 아기는 두 손을 눈높이까지 올렸다. 그리고 꽉 잡은 양손 너머를 가만히 바라본다.

프레임 3. 분:초 02:06b

곧바로 자신이 아기에게 너무 가깝다는 걸 느낀 엄마는 뒤로 살짝 물러난다. 엄마는 처음보다 살짝 웃음기가 줄어든 미소를 띠고 있다. 아기는 팔을 더 들어 올려 눈을 가리고 고개를 오른쪽으로 90도 돌린다. 여전히 두 손을 서로 꽉 잡고 있다.

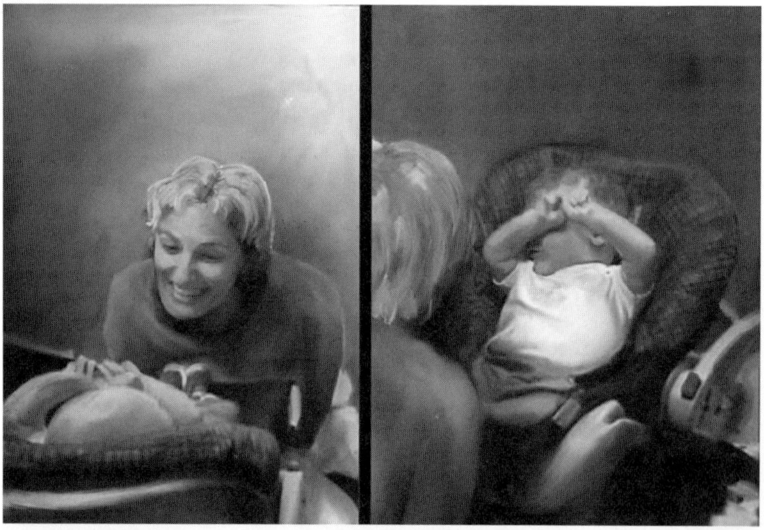

프레임 4. 분:초 02:07a

거의 동시에 엄마는 계속해서 머리를 살짝 뒤로 움직인다. 올라갔던 엄마의 눈썹은 다시 내려왔다. 아기는 여전히 90도로 고개를 돌리고 꽉 잡은 두 손으로 눈을 가리고 있다. 아기의 오른손이 위로 조금 움직인다. 아기는 입을 살짝 벌렸다.

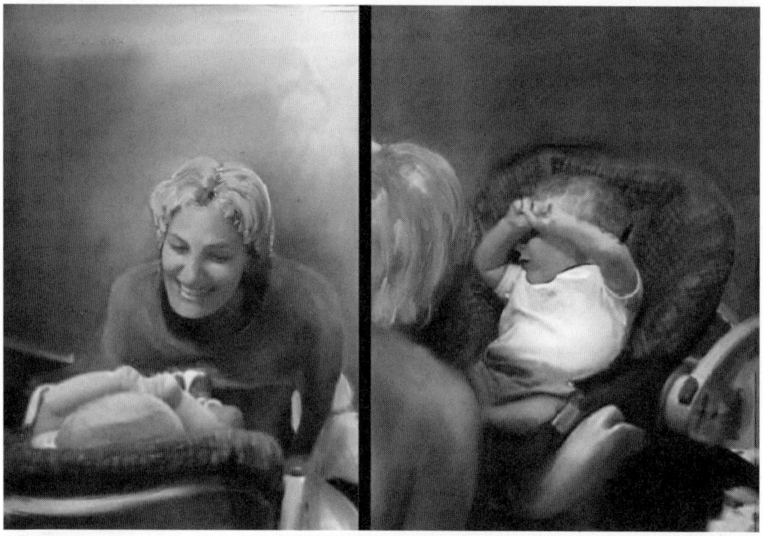

7.2 분:초 02:07B~02:09

줄거리: 엄마는 아기가 불편하고 예민해지고 있음을 감지하고 뒤로 물러난다. 아기는 다시 몸을 정면으로 하고 손을 내리고 바라본다.

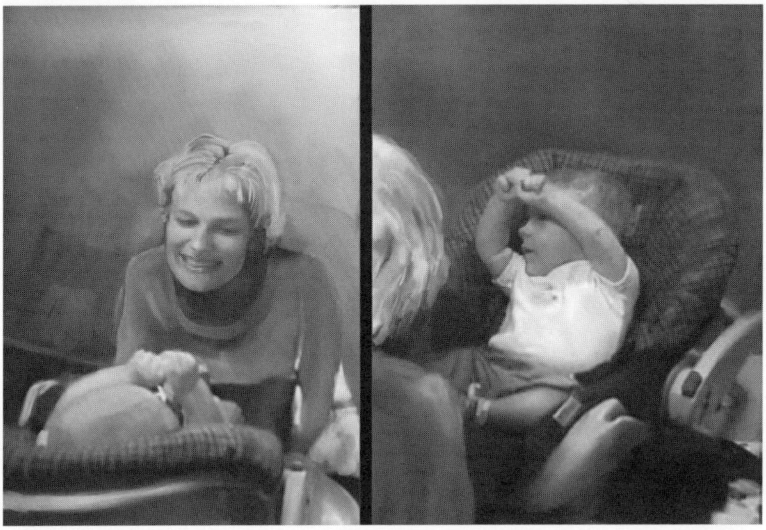

프레임 5. 분:초 02:07b

거의 동시에, 엄마는 계속해서 뒤로 물러난다. 엄마의 얼굴에 미소가 열어진다. 아기는 꽉 잡은 두 손을 들어 올리고 엄마를 흘끗 쳐다본다.

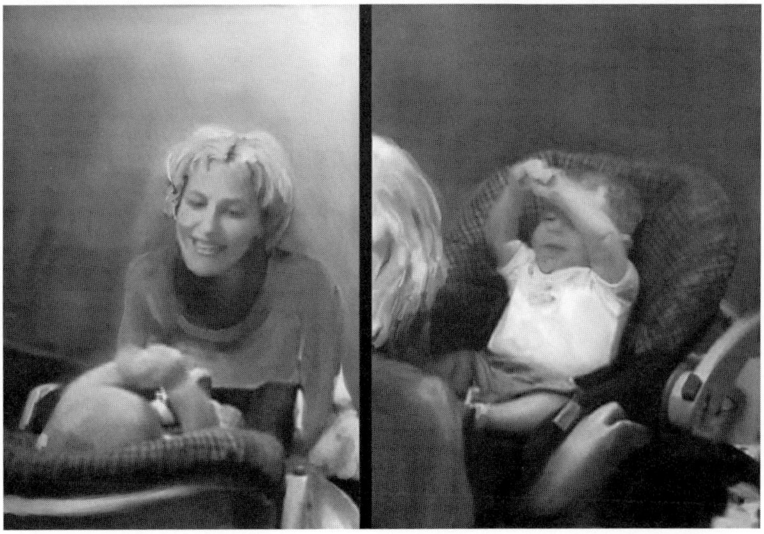

프레임 6. 분:초 02:08

곧바로 엄마는 머리와 몸을 더욱 뒤로 움직인다. 엄마의 얼굴에 긍정 정서(positive affect)가 떠오른다. 아기는 몸을 정면으로 돌리고 얼굴까지 올린 팔 아래로 엄마를 바라본다. 아기의 얼굴에서 머뭇거리는 모습을 볼 수 있다.

프레임 7. 분:초 02:09

1초 후, 계속해서 엄마가 고개를 살짝 뒤로 움직인다. 엄마의 입이 옆으로 살짝 벌어지면서 표정이 부드러워졌다(아직 미소 짓지는 않는다). 아기는 팔을 내리고 엄마를 똑바로 바라본다. 아기는 두 눈을 크게 뜬 채 조심스러운 표정이다. 아기의 꽉 잡은 두 손은 여전히 아기 가슴 앞에 놓여 있다.

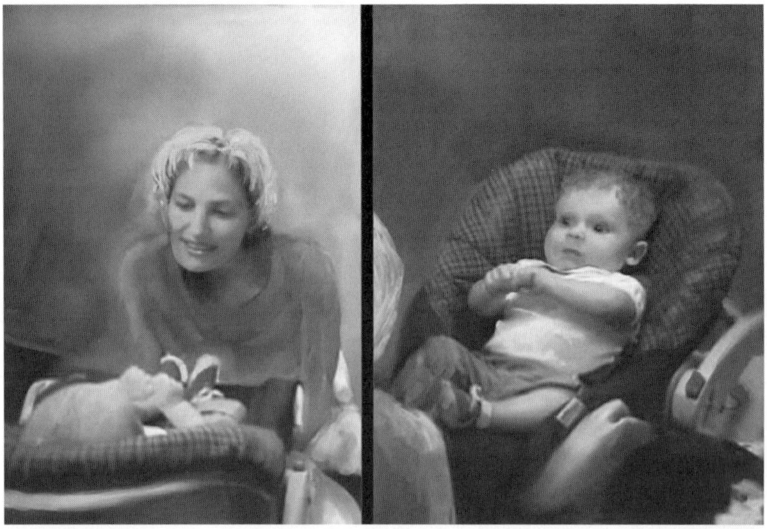

7.3 분:초 02:21~02:25

줄거리: 엄마가 몸을 완전히 바로 세워 안정적인 자세를 취하고 아기는 다시 참여한다. 두 사람은 서로를 향해 웃으며 서로의 표현을 완전히 일치시킨다. 아기는 엄마의 갑작스레 다가가는 행동에서 회복되었다.

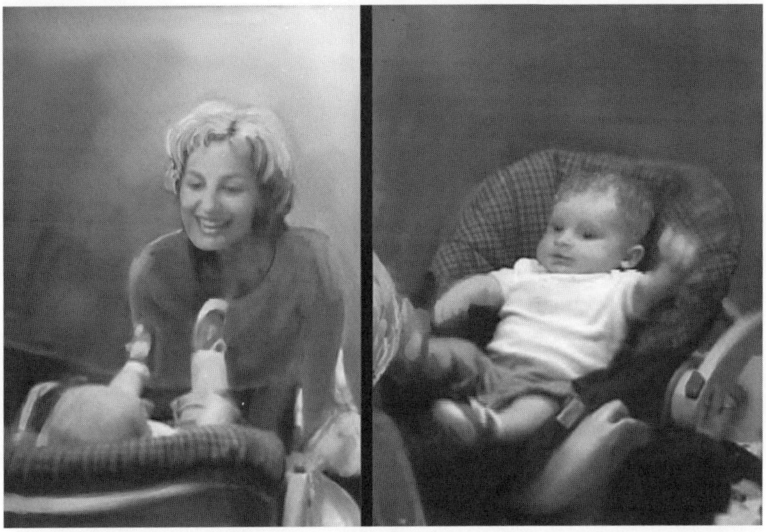

프레임 8. 분:초 02:21

11초 후, 엄마는 몸을 세우고 뒤로 물러나면서 미소를 짓는다. 아기는 엄마를 바라보면서 신나게 발을 차고 팔을 움직인다.

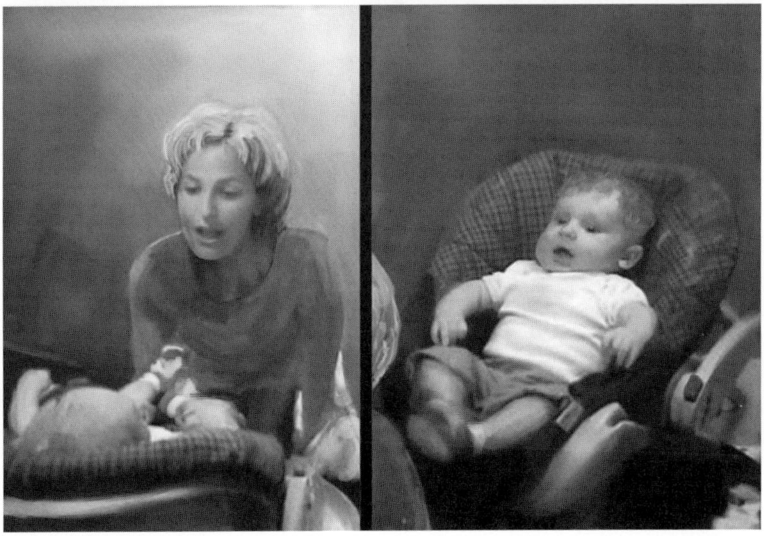

프레임 9. 분:초 02:22

1초 후, 엄마와 아기는 서로를 바라본다. 동시에 둘의 입이 벌어지고 둘의 눈썹은 마치 조금 놀란 듯이 위로 올라갔다. 아기의 벌린 입에서 즐거움을 엿볼 수 있다. 아기는 손과 팔을 신나게 움직인다.

프레임 10. 분:초 02:23

1초 후, 엄마와 아기는 동시에 입을 다물고, 서로의 상태를 일치시킨다. 엄마와 아기는 기다린다.

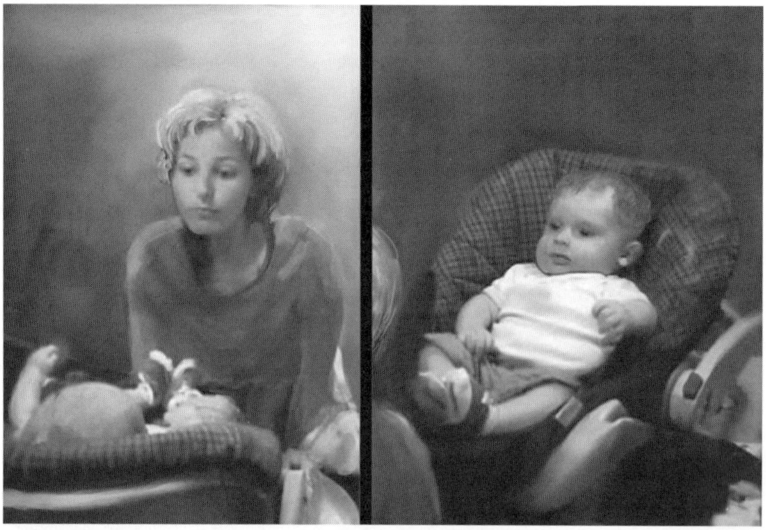

프레임 11. 분:초 02:25

2초 후, 이제 엄마와 아기는 서로를 보며 행복하게 웃는다. 아기는 신나게 오른쪽 팔을 올린다. 엄마가 갑작스레 다가가면서 발생한 문제 상황(혼란)은 다시 회복되었다.

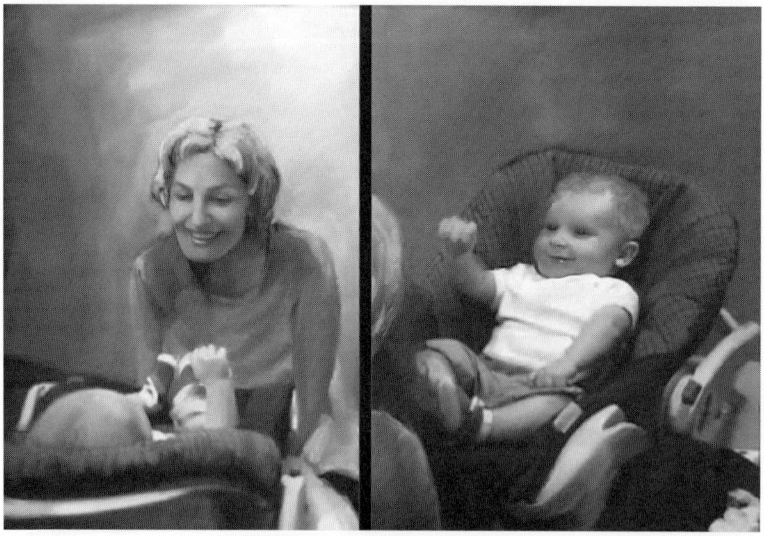

엄마가 갑작스럽게 영아의 얼굴로 다가가는 행동과 회복에 대한 설명

아기와의 면대면 상호작용에서 엄마가 몸을 바로 세우고, 앞으로 움직이고, 특히 갑작스럽게 아기 얼굴에 다가가는 행동은 아기에게 매우 강한 자극을 준다. 아기는 엄마의 움직임에 반응해서 엄마 쪽으로 고개를 가까이 하거나 다른 방향으로 고개를 돌리고, 엄마를 바라보기도 하고 시선을 피하기도 한다. 때로는 손발을 움직여 이에 반응한다. 이렇게 아기에게 갑작스레 다가가는 엄마의 행동은 문제가 될 수 있다. 엄마가 갑자기 다가오면 아기는 고개를 뒤로 젖히거나 다른 방향으로 돌리고 때로는 손을 뒤로 당기거나 위로 올리며 "저를 만지지 마세요."라는 제스처를 취한다.

'안정 애착 기원에서 엄마가 갑작스럽게 영아의 얼굴로 다가가는 행동과 회복' 그림에서 엄마는 자신의 이런 행동이 아기에게 미치는 영향을 정확하게 알아차리고 본능적으로 자세를 고치고 곧바로 회복하는 모습을 보여 준다(프레임 3~7). 이 그림에서 처음에 아기는 엄마가 갑자기 다가오자 위축된 모습을 보였다. 하지만 이어지는 그림들은 엄마가 동작을 취소하고 회복할 때 유연하게 반응하는 아기의 모습과 다시 서서히 엄마와 시각적으로 연결되며 긍정적인 면대면 관계를 유지하는 아기의 능력을 잘 보여 준다(프레임 8~11).

기대에 대한 설명

이제 우리는 아기가 상호작용하는 경험에서 무엇을 기대하는지에 대해 생각해 볼 수 있다. 우리는 엄마와 아기의 경험을 말로 표현할 수 있다고 가정하고 이들의 행동 대화를 언어 표현으로 해석했다.

안정 애착을 형성하는 아기와 엄마가 갑작스럽게 영아의 얼굴로 다가가는 행동과 회복 과정으로 가는 과정에서 아기의 행동-대화를 언어로 표현한다면 아기는 상호작용에서 다음과 같이 기대할 것이다.

"갑자기 엄마가 다가올 때 엄마는 내가 침범당하는 압박감을 받는다는 걸 느낄 수 있어요. 엄마는 내가 느끼는 감정을 이해해요. 내가 몸을 돌리거나 손을 뒤로 하고, 특히 얼굴을 가리면 그건 엄마가 뒤로 물러나 주기를 바란다는 뜻이에요. 내가 스스로 마음을 가라앉힐 때까지 엄마는 기다려 줄 거예요. 그리고 조금씩 엄마에게 다가갈 때 엄마 역시 그곳에서 나와 함께할 준비를 조금씩 하고 있어요. 그러면 우리는 서로의 얼굴을 다시 바라보고 미소를 되찾을 거예요.

엄마 입장에서는 "네 얼굴에 갑작스럽게 다가가는 행동이 너를 힘들게 하는구나. 네가 손을 뒤로 당기고 얼굴을 숨기면서 피하면 내가 너무 가까이 갔다는 걸 알 수 있어. 이때 내가 어떻게 너를 도울 수 있는지 알고 있어. 나는 뒤로 물러서서 너에게 다가가는 속도를 늦추고 네가 다시 돌아올 때까지 기다릴 거야. 그러면 나는 너를 다시 찾을 수 있다는 걸 알아. 네가 천천히 내게 돌아올 거란 사실을 믿어. 그리고 우리는 서로의 얼굴을 다시 바라보며 미소를 되찾을 수 있을 거야."라고 기대할 수 있다.

관련 연구

Beebe와 동료들(2010)은 한 살이 되었을 때 각각 안정 애착과 불안정 애착을 형성한 것으로 분류된 4개월 된 아기와 엄마의 면대면 상호작용에서 엄마가 갑자기 아기에게 다가가는 행동에 관한 실험을 진행했다. 실험은 2분 30초 동안 엄마와 아기의 상호작용을 연구했다. 엄마의 이런 행동은 드문 행동이다.

한 살 때 안정 애착을 형성한 아기의 엄마가 아기에게 갑작스레 다가가는 행동을 지속한 시간(실험 시간 중 약 10%)은 불안정 애착 아기의 엄마가 같은 행동을 지속한 시간(실험 시간 중 약 21%)의 약 절반이었다. 이는 통계적으로 뚜렷한 차이를 보인다.

엄마들은 이런 행동을 보인 정도에 따라 전혀 안 함, 보통(1~29초), 매우 빈번(90초 이상)의 세 부류로 분류했다. 실험에서 약 절반의 엄마들은 이 같은 행동을 전혀 하지 않았다. 안정 애착 아기의 엄마 중 62%는 전혀 하지 않았고, 26%는 보통, 나머지 12%만이 매우 빈번한 횟수를 보였다. 반면 불안정 애착 아기 엄마의 42%는 매우 빈번하게 아기에게 갑작스레 다가가는 행동을 취했다. 이는 안정 애착 아기 엄마의 3배에 달한다.

때때로 엄마가 갑자기 아기에게 다가가는 행동은 자연스러운 모습이다. 그리고 안정 애착 아기의 엄마는 상호작용 중 약 10%의 시간 동안 이런 행동을 보였다. 이는 안정 애착 아기의 엄마가 자신이 갑작스레 아기에게 다가가는 것이 잠재적으로 아기와의 상호작용을 안정시킬 수 있다는 사실을 더 잘 인지하고, 아기가 자신을 피할 때 재빨리 행동을 되돌려 회복한다는 것을 말해 준다. 이번 장의 그림은 이와 같은 엄마와 아기의 모습을 보여 준다.

이번 '안정 애착의 기원에서 엄마가 갑작스럽게 영아의 얼굴로 다가가는 행동과 회복' 그림에서 무엇보다 중요한 것은 엄마의 행동에서 비롯된 혼란과 이를 회복하려는 두 사람의 능력이다. 그림에서 엄마와 아기는 함께 회복의 과정에 참여했다. 이 엄마는 (의식적으로 행동한 것은 아니었지만) 즉시 자기 행동이 아기의 공간을 침해했다는 사실을 인지했다. 그리고 처음에 엄마의 행동에 매우 위축된 모습을 보였던 아기는 엄마가 곧바로 행동을 되돌리는 회복을 시작할 때 이를 곧바로 알아차렸다. 그리고 조금씩 엄마를 살핀 후 다시 엄마에게로 돌아왔다. 즉, 회복 과정에서 아기의 대응 능력 역시 매우 중요하다는 것을 알 수 있다.

불안정-회피 애착과 불안정-저항 애착의 기원을 보여 주는 그림 소개

이어지는 제8장과 제9장에서는 4개월 된 아기와 엄마의 상호작용을 통해 아기가 한 살이 되었을 때 형성하는 불안정-회피 애착과 불안정-저항 애착의 기원을 살펴본다.

불안정 애착을 형성한 한 살 아기는 이후 또래와의 관계나 학업 성취도에서 어려움을 겪을 수 있다(Sroufe, 1983). 불안정 애착은 거리 두기, 감정 억압, 분열 등의 방법으로 부정적 감정을 축소하거나 확대하면서 이 같은 감정을 다스리는 데 비효율적으로 대응한다. 이 같은 정서 조절 방식은 정서적 불안감을 완화하는 데 있어 부적절한 방법을 야기할 위험성이 있다(Cassidy, 1994; Dozier, Stovall-McClough, & Albus, 2008). 불안감은 자신이 양육자에게 애착을 받을 수 없거나 받을 자격이 없다고 생각하는 내적 모습을 반영하는 것일 수도 있다(Bowlby, 1980; Lay, Waters, Posada, & Ridgeway, 1995).

불안정 성인 애착은 위태로운 연인관계(Feeney, Noller, & Callan, 1994; Holland & Roisman, 2010), 바람직하지 않은 육아(Haltigan, Leerkes, Supple, & Calkins, 2014; van IJzendoorn, 1995; Ward & Carlson, 1995)와 자식의 불안정 애착(Kovan et al., 2009; Steele et al., 1996)을 초래할 위험이 있다. 불안정 애착의 엄마는 아기의 괴로움에 둔감하다. 정확히 말하면 이 부류의 엄마는 아기가 우는 데 부정적인 영향을 미치고 아기의 감정을 제대로 파악하지 못한다(Haltigan et al., 2014; Leerkes & Siepak, 2006; Leerkes et al., 2014).

불안정-회피형 영아 애착

낯선상황실험(strange situation) 중 한 살 된 아기와 부모의 재회 에피소드에서 안정 애착 아기는 곧바로 엄마에게 다가간다. 이에 반해 불안정-회피형 애착 아기는 적극적으로 부모를 피한다(Cassidy, 1994). 불안정-회피형 애착 아기는 자신의 관심을 부모에게서 자기가 스스로 조절할 수 있는 근처의 무생물 환경으로 돌리면서 두려움을 축소한다(Cassidy, 1994; Main & Hesse, 1990). 이런 회피형 애착 아기는 엄마와 떨어져도 괴로워하지 않고 엄마와 재회했을 때도 기뻐하지 않는다.

이 같은 회피형 애착 아기의 중립적 행동은 부정적 감정과 안정감을 주는 존재로서 양육자의 중요성을 축소하는 전략이다(Cassidy, 1994; Main & Solomon, 1986). 특히 괴로움을 느낄 때 양육자에게 거절당한 경험이 있는 아기는 이 같은 전략을 발전시킨다(Cassidy, 1994). 아기가 엄마의 관심을 받으려 할수록 엄마는 아기를 더욱 거부할 수도 있다. 애착 관계의 중요성을 축소하는 회피형 애착 아기는 '기쁨'과 같은 다른 감정도 축소하는 모습을 보인다(Cassidy, 1994). 이런 감정 축소는 아기의 흥분과 두려움을 감소시킨다(Bowlby, 1980; Cassidy, 1994). 불안정-회피형 애착 아기의 목표는 자신의 생존을 위해 의지해야 하는 존재만으로서 양육자를 생각하고 관계를 유지하는 것이다(Bowlby, 1980; Main, 1981). 흥분을 줄이고, 엄마를 필요로 하지 않고, 감정적이지 않은 모습은 애착의 요구를 무시하는 엄마와의 관계를 유지하기 위한 전략일 가능성이 크다.

무시형 성인 애착(회피형 영아 애착 유형에 대응)

AAI(성인 애착 인터뷰)에서는 영아의 회피형 애착에 대응하는 성인 애착 유형을 무시형 애착으로 분류한다. AAI에서 불안정-회피형 아기의 부모는 아기와 비슷한 방법으로 정서를 조절한다. 이들은 삶에서 애착의 중요성을 축소하고(Main & Goldwyn, 1994), 부정적 감정을 제한하는 모습을 보인다(Riem et al., 2012). 안정형 애착 성인은 과거 애착 경험에서의 괴로움을 인지하고 부정적 감정을 다루는 데 다양하고 유연한 전략을 보여 주지만, 무시형 애착 성인은 자신의 과거 애착을 근거 없이 지나치게 긍정적으로 묘사한다(Steele & Steele, 2005, 2008). 또한 이들은 자신의 과거에 있었던 어려움을 회피하거나 무시하거나 외면하는 모습도 보인다(Gottman, Katz, & Hooven, 1996).

저항적 영아 애착

저항적 애착 아기의 엄마는 자신이 과거에 애착을 믿을 수 없었기 때문에 아기가 자신을 필요로 한다는 신호를 보낼 때 더 안정감을 느낀다(Cassidy & Berlin, 1994). 한 살 된 아기의 낯선상황실험에서 저항적 애착 아기의 엄마는 떠나야 할 때 시간을 끌고 머물면서 아기가 엄마가 남아 있도록 요청하게 하는데, 이는 아마도 아기에게 자신이 필요하다는 사실을 확실히 하기 위해서이다. 낯선 상황의 재회 에피소드에서 불안정-저항적 애착 아기는 매우 괴로워하고 계속 부모를 찾으면서 진정하지 못한다(Cassidy, 1994). 저항 애착 아기는 부모와 분리되는 상황을 견디지 못하고 부모가 떠난 뒤에도 놀이에 집중하지 못한다. 이 유형의 아기는 분노, 울음, 탄식을 계속해서 반복적으로 표현한다. 부모가 아기를 달래려는 노력에도 좀처럼 진정되지 않는다. 이러한 저항 애착 아기의 엄마는 보통 아기를 대하는 데 있어 일관성 없는 태도를 보인다. 이들은 아기를 돌보지 않고 방치하고 거부하면서도 종종 아기를 아끼는 모습도 보인다. 부모는 아기가 괴로워하면 이를 축소하거나 일관성 없이 대응하기도 한다.

불안정-회피 애착 아기가 부정적인 감정을 축소화하는 데 반해 불안정-저항적 애착 아기는 엄마의 반응을 얻기 위해 자신의 감정을 극대화하며 표현한다. 이 같은 전략은 애착 관계의 중요성을 강조하는 것과 관련이 있다(Cassidy, 1994). 두려움과 괴로움을 극대화할수록 엄마가 아기를 돌보는 경향이 있다. 아기가 침착해지고 진정할수록 일관성 없거나 무관심한 부모와 연결되지 않을 가능성이 크다(Cassidy, 1994; Main & Hesse, 1990). 이 같은 극대화 전략이 부모의 관심을 얻는 데 효과적일 수 있을지는 몰라도 이는 부모와의 친밀한 관계 형성이나 아기의 탐색하기(exploration) 같은 다른 발달적 과제 형성을 저해할 수 있다(Bowlby, 1973; Cassidy, 1994).

몰두형 성인 애착(저항적 영아 애착 유형에 대응)

불안정-저항 애착 아기의 부모는 몰두형(아기의 저항 애착 개념과 비슷한 성인 애착) 애착을 보이는 경향이 있다. 몰두형 애착 성인은 여전히 자신의 초기 애착 경험에 집착하고 집중한다. 이들은 과거 애착 경험에서의 부정적 감정을 확대하고 부정적인 영향을 강조한다(Riem et al., 2012). 몰두형 애착 성인은 자신의 부정적 감정과 화난 상태를 증폭시키기도 하고 혹은 절망하는 모습을 보이는 수동적 태도를 보인다(Steele & Steele, 2008). 다음에 이어지는 제8장에서 먼저 우리는 아기의 저항 애착의 기원을 살피고, 제9장에서는 아기의 회피 애착의 기원에 대해 알아본다.

불안정-저항 애착의 기원에서 쫓기와 피하기

그림: 쫓기와 피하기

제8장에서는 아기를 쫓는 엄마와 이를 피하는 4개월 된 아기의 모습을 살펴본다. 이 행동 패턴에서 한 살 때의 불안정-저항 애착을 예측할 수 있다(Beebe et al., 2010).

이번 장은 53초 동안의 36개 프레임으로 구성된다. 엄마와 아기는 긍정적인 표정으로 서로를 바라보며 시작한다. 하지만 곧바로 이 상호작용은 엄마의 쫓기와 아기의 피하기로 변한다. 마지막에 아기는 몸의 긴장을 완전히 잃어버리고 축 늘어진 모습을 보여 준다.

엄마와의 상호작용 이후 바로 새로운 파트너인 낯선 사람이 아기와 놀이를 시작했다.

8.1 분:초 01:10~01:18 (9초 동안 9개 프레임)

줄거리: 아기와 엄마는 긍정적인 표정으로 서로를 바라보기 시작한다. 하지만 엄마가 아기에게 갑자기 얼굴을 가져가자, 아기는 이를 피하고 엄마는 피하는 아기를 자신 쪽으로 당긴다(프레임 4~5). 아기가 다시 엄마를 피해 몸을 90도로 돌리자, 엄마는 아기를 들어 올린다(프레임 8~10).

프레임 1. 분:초 01:10

엄마가 아기에게 가깝게 몸을 숙인다. 엄마는 미소 짓고 있다. 아기는 살짝 긍정적이고 흥미로운 표정으로 엄마를 바라보며 고개를 약간 왼쪽으로 기울인다.

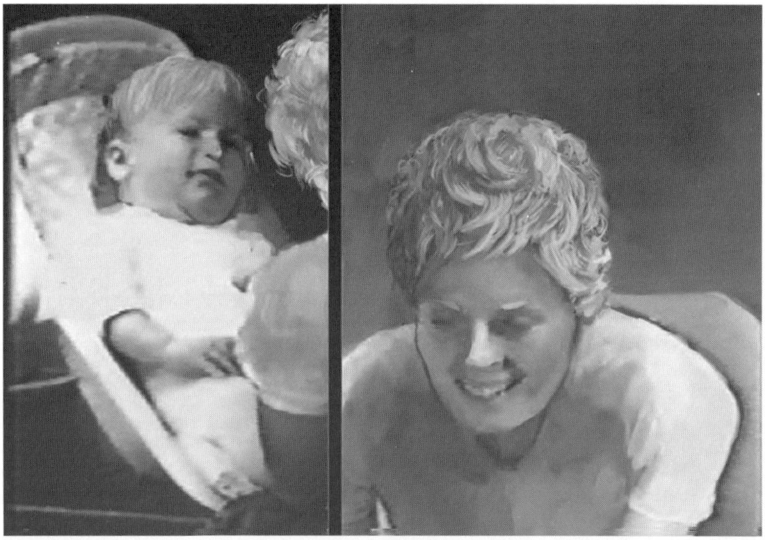

프레임 2. 분:초 01:11

1초 후, 엄마는 아기의 얼굴에 갑작스럽게 다가가며 크게 미소 짓는다. 엄마가 왼손을 뻗어 아기의 오른손을 잡는다. 엄마가 다가오자, 아기는 고개를 왼쪽으로 돌려 시선을 피한다. 아기는 입을 꽉 다물고 있다.

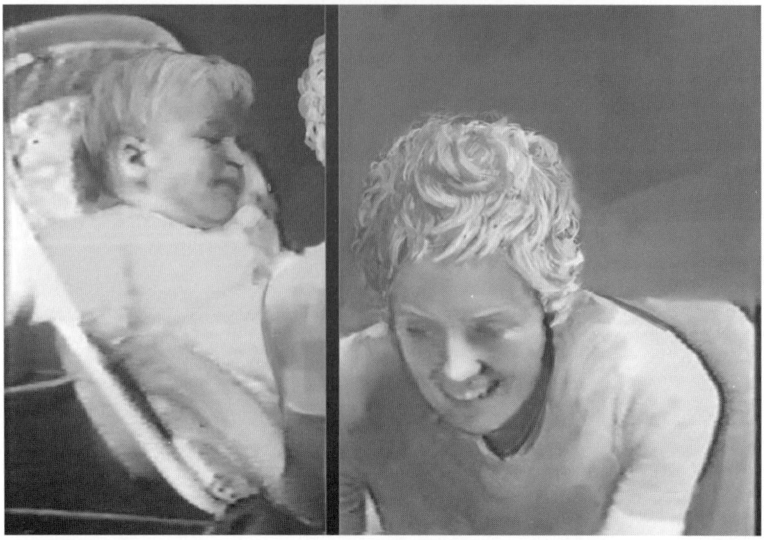

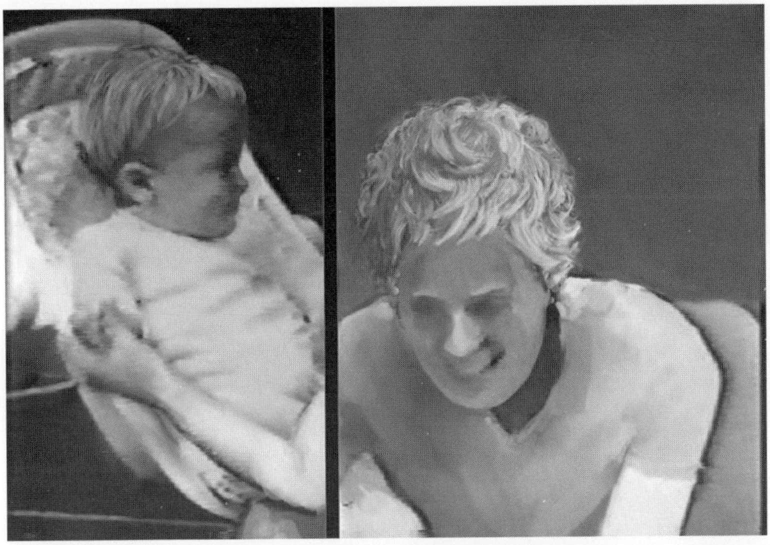

프레임 3. 분:초 01:12

1초 후, 엄마는 살짝 뒤로 물러난다. 엄마의 미소가 옅어졌다. 엄마가 자신의 왼손으로 아기의 오른손을 들어 올린다. 아기는 계속해서 다른 곳을 본다. 아기는 고개를 조금 더 왼쪽으로 돌리고 아래로 숙인다.

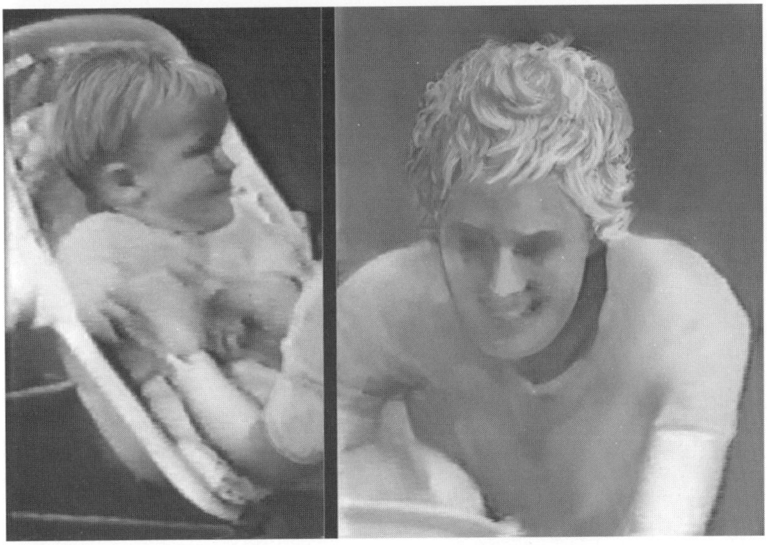

프레임 4. 분:초 01:13

1초 후, 엄마는 아기의 두 손을 모아 자신의 왼쪽으로 당겨 아기가 정면을 향하게 하려고 한다. 엄마는 계속해서 웃고 있다. 아기의 시선은 여전히 왼쪽을 향해 있다. 엄마가 아기를 당기자, 아기의 고개가 살짝 들렸다.

프레임 5. 분:초 01:14

1초 후, 엄마는 아기의 얼굴에 매우 가깝게 다가가 아기의 두 손을 조금 더 자신의 왼쪽으로 당긴다. 엄마는 아기의 몸을 정면으로 돌려 자신을 바라보게 하려는 듯 보인다. 엄마의 미소가 사라져 간다. 아기는 계속해서 왼쪽을 바라본다. 엄마가 아기를 당기자, 아기 몸이 좀 더 세워졌다.

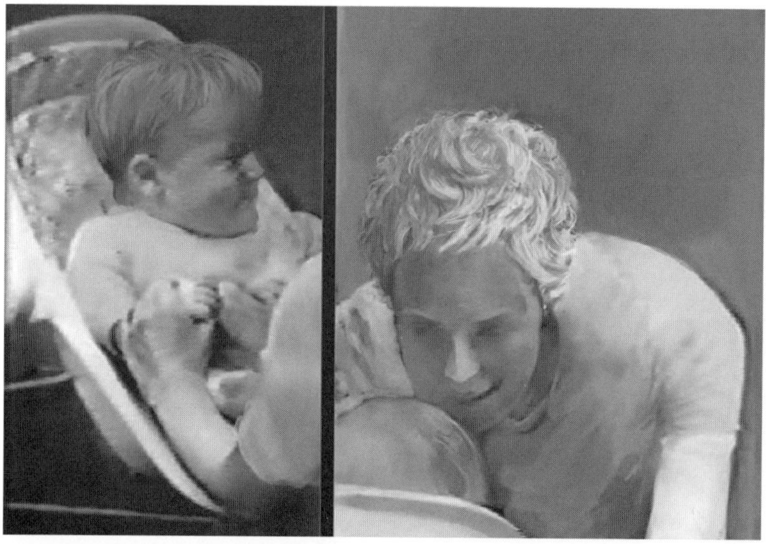

프레임 6. 분:초 01:15

1초 후, 엄마는 살짝 뒤로 물러났지만, 여전히 아기에게 얼굴을 가까이 하고 있다. 계속해서 엄마는 아기의 손을 잡고 있지만 더는 아기를 끌어당기지 않고 손을 바깥쪽으로 벌린다. 엄마가 조금 더 웃고 있다. 엄마가 뒤로 물러났는데도 아기는 고개를 왼쪽으로 거의 90도 더 돌린다.

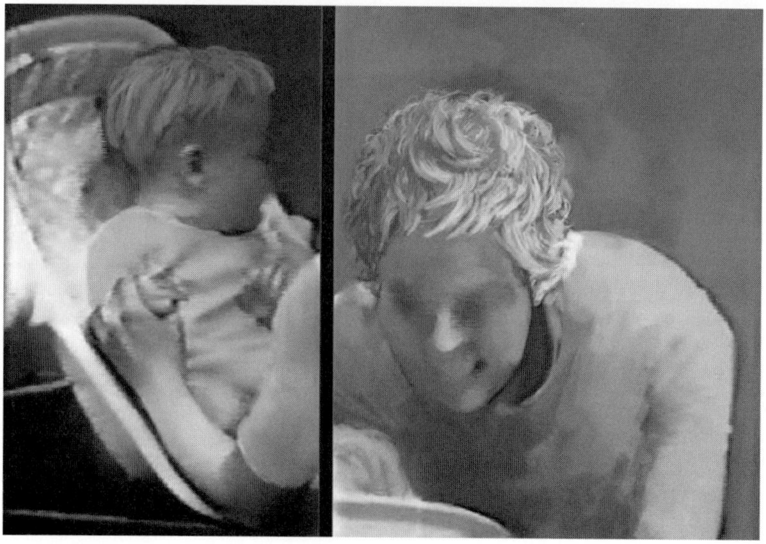

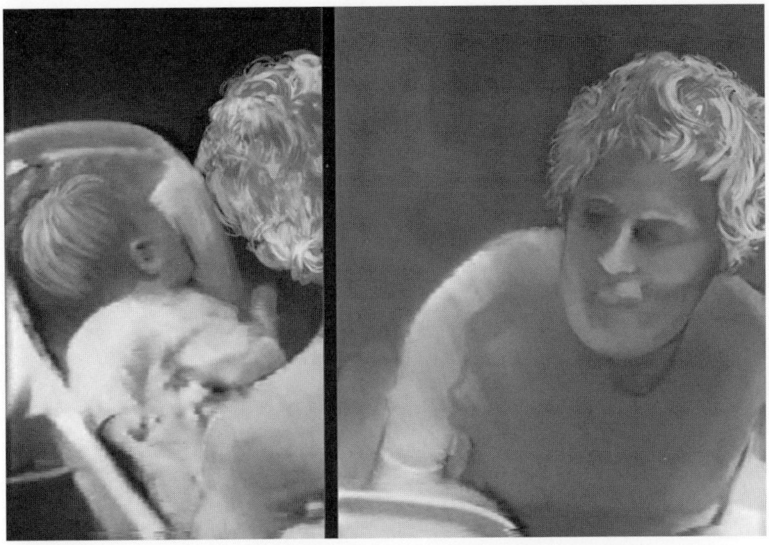

프레임 7. 분:초 01:16

1초 후, 이제 아기는 엄마로부터 고개를 완전히 90도 돌린다. 엄마가 왼쪽 뒤로 물러난다(엄마가 왼쪽으로 움직이면서 엄마의 모습이 아기 쪽 프레임에 잡힌다). 엄마의 미소는 옅어졌고 입은 살짝 벌어졌다. 엄마는 자신의 왼손을 아기 몸쪽으로 내민다.

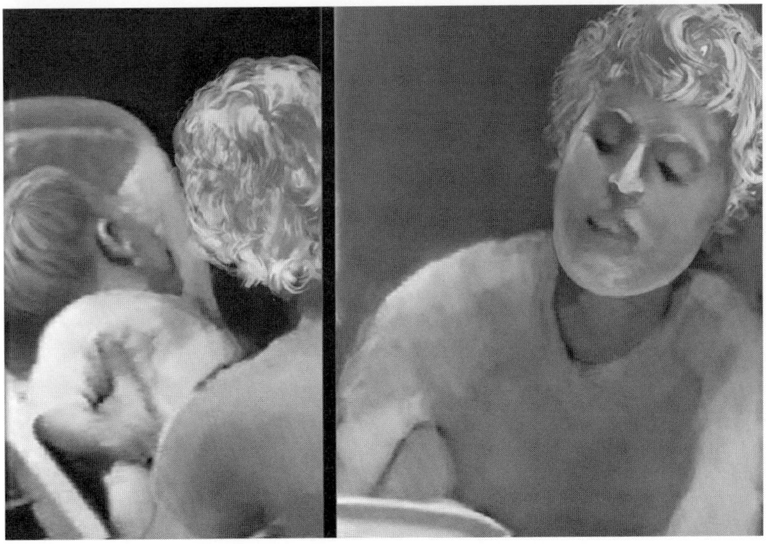

프레임 8. 분:초 01:17

1초 후, 엄마는 아기 겨드랑이 사이로 손을 넣어 들어 올린다. 엄마의 얼굴에 웃음기는 완전히 사라지고 슬픈 표정이 떠오른다. 엄마가 아기를 들어 올리자, 아기는 고개를 더욱더 왼쪽으로 돌린다.

프레임 9. 분:초 01:18

1초 후, 엄마는 아기를 계속해서 들어 올린다. 입을 벌린 엄마 얼굴에서 머뭇거리는 표정이 보인다.

8.2 분:초 01:19~01:42 (24초 동안 8개 프레임)

줄거리: 엄마가 아기를 무릎 위에 내려놓자, 아기는 다시 한번 엄마를 피해 몸을 돌린다. 그런 아기를 엄마는 일으켜 세우려 한다. 하지만 아기는 더욱더 몸을 돌린다.

프레임 10. 분:초 01:19

1초 후, 엄마는 계속해서 아기를 들어 올린다. 엄마는 여전히 입을 살짝 벌리고 있다. 엄마가 아기를 들어 올리면서 아기의 몸이 정면을 향하지만, 엄마를 보고 있는 것은 아닌 듯 보인다.

프레임 11. 분:초 01:20

1초 후, 엄마가 아기를 무릎 위에 내려놓자, 아기는 몸을 오른쪽으로 돌리고 엄마를 외면한다. 엄마는 아기가 피하는 방향에 맞춰 고개를 왼쪽으로 기울인다.

20초 후

프레임 12. 분:초 01:40

20초 후, 엄마는 아기를 들어 올려 자신의 몸에 더 가깝게 안는다. 아기는 엄마를 바라보지 않고 고개를 약 60도 정도 돌린다.

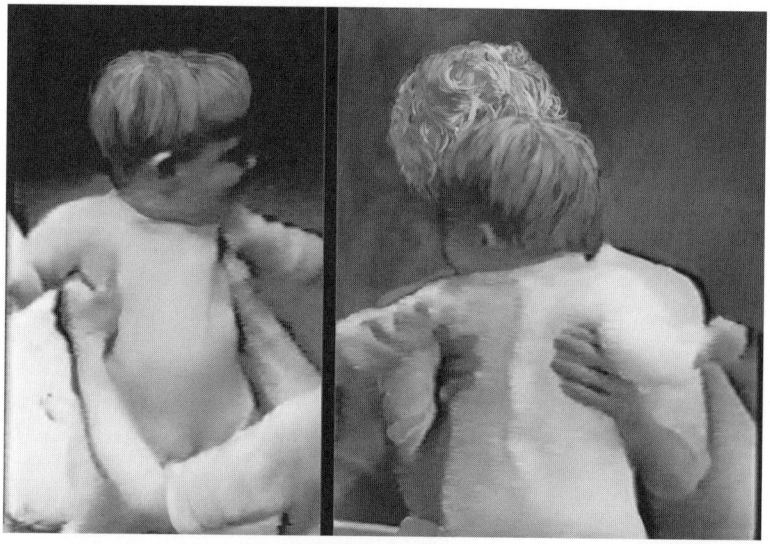

프레임 13. 분:초 01:41a

거의 동시에 엄마는 아기를 자기 몸에서 떨어뜨려 오른쪽으로 움직인다. 엄마는 이를 꽉 다물고 침울한 표정을 지으면서 몸을 바로 세운다. 아기가 오른팔을 마구 흔들어 대는 모습을 볼 수 있다. 아기는 여전히 왼쪽으로 몸을 돌리고 엄마를 바라보지 않는다.

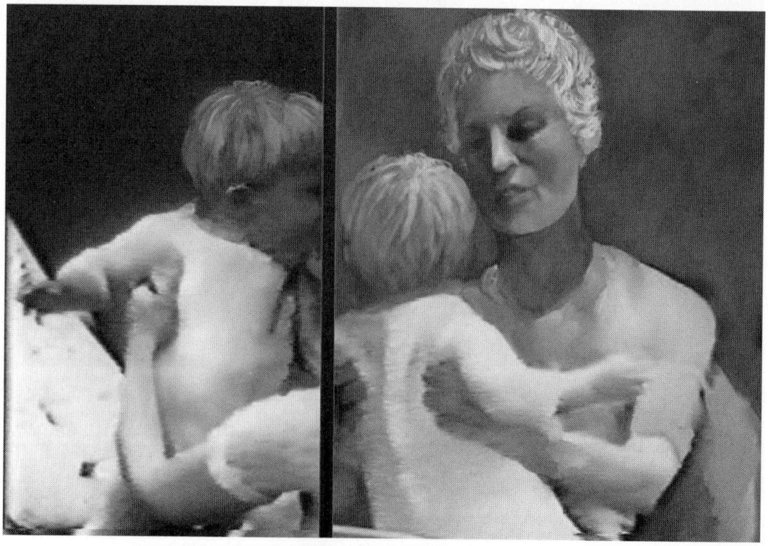

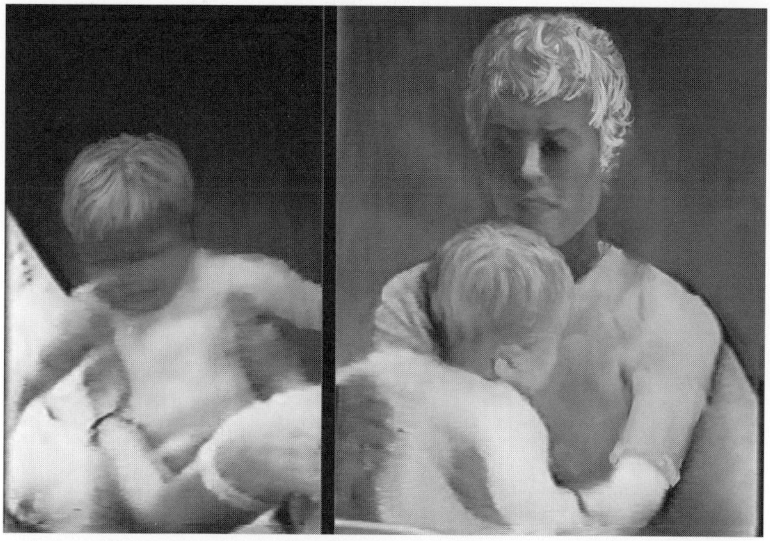

프레임 14. 분:초 01:41b

곧바로 눈을 감은 아기는 고개를 왼쪽에서 몸의 정중선(正中線)을 지나 오른쪽 방향으로 45도 기울인다. 아기의 몸은 정면을 지났지만, 엄마를 보지 않는다. 동시에 엄마는 고개를 바로 세우고 침울한 표정을 짓고 있다.

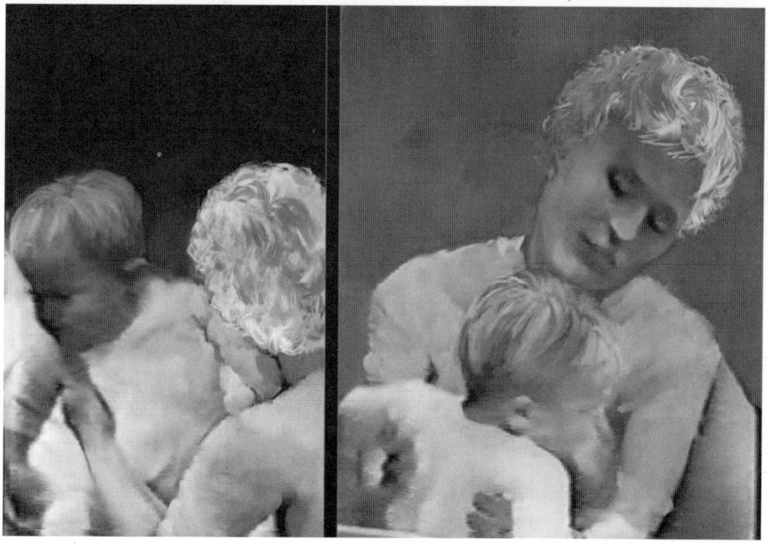

프레임 15. 분:초 01:41c

거의 동시에 엄마는 아기를 내려놓는다. 아기가 고개를 오른쪽으로 돌리고, 엄마도 아기의 방향에 따라 고개를 왼쪽으로 기울인다. 엄마가 슬퍼 보인다.

프레임 16. 분:초 01:42a

곧이어 아기는 고개를 중앙에서 왼쪽으로 60도까지 돌리고, 엄마는 아기가 움직이는 방향에 따라 아기와 가깝게 왼쪽 아래로 고개를 숙인다.

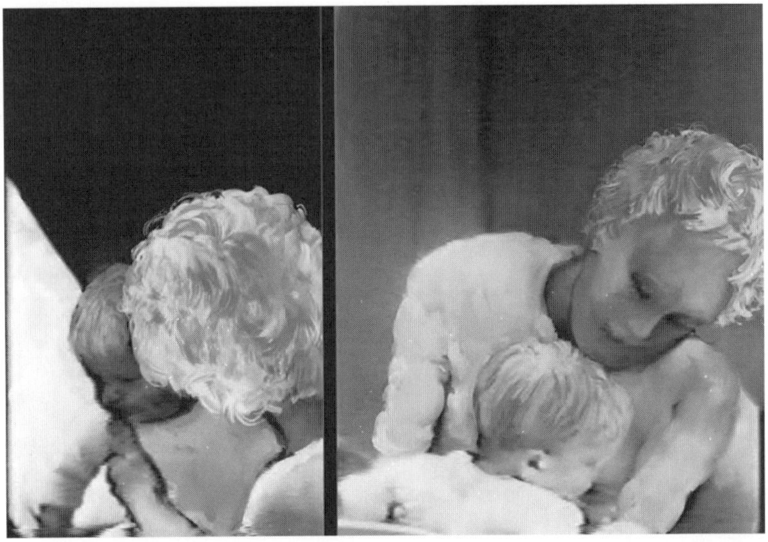

프레임 17. 분: 초 01:42b

거의 동시에, 아기는 머리를 중앙에서 왼쪽으로 흔든다. 엄마는 슬퍼 보인다.

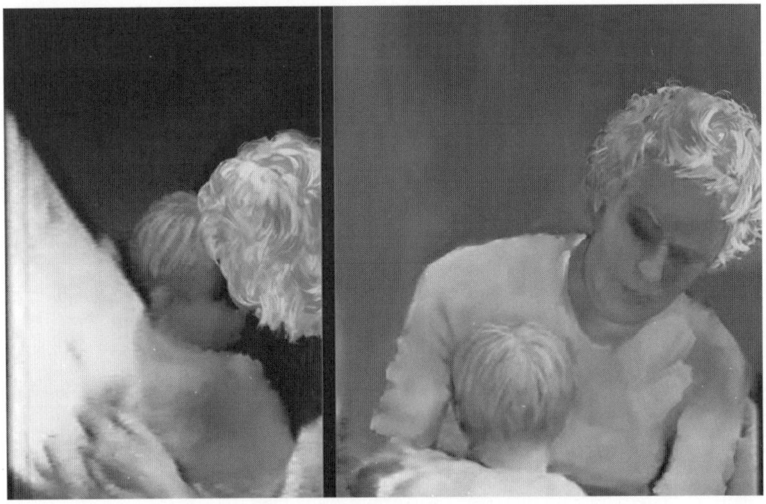

8.3 분:초 01:43~01:47 (5초 동안 6개 프레임)

줄거리: 이번 그림은 실망한 표정의 엄마를 보여 주며 시작한다. 그러고 나서 엄마는 무릎 위의 아기를 위아래로 부드럽게 흔든다. 처음에 아기가 좋아하면서 엄마와 아기는 같이 웃는다(프레임 20). 하지만 갑자기 아기가 몸을 돌리면서 외면하자 엄마는 다시 실망스러워한다(프레임 22).

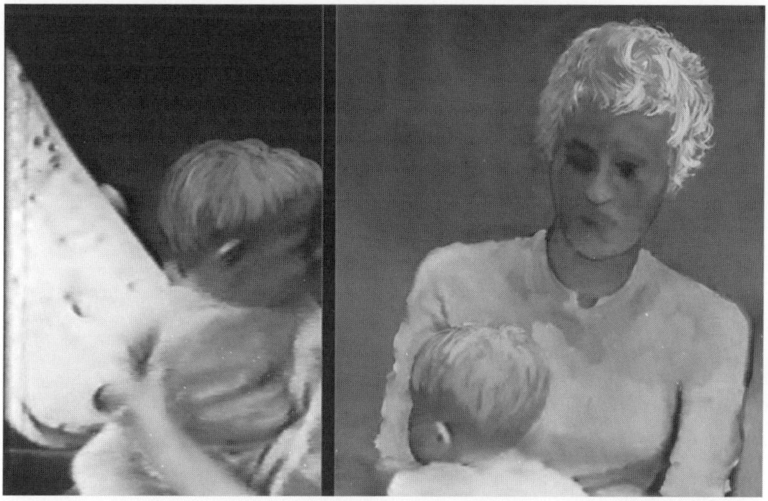

프레임 18. 분:초 01:43a

프레임 17과 거의 동시에, 아기는 정중선을 따라 왼쪽으로 완전히 고개를 돌린다. 엄마의 얼굴에는 실망스러운 표정이 보인다.

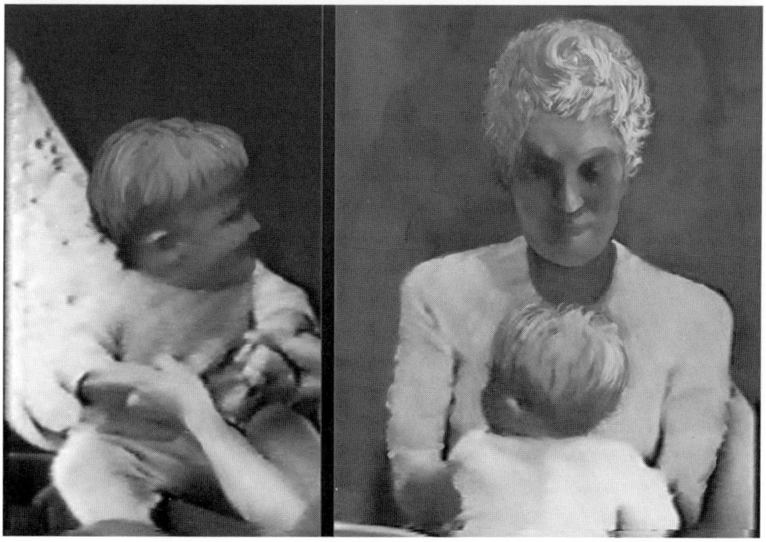

프레임 19. 분:초 01:43b

곧바로 입을 꽉 다문 엄마는 침울해 보인다. 엄마는 아기의 양손을 잡고 부드럽게 위아래로 흔들기 시작한다.

프레임 20. 분:초 01:44

1초가 채 지나기 전에 엄마가 자신을 흔들자 아기는 엄마 쪽 정면으로 몸을 돌리고 엄마를 바라보며 웃는다. 엄마도 함께 활짝 웃는다. 두 사람 모두 기뻐하는 순간이다.

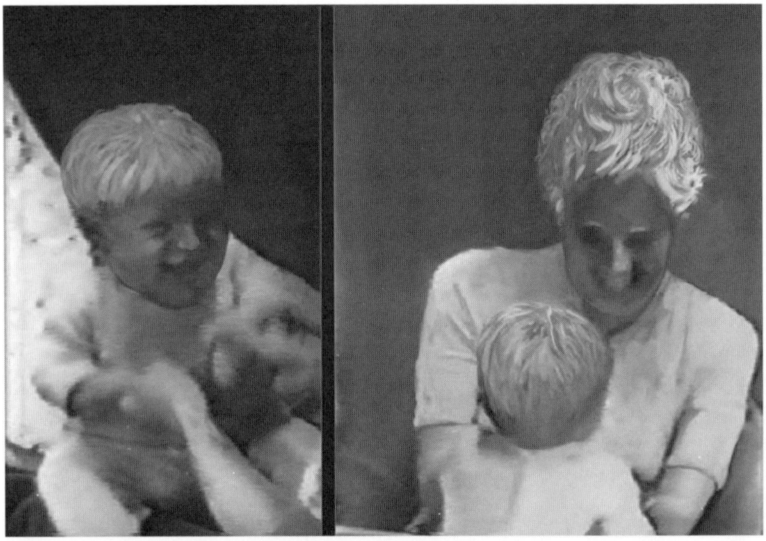

프레임 21. 분:초 01:45

1초 후, 아기는 고개를 오른쪽으로 살짝 돌린다. 눈을 감은 아기의 얼굴에 웃음기가 사라진다. 엄마는 머리를 살짝 뒤로 당기고 바로 세운 자세로 활짝 웃는다.

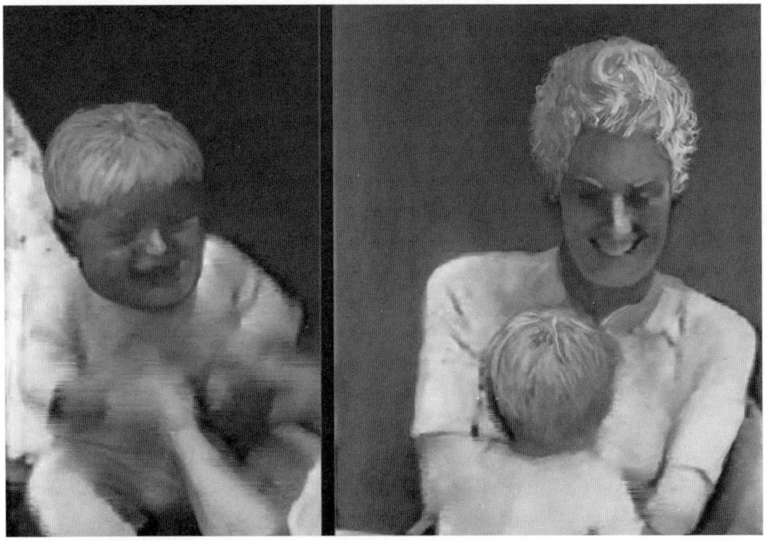

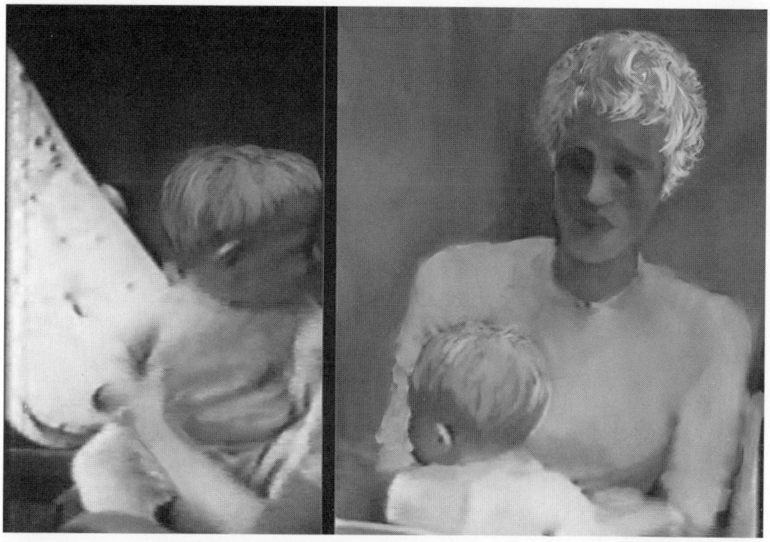

프레임 22. 분:초 01:46

1초 후, 아기가 갑자기 몸을 돌려 엄마의 시선을 피하자 슬픈 표정의 엄마는 매우 실망한 듯 보인다.

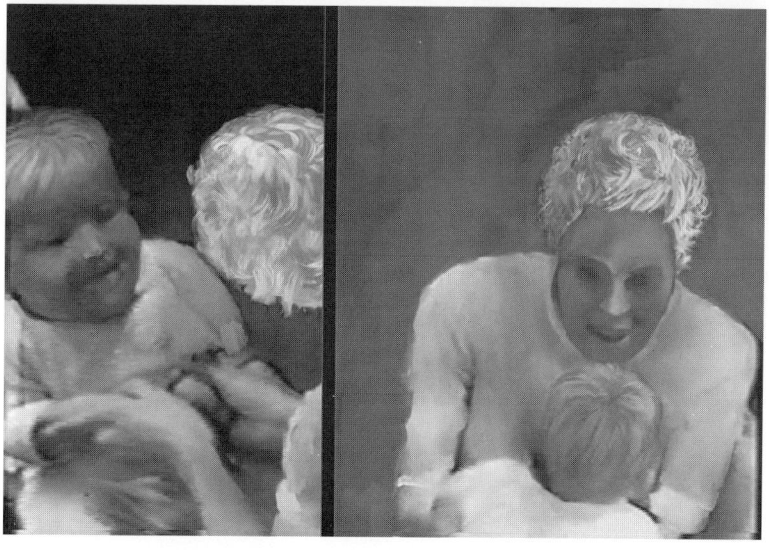

프레임 23. 분:초 01:47

1초 후, 엄마는 놀란 척하며 아기 얼굴 앞쪽으로 갑작스럽게 다가간다. 엄마가 아기의 양손을 가운데로 끌어모으자, 아기는 몸을 정면으로 돌리고 엄마를 바라본다. 하지만 아기는 다가온 엄마를 피해 고개를 뒤로 젖히고 오른쪽으로 살짝 기울인다. 아기의 굳게 다문 입가에 긴장된 모습이 보인다.

8.4 분:초 01:50~01:56 (7초 동안 6개 프레임)

줄거리: 엄마가 쫓는 행동을 계속하자 아기는 계속 피한다. 아기가 계속 피하자, 엄마는 계속해서 아기를 더욱 쫓는다. 아기가 머리를 90도로 돌리면서 끝난다(프레임 29).

프레임 24. 분:초 01:50a

약 2.5초 후, 엄마는 아기의 손을 여전히 꽉 붙잡고 있다. 아기가 고개를 숙이고 엄마에게서 떨어져 오른쪽으로 몸을 기울인다. 엄마도 고개를 아래로 숙이고 아기와 같은 방향으로 몸을 기울인다. 엄마가 살짝 미소 짓는다.

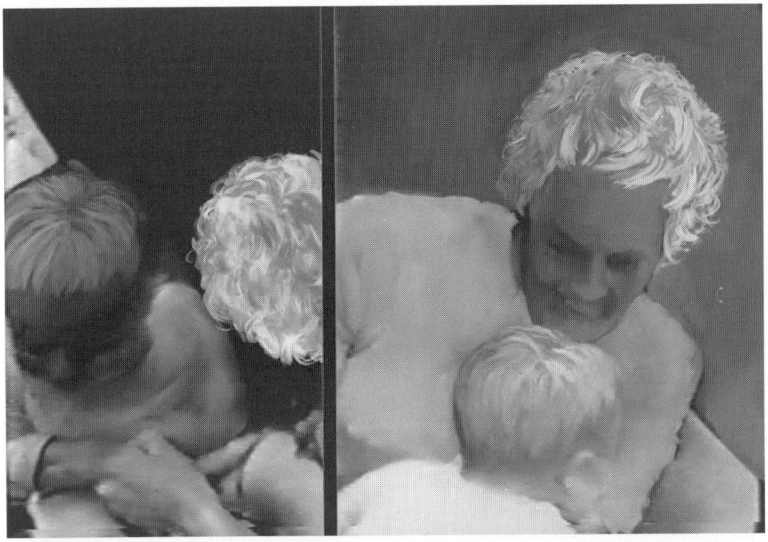

프레임 25. 분:초 01:50b

거의 동시에 아기가 몸을 다시 정면으로 돌리지만, 여전히 고개를 숙이고 있다. 여전히 엄마의 얼굴에는 미소가 살짝 보인다.

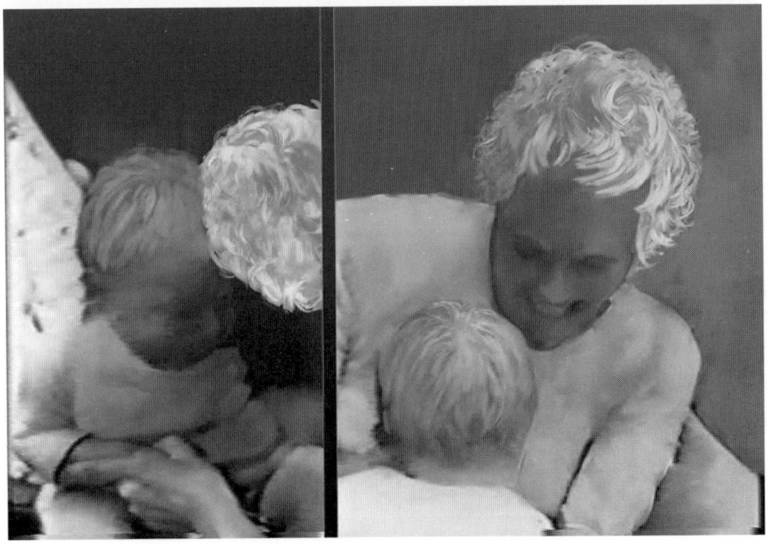

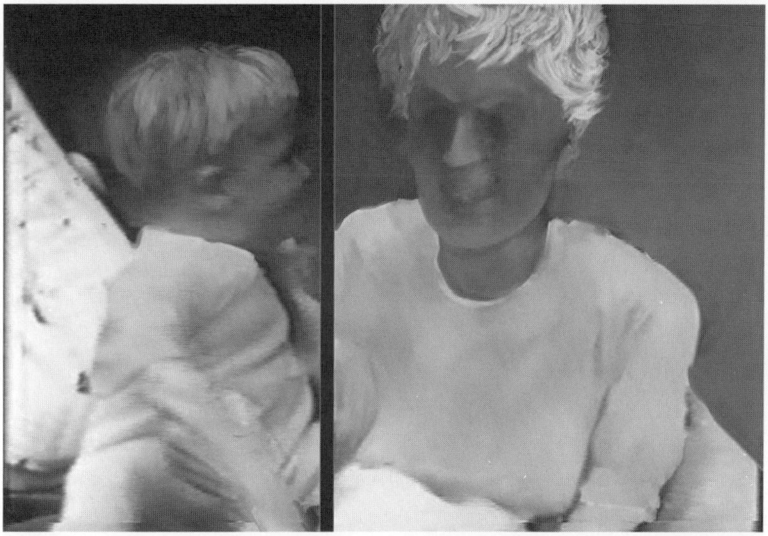

프레임 26. 분:초 01:51

1.5초 후, 아기는 엄마를 보지 않고 몸을 정면에서 완전히 반대로 돌린다. 아기의 머리 방향은 엄마 쪽에서 약 60도를 향한다. 엄마는 여전히 살짝 웃고 있다.

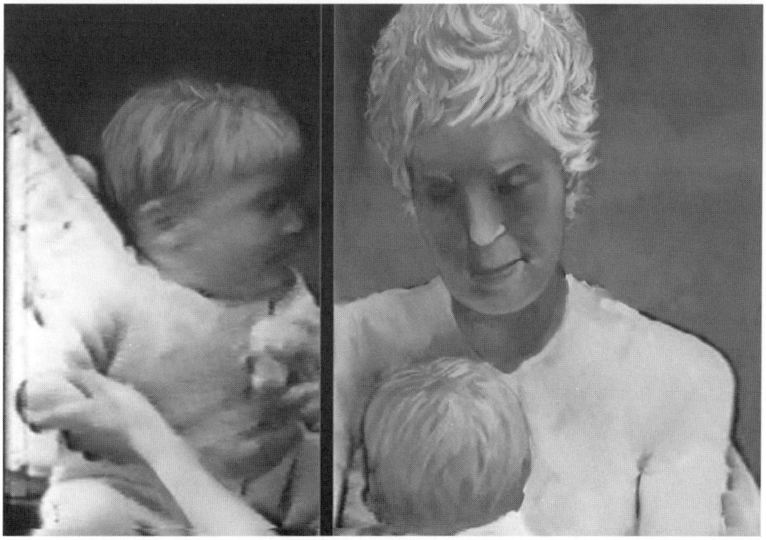

프레임 27. 분:초 01:52

1초 후, 엄마는 자신의 오른손으로 아기의 왼손을 강하게 잡아당겨 자신과 마주보게 한다. 엄마는 긴장된 입을 굳게 다물고 있다. 그림에서 잘 보이지는 않지만, 아기는 눈을 감고 있고 아기의 입은 긴장되어 보인다.

프레임 28. 분:초 01:54

2초 후, 이제 두 손을 아기 겨드랑이 밑으로 넣어 아기의 몸을 잡고 아기를 원래 자리에 내려놓으려고 한다. 엄마는 의아한 표정이다. 아기가 고개를 숙인다. 엄마 쪽 그림에서 아기가 고개를 완전히 떨구고 있는 모습을 볼 수 있다.

프레임 29. 분:초 01:56

2초 후, 엄마는 아기를 다시 자리에 내려놓았다. 엄마의 얼굴에 약간의 긍정적이고 흥미로운 표정이 보인다. 아기는 고개를 오른쪽으로 90도 돌린다.

8.5 분:초 01:58~02:03 (6초 동안 총 7개 프레임)

줄거리: 아기의 몸이 앞쪽으로 쓰러질 듯 쏠려 있다. 마지막 장면에서 엄마는 속상해한다.

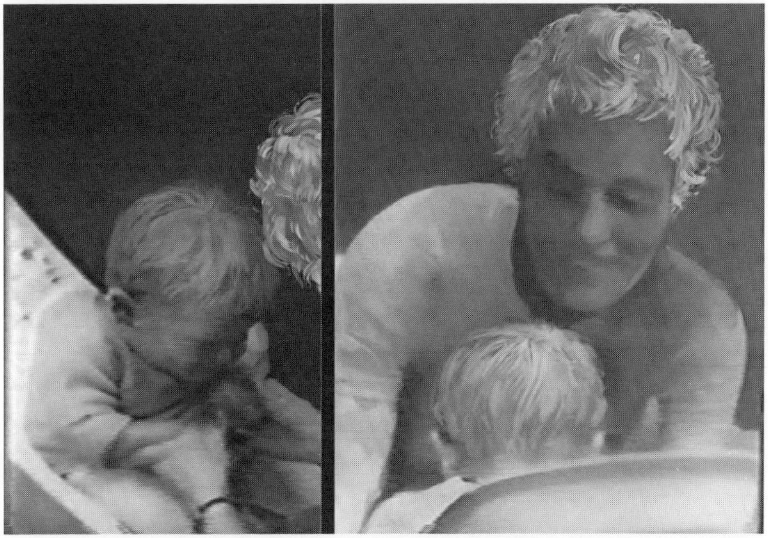

프레임 30. 분:초 01:58

2초 후, 아기의 머리와 몸은 긴장을 잃고 앞쪽으로 쓰러질 듯이 쏠려 있다. 엄마는 살짝 미소 짓는다. 엄마의 표정은 아기의 위축된 상태를 알아차리지 못했음을 보여 준다. 엄마의 양손이 아기의 두 손을 잡고 있다.

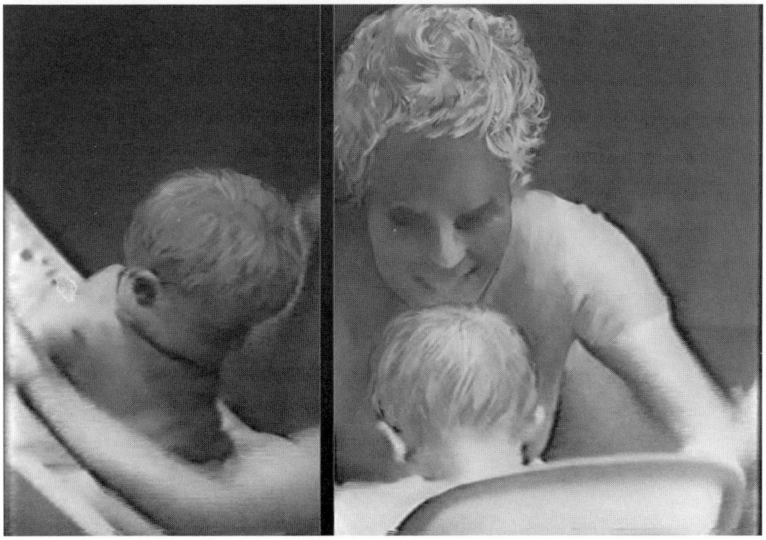

프레임 31. 분:초 01:59

1초 후, 엄마는 아기의 팔을 바깥쪽으로 벌린다. 계속해서 엄마는 살짝 웃고 있다. 아기의 몸은 여전히 아래쪽으로 쏠려 있다. 이 자세는 “싫어요.”를 아주 강하게 표현하는 자세다.

프레임 32. 분:초 02:00

1초 후, 엄마가 아기의 팔을 내리자, 아기는 더욱더 고개를 떨군다. 여전히 아기의 몸은 아래쪽으로 쏠려 있다. 아직 엄마의 얼굴에는 미소가 살짝 보인다. 엄마의 미소는 엄마가 아기의 명확한 위축 상태를 인지하지 못하고 있다는 것을 보여 준다.

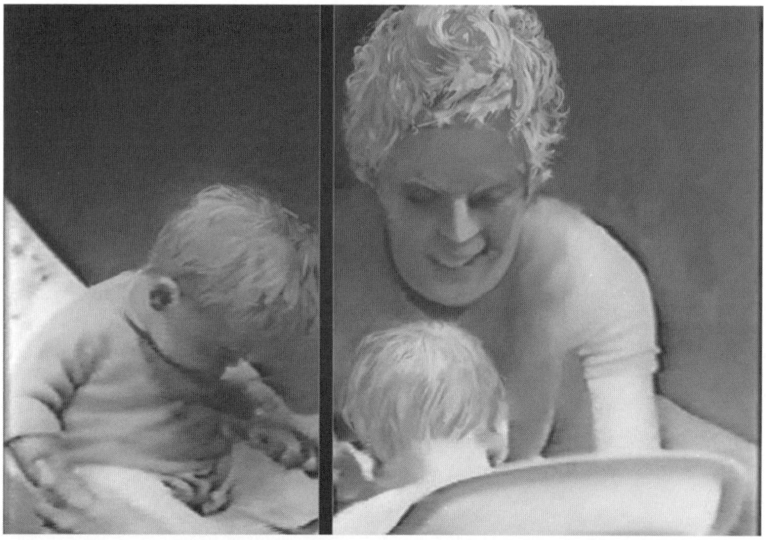

프레임 33. 분:초 02:01

1초 후, 엄마가 뒤로 움직이면서 아기의 손을 중앙으로 가져오고, 아기는 몸을 살짝 오른쪽으로 움직인다. 아기의 몸이 조금 더 앞으로 쏠려 있다. 엄마의 얼굴은 차분해 보인다. 이제 엄마는 아기의 상태를 알아차렸다.

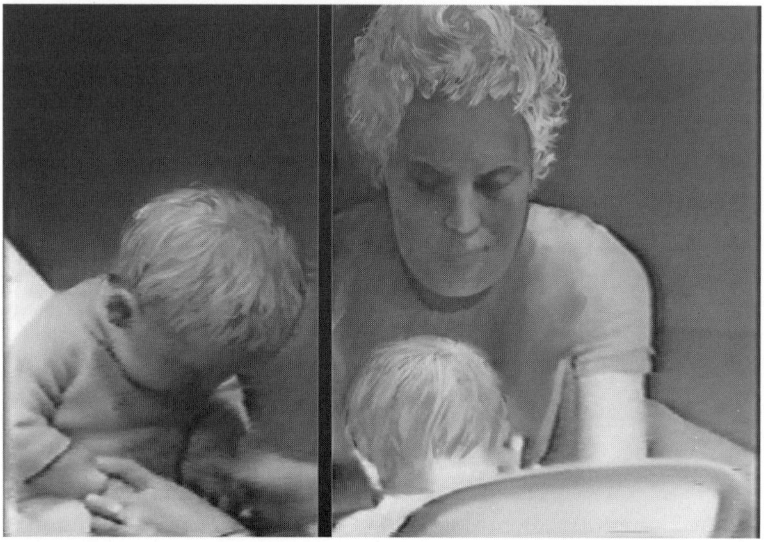

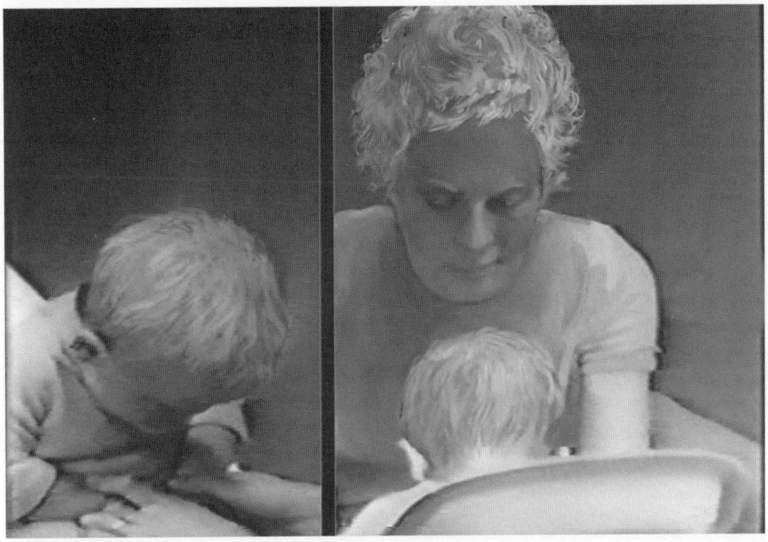

프레임 34. 분:초 02:02a

거의 동시에 엄마는 침착한 얼굴로 몸을 더 움직인다. 엄마가 아기 손 위에 자신의 손을 살짝 움직인다. 아기 몸은 더욱더 앞쪽으로 쏠리고 아기는 고개를 푹 숙였다.

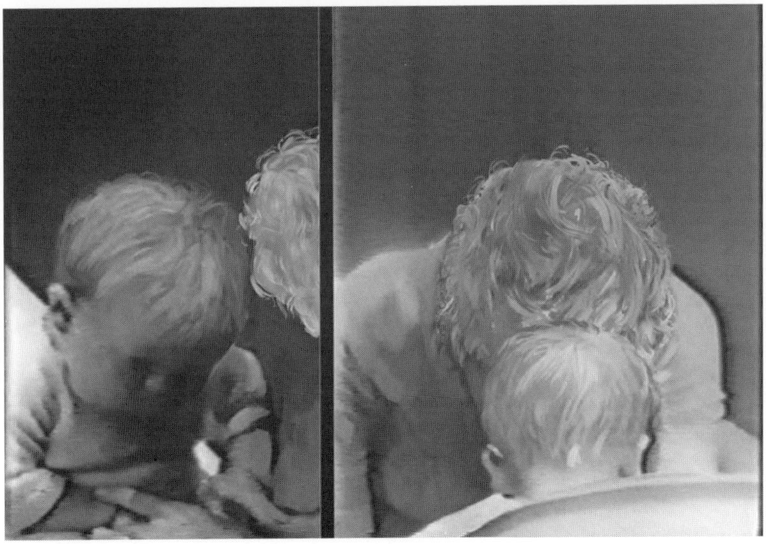

프레임 35. 분:초 02:02b

곧바로 엄마는 갑자기 아기의 얼굴에 매우 가깝게 다가간다. 동시에 아기는 오른쪽으로 움직여 피한다. 우리는 이 짧은 시간 동안의 아기 움직임에서 아기가 계속해서 주변 시각을 통해 엄마를 살피고 있었음을 알 수 있다. 엄마의 갑작스럽게 다가오는 행동에 고개를 축 늘어뜨린 아기가 고개를 돌려 이를 적극적으로 피한 것이다.

프레임 36. 분:초 02:03

약 2초 동안, 아기는 재빨리 고개를 들고 엄마를 피해 고개를 90도 돌린다. 엄마는 살짝 입술을 다물고 찡그린다. 엄마는 기분이 상했다. 아마도 화가 난 듯하다.

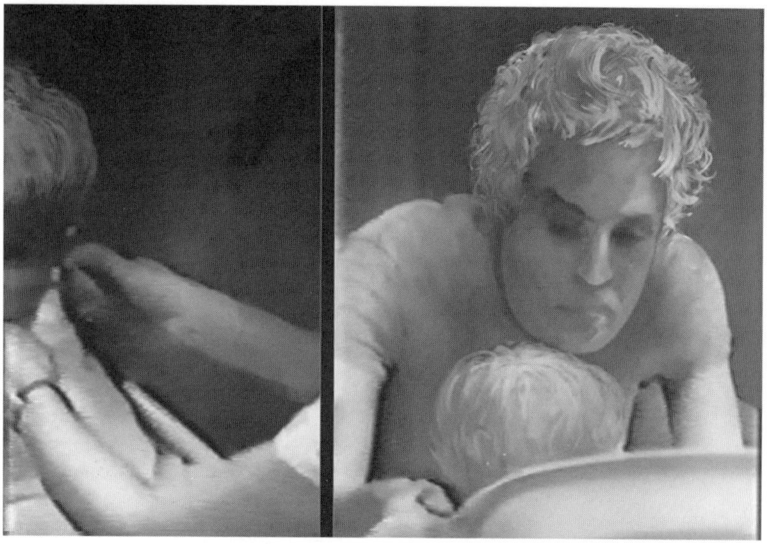

낯선 사람과 아기의 상호작용: 낯선 사람의 역할-Beebe 박사

아기와 엄마의 상호작용에 뒤이어 완전히 새로운 낯선 사람이 아기와 함께했다. 4분 01초부터 4분 07초까지 7개의 프레임에서 아기는 초반에 관심을 보이면서도 동시에 경계하는 모습을 보인다. 이후 아기는 서서히 긍정적인 모습을 되찾고 결국 마지막에 아기는 낯선 사람을 향해 큰 미소를 지으면서 둘은 상호 긍정적인 관계를 맺는다.

8.6 분:초 04:01~04:07

줄거리: 아기는 관심을 보이면서도 조심스러워하는 듯 보인다. 이후 아기는 서서히 긍정적 태도를 보인다. 마지막 그림에서 아기는 낯선 사람을 보고 환하게 미소 짓고 둘은 상호 긍정적인 관계를 맺으며 끝난다.

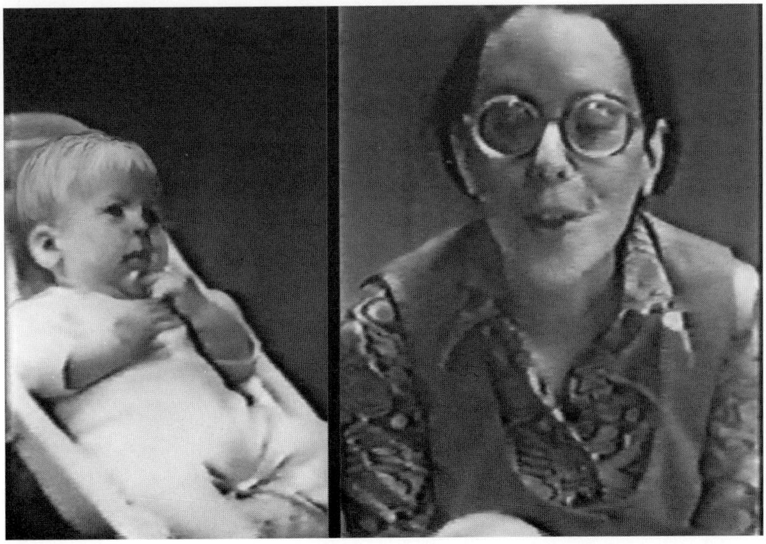

프레임 1. 분:초 04:01

첫 장면은 아기와 낯선 사람이 서로를 바라보며 시작한다. 아기는 관심을 보이면서도 걱정스러운 듯 중립적인 표정이다. 낯선 사람은 긍정 정서를 표현하듯이 입을 살짝 벌리려 한다.

프레임 2. 분:초 04:02

1초 후, 아기의 표정이 살짝 부드러워졌지만, 여전히 표정은 중립적이다. 낯선 사람은 고개를 살짝 숙이고 계속해서 긍정적인 표정을 짓고 있다.

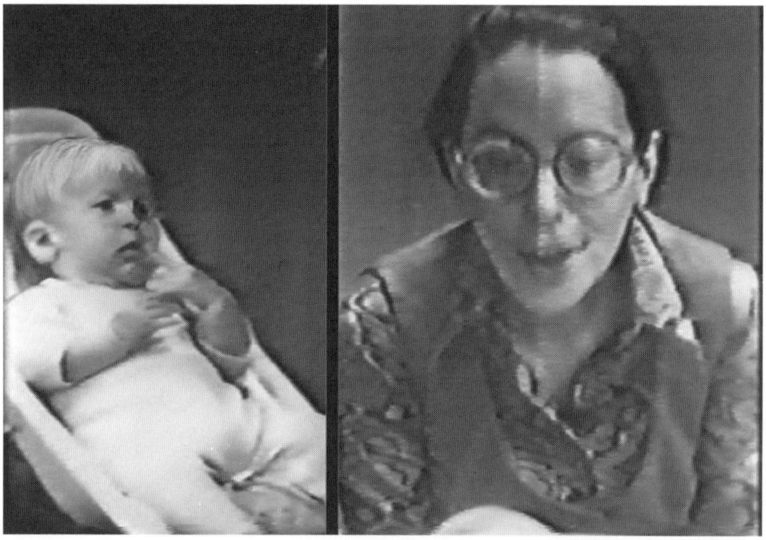

프레임 3. 분:초 04:03

1초 후, 아기는 여전히 같은 표정을 하고 있고, 낯선 사람은 고개를 아래로 숙인다.

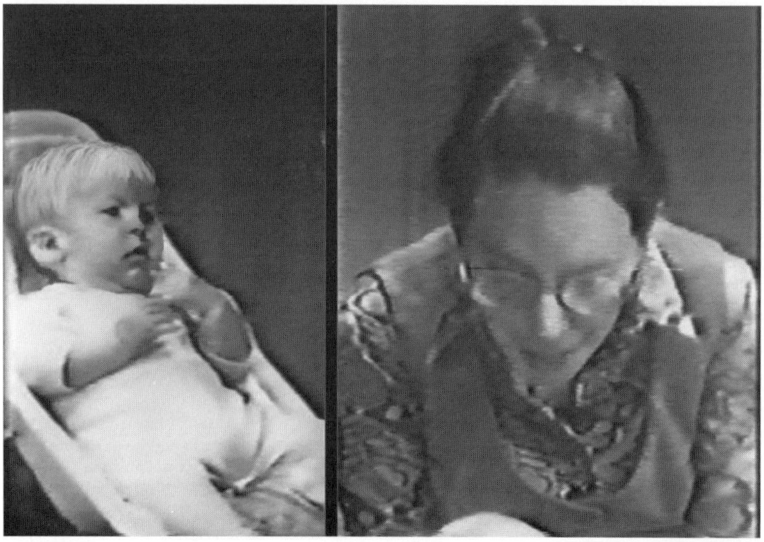

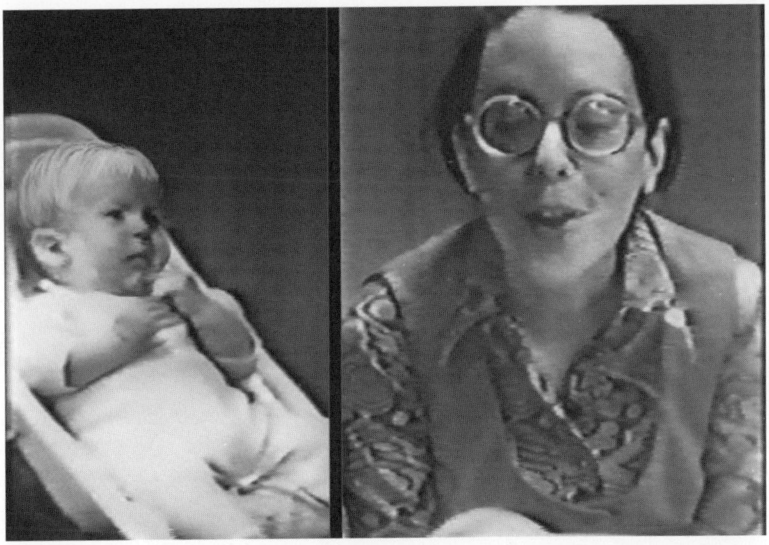

프레임 4. 분:초 04:04

1초 후, 입을 살짝 벌린 아기의 얼굴에서 흥미로운 표정이 떠오른다. 낯선 사람은 여전히 프레임 1에서 보인 표정을 하고 있다.

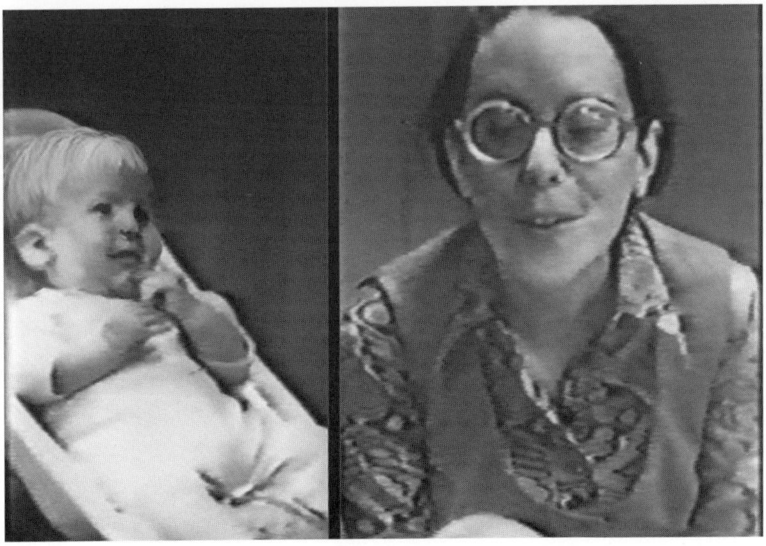

프레임 5. 분:초 04:05

1초 후, 아기는 조금 더 긍정적이고 흥미로운 표정을 하고 있다. 낯선 사람은 입을 살짝 옆으로 벌렸지만, 아직 미소가 보이지는 않는다. 낯선 사람의 윗입술에서 살짝 긴장감이 보인다.

프레임 6. 분:초 04:06

1초 후, 아기는 입속에 왼쪽 손가락을 넣으며 웃기 시작한다. 낯선 사람은 입을 조금 옆으로 벌린다(아직 미소 짓지 않는다).

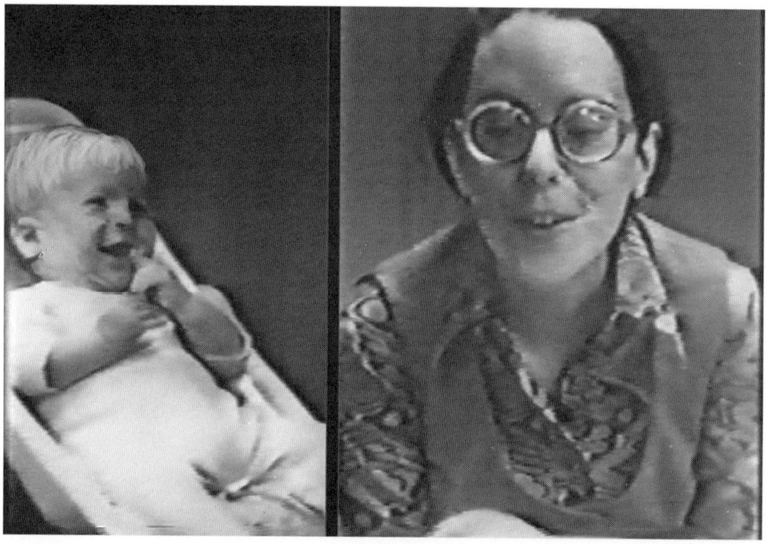

프레임 7. 분:초 04:07

1초 후, 아기는 환하게 웃는다. 아기는 여전히 손가락을 입에 물고 있다. 낯선 사람도 활짝 웃으면서 이에 답한다. 둘은 매우 즐거워 보인다.

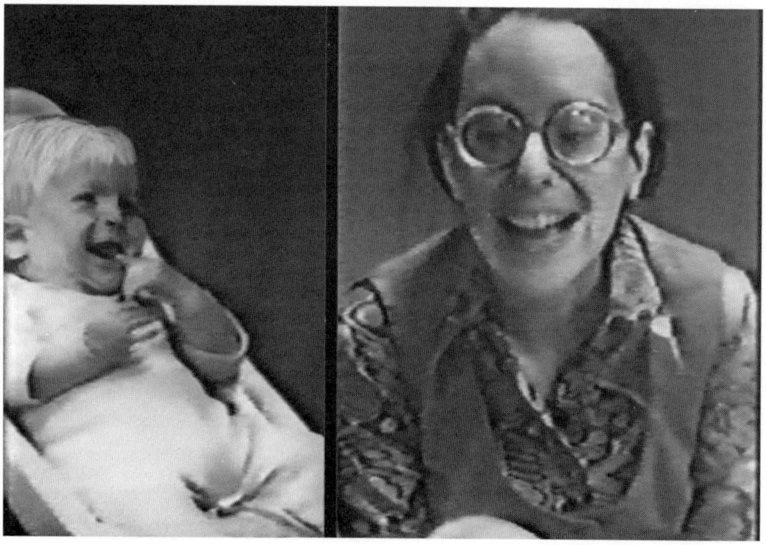

쫓기와 피하기에 대한 설명

모든 엄마는 이상적인 자극의 정도를 넘어 지나칠 때도 있고 못 미치기도 한다. 그리고 아기가 엄마의 자극을 침입적으로 느낄 때 다양한 행동을 취하면서 이에 대응하거나 방어한다. 우리가 '쫓기와 피하기'를 선택한 것은 여기에서 엄마의 지나친 자극과 이로 인해 위축된 아기의 모습을 잘 볼 수 있었기 때문이다. 설명의 일부는 Beebe, Lachmann과 Jaffe(1997), Beebe와 동료들(2010), Beebe와 Lachmann(1988, 2002), Beebe와 Stern(1977)에서 인용했다.

이번 쫓기와 피하기 그림에서 아기는 주로 위축된 방향으로 움직이는 중에도 순간순간 엄마의 움직임에 민감하게 반응한다. 여기에서 보이는 상호작용은 참여와 미참여 상태의 중간 모습이라고 할 수 있다. 어떤 면에서 아기는 엄마의 모든 움직임에 강하게 반응하며 엄마와 연결된다. 엄마 역시 계속해서 아기와 연결되고자 아기 쪽으로 몸을 움직이기도 하고 아기를 쫓기도 하면서 적극적으로 참여한다. 그렇지만 이 관계는 긍정 정서와 연관된 상호 시각적 연결을 유지하는 데는 실패한 모습을 보인다. 대신 이는 오히려 쫓기와 피하기의 모습이라고 할 수 있다. 게다가 이와 같은 행동 패턴은 흥분을 가라앉히기 위해 시선을 피하려고 하는 아기를 방해한다. 아기가 시선을 돌릴 때마다 엄마는 아기를 쫓아가며 흥분을 조절할 시간을 주지 않는다.

이번 그림은 우리가 위축된 상태에서의 경계심과 지속적인 응답성(應答性)으로 특정 지은 아기의 대응 방식과 방어적인 행동을 보여 준다. 엄마가 동작을 시작할 때마다 아기는 몸을 숙이고, 뒤로 빼고, 돌리고, 당기거나 혹은 축 늘어지면서 어떤 반응도 보이지 않을 수 있다. 아기는 이 같은 행동을 보이며 자신과 자세적으로 또 시각적으로 연결되고자 하는 엄마를 거부했다(Beebe & Lachmann, 2002; Beebe & Stern, 1977).

엄마는 이 같은 상호작용을 힘들어한다. 엄마는 아기가 자신을 피하는 행동을 보일 때 대부분 빠르게 이에 반응하지만, 심각한 표정을 짓고, 입술을 깨물고, 입을 내밀고, 슬픈 표정을 짓는 듯 부정적인 정서를 표현했다. 실시간 영상에서는 이 같은 장면을 볼 수가 없다. 엄마는 자신의 쫓는 행동이 계속해서 아기가 도망가게 한다는 사실을 알지 못했다. 엄마는 쫓고 아기는 도망가는 이 악순환을 멈추기 위해서 엄마가 동작을 되돌려 아기를 쫓지 않으면서 아기가 진정한 후에 다시 돌아올 것이라고 믿고 기다렸어야 했다. 하지만 아기와 연결되고자 하는 엄마의 바람이 강할 때에 이 같은 행동은 엄마의 본능에 반하는 일이다.

제6장에서 다룬 안정 애착 아기의 시선 회피에서 아기가 시선을 돌릴 때 참을성 있게 기다린 엄마의 모습은 이번 장의 쫓기와 피하기 그림 속의 엄마에게 추천할 만한 대응 방법이 될 수 있다. 또한 제7장의 '안정 애착 기원에서 엄마가 갑작스럽게 영아의 얼굴로 다가가는 행동과 회복'에서 보여 준 상호작용 역시 쫓기와 피하기에서 단절된 상호작용을 회복할 방법을 제시한다.

이 상호작용의 제일 마지막 장면에서 아기는 축 늘어진다(프레임 30~34). 아기가 몸의 긴장을 완전히 잃어버린 이 장면은 눈여겨보아야 할 순간이다. 부모는 마치 누더기 인형같이 축 늘어진 아기의 모습을 이해할 수도, 바꿀 수도 없다. 프레임 30과 31에서 엄마는 아기의 손을 바깥쪽으로 벌리고, 프레임 31과 32에서는 아기가 무릎에 손을 내려놓게 하지만 아기는 이에 반응하지 않고 가슴 쪽으로 고개를 더욱 떨구고 축 늘어진 모습을 보인다. 프레임 32에서 33까지 엄마는 아기의 손을 몸 중앙 쪽으로 가져온다. 아기는 여전히 이에 별다른 반응을 보이지 않고 늘어진 모습이다. 이런 아기의 모습에 엄마는 심각하고 슬픈 표정을 짓는다(프레임 33).

이 같은 아기의 대응 방식은 상호작용을 종결시키는 극단적인 행동이다. 한편으로 이런 아기의 행동은 엄마가 원하는 방향으로 움직이는 것을 적극적으로 거부하며 반응을 억제(inhibition of responsivity)하는 아기의 능력을 명확하게 보여 준다(Beebe & Stern, 1977). 또 다른 면에서 이는 아기의 사회적 연결성을 잠시 동안 차단하는 순간이기도 하다. 따라서 이 같은 행동 패턴은 아기와 엄마가 연결되는 순간을 희생시키는 값비싼 대응 방식이라고 할 수 있다.

하지만 마지막 두 장면(프레임 35~36)에서 놀라운 일이 벌어진다. 엄마가 갑자기 아기의 얼굴로 가까이 가자 아기는 순간적으로 반응을 재개하며 엄마를 피한다. 이는 아기가 몸을 늘어뜨린 상태에서도 엄마를 주의 깊게 살펴보고 있다는 것을 말해 준다. 이 순간 아기는 주변 시각을 통해 엄마를 관찰하고 있으면서 언제든 필요한 순간에 이에 대응할 수 있는 모습을 보여 준다.

엄마와 아기의 상호작용이 끝나자마자 곧바로 낯선 사람이 아기와 함께했다. 이 나이대 아기는 낯선 사람과 쉽게 어울릴 수 있고, 새로운 낯선 사람 역시 아기와 연결될 수 있다. 이 점에서 어쩌면 낯선 사람이 엄마보다 이점을 갖는다고 할 수도 있다.

낯선 사람과 함께 있을 때 아기는 처음에 경계하는 모습을 보인다. 하지만 대략 7초가 지나기도 전에 아기와 낯선 사람은 함께 활짝 웃는다(프레임 7). 우리는 아기가 긍정적인 정서로 시각적 교감을 충분히 유지할 수 있다는 것을 보여 주기 위해 낯선 사람과 아기의 상호작용 그림을 추가했다. 단, 아기가 낯선 사람에게 긍정적인 반응을 보이는 것은 오로지 낯선 사람이 아기를 쫓지 않을 때이다. 그림에는 없지만, 또 다른 낯선 사람과 아기의 두 번째 상호작용에서 낯선 사람이 아기를 쫓자, 아기는 다시 낯선 사람을 피했다.

기대에 대한 설명

이제 우리는 아기가 상호작용에서 기대하는 바를 생각해 볼 수 있다. 우리는 엄마와 아기가 경험한 바를 말로 표현할 수 있다고 가정하고 이 둘의 행동-대화를 언어 표현으로 해석했다.

쫓기와 피하기가 계속해서 다양한 방식으로 반복되는 패턴에서 회복이 부재(不在)한 잘못된 조절 방식에 대한 기대가 아기의 경험을 형성한다. 엄마의 쫓기와 아기의 피하기에서 아기는 찰나의 상호 반응을 예상한다. 행동 언어를 말로 표현한다면 엄마와 아기 두 사람은 모두 "상대방이 나에게 가까이 다가오면 나는 피할 거야. 내가 피하면 상대방은 내게 다가오지"라고 예상할 것이다. (여기에서 '상대방'은 엄마 쪽에서는 아기를, 아기 쪽에서는 엄마를 지칭한다.) 참여와 비참여의 순간에서 쉽게 균형을 이룰 기회를 망쳐 버린다. 상호작용에서 두 사람의 지나친 에너지는 서로를 가깝게 하는 것이 아니라 더욱 멀어지게 한다.

엄마의 쫓기에 아기는 "나는 마음대로 엄마의 시선을 피할 수 없어요. 흥분을 가라앉혀야 하는데 벗어날 수가 없어요. 내가 엄마에게 가까이 가면 엄마가 내게 더욱 다가오고, 그런 행동은 나를 지나치게 자극하고 마치 나는 침입당하는 느낌마저 들어요. 엄마 쪽 어느 방향으로 움직여 봐도 편하지 않아요. 엄마와 연결될 수도, 엄마에게서 벗어날 수도 없어요."라고 느낄 수 있다(Beebe et al., 2010; Beebe & Lachmann, 1988).

이 경우에 엄마는 다음과 같은 경험을 할 수 있다. "너와 연결되고자 할 때 내가 어느 정도까지 반응해야 하는지 알게 돼. 너와 교감하고 싶어 하는 순간에 너는 멀어지는구나. 너의 어느 방향에서도 편안하지가 않아. 나는 매우 걱정되고 한편으로는 네게 거부당한 느낌이 들어."

쫓고 피하는 상호작용은 아기가 편안하게 느끼는 자극의 정도와 엄마가 바라는 참여의 정도 사이에서 불일치를 보여 준다. 이런 상호작용에서 중요한 것은 긍정적 정서로 서로를 바라보면서 만족할 만한 참여를 지속할 수 있는 순간이다.

관련 연구

Beebe와 Stern(1977)은 쫓기와 피하기가 계속되는 찰나의 순간들을 설명했다. 아기는 주변 시각으로 엄마의 모든 행동을 계속 살펴보고 있기에 엄마의 쫓는 행동이 아기의 피하기를 야기한다는 사실을 예측할 수 있다. 동시에 아기의 피하기에서도 역시 엄마의 쫓는 행동과 양쪽의 조절 방식을 예상할 수 있었다. 그림의 아기는 고개 방향을 바꾸고, 몸을 뒤로 젖히고, 축 늘어지는 행동을 보이면서 엄마와 마주 보는 순간을 강하게 거부했다.

쫓기와 피하기 상호작용의 미세 분석(Beebe & Stern, 1977)은 다음과 같은 순서로 진행된다.

(1) 엄마가 고개를 숙여 갑자기 아기 쪽으로 얼굴을 가져가는 행동을 하면 아기는 고개를 돌려 피한다(피하기).

(2) 아기가 고개를 돌리거나 양쪽으로 움직여서 피하면 엄마는 아기의 손을 잡아당겨서 아기가 움직이는 방향으로 자기 머리나 몸을 움직이는 쫓는 모습을 보인다.

(3) 이후 엄마가 아기의 손을 당기고, 간지럽히고, 아기가 움직이는 방향으로 자기 고개와 몸을 움직이면서 아기를 쫓으면 아기는 다시 고개를 돌리거나 양쪽으로 움직이면서 피하거나 고개나 몸을 뒤로 해서 엄마를 피한다.

이 과정은 매우 짧은 순간에 일어난다. 그래서 한 사람이 이미 동작을 마치고 나서

야(약 1/4초, 혹은 1/3초 동안)(Beebe, 1982) 상대방은 이에 반응하는 동작을 시작한다. 이 상호작용에서 Beebe와 Stern(1977)은 한 사람이 동작을 시작하는 시간과 상대방이 동작을 시작하는 데 걸리는 시간을 기록했다. 이에 따르면 서로 다른 두 행동 사이에 걸리는 시간은 1/4초 또는 3/4초로 거의 동시에 일어났다.

아기가 고개를 꽤 멀리 돌릴 때 엄마는 아기를 들어 올리는 모습을 보였다. 하지만 엄마가 아기를 들어 올리자, 아기는 엄마를 쳐다보지 않고 반사적으로 고개를 중앙으로 돌렸다. 엄마가 아기를 자기 무릎에 내려놓자, 아기는 이미 다시 고개를 돌려버렸다. 아기와 눈을 맞추고 다시 연결되려는 엄마의 시도는 엄마의 동작이 끝나기도 전에 아기가 엄마에게서 다시 벗어나며 실패했다.

비록 엄마의 지나친 자극에 아기가 위축된 모습을 보였지만 여기서 나타난 행동 양식은 양방향으로 진행되었다. 아기 쪽 얼굴로 다가가는 엄마의 움직임이 아기를 도망가게 했고, 아기가 엄마를 피해 고개와 몸을 돌리는 행동은 엄마가 아기를 다시 쫓게 만든 것이다. 우리는 이 상호작용을 쫓기와 피하기로 부르지만, 이는 피하기와 쫓기라고도 말할 수 있다. 아기의 위축된 모습이 엄마가 아기를 침해했고 엄마의 이런 행동은 다시 아기의 위축을 일으켰다. 여기에서 우리는 각각의 파트너가 상대방의 행동에 따라 자기 행동 패턴을 예상하고 상대방 역시 파트너의 행동 패턴에 따라 자신의 행동 양식을 예상한다고 추론했다.

Beebe와 Stern(1977)의 연구에서 밝힌 쫓기와 피하기 패턴을 기반으로 Demetriades (2003), Kushnick(2002), 그리고 Beebe와 동료들(2010)은 132쌍의 엄마와 아기의 쫓기와 피하기를 연구했다. 연구에 따르면 쫓기와 피하기는 엄마가 고개를 정면에서 갑자기 아기 쪽으로 다가가고, 이와 거의 동시에 혹은 곧바로 아기가 자기 고개를 정면에서 다른 쪽으로 돌리는 2초 미만의 시간 동안 일어나는 행동으로 정의했다. Kushnick (2002)은 쫓기와 피하기 상호작용과 아기에게 갑자기 다가가는 행동과 몸을 바로 한 자세에서 움직임의 변화는 의존성이 높은 엄마에게서 더 많이 관찰된다고 밝혔다.

Beebe와 동료들(2010)은 한 살 때 불안정-저항 애착을 형성한다고 분류된 4개월 된 아기와 엄마 사이에서 보이는 쫓기와 피하기는 같은 시기에 안정 애착으로 분류된 엄마와 아기보다 약 2배나 더 많이 보인다고 밝혔다.

저항 애착을 형성하는 아기의 엄마는 자신이 과거에 애착을 믿지 못했기 때문에 아기에게 자신이 필요하다는 점을 확실히 나타내는 애착 시스템이 활성화되면 더욱 편안함을 느낀다(Cassidy & Berlin, 1994). 4개월 된 아기의 쫓기와 피하기 상호작용에서, 후에 저항 애착이 형성되는 아기의 엄마들은 아기가 시선을 피하고 방향을 바꾸면서 자신을 피하는 모습에 속상해 한다. 이런 엄마들은 자신이 아기에게 버림받았거나 중요하지 않다고 느끼게 된다. 임상학적으로 나중에 저항 애착으로 분류되는 아기의 엄마가 "무엇을 보고 있는 거니? 나를 좀 봐. 어디로 가는 거야?"와 같이 말하는 모습을 볼 수 있었다.

Cassidy와 Berlin(1994)의 연구에 이어 엄마의 쫓기와 미래 저항 애착 아기가 원치 않는 엄마의 손길은 마치 "이리 와. 가지 마. 나는 네가 필요해."라고 말하는 것과 같다고 해석했다(Jude Cassidy, personal communication, October 18, 2006). 우리는 미래에 저항 애착을 형성하는 아기의 엄마가 아기의 관심과 정서적 표현에 지나치게 걱정한다고 봤으며, 엄마들의 침입적인 행동은 아기와 함께하고 싶어 하는 엄마의 바람 때문으로 해석했다.

저항 애착 기원에 관한 관련 연구

미세 분석을 통해 이 책의 기본이 된 연구에서 한 살 때 저항 애착을 형성한다고 예상한 4개월 된 아기와 엄마의 상호작용에서 다양한 행동 양식을 확인할 수 있었다.

(1) 미래 저항 애착 아기의 엄마는 상호작용을 하는 동안 애정이 부족한 적극적인 신체접촉을 계속하는 경향이 있다.
(2) 아기가 저항 애착을 형성하는 시기에 엄마와 아기의 상호작용에서 쫓기와 피하기의 모습이 더 많이 나타난다.
(3) 저항 애착을 형성하는 아기의 엄마는 예상하기 어려운 움직임 패턴을 보였다. 엄마가 바로 앉은 자세에서 앞으로 기울이고, 아기의 얼굴에 다가가고, 아기를 쫓는 행동을 할 때 이 모든 엄마의 움직임은 예상하기에 어려웠다. 이 같은 엄마의 움직임은 예측 불가능한 쫓기의 형태로 볼 수 있다.

이 같은 발견과 함께, 훗날 저항 애착을 형성하는 아기의 엄마들의 계속되는 애정이 부족한 신체접촉과 아기를 만지려 할 때 예상하기 어려운 자세 변화는 아기가 엄마의 손길이 애정이 담겨 있고 자신에게 편안함을 줄 것이라 기대하기 어렵게 한다.

비록 일반적으로 저항 애착 아기의 엄마를 무심하다고 묘사하지만(Cassidy & Berlin, 1994), 엄마의 공간적 · 신체적 침입에서 알 수 있는 여러 사실은 엄마의 간섭이 아기의 자율성이나 탐색 혹은 지속적 활동을 방해한다는 연구 내용(Cassidy & Berlin, 1994)과 그 맥락을 같이한다.

(4) 저항 애착을 형성하는 아기는 마치 전원을 차단하기라도 하듯이 엄마의 신체 접촉에 자신의 정서적 협응성을 줄인다. 미래 저항 애착 아기는 엄마의 손길이 갑작스럽게 느껴질 때 안정 애착의 아기에 비해 저항하지 않고 엄마가 애정이 담긴 신체 접촉을 할 때도 비교적 긍정적인 반응을 보이지 않는다. 애정이 부족한 엄마의 신체 접촉에 대해 아기가 적극적으로 반응을 억제한다는 것을 알 수 있다. 엄마의 접촉이 아기가 엄마를 거부하게 만드는 것이다.

엄마의 침입적인 신체 접촉에 아기가 소리 내어 저항하는 반응을 억제하는 것은 아기가 자신이 좋아하는 것과 싫어하는 것을 표현하는 능력을 방해한다. 이는 괴로움을 감추기 위해 학습된 행동 양식으로, 결국에 아기는 엄마의 손길에 대한 자신의 상태를 알아차리는 데 혼란을 겪을 수도 있다. 또한 이 같은 행동은 엄마와의 신체 접촉에서 비롯된 괴로움을 인지하지 못하는 해리적 상실과 괴로움의 신체화로 이어질 수도 있다(Mary Sue Moore, personal communication, 2007년 7월 2일).

엄마의 침입적인 신체 접촉에 대해 아기가 음성적으로 항의하는 것을 억제하는 것은 한 살 때의 낯선상황실험과 유사하다. 실험에서 저항적 아기는 화가 나지만 수동적으로 자신의 괴로움을 가라앉히기 위해 어떤 행동도 취하지 않거나 엄마로부터 안정을 얻기 위해 비효율적인 모습을 보인다(Cassidy & Berlin, 1994; Jude Cassidy, personal communication, October 18, 2006).

(5) 저항 애착을 형성하는 아기는 의사소통에서 엄마의 안면-시각적 몰입에 대응

해 자신의 안면-시각적 몰입을 조율하는 정서적 경계심을 더 갖는다. 이런 경계심은 엄마의 공간적/촉각적 침입에 대응하는 시도로 본다.

마지막 (4)와 (5)의 설명 모두 아기의 부조화 상태를 설명한다. 아기의 안면-시각적 관계 협응성은 엄마의 신체 접촉에 의해 억제되지만, 엄마의 안면-시각적 몰입에 의해 활성화된다. 이 같은 부조화가 눈에 띄게 나타난 가운데 동일 행동 양상들과 아기의 몰입은 엄마의 신체 접촉에 의해 억제되고 엄마의 몰입에 의해 활성화된다.

촉각의 영역에서 아기의 적응 방식은 미숙한 분리나 자율성을 야기하고 안면-시각적 영역에서 아기의 적응 방식은 이른 경계심을 발전시킨다. 이 같은 문제는 아기가 엄마에게 반응하는 데 혼란을 겪고, 아기 자신의 상태를 인지하는 데도 어려움을 겪게 한다.

요약하자면, 앞과 같은 초기 상호작용에서는 친밀한 관계 형성이 위태로워진다. 친밀한 관계는 아기가 자기 자신을 이해하는 과정과 함께 상대방의 마음을 이해하고, 상대방 역시 아기의 마음을 이해하는 기본적인 과정이 수반된다. 우리는 아기의 관점, 즉 아기가 어떻게 행동양식을 조직화하고 기대하는지로부터 마음을 해석한다. Beebe와 동료들(2010)의 연구 결과를 바탕으로 다음과 같은 결론을 내렸다.

- 엄마가 아기의 감정을 인지하는 것과 관련해서 미래 저항 애착 아기는 엄마의 공간적 · 촉각적 침입 동안에 엄마가 자신의 감정을 이해하고 알아차린다고 느끼기 어렵다. 엄마가 아기에게 자신이 필요하다고 느끼길 원하기 때문에 자신의 공간적 · 촉각적 침입이 아기의 감정적 위축을 일으킨다는 사실을 알지 못하기 때문이다.
- 엄마를 이해하는 것과 관련해서 미래 저항 애착 아기는 엄마의 다음 행동이 어떤 모습일지, 즉 바로 앉을지, 앞으로 기울일지, 갑작스럽게 자신에게 다가올지 혹은 자신을 쫓는 모습을 보일지 예상할 수 없어서 엄마의 마음을 이해하는 데 어려움을 겪는다.
- 자신을 인지하는지에 대해서 미래 저항 애착 아기는 엄마의 신체 접촉에 자신의 몰입 조율을 억제하는 동시에 엄마의 정서적 몰입에 자신의 정서적 몰입 조율을

활성화하면서 스스로의 상태를 인지하는 데 어려움을 겪는다. 이에 따라 아기는 자신의 정서적 몰입과 엄마에게 반응하는 방식에 있어 상반된 기대치를 형성하게 되며, 복잡하고 혼란스럽지만 이내 적응하는 모습을 보인다.

불안정-회피 애착의 기원에서 영아의 시선 회피

그림: 영아의 시선 회피/불안정 애착 유형

9장에서는 한 살이 되었을 때 불안정-회피 애착을 형성한다고 분류된 4개월 된 아기와 엄마의 모습을 보여 준다(Beebe et al., 2010). 이 장에서는 36초 동안 총 13개의 프레임을 살펴본다. 첫 장면은 아기가 엄마의 시선을 피하고, 엄마는 아기의 관심을 끌려고 애쓰는 모습으로 시작한다. 엄마는 아기가 자신과 연결되게 하려고 다양한 시도를 한다. 하지만 아기가 엄마를 바라보는 순간 엄마는 다른 행동들을 하면서 아기와 눈을 맞출 수 있는 잠재적인 기회를 놓친다. 제일 처음 아기가 엄마를 바라볼 때 엄마는 아기 대신 카메라를 바라본다. 이후 아기가 다시 엄마를 바라보지만, 엄마는 아기를 반기지 않는다. 그리고 마지막으로 아기가 엄마를 볼 때 엄마는 슬픈 표정을 짓는다. 아기가 시선을 돌리면 엄마는 몸을 앞으로 기울이고 계속해서 아기를 쫓는다. 하지만 이 순간에도 둘은 여전히 서로의 손을 만지면서 연결을 유지한다. 대부분 손을 먼저 내미는 쪽은 아기이다.

엄마와 아기의 상호작용 이후 곧바로 새로운 파트너인 낯선 사람이 아기와 함께 했다.

9.1 분:초 27:09~27:17

줄거리: 엄마는 아기에게 "엄마를 봐야지!"라고 말하는 듯하다. 하지만 아기가 엄마를 보는 순간에(프레임 3) 엄마는 아기 대신 카메라를 쳐다본다.

프레임 1. 분:초 27:09

아기는 손가락을 입 가장자리에 넣고 시선을 돌린다. 엄마가 미소 지으며 몸을 앞으로 숙이고 아기에게 손을 내민다. 엄마가 아기의 관심을 끌려고 한다(영상에서 엄마는 "안녕, 안녕!"이라고 말한다).

프레임 2. 분:초 27:14

5초 후, 아기가 고개를 약 30도 방향으로 더 돌려 엄마를 피한다. 엄마는 조금 더 환한 미소를 지으며 손을 뒤로 뺀다. 엄마가 자신의 손을 뒤로 빼서 아래로 내리자, 아기는 손을 뻗어 엄마의 손등을 만지작거린다. 아기가 오른쪽 무언가에 시선을 집중한다. 하지만 엄마는 아기가 집중하는 것에 관심을 두지 않는다.

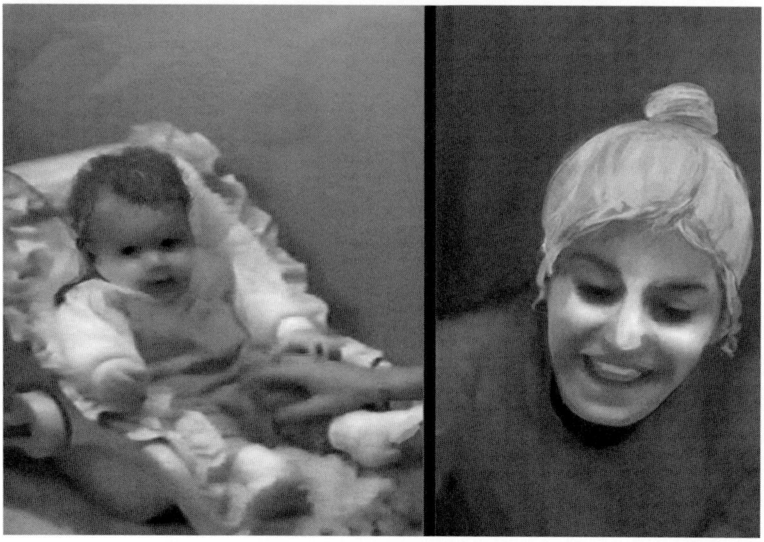

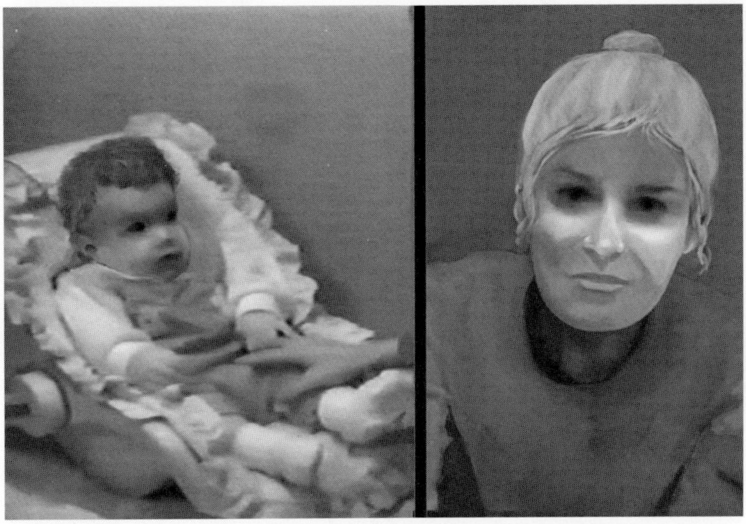

프레임 3. 분:초 27:17

3초 후, 아기가 엄마 쪽 정면을 향한다. 아기는 눈썹이 위로 올라간 채 놀란 표정으로 엄마를 똑바로 바라본다. 아기가 엄마를 바라보는 순간에 엄마는 아기가 아닌 카메라를 쳐다보고 있다. 엄마의 표정은 마치 "이게 무슨 상황이지?"라고 말하는 듯하다. 엄마의 슬프고 무기력하게 애원하는 얼굴은 "내가 어떻게 해야 할지 모르겠어."라고 말하고 있다. 아기와 엄마는 여전히 서로의 손을 만지고 있다.

9.2 분:초 27:21~27:28

줄거리: 엄마가 카메라를 바라본 후(프레임 3) 아기는 고개를 획 돌린다(프레임 4). 엄마의 얼굴이 밝은 미소(프레임 4, 6)에서 슬픈 표정(프레임 5, 7)으로 변한다. 아기가 계속해서 다른 곳을 바라보는 중에도 둘의 손은 여전히 닿아 있다.

프레임 4. 분:초 27:21a

4초 후, 아기가 고개를 60도로 더욱 돌리고 시선을 피하자 엄마가 아기에게로 시선을 돌린다. 엄마는 고개를 숙여 아기를 바라본다. 엄마는 약간 억지스러운 미소를 띠고 있다. 엄마가 손을 움직이지만, 여전히 둘은 서로의 손을 만지고 있다.

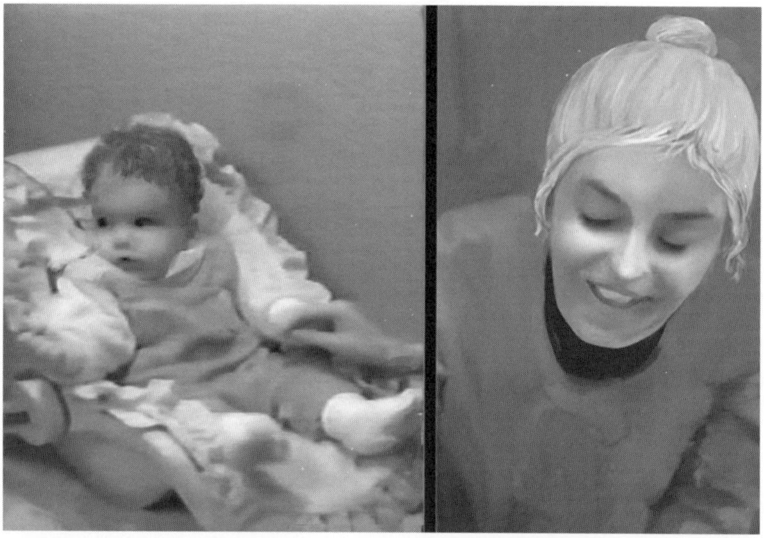

프레임 5. 분:초 27:21b

거의 동시에 아기가 엄마 쪽으로 고개를 60도에서 30도 정도 살짝 돌린다. 입을 다문 아기의 눈빛은 멍해 보이고 얼굴을 찡그린 엄마는 매우 슬퍼 보인다. 엄마가 자신의 손을 아기에게서 살짝 옆으로 치우지만 아기는 여전히 엄마의 손가락을 잡고 있다.

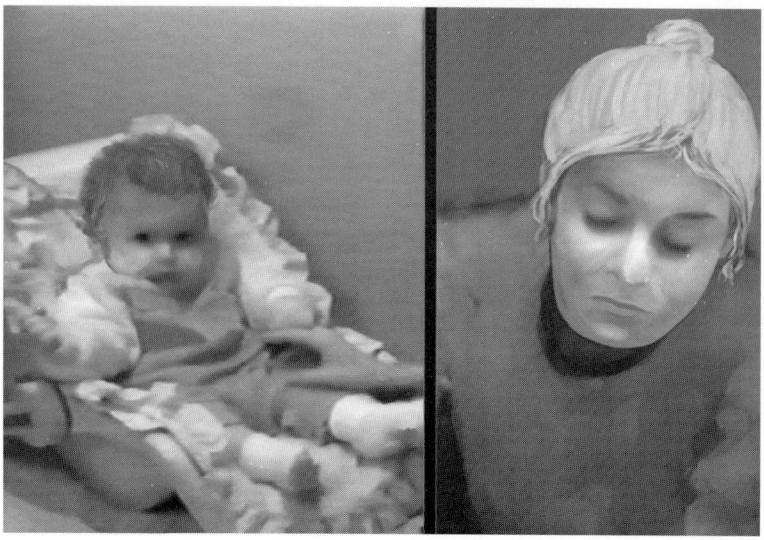

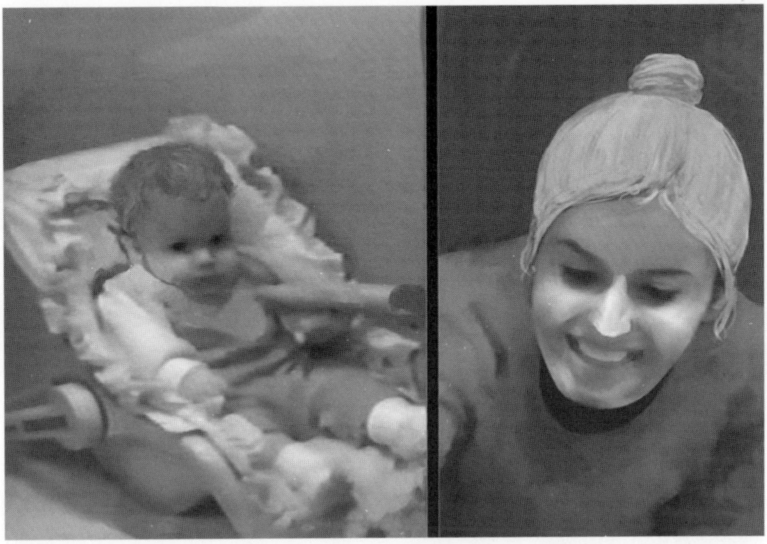

프레임 6. 분:초 27:23

약 2초 후, 엄마가 환하게 웃으면서 아기를 똑바로 바라보고 아기의 볼을 만지려고 한다. 아기는 엄마 쪽으로 고개를 돌린다(30도에서 15도). 엄마가 아기 얼굴로 손을 가져가는 순간에 아기는 계속해서 엄마를 만지고 있다.

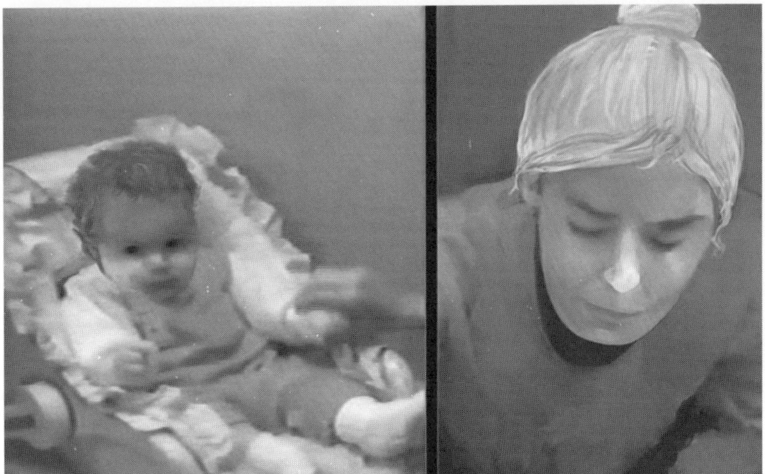

프레임 7. 분:초 27:28

5초 후, 아기가 고개를 엄마 쪽에서 15도에서 30도 정도 돌린다. 엄마는 슬픈 표정으로 아래를 바라본다. 엄마가 자신의 손을 뒤로 빼면서도 여전히 아기의 손을 잡고 있다.

9.3 분:초 27:29~27:34

줄거리: 아기와 엄마가 서로를 바라보는 순간에(프레임 8), 엄마는 무표정한 얼굴이다. 이후 엄마가 기쁜 얼굴로 아기를 반기고(프레임 9), 아기는 입을 크게 벌리고 긍정적이고 흥미로운 표정으로 이에 답한다. 이 순간 아기는 가장 활기차고 긍정적인 모습을 보여 준다. 곧이어 아기는 다시 시선을 피하고, 엄마의 미소는 살짝 옅어진다(프레임 10).

프레임 8. 분:초 27:29

1초 후, 아기는 다시 정면으로 몸을 돌린다. 아기는 눈썹이 위로 올라가 있고 놀란 표정이다. 처음으로 엄마와 아기가 서로를 바라보는 순간인데도 엄마는 미소로 아기를 반기지 않는다. 엄마의 무표정한 얼굴에 거리감이 느껴진다. 하지만 둘은 여전히 서로의 손을 만지고 있다.

프레임 9. 분:초 27:31

2초 후, 엄마가 활짝 웃으면서 환한 표정을 짓는다. 엄마가 왼손을 내밀면서 이제 엄마의 두 손은 아기의 양손을 잡고 있다. 아기가 계속 엄마를 바라보며 고개를 든다. 아기는 긍정적이고 흥미로운 표정으로 입을 벌리고 있다. 아기의 올라간 눈썹이 무언가 놀라운 일이 생겼다는 걸 말해 준다.

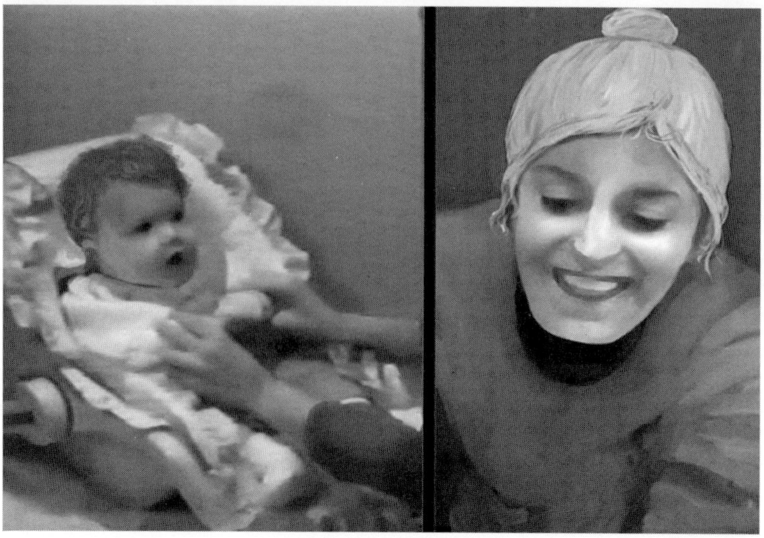

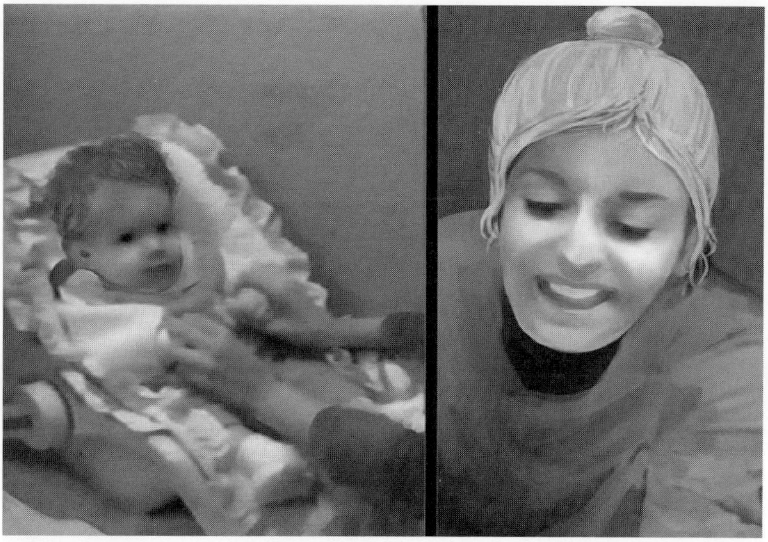

프레임 10. 분:초 27:34

3초 후, 아기는 고개를 정면에서 15도 살짝 돌리고 다른 곳을 바라본다. 아기는 입을 다물고 있다. 엄마의 미소는 조금 희미해졌다. 엄마는 계속해서 양손으로 아기를 만지면서 살짝 앞으로 움직인다.

9.4 분:초 27:35~27:44

줄거리: 아기가 엄마를 바라본다. 아기는 엄마가 슬픈 얼굴로 자신을 맞이하자 놀란 것 같다. 아기가 고개를 돌릴 때 엄마는 웃으면서 자신의 손을 아기 가슴 쪽으로 가져간다. 마지막 그림(프레임 13)에서 아기는 엄마의 손등을 만지작거린다.

프레임 11. 분:초 27:35

1초 후, 아기는 엄마 쪽 정면으로 몸을 돌리고 놀란 표정으로 엄마를 바라본다. 아기가 눈썹을 살짝 치켜든다. 슬퍼진 엄마는 얼굴을 찡그리고 있다. 엄마가 살짝 고개를 숙인다. 엄마는 계속해서 아기의 양손을 잡고 있다.

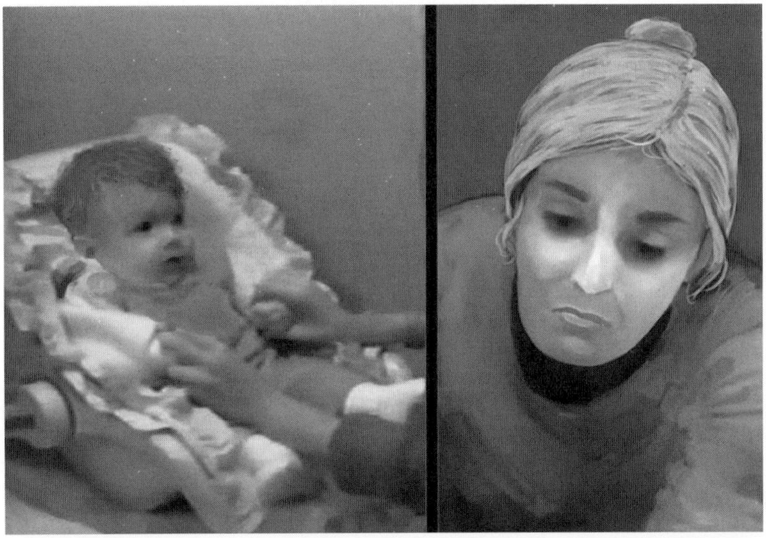

프레임 12. 분:초 27:41

6초 후, 아기가 엄마에게서 시선을 돌린다. 아기는 고개를 엄마에게서 15도 돌리면서 살짝 아래로 숙인다. 아기는 입을 살짝 벌리고 흥미로운 표정을 짓는다. 엄마는 아기의 손을 놓고 자신의 손을 아기의 턱 아래 가슴 쪽으로 가져간다. 엄마는 밝게 웃으면서 동시에 살짝 아기 얼굴 쪽으로 갑자기 다가간다. 아기는 오른손을 뻗어 엄마 왼쪽 손목의 팔찌를 만지고, 왼손은 엄마의 오른손을 가볍게 만지작거린다.

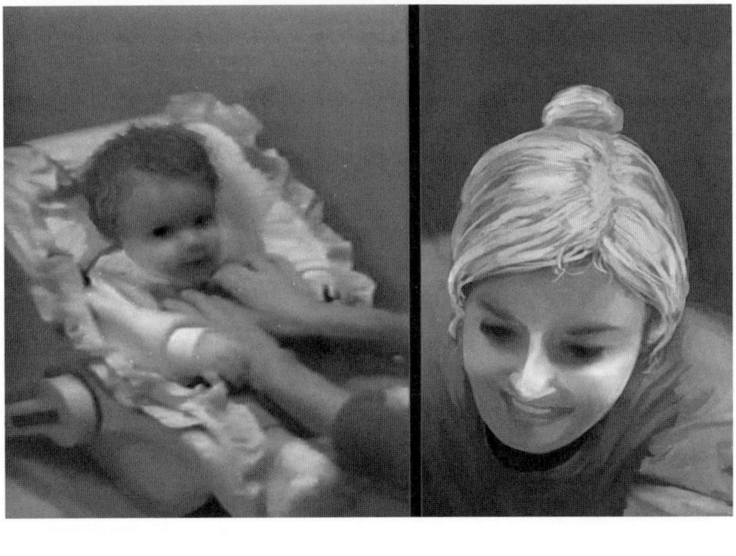

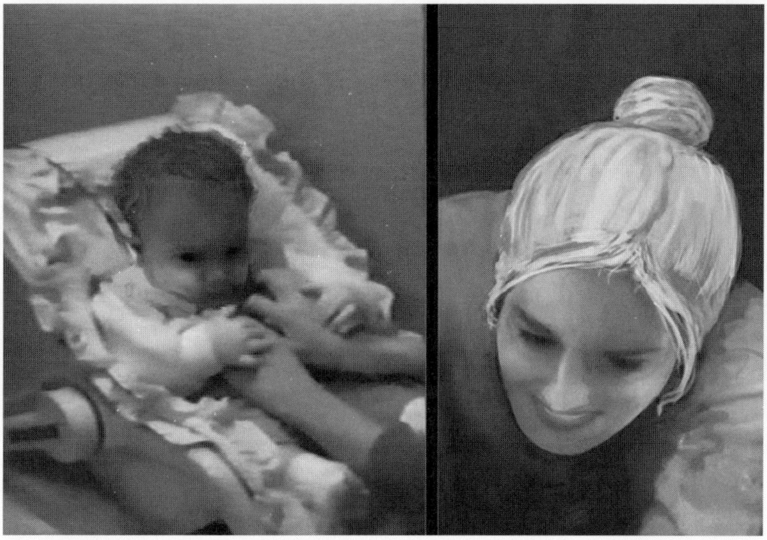

프레임 13. 분:초 27:44

3초 후, 계속해서 엄마는 아기의 턱 아래 가슴을 만진다. 엄마는 여전히 밝은 미소를 띠고 있다. 아기는 고개를 아래로 숙이고 계속해서 다른 곳을 바라본다. 무표정의 아기는 입을 다물고 있지만 동시에 여전히 엄마의 손을 가볍게 만진다.

낯선 사람과 아기의 상호작용: 낯선 사람 역할-Beebe 박사

엄마와 아기의 상호작용 이후 곧바로 낯선 사람과 아기가 함께했다. 낯선 사람 역할로 Beebe 박사가 참여했다. 17초 동안 9개의 프레임에서 아기는 시각적으로 연결되기 시작하지만 슬픈 표정이다. 그러고 나서 아기는 아래를 바라본다. 낯선 사람이 아기에게 손을 내밀자, 아기는 가볍게 손등을 만지작거린 후 낯선 사람을 다시 바라본다. 마지막 그림에서 아기의 괴로움이 조금 줄어든 듯 보인다. 낯선 사람은 아기의 괴로움에 공감한다. 낯선 사람의 찡그린 이마에서는 걱정하는 모습을 볼 수 있다. 낯선 사람이 자신의 괴로움을 이해한다는 것을 본 아기는 자신의 괴로움을 다룰 수 있는 것처럼 보인다. 특히 아기는 낯선 사람이 내미는 손에 반응을 보였다.

9.5 분:초 29:19~29:22

줄거리: 아기가 괴로워한다. 낯선 사람은 처음에 아기를 반기지만, 이내 놀란 듯한 슬픈 표정으로 아기의 상태에 공감한다. 잠시 후 낯선 사람은 아기를 걱정하기 시작한다.

프레임 1. 분:초 29:19

아기는 얼굴을 찌푸리며 낯선 사람을 바라본다. 낯선 사람은 입을 살짝 벌리고 숨김없는 표정을 짓는다. 낯선 사람의 찌푸린 이마에서 아기를 걱정하는 모습이 보인다.

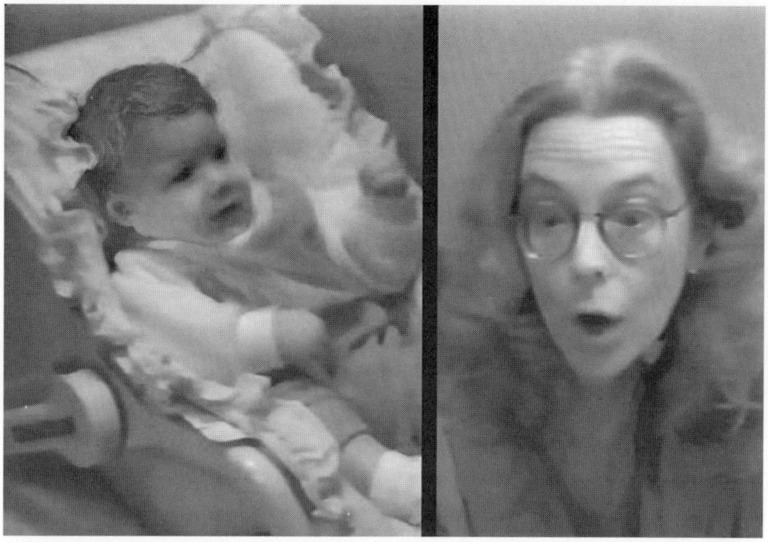

프레임 2. 분:초 29:20

1초 후, 아기가 계속 낯선 사람을 바라본다. 슬픈 표정의 아기는 마치 당장이라도 울음을 터트릴 것 같은 얼굴을 하고 있다. 낯선 사람은 슬픈 표정으로 아기의 상태에 공감한다. 낯선 사람의 살짝 올라간 눈썹에서 놀라움을, 찡그린 미간에서는 걱정스러움을 엿볼 수 있다.

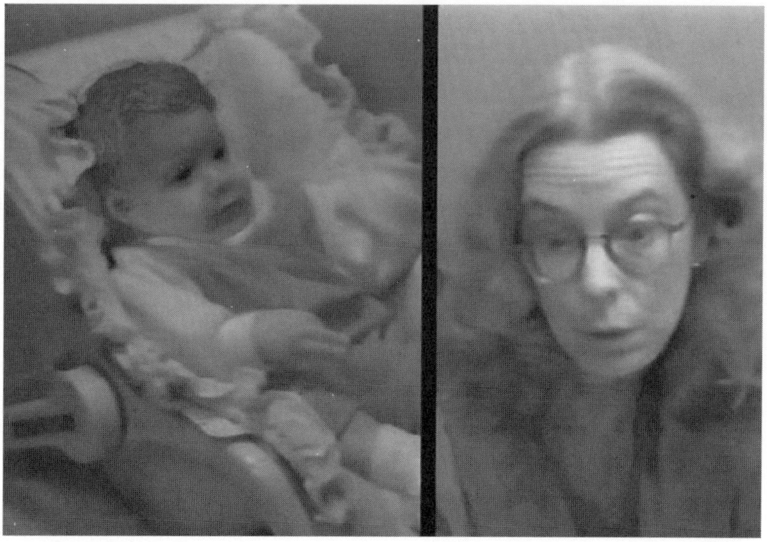

프레임 3. 분:초 29:21

1초 후, 아기는 여전히 낯선 사람을 보고 있다. 아기의 상한 기분이 살짝 달래진 듯하다. 낯선 사람은 계속해서 이마를 찌푸리며 걱정스러워하는 모습이다. 낯선 사람이 고개를 아래로 살짝 숙인다.

프레임 4. 분:초 29:22

1초 후, 얼굴을 찌푸린 아기는 더욱 괴로워한다. 미간을 더욱 찡그리고 입을 조금 더 벌린 낯선 사람은 아기의 괴로움을 알아챈다.

9.6 분:초 29:26~29:35

줄거리: 7초 후, 아기가 아래를 본다. 살짝 찌푸린 표정은 마지막까지(프레임 9) 이어진다. 낯선 사람이 손을 내밀자 아기는 손을 뻗으면서 처음으로 응답한다. 그러고 나서 낯선 사람을 똑바로 바라보고 낯선 사람의 손을 만지면서 진정한다. 마지막 그림에서(프레임 9) 아기는 차분하게 낯선 사람과 연결되었다.

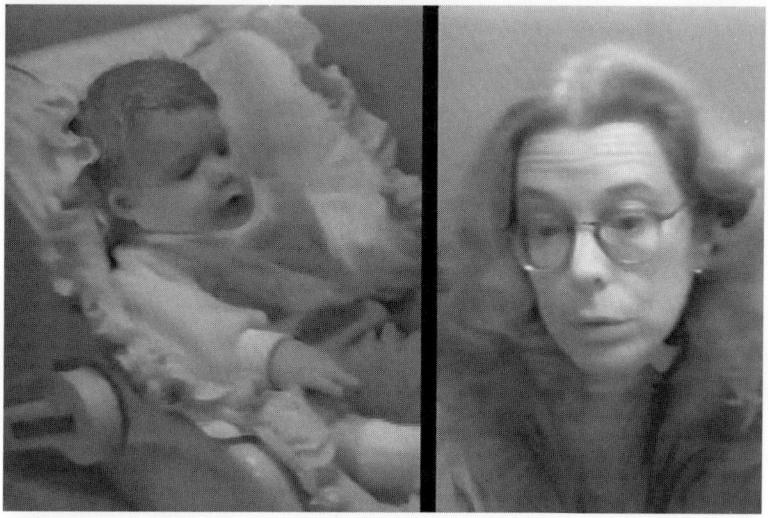

프레임 5. 분:초 22:29

4초 후, 아기는 아래를 내려다본다. 아기의 입가가 좀 더 편안해 보인다. 낯선 사람은 왠지 계속 침울한 표정이다. 찡그린 이마에서 여전히 아기를 걱정하고 있는 것을 볼 수 있다.

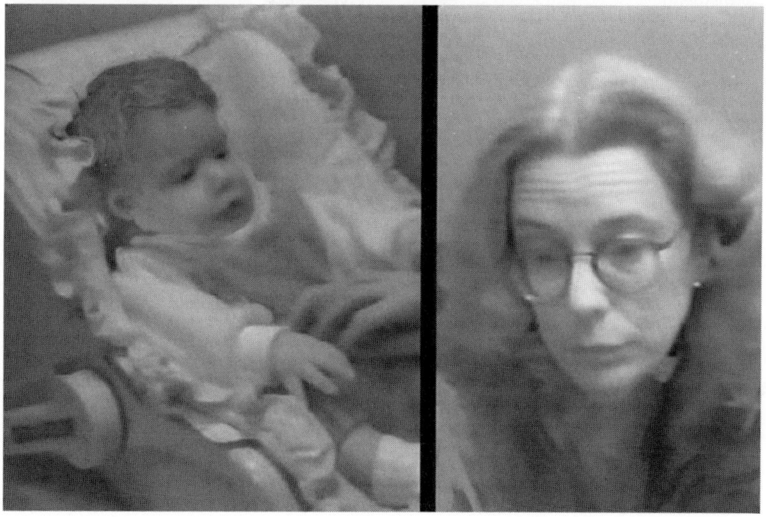

프레임 6. 분:초 29:31a

2초 후, 낯선 사람이 아기에게 손을 내민다. 낯선 사람의 이마에서 여전히 아기를 걱정하는 모습이 보인다. 낯선 사람은 입을 굳게 다물고, 중립적이면서도 흥미로운 표정을 짓고 있다. 아기는 계속 아래를 보면서도 오른손을 들어 낯선 사람의 손을 만지려 한다.

프레임 7. 분:초 29:31b

거의 동시에 낯선 사람이 몸을 앞쪽으로 숙이고 손을 아기의 가슴 위에 놓는다. 동시에 아기가 이에 반응해 두 손을 낯선 사람의 손등 위에 놓는다. 아기의 눈썹에서 약간의 괴로움을 볼 수 있지만, 아기는 비교적 차분한 모습이다. 낯선 사람 역시 살짝 찌푸린 미간에서 여전히 아기를 걱정하는 모습이 남아 있기는 하지만 차분한 표정이다.

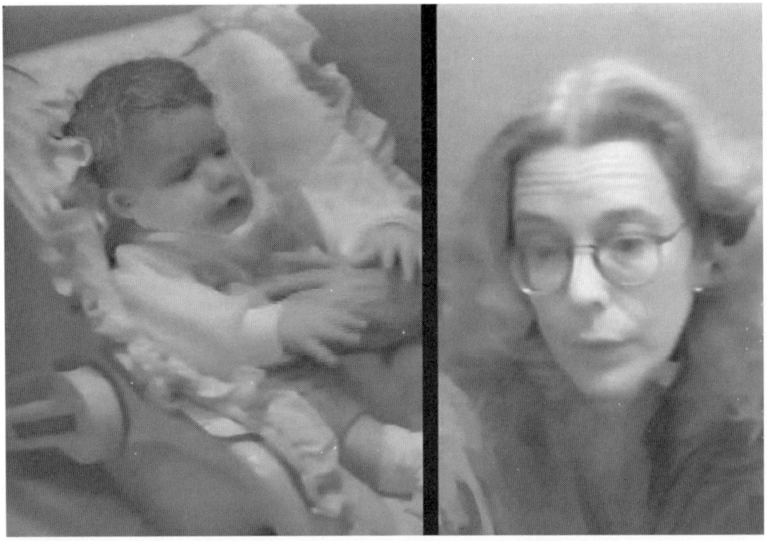

프레임 8. 분:초 29:32

거의 곧바로, 아기는 긍정적이고 흥미로운 얼굴로 낯선 사람을 똑바로 바라본다. 아기의 두 손은 낯선 사람 손 위에 놓여 있다. 아기의 눈썹에 아주 약간의 괴로움이 남아 있다. 낯선 사람은 입을 살짝 벌린 채 부드러운 표정을 하면서 앞쪽으로 몸을 살짝 숙인다. 낯선 사람의 이마에 아주 약간의 걱정만 남아 있다.

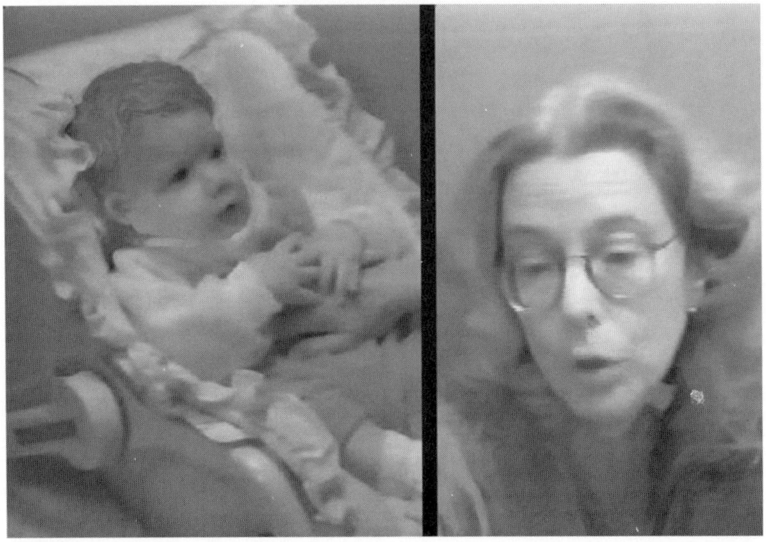

프레임 9. 분:초 29:35

3초 후, 아기는 여전히 낯선 사람을 바라본다. 아기의 이마는 어떠한 찡그림도 없이 편안해진 모습이다. 편안한 모습의 아기는 낯선 사람에 몰입한 듯 보인다. 아기의 손가락은 계속해서 낯선 사람의 손등을 만지고 있다. 낯선 사람의 입이 살짝 벌어졌다. 낯선 사람의 올라간 눈썹과 찌푸린 이마가 여전히 아기를 걱정하며 마치 "아기야, 정말로 괜찮아?"라고 말하는 듯하다.

불안정 애착의 기원에서 영아의 시선 회피에 대한 설명

엄마와 아기의 면대면 상호작용에서 상호응시는 매우 중요한 토대이다. 엄마가 아기를 계속해서 바라보는 동안 먼저 시선을 피하는 쪽은 아기이다. 4개월이 되면 아기는 사회적 관계를 시작할 때 상대방을 적극적으로 바라본다. 그리고 흥분과 자극을 조절할 필요가 있을 때, 혹은 상대방에게서 벗어나고자 할 때 시선을 피한다. 아기가 시선을 피한 후 다시 바라보는 순간 보통의 엄마 역시 아기를 바라보며 미소 짓거나 놀란 척하는 모습으로 아기를 반긴다.

우리가 '불안정 애착의 기원에서 영아의 시선 회피'를 선택한 이유는 엄마와 아기가 응시 패턴을 조절하는 도중에 발생하는 복잡하고도 주목할 만한 어려움을 잘 보여 주기 때문이다. 다음 설명의 일부는 Beebe(2014), Beebe와 동료들(2010), Beebe와 Stern(1977), Cohen과 Beebe(2002), Kushnick(2002)에서 인용했다.

이제 제6장에서 살펴본 '안정 애착의 기원에서 영아의 시선 회피'와 제9장에서 다룬 '불안정-회피 애착의 기원에서 영아의 시선 회피'에서의 상호작용을 비교해 볼 수 있다. 비교를 통해 아기의 시선 회피를 다루는 안정 애착의 아기-엄마와 불안정 애착의 아기-엄마 사이에서 명백한 차이점을 볼 수 있다.

이 상호작용에서 엄마와 아기는 서로를 계속 바라보는 순간을 지속하기 위한 방법을 찾지 않는다. 상호 긍정적인 참여를 형성하는 모습도 보여 주지 않는다. 그림의 아기는 한 살이 되었을 때 불안정-회피 애착을 형성한 것으로 분류되었다. 게다가 여기에는 그림 속의 엄마가 아기가 4개월이 되었을 때 우울감을 겪고 있다는 또 다른 문제가 있었다. 이 책의 기초가 되는 연구에 따르면(Beebe et al., 2010) 일부 엄마들은 자기보고(自己報告)에서 우울증을 앓고 있다고 밝힌 바 있다. 하지만 이번 그림에서 엄마의 우울증과 애착은 관계가 없었다. 물론 엄마의 우울증이 불안정 애착과 관련이 있다는 일부 연구도 있다(Carter, Garrity-Rokous, Chazan-Cohen, Little, & Briggs-Gowan, 2001). 따라서 이번 그림에서 보이는 엄마와 아기의 상호작용은 회피형 애착의 기원은 물론이고, 4개월 된 아기 엄마의 우울증과의 복잡한 상호작용을 설명한다.

엄마의 우울증은 그 자체로 아기의 발달에 여러 위험성을 초래한다(Beebe et al., 2008; Field, 1995; Murray & Cooper, 1997; Tronick & Reck, 2009). 우울증 엄마의 아기는

긍정 정서를 형성하는 데 어려움을 겪거나 불완전한 사회적 관계를 맺을 위험성이 크다(Campbell & Cohn, 1991; Field, 1995; Lyons-Ruth, Repacholi, McLeod, & Silva, 1991; Tronick, 1989; Zlochower & Cohn, 1996). 대조군과 비교할 때 우울한 엄마와 아기는 부정적인 상태에서 더 많은 시간을 보내고 서로의 긍정적인 상태보다 부정적인 상태를 더 많이 일치시킨다(Cohn et al., 1990; Field, Healy, Goldstein, & Guthertz, 1990).

원본 영상에서 아기는 대체로 엄마의 얼굴을 외면한다. 전반적으로 엄마는 강한 자극을 주면서 아기와 연결되려고 노력한다. 엄마는 종종 아기 쪽으로 손을 움직이기도 하는데 이는 자칫 아기에게 과도한 자극이 될 수 있다.

하지만 미세 분석을 통해 이보다 좀 더 복잡한 내용을 알 수 있었다. 아기가 엄마의 얼굴을 바라볼 때마다 엄마는 그 순간을 망쳐 버린다. 처음 아기가 엄마를 바라보는 순간, 거의 동시에 엄마는 슬픈 얼굴로 카메라를 바라본다. 엄마의 표정은 "이 상황이 어색하고, 나 자신에게 확신이 들지 않아."(프레임 3)라고 말하는 듯하다. 그리고 마치 애원하듯이 "내가 지금 어떻게 해야 하지?"라는 표정을 짓는다. 엄마가 자기 대신 카메라를 바라보는 엄마를 본 아기는 놀랍다는 표정이다. 결국 이 순간 엄마는 아기가 자신을 바라보고 있음을 인지하지 못하고, 자신 역시 아기를 볼 기회를 놓친다. 엄마가 아기 대신 카메라를 바라본 것이다. 엄마가 다시 아기에게로 시선을 돌릴 때 아기는 이미 다른 곳을 보고 있다. 우리는 이 순간 엄마가 주변부 시야를 통해 아기가 자신을 바라보는 것을 안다는 사실에 주목했다. 하지만 카메라를 바라보려는 엄마의 의지가 조금 더 강했다.

카메라를 직접적으로 바라보는 것은 상대적으로 드문 일이다. 이는 엄마가 자신이 녹화되고 있다는 것을 매우 잘 알고 있다는 뜻이다. 엄마와 아기를 촬영할 때 촬영실에는 둘만 남겨진다. 촬영팀은 촬영실 밖에서 이 둘의 모습을 관찰한다. 엄마가 카메라를 보는 것은 아마도 카메라 넘어 둘을 관찰하고 있는 Beebe 박사에 도움을 요청하는 듯이 보인다.

아기가 두 번째로 엄마를 바라볼 때 엄마는 아기를 맞이하지 않는다. 오히려 엄마는 무표정한 얼굴을 하고 있다(프레임 8). 하지만 바로 다음 순간에 엄마는 미소 짓는다. 엄마가 조금 늦게 아기를 맞이하긴 했지만, 아기는 입을 벌린 흥미로운 표정으로 이에 답한다. 미소는 아니지만, 이 표정은 아기가 이번 상호작용에서 보여 준 가장 긍정적인 모습이다(프레임 9). 다시 아기가 엄마를 세 번째로 바라보는 순간에 엄마는 얼굴을 살짝 찌푸리며 슬픈 표정을 짓는다(프레임 11). 이 순간은 보통의 엄마들이 아기를 맞이할 때 보여 주는 긍정적인 모습도 없었을 뿐더러 아기를 맞이하는 데 이례적으로 매우 슬픈 엄마의 모습을 보여 준다. 그러자 아기는 즉시 다른 곳을 쳐다본다. 계속해서 아기는 고개를 돌리고 시선을 외면하는 가운데서도 여전히 엄마의 손을 만지작거린다. 하지만 엄마는 신체 접촉을 통해 자기와 연결되고자 하는 아기에게 반응하지 않는다. 아기가 엄마의 손에 가까이 다가갈 때마다 엄마는 자기 손을 거둬 버린다.

앞서 언급했듯이, 아기가 시선을 피한 후 다시 바라볼 때 엄마들은 보통 아기를 바라보며 미소 짓거나 놀란 척하며 반긴다. 하지만 이번 그림 속의 엄마는 계속해서 자신을 바라보는 아기를 마주하는 순간에 그곳에 없었다.

이번 상호작용에서 문제가 되는 부분은 실시간 영상에서는 볼 수 없었다. 영상에서 우리는 아기가 엄마를 바라볼 때 엄마가 이를 놓치는 여러 순간을 볼 수 없었다. 시선을 회피하는 중에도 계속해서 엄마에게 손을 내밀며 엄마와 연결되고자 했던 아기의 모습도 보지 못했다. 또한 아기가 엄마에게 손을 뻗거나 엄마의 손을 만지작거릴 때 엄마가 계속해서 손을 치워 버리는 순간도 놓쳤다. 미세 분석을 통해서만 볼 수 있는 이 같은 내용은 그림의 아기와 엄마가 시선을 응시하는 패턴을 조절하면서 겪는 문제점을 이해할 수 있는 충분한 정보를 제공한다.

기대에 대한 설명

이제 우리는 아기가 상호작용에서 기대하는 바를 생각해 볼 수 있다. 우리는 엄마와 아기의 경험을 말로 표현할 수 있다고 가정하고 이들의 행동-대화를 언어 표현으로 해석했다.

한 살 때 불안정-회피 애착을 형성한다고 분류된 4개월 된 아기와 엄마의 불안정한 시선 회피 과정에서 아기의 행동 언어를 말로 표현한다면 아기는 상호작용에서 다음과 같이 예상할 것이다.

“엄마의 손길이 지나치게 자극적이면 나는 고개를 돌리지만, 여전히 엄마에게 닿으려고 해요. 엄마 손을 만지고 엄마 피부를 만지작거릴 때 엄마는 손을 치워 버려요. 내가 엄마를 바라보면 엄마는 다른 곳을 봐요. 엄마는 내가 필요한 곳에 없어요. 내가 엄마를 볼 때 종종 엄마는 놀란 표정을 하고 있어요. 그건 나를 놀라게 해요. 그런 엄마의 태도를 어떻게 해석해야 할지 모르겠어요. 마치 엄마가 나를 전혀 모르는 것 같이 느껴져요."

우리는 엄마가 이 상호작용에서 다음과 같이 예상하리라 생각한다. "너는 나를 보지 않아. 나는 이유를 모르겠어. 우리는 연결된 것 같지 않아. 내가 네 쪽으로 움직이면 너는 고개를 옆으로 돌려 버려. 왜 너는 행복하지 않아? 종종 너는 나를 전혀 사랑하지 않는 것 같이 느껴져."

관련 연구

이 책의 기본이 된 연구는 엄마와 아기 84쌍을 대상으로 4개월 된 아기의 다양한 상호작용 패턴의 조절 방식에서 한 살이 되었을 때 아기의 안정 애착 대 불안정 애착의 형태를 연구한 것이다(Beebe et al., 2010). 아기의 응시와 시선 회피, 엄마의 방향 전환과 아기의 머리 움직임 방향, 엄마와 아기의 쫓기와 피하기, 그리고 엄마의 신체 접촉을 포함해 '불안정-회피 애착의 기원에서 아기의 시선 회피'와 연관된 발견을 다음에 이어 설명한다.

Beebe는 안정 애착을 형성하는 아기-엄마와 모든 종류의 불안정 애착(회피형, 저항형, 혼란형)을 형성하는 아기-엄마를 비교했다(Beebe et al., 2010). 이 연구에서 불안정 애착을 유형별로 각각 분석하기에는 회피 애착 아기의 수가 충분하지 않았다. 따라서 이어지는 설명은 불안정 애착을 세분하지 않고 모든 종류의 불안정 애착과 관련된 내용을 설명한다.

한 살 때 불안정 애착을 형성하는 4개월 된 아기의 엄마가 아기를 바라보거나 시선을 회피하는 양상을 예상하기에 어려웠다. 이 같은 엄마의 모습은 아기가 엄마를 파악하거나 엄마와 교감하기 어렵게 한다. 아기의 행동-대화를 언어로 해석한다면 아기는 아마도 이렇게 느낄 것이다. "엄마가 언제, 얼마 동안 나를 바라볼지 모르겠어요. 엄마가 바라보는 방식을 믿을 수 없어요." 이 엄마는 아마도 무의식적으로 자신이 계속해서 아기에게 집중할 수 없다고 느낄 수 있다.

앞에서 살펴본 그림에서 엄마가 시선을 응시하고 회피하는 패턴을 예상하기에 어려웠다. 엄마는 이상한 순간에 시선을 피했다(프레임 3 참조). 아기는 시각적으로 엄마의 존재를 느끼고 자신의 곁에 엄마가 있음을 파악하는 데 혼란을 느낀다.

또한 한 살 때 불안정 애착을 형성하는 4개월 된 아기 엄마들은 자세를 바로 하거나 몸을 앞으로 기울이기도 하고 아기에게 갑작스레 다가가는 등의 행동을 하여 이들의 공간적 방향 전화의 형태 역시 예상하기 어려웠다. 이는 (엄마 자신에게도 마찬가지이지만) 아기가 엄마의 움직임 방향에 맞춰 함께하기 어렵게 했다. 게다가 이런 엄마는 더 자주 아기에게 갑작스레 다가가는 행동을 취했다.

게다가 한 살 때 불안정 애착을 형성한 것으로 분류된 4개월 된 아기-엄마 쌍에서 '엄마의 쫓기와 아기의 피하기' 모습을 더 빈번히 볼 수 있었다. 이전 장에서 살펴본 바와 같이 이 동작은 엄마가 아기에게 자기 몸과 얼굴을 가까이하는 순간 아기가 고개와 몸을 돌려 엄마를 피하는 행동 양식을 말한다. 이런 행동 양식은 엄마의 침입적인 머리 움직임, 엄마의 갑작스러운 다가감과 쫓기를 예상할 수 있게 한다.

'불안정-회피 애착 기원에서 영아의 시선 회피' 그림에서 엄마는 마지막까지 아기의 얼굴에 갑작스럽게 다가가고, 아기는 고개를 돌려 엄마를 피한다(프레임 12). 이는 쫓기와 피하기의 전형적인 예라고 할 수 있다. 이 순간 또 엄마는 아기의 가슴에 자기 손을 가져가며 아기를 더욱 자극한다. 여기에서 아기가 경험한 바를 말로 표현한다면 아기는 아마도 "나는 맘대로 다른 곳을 볼 수 없어요. 진정하려고 하지만 벗어날 수가 없어요."라고 할 수 있다.

예측 불가능하게 엄마가 다가오면 아기들은 마치 "엄마가 내 얼굴에 너무 가까워요. 나는 갇힌 듯한 느낌이에요."와 같은 두려움이나, 불안정을 느낄 수 있다. 그리고 이때 엄마들은 무의식적으로 자신이 아기를 쫓고 있다는 것을 느낄 것이다. 이는 아마도 아기와 연결되고, 아기가 자신을 알아보거나 상호작용을 주도하길 바라는 엄마가 조바심을 느끼는 것일 수도 있다.

이외에도 한 살 때 불안정 애착을 형성한 것으로 분류된 4개월 된 아기 엄마는 자극적인 신체 접촉을 한다. 이때 아기가 예상하는 바를 말로 표현하자면 "가끔은 엄마가 나를 만지는 방식이 싫어요(프레임 7과 13)."라고 할 수 있다.

요약하자면 한 살이 되었을 때 불안정 애착을 형성하는 4개월 된 아기 엄마들은 아기에게 더 가까이 다가가 자극적인 신체 접촉을 하고, 갑자기 아기에게 얼굴을 가져가고, 쫓는 모습을 보이고, 엄마의 공간 방향 전환을 예상하기 힘들었다(Beebe et al., 2010). 이 같은 행동들은 모두 아기의 신체나 얼굴 공간 그리고 시선을 피할 자유를 침해하는 엄마의 행동들이다. 우리는 이러한 엄마와 아기가 이 같은 행동양상을 상대방과의 상호작용에서 중점이 되는 것으로 예상한다고 생각한다.

여기까지 우리는 안정 애착 기원을 설명하는 4가지 행동 패턴과 불안정 애착의 기원에서 보이는 2가지 행동 패턴을 살펴보았다. 안정 애착을 형성하는 아기-엄마 쌍에서 둘이 서로를 바라보며 환하게 웃는 순간이 점점 발전하는 멋진 모습을 여러 번 볼 수 있었다. 또 이 둘은 상호작용에서 상대적으로 경미한 붕괴와 이때 빠르게 회복하는 모습도 보였다. 여기서 보인 회복 과정은 두 종류의 불안정 애착 아기와 엄마의 상호작용에서는 거의 볼 수 없었다.

이제 우리는 다음 장에서 혼란 애착을 형성하는 아기와 엄마가 담긴 네 종류의 장면을 보게 된다. 이 장면들은 가장 문제가 되는 상황을 보여 주는데, 그림에서 아기가 매우 괴로워하는 와중에도 엄마는 미소를 짓거나 놀란 표정을 짓고 시선을 회피하는 모습을 보인다. 엄마가 위협적인 표정을 짓기도 하고, 아기와 정서적으로 차단되는 순간도 보게 된다. 엄마나 주 양육자가 아기의 괴로움을 인지하지 못할 때 아기는 다른 사람이 자신을 이해하거나 공감하지 않는다는 경험을 갖게 되고, 이는 근본적인 인격의 통합을 어렵게 한다. 이 같은 엄마의 문제가 있는 행동 양상은 보통 무의식적으로 일어난다. 연구에 따르면 혼란 애착의 엄마는 해결되지 않은 상실과 트라우마를 경험한 적이 있다. 이는 엄마의 문제가 있는 행동이 과거 자신의 트라우마에서 비롯된다는 것을 보여 준다. 또한 연구에서 혼란 애착이 세대를 통해 유전된다는 사실을 밝혔다. 다음 장에서는 이러한 혼란 애착에 대해 자세히 다룬다.

불안정-혼란 애착의 기원에 대한 그림 소개

다음에 살펴볼 4세트의 그림은 4개월 된 아기와 엄마의 상호작용을 통해 아기의 불안정-혼란 애착의 기원을 보여 준다. 다음 설명의 일부는 Beebe와 동료들(2010)과 Beebe와 Lachmann(2013)에서 인용했다.

한 살 때의 혼란 애착은 아기가 이후 학령기, 청소년기, 청년기에서 맞닥뜨릴 수 있는 다양한 문제를 예측할 수 있다는 점에서 특히 흥미롭다. 이 같은 문제는 해리(Carlson, 1998; Dutra, Bureau, Holmes, Lyubchik, & Lyons-Ruth, 2009; Lyons-Ruth & Jacobvitz, 2008; Ogawa, Sroufe, Weinfeld, Carlson, & Egeland, 1997; Sroufe et al., 2005a), 자해나 행동 장애(Lyons-Ruth, 2008; Lyons-Ruth, Bureau, Holmes, Easterbrooks, & Henninghausen, 2011; Shi et al., 2012) 등 다양한 정신병리학적 모습으로 나타난다.

한 살 때의 혼란 애착에서 다양한 예측이 가능하지만, 이것이 유아기에 발달이 확정된다는 것을 의미하는 것은 아니다. 대신 우리는 유아기의 상호작용을 발달 과정에서 변형될 수 있는 것으로 봤다(Sameroff, 1983). 발달은 중요한 애착 대상자와의 상호작용 방식을 재구성하는 과정을 통해서 발전한다.

한 살 된 아기의 애착부터 성인 애착과 정신병리학 결과에 이르기까지의 발달 과정을 밝혀낸 종단 연구 분야가 등장한 것은 그리 오래되지 않은 최근으로 15년 정도밖에 되지 않았다. 비록 유아기부터 성인기까지 주목할 만한 예측도 있었지만(van IJzendoorn, 1995), 예측에 실패한 경우도 있었다(Groh et al., 2014; Lewis, Feiring, & Rosenthal, 2000). 게다가 이러한 연구에 따르면 초기 경험이 발달에 큰 영향을 미치지만 적어도 성인 초기의 후천적 경험 역시 발달에 중요한 역할을 한다. 환경이 변하면 영아의 적응 방식 역시 변할 수 있다(Sroufe, 1983, 2005). 이 같은 연구는 선형 발달 모델이 아닌 변형 모델을 사용한다. 대부분의 연구가 발달을 예측할 때 트라우마 발생과 같은 삶의 환경 변화가 미치는 영향력을 고려한다. 즉, 안정 애착에서 불안정 애착으로의 변화에는 트라우마를 동반하고(Waters et al., 2000), 어떠한 특별한 발달적 이점 덕분에 불안정 애착에서 안정 애착으로 변할 수도 있다(Saunders, Jacobvitz, Zaccagnino, Beverung, & Hazen, 2011).

그런데도 아기의 경험은 매우 특별한 역할을 한다. 경험은 이후 상호작용의 궤도를 설정하고, 특히 청년기에 가장 두드러진 해리와 같은 스트레스에 대처하기 위한 다양한 전략의 기본이 된다(Carlson & Sroufe, 1995; Sroufe et al., 1999). 해리는 의식, 기억, 육체 인식, 자아 지각과 같은 복합적인 기능 장애와 관련이 있고, 과도한 정서적 경험에서의 분리와도 연관된다(Lanius et al., 2010).

한 살 때의 애착 평가에서 안정 애착 아기들은 양육자와 재회할 때 안정감을 느끼고 재빨리 놀이를 재개한다. 반면에 혼란 애착의 아기들은 양육자와의 재회에서 두려움을 보이거나, 특이한 행동을 하거나, 갈등 행동을 보인다. 혼돈 애착 아기는 종종 분리로 인한 스트레스에 대처하는 올바른 전략을 조직하는 데 실패한다고 알려져 있다. 재회 에피소드의 분리 상황에서 해결 방안은 제시되지 않고 아기는 두려움과 걱정, 혼란을 표현한다(Main & Solomon, 1990). 혼란 애착의 중요한 판단 기준은 엄마가 물러설 때 엄마에게 다가가려 애쓰는 행동과 같이 아기가 동시에 혹은 순차적으로 엄마에게 가까이 가거나 엄마를 피하는 행동을 보이는 아기의 모습이다. 또한 아기는 불분명하고 엉뚱한 방향으로 행동하는 모순된 모습을 보이기도 하고, 적절하지 못한 타이밍에 행동하여 상호작용을 중단시키기도 한다. 이 밖에도 아기는 경직되고 뒤처지는 이례적인 모습을 보이고, 부모의 행동에 불안감을 느끼기도 한다. 그리고 재회 애착 평가에서 또 다른 중요한 발견은 엄마의 행동에서 보이는 두려움 혹은 아기를 불안하게 하는 엄마의 모습이다(Hesse & Main, 2006; Jacobvitz, Hazen, & Riggs, 1997; Lyons-Ruth et al., 1999; Main & Hesse, 1990; Schuengel, Bakermans-Kranenburg & van IJzendoorn, 1999).

아기의 혼란 애착의 기원을 보여 주는 4세트의 그림은 모두 지켜보기 힘든 순간을 보여 준다. 혼란 애착의 아기는 안정 애착의 아기와 비교할 때 확연히 더 많이 괴로워한다(Beebe et al., 2010). 여기에서 우리는 엄마가 아기의 괴로움을 알아차리지 못하고 아기의 감정 기복에 참여하지 않는 여러 순간을 보게 된다. 아기가 괴로워할 때 엄마는 시선을 피하거나 무표정한 얼굴로 아기를 외면하기도 하고, 환하게 웃으면서 행복한 모습을 보이기도 한다. 이는 상당히 모순적이고 불일치한 상호작용의 모습으로 여기에서 한 살이 되었을 때 혼란 애착을 예측할 수 있다(Beebe et al., 2010). 우리는 이 같은 경험이 유아기 때의 정서적 경험 통합을 어렵게 한다고 생각한다(Beebe et al., 2010).

대부분 사람은 엄마보다 아기에게 더 쉽게 공감한다. 하지만 엄마를 이해하고 공감하는 것 역시 필요하다. 따라서 다음의 그림을 보기 전에 엄마들에 대해서 먼저 파악하는 것이 중요하다.

한 살 때 혼란 애착을 형성한 아기의 엄마들은 애착 과거에서 문제점들을 가지고 있었다. 이러한 엄마들은 해결되지 않은 상실, 학대, 트라우마로 고통받고 계속해서 두려워하는 상태에 있을 가능성이 높다. 저위험 표본에서 해결되지 않은 부모의 트라우마는 보통 사랑하는 사람의 죽음과 관련이 있다(van IJzendoorn, 1995). Schuengel, Bakermans-Kranenburg와 van IJzendoorn(1999)의 연구는 불안정한 엄마의 해결되지 않은 상실에서 아기의 혼란 애착을 예상한다. 하지만 안정 엄마에게는 이 같은 모습이 나타나지 않는다. 엄마의 안정 애착은 혼란 애착이 아기에게로 전달되는 것을 막는 보호 장치이다.

해결되지 않은 문제는 마치 노출된 상처와 같다. 어린 시절 자신의 애착 이력에 대해 인터뷰할 때 혼란 애착 아기의 엄마들은 일관성이 없거나 감정적으로 분리된 모습을 보인다. 엄마들은 과거의 상황을 돌아보고 이야기하는 과정에서 착오를 일으키기도 하는데, 엄마들이 가지고 있는 이런 문제점들이 아기의 괴로움에 응답하기 어렵게 한다.

우리는 한 살 때 혼란 애착을 형성한 아기의 엄마들이 자신의 정서적 괴로움을 견딜 수 없기 때문에 아기의 감정 기복에 협응하지 못하고, 아기가 괴로워하는 순간을 정서적으로 인지할 수 없다고 생각한다. 괴로워하는 아기의 모습이 엄마의 괴로움을 유발하고, 엄마에게는 (무의식적으로) 아기의 상태보다 자신의 괴로움을 먼저 다스려야 하는 게 우선이 된다.

감정 조절에 능숙한 사람은 타인의 고통을 직면할 때, 상대방의 필요에 얽매여 대응하지 않는다. 이들은 상대방의 괴로움을 간접적으로 인지하면서 지나치게 감정적으로 흥분하지 않는다(Eisenberg & Fabes, 1992; Fabes, Eisenberg, & Miller, 1990; Peck, 2003). 안정 애착 아기의 엄마가 이 부류에 해당한다. 이와는 대조적으로 혼란 애착 아기의 엄마와 같이 자신의 감정을 조절하는 데 미숙하거나 과거 트라우마를 경험한 사람은 다른 사람의 괴로움을 마주할 때 고통 받고, 상대방에게 공감하는 것보다 자신의 괴로움을 먼저 해결해야 하는 것이 급선무가 된다.

우리가 앞서 언급했듯이 아기와 엄마의 애착 양상은 서로 관련이 있다. 부모 자신의 과거 애착 패턴과 영아의 애착 패턴을 함께 연결한 최근의 종단 연구는 혼란 애착의 세대 간 전달을 이해하는 데 도움이 된다. 한 살 아기의 혼란 애착은 성인기까지 이어진다. 아기가 이후 부모가 될 때 이들의 아기 역시 혼란 애착을 형성할 가능성이 높다(Raby et al., 2015). 이는 트라우마의 세대 간 전달 개념을 뒷받침하는 새로운 자료로서 무조건 엄마들을 탓할 수 없음을 말해 준다.

혼란 애착의 기원을 설명하는 이어지는 장에서 종종 엄마들은 괴로워하는 아기를 돕는 데 어려움을 겪는다. 하지만 대부분의 엄마에게도 어려운 시기가 있다. 모든 엄마는 아기가 괴로워할 때 당황하고 어색하고 짜증나는 순간을 경험한다. 문제가 되는 것은 이런 순간이 자주 빈번히 발생하거나 특정한 모습을 보이는 순간이다. 연구에서 안정 애착 기원에서 보이는 모습과는 확연히 다른 혼란 애착의 기원에서 관찰되는 반복적인 행동 양상을 보여 준다(Beebe et al., 2010).

연구 결과

이어지는 그림에서 각각의 상호작용과 관련된 연구를 살펴본다. 먼저 여기에서는 한 살 때 안정 애착을 형성한 아기와 비교되는 혼란 애착 아기의 상호작용에 대한 연구 결과를 간략하게 살펴본다(Beebe et al., 2010).

한 살 때 혼란 애착을 형성하는 4개월 된 아기는 안정 애착 아기와 비교할 때 복잡한 정서적 괴로움과 조절 장애를 보인다.

(1) 아기는 음성적으로 더 많이 괴로워하고, 표정과 음성에서 복합적인 괴로움을 보여 준다.

(2) 아기는 표정과 음성 정서 사이에서 불일치를 보인다. 아기는 웃으면서도 동시에 칭얼거린다. 이는 아기의 정서적 갈등, 혼란, 벗어나고자 하는 표현으로 해석할 수 있다. 일치하지 않는 정서는 혼란 애착 아기가 자신이 원하는 바를 알지 못하게 하고, 상충하는 감정을 통합하거나 이를 견디기 어렵게 한다.

(3) 때때로 아기는 예상하기 어려운 안면-시각적 참여 양상을 보이는데 이는 정서적 불안정을 나타낸다.

(4) 혼란 애착 아기는 안정 애착 아기와 비교해 자신의 신체나 다른 물건, 엄마를 만지지 않는 경향을 보인다. 특히 아기는 스스로를 만지지 않거나 아무것도 만지지 않는 상태를 유지한다. 신체 접촉과 관련한 이와 같은 발견은 아기가 괴로워하는 순간에 신체 접촉을 통해 스스로를 진정할 수 있는 능력을 손상시킨다는 것을 알 수 있다.

혼란 애착의 4개월 된 아기 엄마는 안정 애착 아기 엄마와 비교할 때 다음과 같은 행동 양상을 보인다.

(1) 엄마는 더 빈번히 아기의 얼굴을 피하거나, 아기를 바라보거나, 시선을 돌리는 엄마의 행동은 예상하기에 어려웠다. 이는 엄마에게 시각적 관심을 기대하고 이에 의지하고자 하는 아기의 능력을 위태롭게 한다.

(2) 엄마는 아기의 얼굴에 갑작스레 가까이 다가가는 모습을 더 많이 보여 준다. 그리고 몸을 바로 세우거나, 앞으로 숙이고 아기에게 가깝게 다가가는 엄마의 공

간적 방향 변화는 예상하기에 어려웠다. 이런 엄마의 행동은 잠재적인 위협으로 해석할 수 있다.

(3) 엄마는 아기가 괴로워할 때 애착 아기의 엄마보다 더 많이 긍정적인 표정이나 놀랍다는 모습을 보이는데, 이는 아기의 괴로움을 정서적으로 '거부'하는 표현으로 생각할 수 있다. 우리는 이 같은 엄마의 반응을 과거에 아기의 괴로움을 해결하지 못한 자신의 괴로움을 상기시키는 위협으로 간주한다고 보았다.

(4) 엄마에게서는 아기의 긍정적이거나 부정적인 정서적 기복에 함께하는 모습을 보기 힘들었다. 이는 괴로워하는 아기에게서 정서적으로 위축된 엄마의 모습을 보여 준다.

(5) 엄마는 표정을 과도하게 안정시키는 경향을 보이기도 하는데, 이는 지나치게 예측할 수 있는 과정으로 나타난다. 이 모습은 일시적으로 차단된 표정으로 이어지는 정서적 단절을 보여 준다.

(6) 지나치게 안정되었지만 아기의 정서적 기복에 함께하지 못하는 엄마의 표정에서 불균형이 발생한다. 자신의 표정을 관리하는 것에 치우친 불균형은 표정을 과도하게 안정적으로 유지하거나 표정 변화 없는 모습을 보이고, 이에 따라 아기와 정서적으로 단절될 가능성이 커진다. 이는 엄마가 스스로에게 더 집중하게 하는 자기조절 전략이지만 아기에게 반응하는 엄마의 능력을 손상하고, 따라서 괴로워하는 아기와의 정서적 교감에 실패하게 된다.

(7) 엄마가 아기의 신체 접촉 양상과 자신의 신체 접촉 양상을 일치시킬 가능성이 적었다. 아기의 정서와 신체적 접촉에 협응하지 못하는 엄마의 모습은 이 영역에서 아기의 상호작용 효율성을 손상한다. 즉, 아기는 자신의 정서 표현과 신체 접촉이 엄마에게 영향을 미치지 못한다고 예상하게 된다.

기대에 대한 설명

이제 우리는 한 살 때 혼란 애착을 형성한 4개월 된 아기가 상호작용에서 갖는 기대에 대해 생각해 볼 수 있다. 아기의 반복적인 경험은 의사소통 과정에서 기대를 발전시키고 자신과 상대방에게 점진적 행동 표현의 발달로 이어진다. 이는 제3장에서 살펴본 바와 같이 아기의 정서적 경험에 영향을 미친다(Beebe & Lachmann, 2002; Bowlby, 1973; Bretherton & Munholland, 1999; Main et al., 1985).

혼란 애착 기원에 관한 우리의 연구 결과에 따르면 이들의 상호작용에서 상반되고 모순되는 여러 행동을 볼 수 있다(Beebe et al., 2010). 여기서 상반되는 행동이란 동시에 정반대의 방향으로 발생하는 행동을 말한다. 가장 두드러진 예는 괴로움을 증가하는 방향으로 아기가 행동하는 와중에 엄마는 더욱 긍정적인 정서 방향이나 놀라워하는 상반된 방향으로 행동하기도 하고, 시선을 회피하거나 무표정한 모습으로 아기와 단절되는 방향으로 행동한다.

우리는 혼란 애착을 형성하는 4개월 된 아기는 특히 괴로운 상황에서 상대방이 자신의 감정을 이해하거나 알아줄 것이라는 기대를 발전시키기 어렵다고 추론한다. 대신 이런 아기는 정서적 괴로움과 감정적 모순, 그리고 안정을 얻지 못할 것이라 예상하게 된다. 아기는 다음에 일어날 일을 예상할 수가 없고, 아기의 정서적 인지의 경험은 심각하게 어긋나게 된다.

관심의 영역에서 미래 혼란 애착 아기는 다른 사람에게 자신이 보이지 않는다고 느낄 수 있다. 정서적 영역에서 아기는 자신이 괴로워할 때 상대방이 자신과 함께하지 않는다고 느끼고 무감각해진다. 방향 전환의 영역에서 아기는 갑작스러운 간섭을 예상하게 된다. 신체 접촉의 영역에서 아기는 안정 애착 아기와 달리 흥분된 신체 접촉의 모습을 보이면서 자신을 만지지 못하게 한다. 이런 아기는 종종 동요하고 흥분한 모습을 보이고, 놀라거나 두려워하기도 한다.

혼란 애착 아기의 해결되지 않은 딜레마는 아기에게 필요한 안정을 주는 사람이 자신을 놀라게 하고 두렵게 하는 부모라는 점이다(Hesse & Main, 2006; Main & Solomon, 1986). 이는 아기의 비조직적이고 혼란스러운 상태를 야기한다(Siegel, 1999, 2012). 혼란 애착 아기에게는 이런 상황에 적응하기 위한 전략이 없고, 이 같은 의사소통 과정이 계속해서 반복되면 아기는 효율성을 잃고 무기력을 경험한다.

이와 같은 의사소통 과정이 반복될 때 혼란 애착 아기에게는 이런 상황에 적응하기 위한 전략이 없다. 그리고 이런 상호작용이 계속해서 반복되면 아기는 효율성을 잃고 무기력을 경험한다. 극도로 괴로운 순간에 아기는 누구도 자기를 도와주지 않고 자기 자신도 어쩔 수 없음을 알고 체념하게 된다. 아기는 안도감이 부재한 매우 두려운 순간들을 경험할 것이란 사실을 알게 된다.

여기서 눈여겨볼 점은 미래 혼란 애착 아기 엄마가 아기에게 반응하는 방식 중 많은 부분이 정상적이라는 점이다. 엄마는 일반적인 혼란을 겪지도 않고, 전반적으로 공감에 실패하지도 않으며, 또한 아기의 상태를 읽어 내는 데에도 문제가 없다. 대신 혼란 애착 아기 엄마의 문제점 중 상당 부분은 괴로워하는 아기에게서 벗어나려고 아기의 상태에 모순된 행동을 보인다는 것이다. 우리는 혼란 애착 아기 엄마가 무의식적으로 친밀한 관계를 맺는 데 해결되지 않은 두려움과 아기의 괴로움으로 자신의 고통이 재발하는 것을 두려워한다고 생각한다. 따라서 이런 상황에서 엄마는 아기가 일반적인 의사소통 과정에서 벗어나게 하는 복잡하고 모순된 행동을 한다. 괴로워하는 아기로 인해 엄마는 너무 자극적이고 두려움을 느끼게 되어 자신도 모르게 해결되지 않은 트라우마에서 비롯된 두려움, 분노, 무기력을 상호작용 과정 중에 반복하게 된다. 혹은 시선을 회피하거나 거리를 두기도 하고, 정서적으로 단절하는 방식을 통해 자신의 과거 트라우마를 경험하지 않도록 스스로를 보호하기도 한다.

결론적으로 4개월 된 혼란 애착의 기원에 관한 우리의 연구가 밝혀낸 상호작용 양상은 아기가 자신의 마음뿐 아니라 엄마의 마음을 이해하고, 엄마가 자신의 상태를 이해한다고 인지하고, 아기 스스로 자신의 마음을 알게 하는 아기의 능력을 방해하는 일련의 특정 행동으로 정의할 수 있다. 우리가 보기에 자아와 상대방과의 모순된 의사소통과 갈등은 아기 경험의 일관성을 훼손시킬 가능성이 크다. 따라서 혼란 애착의 근원에서 4개월 된 아기의 행동 향상은 발달 과정에서 개인의 근본적인 통합을 어렵게 하는 발달상의 궤적을 설정할 가능성이 높다.

불안정-혼란 애착의 기원에서 영아의 괴로움과 엄마의 정서적 단절

그림: 영아의 괴로움과 엄마의 정서적 단절

이 장에서는 한 살이 되었을 때 불안정-혼란 애착을 형성한다고 분류된 4개월 된 아기와 엄마의 모습을 보여 준다(Beebe et al., 2010).

제10장은 8초 동안 총 10개의 프레임으로 구성된다. 그림은 괴로워하는 아기와 이런 아기를 도울 방법을 몰라서 어쩔 줄 몰라 하는 엄마의 모습을 보여 주며 시작한다. 눈을 뜨는 아기는 매우 괴로워한다. 엄마는 활짝 웃으면서 아기를 맞이하는데, 이는 아기의 괴로워하는 상태와 매우 불일치한 모습이다. 결국 이런 엄마를 이해할 수 없고, 이에 대해 항의하는 아기의 표정은 자신의 괴로운 상태를 알아 달라고 엄마를 일깨우는 듯하지만, 엄마는 여전히 무기력하고 정서적으로 위축된 모습을 보인다.

엄마와 아기의 상호작용 이후 곧바로 낯선 사람이 함께 아기와 노는 시간을 가졌다.

10.1 분:초 25:54~25:56A

줄거리: 3초 동안 아기는 점점 더 괴로워한다. 아기의 모습에 위축되고 당황한 엄마는 무기력해 보인다.

프레임 1. 분:초 25:54

아기가 매우 괴로워한다. 아기는 고개를 아래로 숙이고 눈썹과 입을 찡그리며 눈을 굳게 감고 있다. 엄마는 입을 살짝 벌리고 아기를 바라본다. 살짝 놀란 엄마는 무슨 일이 벌어졌는지 이해하지 못한 모습이다. 엄마가 양손으로 아기의 몸을 잡는다(아기 쪽 프레임에서 엄마의 손이 보인다). 엄마가 몸을 살짝 앞으로 숙이면서 엄마의 머리카락이 아기 쪽 프레임에서 보인다.

프레임 2. 분:초 25:55a

약 0.5초 후, 고개를 든 아기는 좀 더 괴로워하며 울기 직전의 얼굴을 하고 있다. 엄마는 슬프고 침울한 표정으로 아기에게서 시선을 돌려 아래를 바라본다. 엄마는 입을 굳게 다물고 턱에서는 긴장이 보인다. 엄마가 손을 거두고 고개를 왼쪽으로 약간 움직인다. 엄마의 머리카락이 아기 쪽 프레임에서 더 많이 보인다. 엄마는 마치 멀리 떨어져서 내면에서부터 단절된 것처럼 보인다.

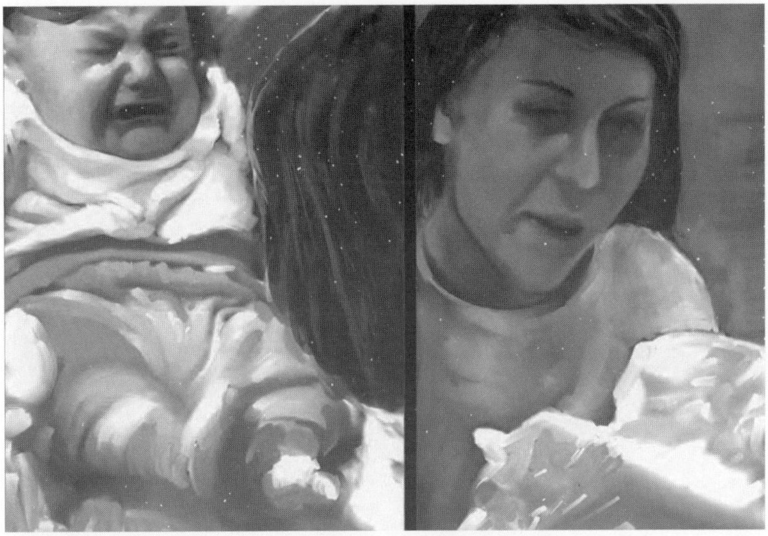

프레임 3. 분:초 25:55b

거의 동시에 더욱 괴로운 모습의 아기는 입을 벌리고 이제 완전히 우는 얼굴을 하고 있다. 아기가 오른쪽 발을 앞으로 찬다. 엄마는 고개를 들고 아기를 바라보면서 고개를 더욱 앞으로 움직인다. 엄마의 입꼬리는 오른쪽으로 올라가며 비대칭을 이루고 긴장된 모습이다. 엄마가 아기의 괴로움을 알아차린 것 같지만 정서적으로 아기와 연결되어 있지 않다.

프레임 4. 분:초 25:56a

찰나 후, 우는 표정의 아기는 계속해서 매우 괴로워한다. 아기가 턱을 아래로 당긴다. 엄마는 살짝 미소 지으면서도 동시에 찌푸린 상반된 표정을 짓고 있다. 엄마는 무기력하고 도움을 요청하는 듯한 모습이다. 엄마는 무엇을 해야 하는지 모르는 것 같다. 엄마가 왼손을 아기에게 뻗는다.

10.2 분:초 25:56B~25:58

줄거리: 다음 3초 동안 아기는 엄마를 바라보기 시작하지만, 여전히 괴롭다. 마지막 장면 전까지 엄마는 아기의 괴로움을 알지 못한 듯이 더욱 환하게 웃으면서 아기를 맞이한다.

프레임 5. 분:초 25:56b

이전 마지막 장면과 거의 동시에 아기는 여전히 우는 얼굴로 극도로 괴로워한다. 이제 엄마는 살짝 미소 지으면서도 무기력한 모습이다. 웃음 짓는 엄마와 아기의 괴로운 상태와 일치하지 않는다는 것을 알 수 있다. 엄마가 양손으로 아기를 만진다.

프레임 6. 분:초 25:57a

곧바로 아기는 눈을 뜨지만, 여전히 우는 얼굴로 괴로운 모습이다. 엄마가 환한 미소로 아기를 맞이한다. 엄마의 미소는 아기의 상태와 매우 일치하지 않는 모습이다. 엄마가 아기의 옷을 만지작거린다.

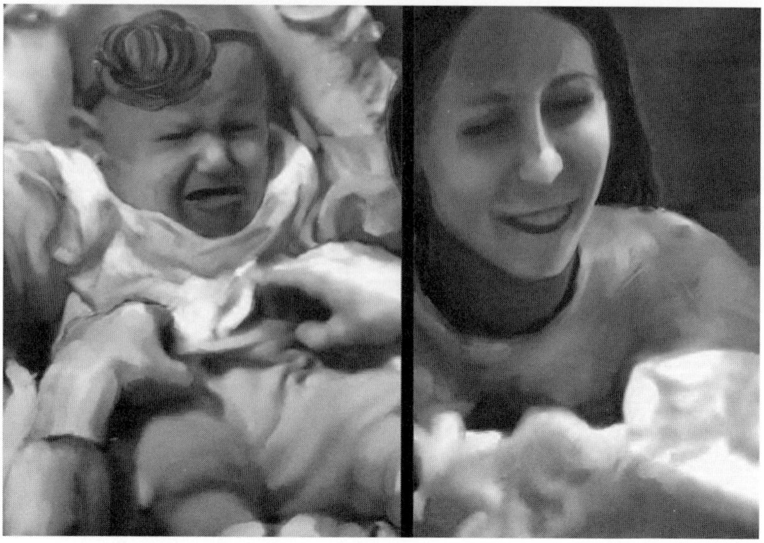

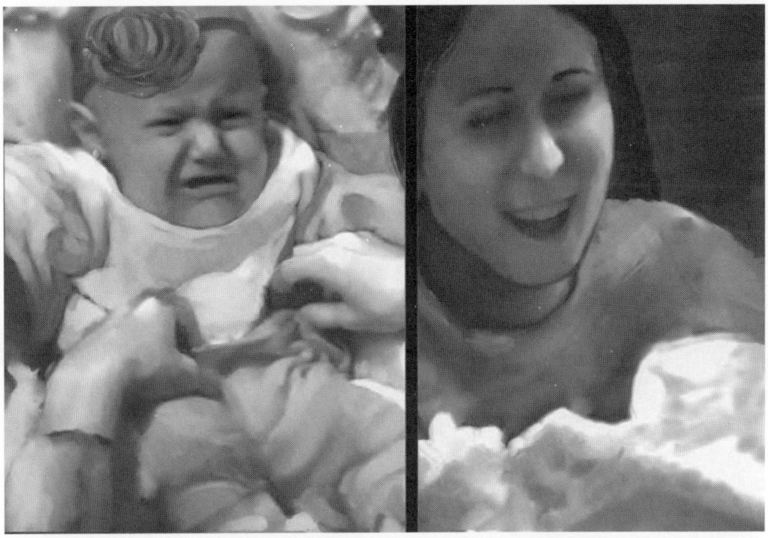

프레임 7. 분:초 25:57b

동시에 아기가 완전히 눈을 뜨고, 여전히 괴로워한다. 엄마는 활짝 웃으면서 아기를 반긴다. 엄마는 아기의 괴로움을 전혀 인지하지 못했다. 엄마만 놓고 본다면 아기가 저 정도로 심하게 괴로워하는 모습을 상상하기 어렵다. 마치 엄마와 함께 있는 아기는 우리가 보고 있는 아기와 다른 사람인 것 같다.

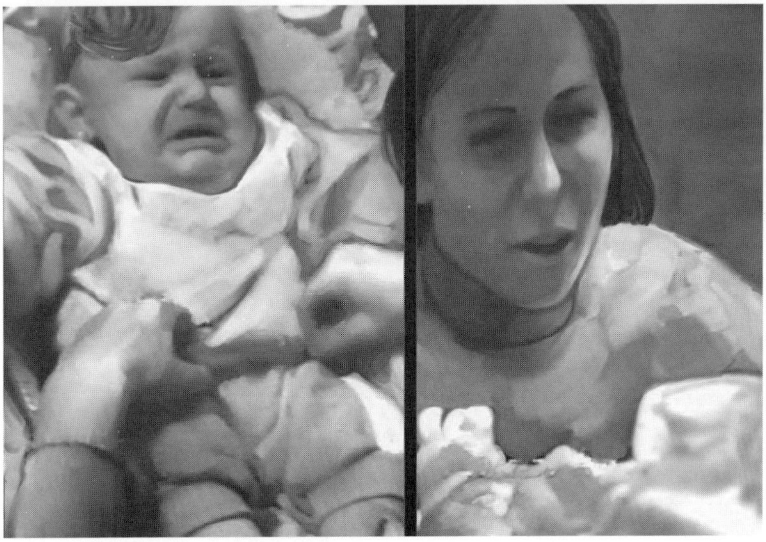

프레임 8. 분:초 25:58

1초 후 아기의 괴로움이 점점 더 심해진다. 아기는 얼굴을 매우 찡그린다. 아기가 몸을 뒤로 젖히고 엄마와 눈을 맞춘다. 아기는 이해할 수 없는 표정으로 마치 항의라도 하듯이 "지금 뭐 하는 거예요? 엄마는 내가 지금 화난 게 안 보여요? 왜 이런 일이 일어난 거예요? 엄마는 어디 있어요? 왜 나랑 같이 있지 않아요?"라고 말하는 것 같다. 엄마는 속상한 표정으로 침울해지고 입가에는 긴장감이 떠오른다. 엄마는 어쩔 줄 몰라 하며 "어, 무슨 일이 벌어진 거야?"라고 하는 듯하다. 엄마를 이해할 수 없다는 아기의 표정이 자신의 괴로움을 알아달라고 엄마를 일깨웠다.

10.3 분:초 26:00~26:01

줄거리: 마지막 2초에 아기는 여전히 괴로워한다. 하지만 엄마는 정서적으로 부재한 모습이다.

프레임 9. 분:초 26:00

2초 후, 아기가 눈을 감는다. 아기의 괴로움이 약간 누그러졌다. 엄마는 아기의 머리 쪽으로 손을 가져간다. 엄마는 걱정스러운 표정을 하고 있지만 무기력해 보인다. 살짝 비대칭을 이루며 아래로 내려온 엄마의 오른쪽 입가가 짜증이 났음을 보여 준다.

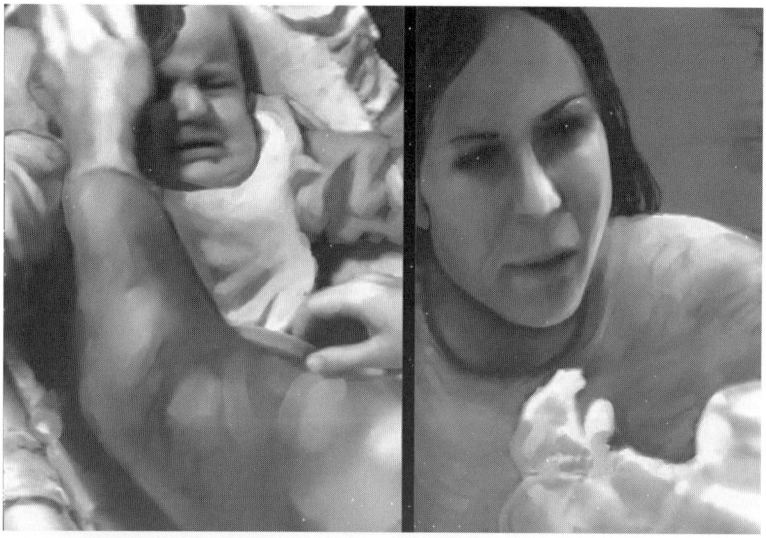

프레임 10. 분:초 26:01

아기가 살짝 눈을 뜬다. 여전히 괴로워한다. 엄마는 아기를 바라보고 손을 거둔다. 엄마의 멍한 표정은 아기의 괴로움에 공감하지 못한다는 것을 보여 준다. 엄마는 마치 모르는 아기를 대하는 것 같다. 정서적으로 부재한 엄마와 아기는 매우 불일치한 상태를 보인다.

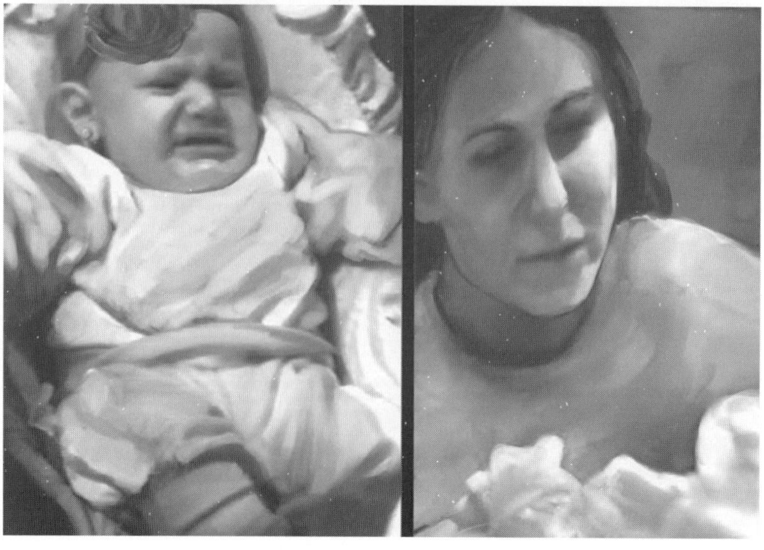

낯선 사람과 아기의 상호작용: 감정적 위축을 보이는 아기의 모습

엄마와 아기의 상호작용 이후 곧바로 낯선 사람이 아기와 함께 노는 시간을 가졌다. 3초 동안의 4장의 그림에서 아기는 시각적으로 참여하지만 매우 슬퍼한다. 낯선 사람이 긍정적인 방법으로 아기를 참여시키려 노력하는데도 불구하고 아기는 이에 응답하지 않고 위축된 모습을 보인다. 그러자 낯선 사람은 아래를 바라본다.

우리는 낯선 사람과의 상호작용 후에 아기가 계속해서 침울해하며 시선을 피한다는 사실에 주목했다(영상에서는 보이지 않는다). 낯선 사람은 아기와 연결될 수 없었다.

10.4 분:초 27:32~27:34

줄거리: 3초 동안 아기는 슬픈 얼굴로 낯선 사람을 슬쩍 바라본 후 아래를 본다. 낯선 사람은 숨김없는 표정으로 연결되려고 하지만 아기가 아래를 바라보자 침울해진다. 마지막 장면에서 낯선 사람은 아기와 마찬가지로 아래를 바라본다.

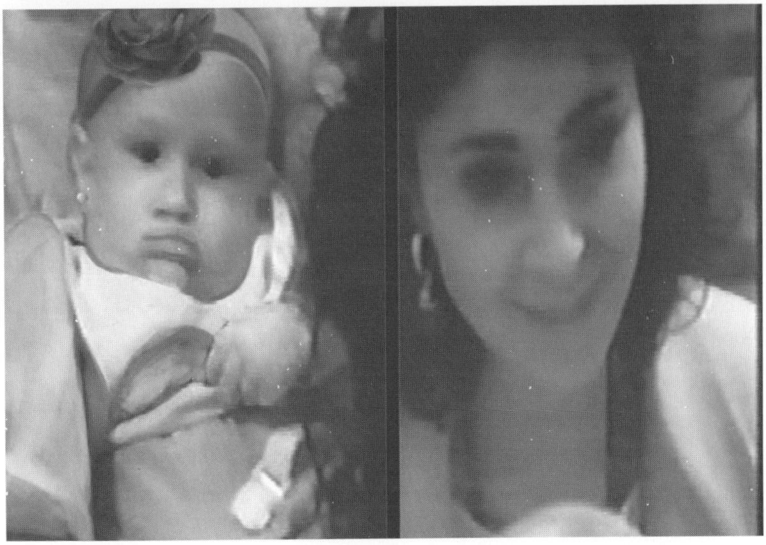

프레임 1. 분:초 27:32

아기와 낯선 사람은 서로를 바라본다. 아기는 슬픈 얼굴을 하고 입을 삐쭉거리며 낯선 사람을 바라본다. 낯선 사람은 아기에게 관심을 가지고 살짝 웃으면서 호기심 어린 표정이다.

프레임 2. 분:초 27:33a

0.5초 후, 아기 얼굴이 더욱 무표정하고 멍한 눈빛으로 바뀐다. 낯선 사람의 눈썹이 위로 올라가면서 마치 "무슨 일이지?"라고 묻는 것 같다. 낯선 사람의 미소가 살짝 옅어졌다.

프레임 3. 분:초 27:33b

거의 동시에 아래를 바라보는 아기는 무표정하다. 계속해서 낯선 사람의 눈썹이 위로 올라가며 궁금해하는 모습이다. 하지만 낯선 사람의 미소는 여전히 희미하고 아기를 걱정스러워한다.

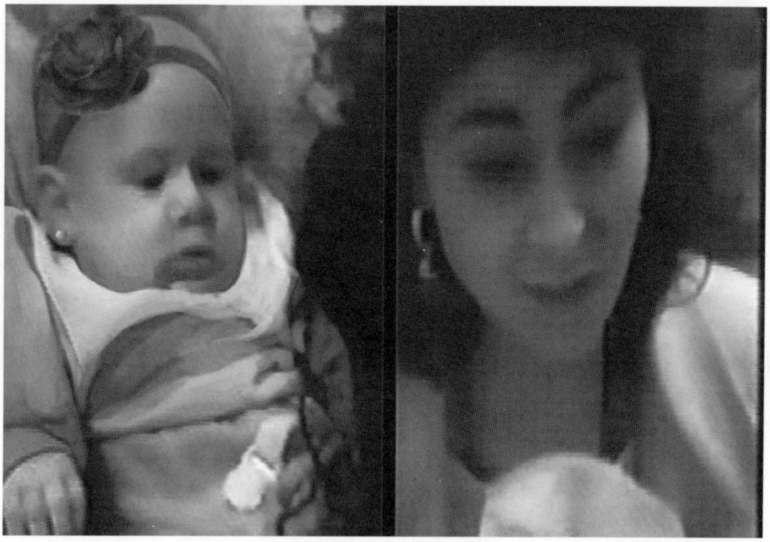

프레임 4. 분:초 27:34

0.5초 후, 아기는 더욱 위축된 모습이다. 아기는 고개를 아래로 움직인다. 아기는 정서적으로 부재해 보인다. 낯선 사람 역시 아래를 보고 침울해진 표정이다. 둘의 상태는 일치해 보인다.

영아의 괴로움과 엄마의 정서적 단절에 대한 설명

우리가 '영아의 괴로움과 엄마의 정서적 단절'을 선택한 이유는 한 살 때 불안정-혼란 애착을 예상할 수 있는 다양한 행동 양식을 보여 주었기 때문이다(Beebe et al., 2010). 다음 설명의 일부는 Beebe 박사와 동료의 연구에서 인용했다(Beebe et al., 2010, 2012).

엄마와 아기에 대한 설명

이번 상호작용을 시작하면서 아기는 극심하게 괴로워하고, 엄마는 어찌해야 할지 모른다. 두 번째 프레임까지 엄마는 괴로워하는 아기를 외면한다. 아주 찰나의 순간이기는 하지만 엄마의 얼굴에서 엄마가 이미 자신 내면의 깊숙한 곳으로 가 버렸다는 것을 볼 수 있다. 이 순간은 혼란 애착을 형성하는 아기의 엄마가 안정 애착 아기의 엄마보다 더 빈번하게 시선을 회피한다는 우리의 연구 결과를 보여 준다. 이것뿐만이 아니다. 이 짧은 순간에 우리는 슬퍼하고 정서적으로 단절된 엄마의 모습 역시 볼 수 있다. 실시간 영상에서 이 모습은 보이지 않는다.

상호작용 시작 후 3초가 지난 프레임 5까지 아기의 괴로움이 점점 심해지는 데도 엄마는 웃고 있다. 아기가 계속해서 매우 괴로워하는데도 엄마는 더욱 환하게 웃는다. 단 2초에 지나지 않는 시간 동안의 상호작용에서 두 사람의 상태가 매우 불일치함을 볼 수 있다. 마치 엄마와 함께 있는 아기와 우리가 보는 아기가 다른 아기인 것 같다. 아마도 엄마가 계속해서 환하게 웃는 것은 2초 동안에 서서히 눈을 뜨는 아기의 상태에 응답하는 것일지도 모른다. 하지만 그렇다고 하더라도 아기의 괴로움을 의식하지 않으면서 아기와 함께하려 한다는 것은 문제가 있는 행동이다.

갑자기 아기가 엄마를 똑바로 바라보며 이해할 수 없다는 항의의 얼굴을 하고 몸을 뒤로 젖힌다. 이는 아기의 괴로움을 인지하라고 엄마를 깨우는 행동인 것처럼 보인다. 아기의 사회적 능력을 보여 주는 순간이다. 아기는 무언가 잘못되었다는 것을 알았다. 아기는 엄마에게 항의의 뜻을 전달하기 위해 최대한 노력을 한다.

그러나 엄마는 어떻게 반응해야 하는지 모르는 것 같다. 엄마는 아기의 상태를 공감하지 않는다. 엄마가 아기의 얼굴에 손을 뻗는 9번 프레임에서 엄마가 걱정한다는 것을 알 수 있지만, 엄마는 무기력해 보인다. 엄마는 마치 아기를 몰라보는 것 같고 정서적으로 단절되어 보인다.

혼란 애착을 형성하는 아기의 엄마들이 "이러지 마. 너도 이러고 싶지 않잖아. 호들갑 떨지 마. 너는 행복해야 해."와 같이 말하는 것 같은 모습을 보면 엄마들은 확실히 아기의 괴로움을 인지했다. 이전 '불안정-혼란 애착의 기원에 대한 그림 소개'에서 살펴본 바와 같이 혼란 애착 아기의 엄마는 자신이 아기였을 때 혼란 애착을 형성했을 가능성이 높다. 우리는 그림의 엄마가 아기가 괴로워하자, 일종의 두려움이나 불안정 혹은 무기력을 경험하게 된다고 예상했다.

친밀한 관계 형성에서 해결되지 않은 두려움을 느끼는 엄마에게 특히 괴로워하는 아기는 엄마 자신이 어렸을 적 경험했던 해결되지 않은 문제점들을 유발한다. 또한 이런 아기의 표정에서 엄마들은 감당할 수 없는 압박감이나 두려움, 무기력, 불안, 분노 등을 느끼게 된다. 이와 같이 통합되지 않은 정서 상태에서 엄마들은 아기를 달래는 데 무력감을 느끼면서도 여전히 이를 해결해야 한다는 압박을 받게 된다(Miriam Steele, personal communication, July 18, 2015). 그리고 이런 엄마들은 복합적이고 모순되는 행동으로 아기를 상호작용에서 벗어나게 한다(Beebe et al., 2010; Karlen Lyons-Ruth, personal communication, October 17, 2008). 엄마들은 종종 자신을 보호하기 위해 감정을 차단하거나 단절된 모습을 보이기도 한다(Mary Sue Moore, personal communication, July 2, 2007).

엄마와 아기의 상호작용 이후 곧바로 낯선 사람이 함께 아기와 노는 시간을 가졌다. 엄마와의 문제 있는 상호작용에 이어서 일부 4개월 된 아기는 제8장에서 보인 아기와 같이 낯선 사람과의 관계를 재조정하고 연결할 수 있다. 낯선 사람과 연결되는 아기의 능력은 낯선 사람의 사회적 기술에 달려 있다. 이번 상호작용에서 아기는 쉽사리 낯선 사람과 연결되지 않는다. 아기는 시각적으로 참여하는 것처럼 보이지만 슬픈 얼굴을 한다. 낯선 사람은 긍정적인 방법으로 아기와 함께하려고 노력한다. 하지만 아기는 반응하지 않는다. 그리고 아기는 다시 위축된 모습으로 아래를 보면서 고개를 숙인다. 아기는 정서적으로 부재해 보인다. 그러자 낯선 사람도 아래를 바라본다.

기대에 대한 설명

이제 우리는 상호작용에서 아기와 엄마가 기대하는 바를 생각해 볼 수 있다. 우리는 엄마와 아기가 경험한 바를 말로 표현할 수 있다고 가정하고 이들의 행동-대화를 언어 표현으로 해석했다.

우리는 아기가 상호작용에서 다음과 같은 예상을 한다고 생각한다.

"나는 매우 속상해요. 엄마는 내가 화난 게 보이지 않아요? 뭐가 문제예요? 왜 날 이해하지 못해요? 왜 이런 일이 일어난 건가요? 엄마는 도대체 어디에 있어요? 엄마는 내 곁에 있지 않아요. 엄마는 다른 곳을 바라봐요. 마치 엄마는 나를 모르는 사람처럼 대해요. 나는 너무 외로워요. 엄마는 나를 돕지 않아요. 내가 화날 때면 엄마는 항상 이런 모습을 보여요. "

그리고 엄마는 상호작용에서 다음과 같이 기대할 것이다.

"왜 너는 행복하지 않니? 너는 행복해야 해. 나는 행복해하는 네가 필요해. 이런 식으로 화를 내면 나는 어떻게 해야 할지 모르겠어. 너무 힘들어. 너나 네 감정이 나를 통제할 수 없어. 나는 시선을 피해야만 해. 견딜 수가 없어. 내게는 너무 가혹한 일이야. 너를 도울 수가 없어. 항상 이런 식이야. 네가 행복해질 것 같지 않아."

정서적 변화에서 서로의 상태를 일치시키는 것에 대한 아기의 기대는 일반적으로 자신의 상태를 알고 상대방의 상태를 이해하는 바탕이 된다(Beebe & Lachmann, 2002; Beebe et al., 2010). 그림의 상호작용에서 아기의 기대는 손상되었다. 혼란 애착(안정 애착과 비교되는) 아기 엄마들은 아기의 긍정적인 모습에 지나치게 긍정적으로 되고, 아기의 괴로워하고 침울해진 모습에는 과도하게 침울해진다. 아기는 엄마가 자신의 괴로움을 이해한다고 느낄 수 없다. 대신 아기는 엄마가 자신의 괴로움을 정서적으로 공감하지 않을 것이라고 예상하게 된다.

관련 연구

한 살 때 혼란 애착을 형성하는 4개월 된 아기는 안정 애착의 아기에 비해 표정과 음성에서 괴로움을 더 많이 표현한다(Beebe et al., 2010). 대다수의 엄마는 아기의 상태를 직관적으로 공감하는데 때때로 이는 매우 짧은 시간 동안에 일어나서 대부분은 이를 의식하지 못한다. 엄마들은 동정 어린 슬픈 표정을 짓기도 하고 아기의 칭얼거림이나 항의에 소리 내어 함께하기도 한다. 제5장의 6번째 프레임에서 아기의 괴로움에 공감하는 엄마의 모습을 예로 들었다. 짧지만 매우 놀라운 순간이었다.

엄마의 표정 공감력 장애

아기의 괴로움에 엄마의 비정상적인 반응은 표정으로 공감하기 어렵게 한다. 비정상적인 엄마의 반응이란 화내고 슬퍼하고 힘들어하는 아기에게 긍정적이거나 놀라워하거나 무시하는 표정을 짓는 것을 말한다(Malatesta et al., 1989). 이번 연구에서 아기의 괴로움에 대한 비정상적인 엄마의 반응은 입을 굳게 다물고, 얼굴을 찌푸리고, 슬퍼하는 표현을 통해 부정적인 정서를 억제하려는 유아기의 정서적 반응을 예상할 수 있게 한다. 비록 우리가 한 살 이후의 아기를 추적 관찰하지 않았지만, 우리는 연구의 혼란 애착 아기가 유아기가 되었을 때 부정적인 정서를 관리하기 위해 비슷한 행동 양식을 발달시켰을 것이라고 추론했다.

엄마와 아기의 정서적 갈등: 아기의 괴로움에 대한 엄마의 웃음과 놀람

우리 연구에서 혼란 애착 아기의 엄마는 안정 애착 아기의 엄마에 비해 아기가 괴로워하는 순간에 더 많이 웃고 놀라는 얼굴을 보였다(Beebe et al., 2010). 우리는 이를 아기의 괴로움을 정서적으로 부정하는 것으로 해석했다. 엄마로서는 괴로워하는 아기를 긍정적 상태로 되돌리고자 노력한 것이지만, 여기에는 처음에 아기의 괴로운 상태를 인지하지 못했다는 문제가 있다. 엄마는 아기의 극단적인 정서에 함께하지 않으면서 이를 긍정적으로 바꾸려 하는 것이다. 따라서 미래 혼란 애착 아기 엄마는 말그대로 아기의 괴로움과 정반대의 정서적 방향으로 행동하면서 두 사람 사이의 정서적 갈등을 가중한다. 이 같은 모습은 특히 프레임 5~7에서 잘 드러난다.

엄마와 아기의 정서적 갈등: 관심 조절의 실패

미래 안정 애착 아기의 엄마들과 비교할 때 혼란 애착 아기 엄마와 아기 사이에서 발생하는 두 번째 갈등은 아기가 표정과 음성에서 극도의 괴로움을 표현하는데도 불구하고 엄마가 아기에게서 시선을 돌리는 모습이 빈번하다는 점이다(Beebe et al., 2010). 이 모습은 프레임 2에서 잘 드러난다. 엄마의 시선 회피에서 아기는 엄마와 자신이 시각적으로 분리되었고, 엄마에게 자신이 보이지 않는다고 느끼게 되고 엄마의 존재와 엄마가 자신의 곁에 있는지에 대해서 혼란스러워진다. 게다가 이러한 혼란 애착 아기의 엄마들은 예상하기 어려운 시선 응시와 회피의 패턴을 보였다. 예상하기 힘든 엄마의 지나친 시선 회피는 일반적으로 엄마들이 제공하는 구조적 기본인 면대면 상호작용의 시각적 틀을 훼손하게 된다. 따라서 예상 가능한 엄마의 시각적 관심 패턴에 의존하는 아기의 능력은 저하된다.

혼란 애착의 기원에 대한 연구 결과를 논의하면서(Beebe et al., 2010), 우리는 엄마의 광범위하고 예측할 수 없는 시선 회피가 상호 응시를 통해 친밀한 관계를 맺는 것을 불편해하는 엄마의 모습(Karlen Lyons-Ruth, personal communication, January 12, 2007)이나 엄마의 해리(George Downing, personal communication, April 18, 2007)를 반영하는 것일 수 있다는 사실에 주목했다(Karlen Lyons-Ruth, personal communication, January 12, 2007). 엄마가 괴로워하는 아기를 볼 때 엄마도 비슷한 정도의 괴로움을 경험할 수 있다. 따라서 엄마의 시선 회피는 흥분을 가라앉히기 위한 시도일 수도 있다(Jude Cassidy, personal communication, October 23, 2006).

Hodges와 Wegner(1997)는 다른 사람의 감정에 압도되는 개인들이 시선 회피(Peck, 2003 참조)를 통해 (타인의 감정에) 노출되는 것을 통제하고, 상대방에게 자동으로 공감하게 되는 것에서 자신을 보호할 수 있다고 말한다.

표정 모방을 제한하면 정서적 이해가 어렵게 된다

다른 사람의 감정으로부터 자신을 보호하는 또 다른 방법에는 모방 차단이 있다. 3장에서 언급한 바와 같이 사회적 상호작용 중에 사람들은 보통 자신도 모르게 상대방의 몸짓이나 자세, 표정을 따라 하거나 이에 일치시키는 경향이 있다(Chartrand & Bargh, 1999; Dimberg et al., 2000; Kendon, 1970). 종종 두 사람 사이에서 일치 과정은 매우 빠르게 발생해서 보이지 않는다. 예를 들어, 표정의 일치는 약 0.5초 이내에 발생한다

(Beebe, 1982; Niedenthal et al., 2010). 즉, 상대방의 행동을 관찰하면서 대개 같은 행동을 하게 되는 것이다.

상대방의 행동에 일치시키는 행동은 인지한 상대방 표현(행동이나 자세)의 내적 시뮬레이션으로 볼 수 있고, 이 과정을 통해 그 의미를 더 잘 이해하게 된다. 상대방의 행동을 관찰하고 따라 하고 이해하는 것은 모두 보상, 움직임, 정서 체계를 담당하는 뇌의 동일한 신경 기질을 공유한다(Niedenthal et al., 2010; Oberman et al., 2007). 표정을 수동적으로 지각하는 것과 비교할 때 상대방의 표정에 자신의 표정을 일치하는 것은 감정을 처리하는 뇌의 영역을 활성화한다.

또한 이같이 상대방의 행동에 자신을 일치하는 것을 차단하면 상대방의 표정을 이해할 수 없게 된다(Oberman et al., 2007). Oberman과 동료들(2007)은 피험자에게 펜을 물게 함으로써 표정과 관련된 안면 근육의 움직임을 차단하는 실험을 진행했다. 그리고 피험자들이 다양한 얼굴의 감정 표현을 인지할 수 있는지 살펴봤다. 펜을 물고 있었던 피험자들은 행복한 얼굴(슬프지 않은)을 말로 표현하지 못했다. Oberman과 동료들은 이 연구 결과가 타인의 정서를 이해하는 능력이 타인의 정서 상태를 모방하는 것과 관련이 있다는 연구 결과와 맥락을 같이한다고 밝혔다. Oberman의 연구는 모방 차단이 의식적인 정서를 음성학적으로 인지하지 못하게 한다는 결론을 내렸다.

Hennelenlotter와 동료들(2008)은 표정 일치를 차단하는 데 보톡스 주사를 사용해 무의식적인 감정의 활성화를 제한했다. 이 실험에서 보톡스 주사는 일시적으로 이마를 찌푸리는 근육을 마비시켜 표정을 일치시키지 못하게 했다. 그리고 피험자들은 자기공명영상(MRI) 촬영 중에 슬프고 화난 그림을 보았다. 보톡스 주사로 이마 근육이 마비된 피험자는 보톡스 주사를 맞지 않은 대조군과 비교할 때 화난 표정(슬픔이 아닌)을 모방하는 동안 변연계의 활성화가 감소했다. 우리는 표정을 일치시키는 동안 얼굴 근육과 피부의 말초 피드백이 감정 상태 처리에 관여하는 신경 활동을 조절한다고 결론지었다. 이것은 면대면 상호작용에서 감정을 전달하기 위한 생리학적 기초이다. 이 연구는 보톡스가 무의식적인 감정의 활성을 제한한다는 사실을 증명한다. Niedenthal과 동료들(2010)은 분노와 관련된 근육을 제한함으로써 무의식적으로 분노의 의미가 일부 상실되고, 따라서 분노의 감정을 덜 강렬하게 경험한다고 말한다.

이 같은 연구 결과는 혼란 애착의 엄마가 무의식적으로 아기의 괴로운 표정에 반응을 줄이거나 때로는 무표정으로 반응이 없는 이유를 설명한다. 이렇게 해서 엄마는 아기의 정서적 괴로움을 좀 더 낮은 강도로 경험할 수 있다. 심지어 일부 엄마들의 이 같은 행동은 아기 얼굴에 나타난 괴로움의 의미를 알아차릴 수 없게 된다.

트라우마가 아기의 괴로움에 대한 엄마의 뇌 반응을 방해할 수 있다

엄마의 해결하지 못한 트라우마 역시 아기의 괴로움에 적절하게 반응하게 하는 엄마의 뇌 활동을 방해할 수 있다. 처음에 엄마들은 자기 아기의 행복한 얼굴과 슬픈 얼굴을 보면서 MRI를 촬영했다(Kim, Fonagy, Allen, & Strathearn, 2014). 그리고 또 알지 못하는 아기의 행복한 얼굴과 슬픈 얼굴을 보았다. 과거 트라우마가 없는 엄마들은 트라우마를 경험한 엄마들에 비해 자기 아기의 행복한 표정보다 슬픈 표정을 볼 때 편도체에서 더 활발한 반응을 보였다. 편도체는 애착과 관련된 정보를 처리하는 부분으로(Davis & Whalen, 2001; Riem et al., 2012) 변연계의 일부로서 정서 정보를 처리하는 뇌의 다른 영역과 연결되어 있다(Riem et al., 2012). 편도체는 위협을 감지하고 두려움과 혐오감을 경험하는 데 관여한다.

AAI에서 해결되지 않은 트라우마를 가진 엄마들(동적 모성 모델; Crittenden & Landini, 2011년)은 아기의 행복한 얼굴보다 슬픈 표정에 무딘 편도체의 반응을 보였다. 트라우마와 관계없이 엄마들이 알지 못하는 아기의 행복한 표정이나 슬픈 얼굴을 볼 때 편도체 반응에서는 차이가 없었다. 해결되지 않은 트라우마를 가진 엄마들의 무딘 편도체 반응은 아기의 괴로움에서 벗어날 수 있다는 신경학적 징후일 수 있다. 이 신경학적 과정은 엄마의 해결하지 못한 트라우마와 아기의 괴로움에 이상적으로 반응하는 엄마 능력의 부재 사이에서 하나의 연결 고리가 될 수 있다(Kim et al., 2014). Kim과 동료들의 연구는 앞서 언급한 Oberman과 동료들(2007) 및 Hennelenlotter와 동료들(2008)의 연구와 일치한다. Kim과 동료들은 편도체의 활성화 정도를 측정해서 트라우마를 가진 엄마와 아기 그리고 아기의 괴로움에 대응하는 데서 발생하는 엄마의 문제점들을 연구했다.

Oberman과 Hennelenlotter는 아기의 괴로움에 대한 엄마의 반응을 제한하기 위해 펜을 물게 하거나 보톡스 주사를 주입해서 아기의 행동에 엄마가 행동을 일치하지 못하게 했다. Hennelenlotter의 연구에서, 행동 일치를 차단하는 것은 감정 표현에 반응하는 뇌의 활성 변화와도 관련이 있었다. 프레임 3, 4, 10에서 우리는 Kim, Oberman, Hennelenlotter와 동료들의 연구 결과와 일치하는 엄마의 문제가 있는 반응을 살펴봤다.

Hennelenlotter, Kim 및 동료들의 연구가 약화된 편도체 활성의 양상을 밝혔지만, 다른 연구는 불안정 애착 이력을 가진 엄마가 아기의 괴로움에 대응할 때 편도체 활동이 활성화된다는 점을 보여 주기도 한다. 예를 들어, 한 연구에서는 과거 불안정 애착 엄마의 MRI 촬영에서 엄마가 아기의 울음소리에 노출되었을 때 안정 애착 이력의 엄마보다 더욱 활성화된 편도체 활동 모습을 보였다. 게다가 불안정 애착 엄마는 아기의 울음소리에 더 많이 짜증을 낸다는 연구 결과도 있다(Riem et al., 2012). 활성화된 편도체 활동은 감정 과잉 지수로 간주한다. 주로 우울증, 불안, 침입적인 엄마가 아기의 울음소리에 노출되는 동안 이 같은 편도체의 활동 모습이 관찰된다(Atzil, Hendler, & Feldman, 2011; Rauch et al., 2000; Riem et al., 2012; Yang et al., 2010).

또 다른 연구에서는 두 부류의 성향이 있을 수 있다고 말한다. 한쪽은 스트레스에 더욱 활동적이거나 과도하게 흥분하는 부류이고, 다른 하나는 무감각해지고 해리적 성향을 보이는 부류이다. 이 두 부류의 사람들은 모두 외상 후 스트레스 장애를 가진 것으로 확인되었다(Lanius et al., 2010). 또는 일부 취약한 사람들이 2단계의 과정을 겪는다고 말한다. 1단계는 과도하게 흥분하는 단계로 정서적으로 압도되는 것과 관련이 있고 2단계는 압도된 감정에 대처하고 방어하기 위해 흥분을 제한하거나 무감각해지는 것이다. Lanius와 동료들(2010)이 밝힌 것처럼 두 종류의 조절 방식은 모두 동적 상호작용과 연관된다.

모든 연구는 영아의 괴로움을 이해하고 공감하지 못하는 성인의 능력 장애를 다룬다. 이 같은 장애는 혼란 애착 기원의 핵심 특징이다. 상대방의 괴로움을 인지하고 공감하는 것은 모든 인간에게 근본적인 필요 사항이다. 인지 불능으로 인한 발달 트라우마는 성인의 정신병리학적 치료에 있어 정신분석적인 접근 방법의 핵심이다(Benjamin, 1995; Bromberg, 2011). 하지만 미래의 혼란 애착 아기의 엄마들 역시 아기와의 관계에서 혼란스럽고 불안한 경험을 한다. 엄마들은 자신이 필요로 하는 행복하고, 웃고, 엄마를 반기는 아기의 모습을 얻지 못한다.

불안정-혼란 애착의 기원에서 영아의 괴로움을 견디는 엄마의 어려움

그림: 영아의 괴로움을 견디는 엄마의 어려움

제11장에서는 한 살이 되었을 때 불안정-혼란 애착을 형성한다고 분류된 4개월 된 아기와 엄마의 모습을 보여 준다(Beebe et al., 2010).

이 장은 7초 동안 총 9개의 프레임으로 구성된다. 실험이 시작되자 아기는 한동안 야단법석을 떨었다. 엄마는 아기의 괴로움을 참기 어려웠고, 결국 엄마는 위협적인 얼굴을 한다. 그러나 마지막에 엄마는 슬퍼졌고, 아기는 마음의 문을 닫은 것처럼 보인다.

11.1 분:초 22:04~22:06A

줄거리: 3초 동안, 아기는 화가 났지만, 점점 엄마에게로 다가간다. 엄마는 아기에게 몸을 기울이더니 놀란 듯 보인다.

프레임 1. 분:초 22:04

영상은 아기가 칭얼거리며 시작한다. 눈을 감은 아기는 엄마에게서 살짝 돌아서 있다. 아기는 눈살을 찌푸린 채 화가 나 있다. 아기가 양손으로 기저귀를 잡고 입에 물고 있다. 엄마는 이를 악물고 경직된 미소로 아기를 바라본다. 무기력해 보이는 엄마는 화가 났거나 불안한 듯 보인다.

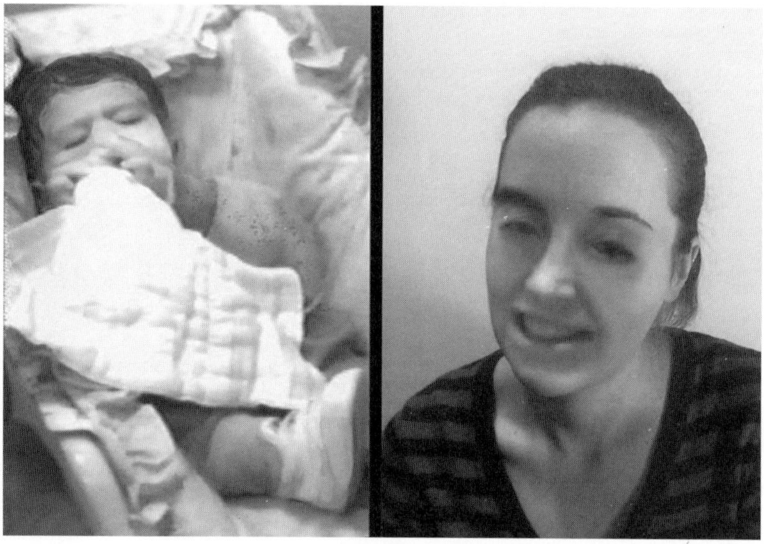

프레임 2. 분:초 22:05

1초 후, 엄마가 몸을 기울이고 살짝 아기의 얼굴로 다가간다(아기의 프레임에서 엄마 머리카락이 보인다). 엄마의 입이 조금 벌어졌다. 아기는 계속해서 괴로워한다. 아기가 눈을 감고 여전히 기저귀를 붙든 채 엄마 쪽으로 약간 방향을 돌린다. 영상에서 아기는 계속 칭얼거린다.

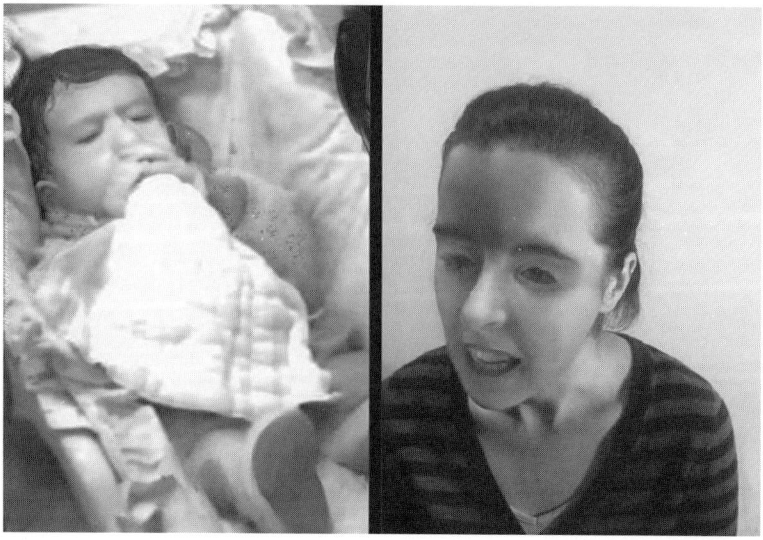

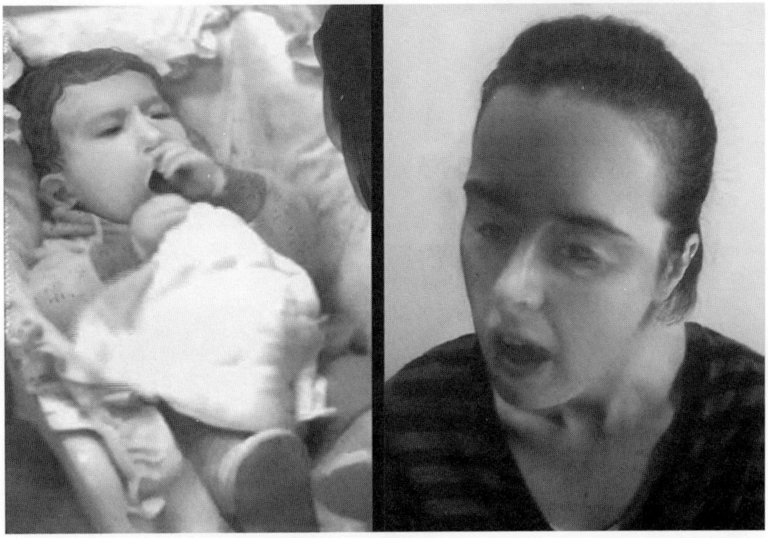

프레임 3. 분:초 22:06a

거의 동시에 아기가 엄마 쪽으로 완전히 방향을 돌렸다. 아기는 눈을 반쯤 뜨고 계속해서 칭얼거리며 엄마를 바라본다. 아기가 왼손 엄지를 입에 넣고 기저귀를 잡은 오른손을 아래로 내렸다. 엄마는 아기에게 가까이 다가가며 마치 다소 놀란 듯 입을 조금 더 벌린 채 아기를 바라본다. 엄마는 아마도 "오, 왜 이런 일이 일어난 거지? 내가 뭘 해야 하지?" 라고 느끼는 것 같다.

11.2 분:초 22~04.22:06A

줄거리: 2초 동안, 아기는 여전히 화가 나 있다. 이를 꽉 물고 있는 엄마에게서 화난 모습이 보인다. 아기가 점점 더 괴로워하는 장면을 볼 수 있다.

프레임 4. 분:초 22:06b

거의 동시에 엄마는 살짝 입을 다물고, 턱과 이를 악물고 있다. 화가 난 듯 보인다. 엄마의 표정이 바뀌자 아기는 입을 더 벌리고 머리를 왼쪽으로 살짝 움직이고 나서, 입을 완전히 벌리고 오른손을 기저귀 쪽으로 살짝 내린다. 갑자기 아기가 두 발을 앞으로 내민다. 아기가 입을 벌리는 것 외에도 이렇게 손과 발을 움직이는 것은 아기가 엄마의 표정 변화를 처리하는 또 다른 방법이다.

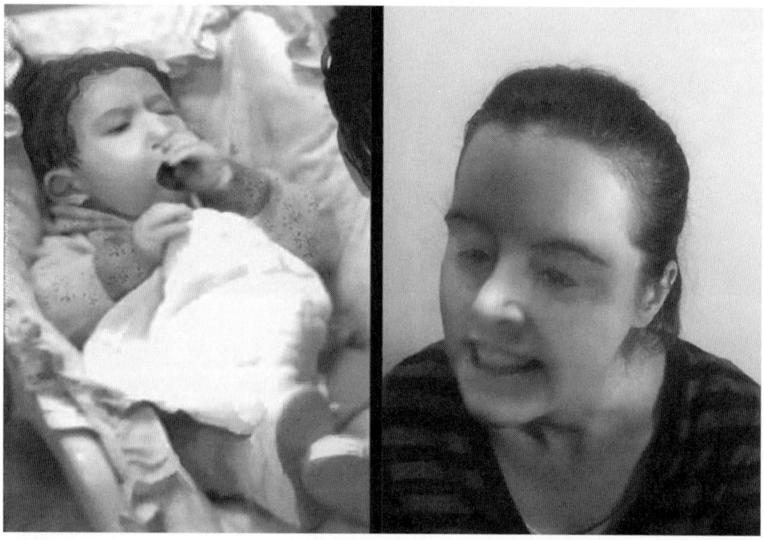

프레임 5. 분:초 22:06c

거의 동시에 엄마의 표정이 이를 악물며 화가 났다. 아기는 눈을 거의 감고 있다. 엄마와 아기 모두 머리를 살짝 위로 들면서 움직임을 같이한다. 아기는 여전히 엄지손가락을 입에 물고 있다.

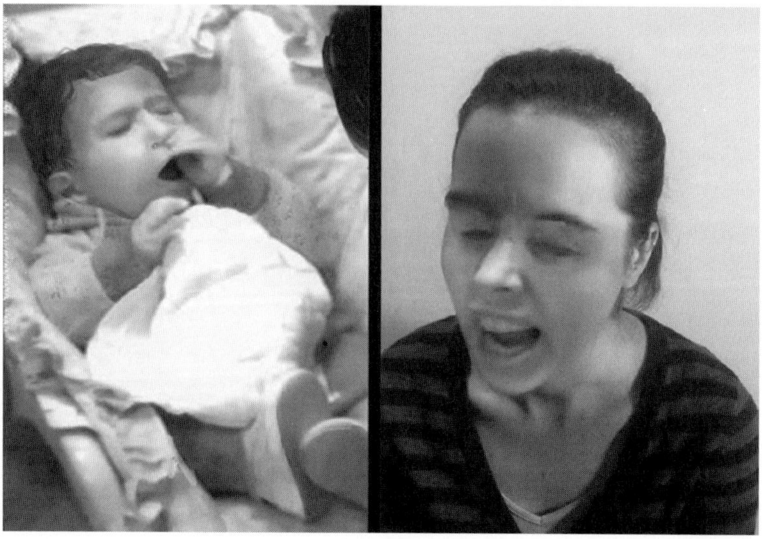

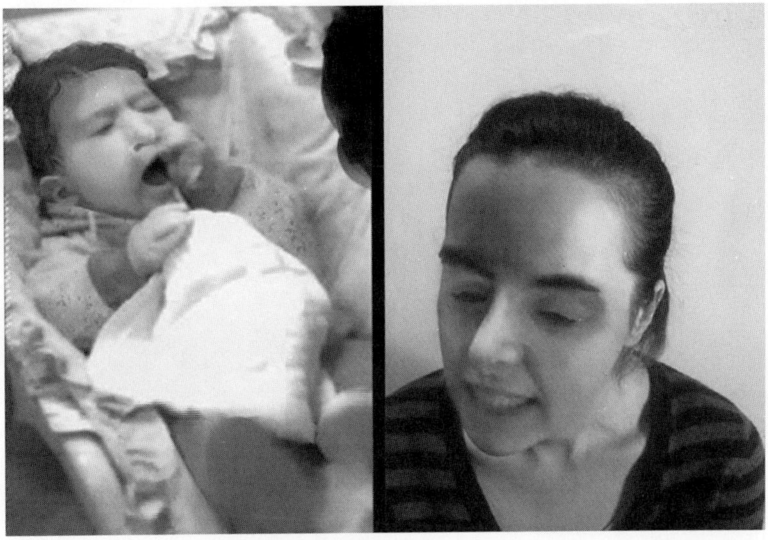

프레임 6. 분:초 22:07a

0.5초 후, 입을 살짝 다문 엄마는 턱을 악다문 프레임 4의 표정을 다시 보인다. 엄마가 고개를 숙이고 살짝 움직인다. 입을 살짝 더 벌린 아기의 미간과 심해진 발길질에서 더욱 괴로워하는 모습이 보인다. 아기는 고개를 오른쪽으로 돌리며 엄마 쪽에서 살짝 멀어진다.

11.3 분:초 22~07.22:10

줄거리: 아기가 극심한 괴로움을 억누르기 시작하자 엄마는 당혹스러운 표정에서 초연하고 무기력해 보이는 슬픔으로 변한다. 마치 종전의 위협적인 얼굴은 전혀 보인 적이 없는 것 같다.

프레임 7. 분:초 22:07b

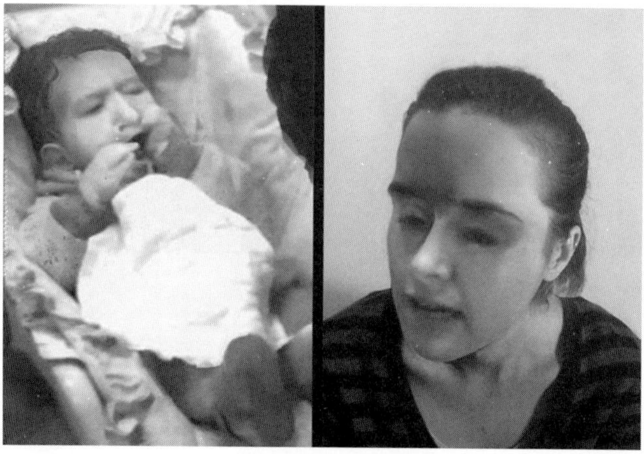

거의 동시에 엄마의 표현은 극적으로 변한다. 엄마는 입을 약간 벌리고 중립적인 자세다. 엄마 얼굴에 더 이상 위협적인 표정은 보이지 않는다. 대신 엄마는 전혀 모르는 아기를 보듯 흥미로운 표정이다. 엄마는 당황한 것 같다. 마치 이전에 전혀 위협적인 얼굴을 한 적이 없는 것 같다. 아기는 여전히 매우 화가 나 있다. 아기 이마의 주름이 좀 더 깊어졌다. 아기는 기저귀를 놓고 양손을 모두 입에 가져간다. 동시에 오른발로 발길질을 한다. 아기의 행동은 아기가 여전히 잠재적인 위협을 느끼고 있음을 보여 준다.

프레임 8. 분:초 22:09

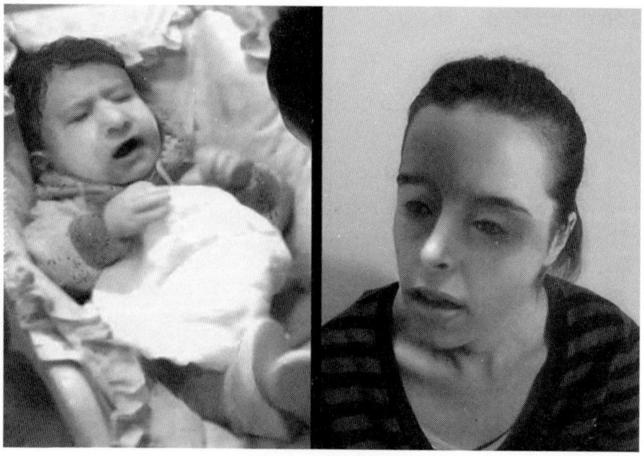

1.5초 후, 엄마의 표정이 훨씬 부드러워졌다. 엄마의 입은 약간 벌어졌고, 입꼬리는 아래로 처졌으며, 무표정한 얼굴이다. 무기력함에서 비롯된 약간의 슬픔이 보인다. 하지만 여전히 엄마는 멀리 떨어져 있는 듯하다. 엄마가 고개를 살짝 뒤로 움직인다. 엄마는 놀란 듯 눈썹이 치켜 올라가 있다. 그리고 마치 "뭐지? 무슨 일이 벌어진 거지?"라고 말하는 듯하다. 2초 전에 보여 줬던 위협적인 얼굴은 전혀 찾을 수 없다. 하지만 아기는 여전히 매우 괴로워한다. 아기는 울먹이는 얼굴이다(영상에서 아기는 성난 항의의 소리를 낸다). 아기는 눈을 감고 엄마 쪽에서 멀어진 자신의 오른쪽으로 머리를 움직인다. 아기는 왼쪽 엄지손가락을 입에서 빼고 두 손을 아래로 내린다. 계속해서 발을 움직인다.

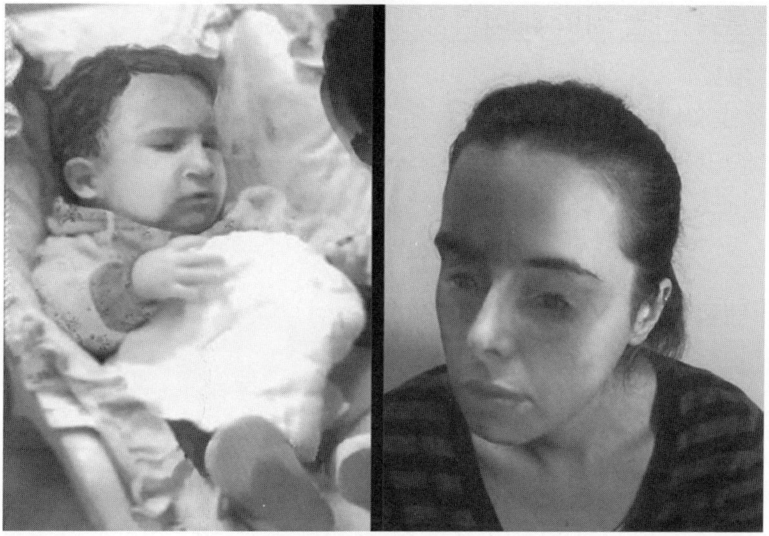

프레임 9. 분:초 22:10

1초 후, 아기는 머리를 정면으로 돌리고 눈을 거의 감은 채 아래를 바라본다. 찡그린 아기의 눈썹이 부드러워졌고 이마도 좀 더 편안해 보인다. 하지만 아기는 슬퍼 보인다. 계속해서 눈썹을 찌푸린다. 아기는 오른손을 기저귀 위에 가볍게 올려 놓고 양발을 움직인다. 아기는 감정적으로 위축되어 마음을 닫은 것처럼 보인다. 입을 다문 엄마에게서 이전 프레임에서 보였던 슬픔이 확연해졌다. 엄마의 뺨에 긴장이 더욱 사라졌고 한쪽으로 처진 입꼬리는 더욱 처진다. 엄마는 먼 곳을 멍하니 응시한다. 무언가 잘못되었음을 아는 것 같지만 동시에 분리되어, 마치 그 자리에 없는 것 같다. 엄마는 무기력해 보이고 스스로 마음의 문을 닫아야 한다고 느끼는 것 같다.

영아의 괴로움을 견디는 엄마의 어려움에 대한 설명

우리가 이 장면들을 선택한 것은 괴로워하는 아기를 견디는 엄마의 어려움을 생생하게 보여 주기 때문이다. 다음 설명의 일부는 Beebe 박사의 연구(2010)와 Beebe 박사와 Lachmann의 연구(2013)에서 인용했다.

엄마와 아기에 대한 설명

이번 장의 장면들이 시작되기 7초 전에 아기는 칭얼거린다. 프레임 1은 화가 난 아기가 엄마를 외면하고 칭얼대며 움켜쥔 기저귀를 얼굴 쪽으로 가져가는 것으로 시작한다. 엄마는 이를 악물고 긴장된 미소를 짓고 있다. 다음 순간 프레임 4초에서 아기가 계속 화가 나 있자 엄마는 턱과 이를 악물고 있다. 턱과 이를 악문 엄마의 표정은 프레임 5에서 보이듯 화가 나고 이를 깨무는 표정으로 바뀐다. 이에 반응해 아기는 순식간에 괴로움이 깊어지고 양발을 마구 찬다.

1초 후 프레임 7에서 엄마의 표정이 마치 모르는 아기를 보듯 흥미로운 표정으로 급격하게 바뀐다. 아기는 여전히 매우 화가 나 있다. 1.5초 후 프레임 8에서 엄마는 무기력과 슬픔이 보이는 축 처진 표정을 하고, 마치 그 자리에 없는 듯이 보인다. 계속해서 아기는 극도로 화가 나 있다. 다음 순간부터 마지막 장면인 프레임 9에서 엄마는 슬픈 얼굴이다. 무언가가 잘못 되었음을 알았다. 이 같은 엄마의 슬픔은 후회를 말하는 것 같다. 하지만 동시에 엄마는 멀리 떨어져 정서적으로 단절되어 보인다. 마지막 프레임 첫 순간에 아기는 몸을 중앙으로 돌려 완전히 엄마 쪽을 향하고 눈을 거의 감고 있다. 화가 난 표정이 아니라 슬프고, 위축되고, 마음의 문을 닫은 것처럼 보인다. 엄마는 아기를 도울 수 없는 것 같다.

이번 장에서 아기는 순간순간 엄마의 움직임에 따라 움직였다. 프레임 3과 4에서 볼 수 있듯이 엄마가 입을 벌리고 턱과 이를 악물자, 아기는 발과 오른손을 움직였고, 엄마가 턱을 악무는 순간에 이에 맞춰 엄마 쪽으로 고개를 살짝 들었다. 프레임 4와 5에서는 엄마가 이를 악무는 표정이 되자 아기는 발과 손을 움직이고, 살짝 다문 입에 왼쪽 엄지손가락을 가져간다. 엄마의 움직임에 아기가 조금씩 자신의 움직임을 조정하는 것은 엄마의 움직임을 처리하는 과정이라 할 수 있다. 이 같은 동기화된 움직임을 그림에서 감지하기 어렵지만 장면을 번갈아 바라보면 금방 알아차릴 수 있다. 또한 원본 영상을 프레임별로 확인하면 움직임의 변화를 확인할 수 있다.

제10장에서 살펴본 바와 같이 엄마는 확실히 아기로 인해 괴로움을 느낀다. 우리는 엄마가 아기의 괴로움을 분노로 인지했는지 궁금했다.

앞의 '불안정-혼란 애착의 기원에 대한 그림 소개'에서 언급한 바와 같이, 불안정-혼란 애착 아기의 엄마들은 자신이 아기였을 때 불안정-혼란 애착을 가졌을 가능성이 높다(Raby et al., 2015). 우리는 이 부류의 엄마가 아기가 괴로워할 때 일종의 고조된 두려움, 안전의 결여, 분노 또는 무력감을 경험한다고 생각한다. 엄마는 이를 드러내며 악물고 있는 얼굴로 아기를 위협했다. 하지만 이런 엄마를 위협하는 건 아기의 괴로움일지도 모른다.

아마도 괴로워하는 아기는 엄마의 어린 시절 해결되지 않은 트라우마를 촉발했을 것이다. 이 전에 소개된 그림에서 보듯이, 우리는 엄마가 종국에는 자신을 보호하기 위해 정서적으로 단절되었다고 생각한다. 그리고 이런 상태의 엄마는 아기를 안정시킬 수 없다.

기대에 대한 설명

이제 우리는 상호작용에서 아기가 기대하는 바를 생각해 볼 수 있다. 우리는 엄마와 아기가 경험한 바를 말로 표현할 수 있다고 가정하고 이 둘의 행동-대화를 언어표현으로 해석했다.

우리는 아기가 상호작용에서 다음과 같이 예상한다고 생각한다.

"난 화가 났어요. 기저귀로 달래려고 노력 중이에요. 엄마는 나를 이해 못 하는 것 같아요. 엄마는 어디 있어요? 뭐가 문제죠? 어, 엄마가 내게 화를 내려고 해요. 내가 화난 게 안 보이나요? 이제 엄마는 정말로 화가 났어요! 왜 나를 이해하지 못해요? 엄마가 그런 얼굴을 하면 너무 무서워요. 왜 이런 일이 일어난 거예요? 무서워요. 이제 엄마가 진정하려는 게 보여요. 하지만 나를 위해 곁에 있는 것 같지 않아요. 엄마는 마치 나를 모르는 사람처럼 대해요. 외로워요. 너무 속상해요."

그리고 우리는 이 아기가 상호작용에서 다음과 같은 절차적 행동 패턴을 예상할 것으로 가정한다.

"내가 화가 나면 난 너무 외롭고 두려워요. 내가 필요로 할 때 엄마에게서 도움을 받을 수 없어요. 대신 엄마는 나한테 화를 내요. 그게 너무 무서워요. 엄마는 내게 화를 내거나 멀리 떠나 버려요. 나와 함께 있지 않아요. 나를 달래 주지 않아요. 내가 어떻게 해야 해요?"

우리는 엄마 역시 상호작용에서 무의식적으로 다음과 같은 절차적 예상을 할 것으로 생각한다.

"네가 이렇게 칭얼대는 게 난 싫어. 넌 화난 것 같구나. 마치 내 부모님같이. 그건 좋지 않아! 넌 왜 행복하지 않아? 행복해야지! 네가 행복해야 해. 내가 화가 나면 나도 화가 나. 무서워, 그만 해! 네가 슬퍼하면 나도 슬퍼져. 나는 감당할 수가 없어. 너를 도와줄 수 없어. 네가 행복해하지 않을 것 같아. 화난 너의 모습이 나를 위협해."

이러한 상호작용을 통해 불안정-혼란 애착으로 향하는 아기가 자신의 엄마가 자신의 괴로움을 느끼고 인지한다고 생각하는 게 얼마나 어려운 일인지 알 수 있다. 우리는 아기가 엄마가 자신의 괴로움을 정서적으로 나눌 수 있는 존재가 아닌 믿을 수 없는 존재로 여길 수 있다고 생각한다. 또한 이번 상호작용을 통해 불안정-혼란 애착으로 향하는 아기의 엄마가 아기가 괴로워할 때 이에 대응하는 것을 얼마나 어려워하는지 알 수 있다. 이는 마치 노출된 상처와 같아서 아기의 괴로움이 엄마의 풀지 못한 괴로움을 촉발할 수 있음을 보여 준다. 그림의 엄마는 아기의 괴로움을 화가 난 것으로 인지하고 이에 대응해 자신 역시 화를 냈다. 하지만 이 엄마 역시 상호작용이 끝날 때쯤 슬픔을 표현했다. 이런 슬픔은 엄마가 어떤 방식으로는 아기가 힘들어한다는 것을 인지했음을 보여 준다.

관련 연구

애착 장애는 세대를 막론하고 지속될 수 있다(Fonagy et al., 1991; Kovan et al., 2009; Steele et al., 1996). 예를 들어, 어렸을 때 애착 장애 이력이 있는 엄마들은, 자신의 아기와 혼란 애착을 형성할 가능성이 더 높다(Raby et al., 2015). 따라서 본 연구의 불안정-혼란 애착을 형성하고 있는 생후 4개월 된 아기를 둔 엄마는(Bebe et al., 2010) 스스로도 불안정-혼란 애착 이력을 가지고 있었을 가능성이 높다.

1살에 진행된 애착 평가에서, 불안정-혼란 애착 아기의 엄마가 안정 애착을 아기의 엄마보다 무서워하거나 무서운 표정이나 음성, 몸짓을 보일 가능성이 더 높았다(Hesse & Main, 2006). 이번 그림의 엄마 얼굴에서 보이는 무서운 표정은 연구 결과와 일치함을 보여 준다.

Schechter와 동료들(2015)은 영아의 일상적인 부정적 정서와 무력한 상태의 표시가 엄마의 외상 후 스트레스 장애(PTSD)의 촉발 요인으로 작용할 수 있다고 주장한다. 이들은 가정폭력에 대한 트라우마가 있는 엄마들을 연구했는데 일반적으로 엄마들은 지속적이고 위협적인 환경에 연루되어 있었다. 엄마의 PTSD는 육아 스트레스 및 아기에게 덜 민감한 엄마의 행동과 관련이 있다. PTSD를 가진 엄마들은 관심을 끌기 위한 아기의 사회적 노력에 덜 반응하는 경향이 있다(Cohen, Hien, & Batchelder, 2008; Schechter et al., 2010).

영아의 일상적인 부정적 정서와 무력한 상태의 표시가 정신적 충격을 받은 어머니의 PTSD의 촉발 요인으로 작용할 수 있다는 가설을 조사하기 위해 Schechter와 동료들은 기능적 신경영상법(機能的 神經映像法)을 사용했다. 엄마들은 가정폭력에 노출되어 있었다. 엄마들은 자신의 아기와 낯선 아기들의 동영상을 시청했는데, 동영상에서 아기들은 엄마와 떨어져 있는 동안 속상해하는 스트레스 상태에 있었다. 이 스트레스 조건은 스트레스를 받지 않는 놀이 조건과 비교되었다. 연구 결과는 어린 자녀의 속상함을 잠재적 위협으로 보는 것에 대한 엄마의 조절 장애가 엄마의 뇌 활성화 패턴에 영향을 미친다는 가설과 일치했다. 엄마와 떨어져 있는 동안 속상해하는 자녀의 영상을 본 엄마들을 검사한 결과(스트레스 없는 놀이 조건과 비교하여), 두 연구의 서로 다른 실험에서 감정 조절과 사회 인지(즉, 배측과 복측 중앙 전전두엽)에 중요한 엄마의 뇌 영역의 신경 활성화가 감소했음을 보여 주었다. 또한 연구 결과는 외상 기억 흔적(전측 내후각피질과 해마결영역; Schechter et al., 2012; Schechter et al., 2015)의 유지와 관련된 변연계 영역의 신경 활성화 증가를 보여 주었다.

이 연구는 불안정-혼란 애착을 형성하는 아기의 엄마가 위협적인 얼굴을 보이는 이유를 설명한다. 2015년 Raby의 연구에 따르면, 엄마는 그 자신만의 불안정-혼란 애착 이력이 있는 것으로 보인다. Schechter와 동료들의 연구에 따르면, 엄마는 어린 시절 무섭고 위협적인 경험을 했을 것이다. 자신의 아기가 화를 내는 것이 그녀 자신에게 위협적이고, 두렵고, 화가 나고, 무력한 상태를 촉발하기 쉽다. 우리는 엄마가 아기의 고통에 위협을 느낄 가능성이 있다고 보고, 이에 대한 대응으로 엄마는 아기를 위협할 수 있는 것이다. 더구나 Schechter와 동료들에 따르면, 엄마는 화가 난 자신의 아기를 볼 때 감정 조절과 사회 인지가 감소하며 외상 기억 흔적이 증가하는 식으로 아기의 상태를 자신의 뇌에 반영한다.

희망적인 연구 결과도 있는데, Raby와 동료들(2015)은 불안정-혼란 애착 이력을 가진 엄마들이 사회적 지원을 더 많이 받을 수 있을 때 그들의 아기들이 더 안전하게 애착을 형성할 가능성이 높다는 것을 보여 주었다. 그리고 엄마와 영아를 위한 다양한 형태의 지원이 존재한다(Beebe et al., 2012; Cohen & Beebe, 2002; Downing, 2004; Lieberman, Ghosh Ippen, & Van Horn, 2006; Murphy et al., 2015; Powell, Cooper, Hoffman, & Marvin, 2013; Steele et al., 2014; Stern, 1995; Van den Boom, 1995의 사례 참조).

불안정-혼란 애착의 기원에서 영아의 괴로움과 엄마의 놀라움, 분노, 혐오, 정서적 단절

그림: 영아의 괴로움과 엄마의 놀라움, 분노, 혐오, 정서적 단절

이 장에서는 한 살이 되었을 때 불안정-혼란 애착을 형성한다고 분류된 4개월 된 아기와 엄마의 모습을 보여 준다(Beebe et al., 2010).

48초 동안 20장의 그림에서 아기는 화가 나 있는 모습으로 시작한다. 엄마는 아기와 연결되려고 하지만 아기와 연결되지 못하고, 아기의 괴로움을 공감하지도 못한다. 아기의 두려운 표정은 점차 극도의 괴로움으로 변한다. 아기의 괴로움에 엄마는 거짓 놀람, 분노, 종국에는 혐오의 표정을 보인다. 때때로 엄마는 아기의 손을 만지기도 한다. 결국 엄마는 아기에게서 정서적으로 멀어져 보인다.

12.1 분:초 34:23~34:27

줄거리: 아기는 화가 났다. 엄마는 먼저 걱정스러운 얼굴로 응수하고, 아기가 점차 더 괴로워하자, 놀란 척하는 표정을 짓는다. 아기가 몸을 돌리고 눈을 감고 얼굴을 가리자 엄마가 미소 짓는다(프레임 3).

프레임 1. 분:초 34:23

엄마와 아기는 서로를 바라본다. 아기는 입을 살짝 벌리고 얼굴을 찌푸리고 경직된 팔로 괴로워한다. 어머니는 입꼬리가 약간 처져 있다. 엄마는 아기의 괴로움에 어찌해야 할지 모르는 것 같다. 엄마는 마치 멀리 동떨어져 있는 것 같다. 엄마가 오른손으로 아기의 손을 만진다.

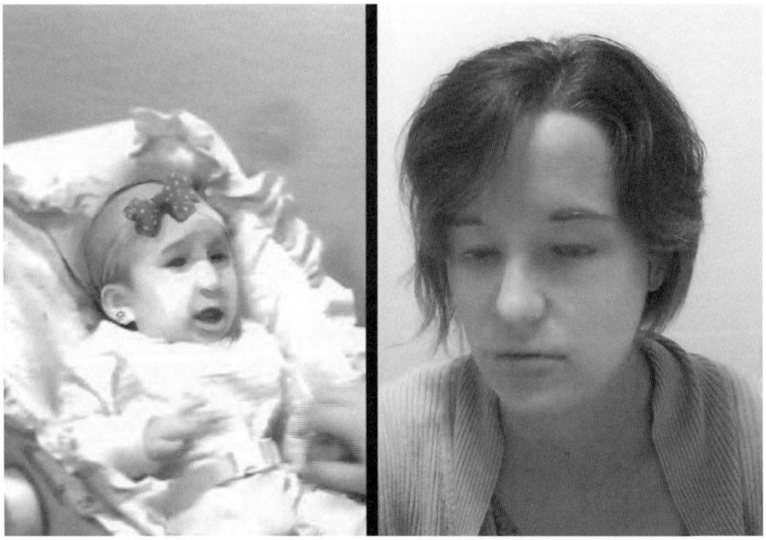

프레임 2. 분:초 34:24

1초 후, 아기의 얼굴에 괴로움이 심해지고 더욱 찡그린다(영상에서 항의하듯이 화난 아기의 소리를 들을 수 있다). 엄마가 눈을 치켜뜨고 흰자위를 드러내며 놀라는 척하는 표정으로 응수한다. 엄마의 표정은 아기의 괴로움과는 어울리지 않는 모습이다. 엄마는 계속해서 아기의 손에 자신의 손을 얹고 있다.

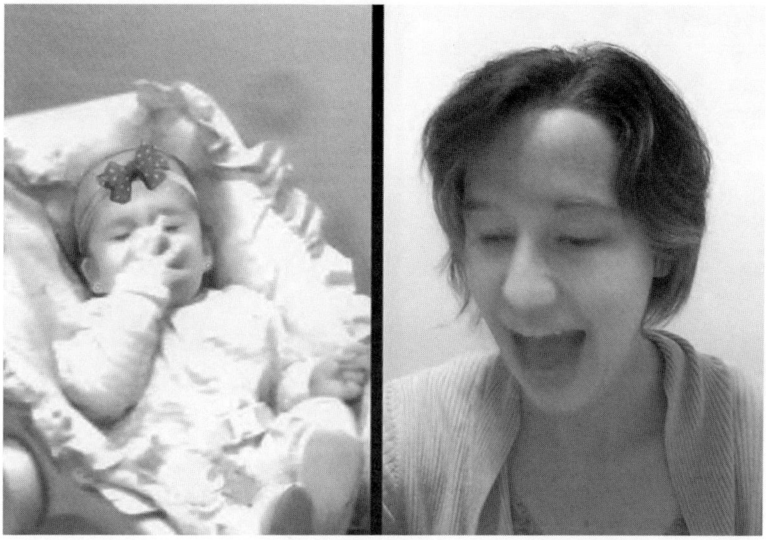

프레임 3. 분:초 34:27

3초 후, 아기가 몸을 완전히 돌리고 눈을 감은 채 손으로 얼굴을 가린다. 마치 자신의 상태와 어긋나는 엄마 표정을 보지 않도록 가리는 것 같다. 엄마는 아기의 괴로움과 완전히 불일치하는 입을 활짝 벌린 미소를 짓고 있다. 아기의 손가락과 엄마의 손은 여전히 맞닿아 있다. 영상을 프레임별로 분석하면 프레임 2에서 3까지 엄마가 먼저 거짓으로 놀란 표정을 짓자(프레임 2), 아기가 고개를 돌리고 얼굴을 가린다(프레임 3). 여기에서 우리는 아기가 엄마의 놀라는 표정이 자신의 상태와 불일치하거나 혹은 이에 따라 자신이 매우 화가 났다는 걸 느꼈을 것으로 생각한다. 장면 2부터 3까지, 아기가 몸을 완전히 돌리고 눈을 감은 채 손으로 얼굴을 가린다.

12.2 분:초 34:29~34:30

줄거리: 아기는 계속 괴로워한다. 엄마는 닫혀 있는 것 같이 보이다가 놀란 모습이다.

프레임 4. 분:초 34:29

2초 후, 아기는 마치 자신을 조절하거나 마음을 가다듬으려는 듯이 계속해서 눈을 감고 얼굴을 가린다. 이전 장면에서 아기의 상태와 상반되게 입을 크게 벌리고 미소를 지은 엄마는 이제 진정되고 어두운 얼굴이다. 선명하게 보이지는 않지만, 아기는 여전히 이전 프레임과 같은 자세로 왼손으로 엄마의 손을 만지고 있다.

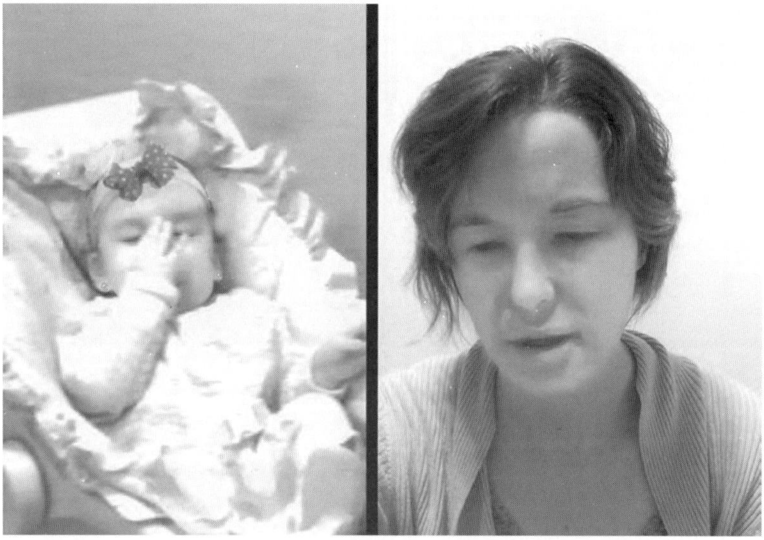

프레임 5. 분:초 34:30a

0.5초 후, 여전히 오른손으로 얼굴을 가린 아기가 고개를 돌려 엄마를 살짝 바라본다. 아기는 인상을 찌푸리며 계속 화가 나 있다. 엄마는 아기와 연결이 끊어진 듯 정서적으로 부재해 보인다. 엄마는 입을 작게 다물고 있다. 마치 아기가 보이지 않는 듯이 엄마의 눈은 공허하고 흐릿하다. 아기가 자신을 힐끔 본다는 사실을 모르고 아기의 괴로움에도 응답하지 않는다. 엄마는 낙담한 것 같다. 마치 아기에게서 멀리 떨어져 있는 것 같다. 여전히 아기의 왼쪽 손은 엄마의 손과 닿아 있다.

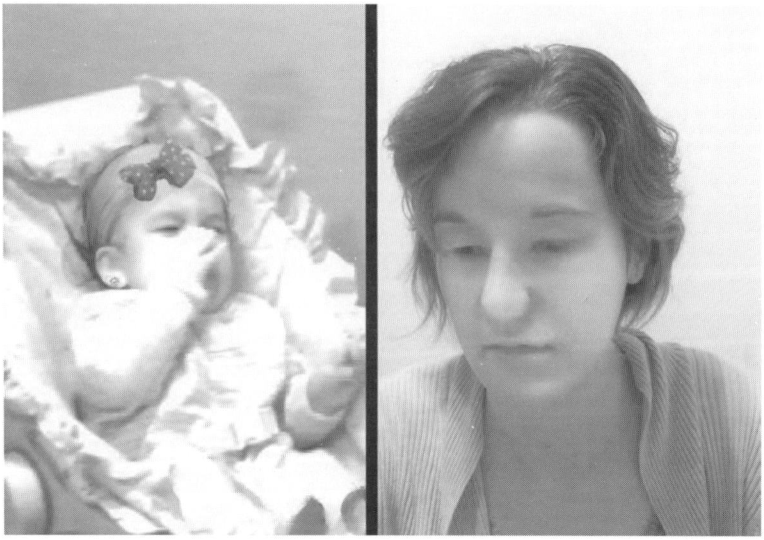

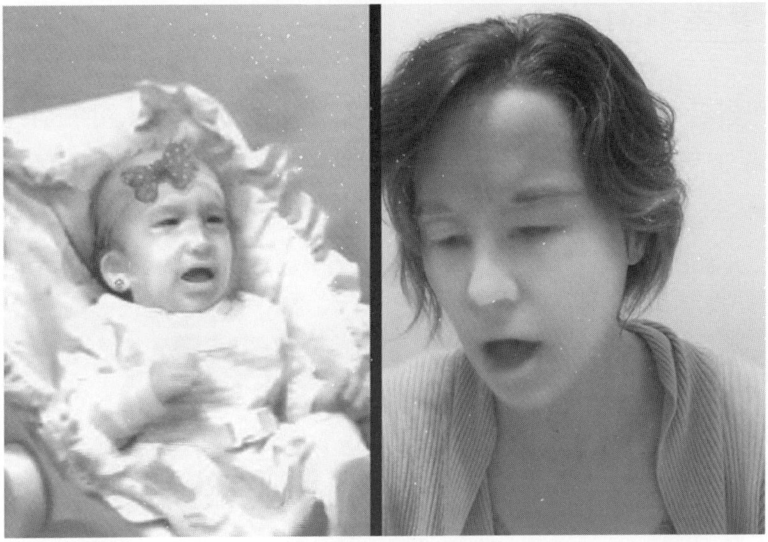

프레임 6. 분:초 34:30b

거의 동시에 얼굴을 찌푸리고 우는 얼굴을 한 아기가 오른손을 내리고 엄마를 정면으로 바라본다. 엄마의 눈과 입이 서로 다른 메시지를 보낸다. 엄마는 "왜 화가 났니?" 라고 하는 듯 의아한 표정으로 입을 벌리고 깜짝 놀란 표정을 짓고 있다. 이런 놀란 표정은 아기의 괴로움과 불일치하는 모습이다. 반면에 엄마의 눈은 이런 놀란 표정과 무관한 표정이다. 엄마는 아기 쪽으로 조금 다가간다. 그림에서 확실히 보이지는 않지만, 아기가 손을 내려 더 이상 엄마의 손을 만지지 않는다.

12.3 10초 후. 분:초 34:41~34:43

줄거리: 엄마가 아기의 입에 자신의 손가락을 넣는다. 아기는 칭얼댄다. 이후 엄마는 혐오하는 표정을 보이는데 이는 자신의 치아를 보여 주는 완전한 혐오의 얼굴로 끝이 난다.

프레임 7. 분:초 34:41

10초 후, 아기는 괴로워하며 찡그린 얼굴로 엄마를 바라본다. 엄마는 아기의 입에 자신의 손가락을 가져간다. 입을 살짝 벌리고 찌푸린 얼굴의 엄마는 확신이 없는, 아마도 걱정스러운 모습이다. (영상에서 아기는 엄마가 자신의 입에 손가락을 넣자 발을 마구 차는 모습을 볼 수 있다.)

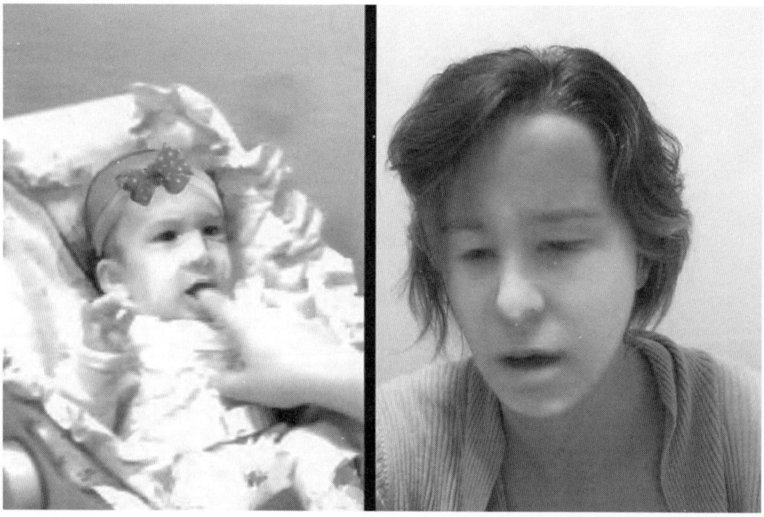

프레임 8. 분:초 34:42a

0.5초 후, 아기가 계속해서 괴로워한다. 눈살을 찌푸린 아기의 눈썹은 위로 올라가고 입은 더 벌어졌다. 아기는 왼손으로 엄마의 새끼손가락을 움켜잡는다. 엄마의 얼굴에 분노와 혐오가 보인다. 아마도 엄마는 아기가 자신에게 긍정적인 반응을 해 주지 않고 계속해서 괴로워하는 모습에 실망했을 수 있다. 엄마의 손가락은 여전히 아기 입에 있다. (영상에서 아기는 칭얼대고, 이에 탐탁지 않은 엄마는 "이러지 마."라며 애원하는 말투다.)

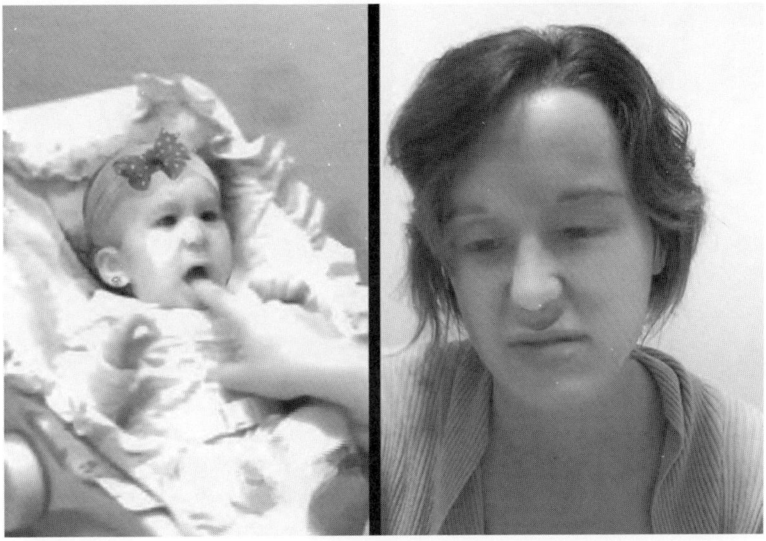

프레임 9. 분:초 34:42b

0.5초 후, 엄마를 바라보는 아기는 여전히 얼굴을 찌푸리며 괴로워한다. 아기는 불안해 보인다. 아기는 계속해서 엄마의 새끼손가락을 잡고 있다(영상에서 아기는 계속 칭얼거린다). 엄마의 팔자주름이 깊어지며 더욱 혐오스러워하는 표정이 된다. 엄마는 매우 실망하고 슬픈 표정이다. 여전히 엄마의 손가락은 아기 입에 있다.

프레임 10. 분:초 34:42c

거의 동시에 엄마를 바라보는 아기는 계속해서 괴로워한다. 아기가 눈썹을 치켜세우며 놀란 표정을 짓는다. 아기는 손발을 마구 흔드는 와중에도 엄마의 새끼손가락을 잡고 있다. 이제 엄마는 매우 혐오스러워하는 표정으로 이를 보이고 위협적인 표정을 짓는다. 계속해서 아기의 입에는 엄마의 손가락이 있다.

프레임 11. 분:초 34:43a

0.5초 후, 엄마는 여전히 완전히 혐오하는 얼굴이다. 엄마의 입은 크게 벌어지고 치아가 더욱 드러나며 윗니와 아랫니가 모두 보인다. 아기는 고개를 뒤로 하고 눈을 거의 감고 있다(영상에서 아기는 계속 칭얼댄다). 이제 아기는 더 이상 엄마의 새끼손가락을 잡고 있지 않다. 이 장면은 엄마와 아기의 표현이 매우 불일치하는 모습을 보여 준다. 아기는 엄마의 위협적인 모습에 눈을 감는다.

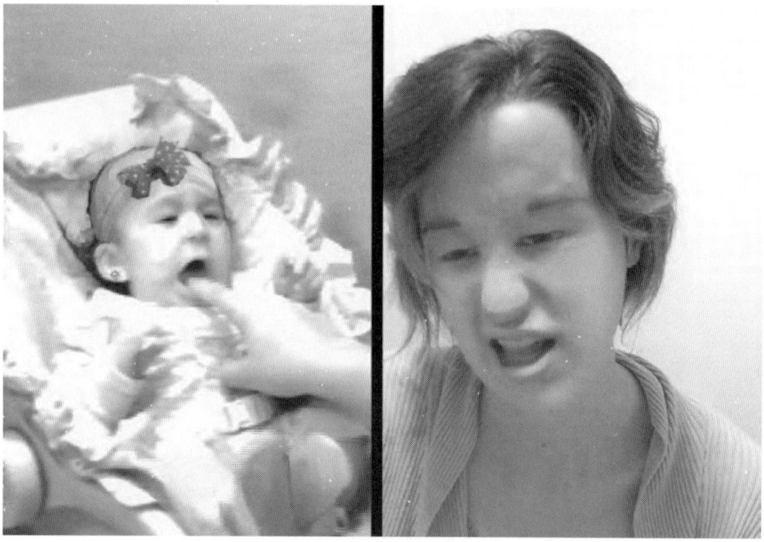

프레임 12. 분:초 34:43b

거의 같은 시간에 아기는 눈을 뜨고 엄마를 똑바로 바라본다. 여전히 괴로워한다. 아기는 발을 마구 움직인다. 엄마의 혐오스러워하는 표정은 조금 누그러졌지만 여전히 아기의 표정과 모순된다.

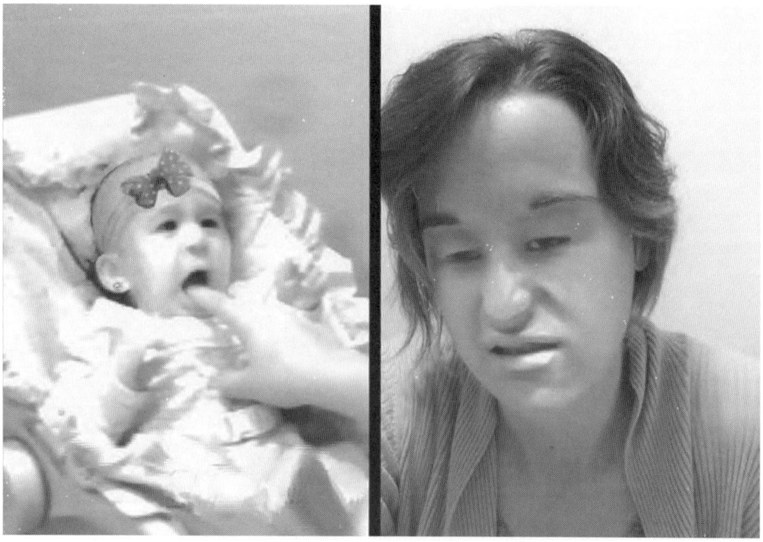

프레임 13. 분:초 34:43c

거의 동시에 얼굴을 찌푸린 아기는 매우 강렬하게 엄마를 바라본다. 엄마와 아기 둘 다 모두 입을 닫았다. 엄마는 아기의 입에서 손가락을 꺼내고 닫힌 얼굴이다. 엄마는 멀리 떨어져 정서적으로 단절된 모습인데 아마도 체념한 것 같다. 여전히 약간의 혐오하는 표정이 보인다.

12.4 분:초 34:57~35:10

줄거리: 점점 화가 나는 아기는 갑작스럽고 불안정하게 움직이며 엄마에게서 멀어진다. 아기의 괴로움에 대응해 엄마는 빠르게 여러 모습을 보이는데 놀란 척하는 모습을 보이기도 하고 분노, 시선 회피, 놀람, 그리고 부분적으로 동정하는 표정을 짓는다. 마지막 프레임에서 아기가 울음을 터뜨리자 엄마는 위축되어 단절된 표정을 짓는다.

프레임 14. 분:초 34:57

14초 후, 아기와 엄마는 서로를 바라본다. 아기는 놀라서 두렵고 울기 직전의 얼굴을 한다. 아기의 눈썹은 올라갔고 얼굴은 잔뜩 찌푸린다. 아기는 겁에 질린 모습이다. 이런 아기의 괴로운 상태와 상반되게 엄마의 눈썹이 위로 올라가며 가짜로 놀란 체한다. 엄마는 아기의 손을 잡고 있다.

프레임 15. 분:초 34:58

1초 후, 계속 얼굴을 찌푸리던 아기는 울기 직전으로 눈을 가늘게 뜨고 아래를 바라본다. 엄마가 살짝 입술을 삐죽거린다. 엄마는 체념한 듯 보이고 아기의 손을 놓았다.

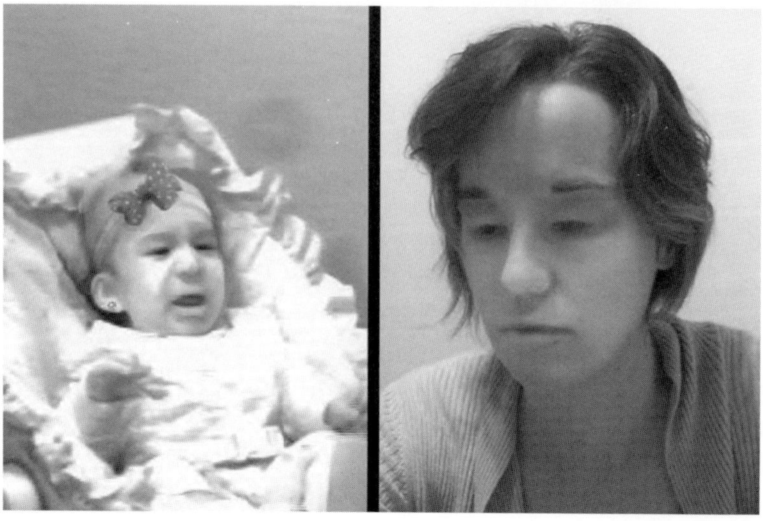

프레임 16. 분:초 35:02

아기는 우는 얼굴로 더욱 괴로워한다. 엄마를 바라보고 있지만 프레임 14에서 보여주었듯이 직접적으로 엄마와의 눈을 맞추고 있지는 않다. 아기는 오른손을 몸으로 가져온다. 아기의 괴로움이 심해진다(영상에서 아기는 매우 화가 나 격렬하게 항의의 소리를 낸다). 엄마는 단절된 얼굴로 아기를 바라본다. 정서적으로 위축되고 단절된 표정이다. 이 장면은 아기와 엄마의 상태가 심각하게 어긋나는 순간이다. 엄마의 얼굴만 놓고 보면 우리는 아기가 이렇게나 괴로워하고 있다는 것을 알 수 없을 것이다.

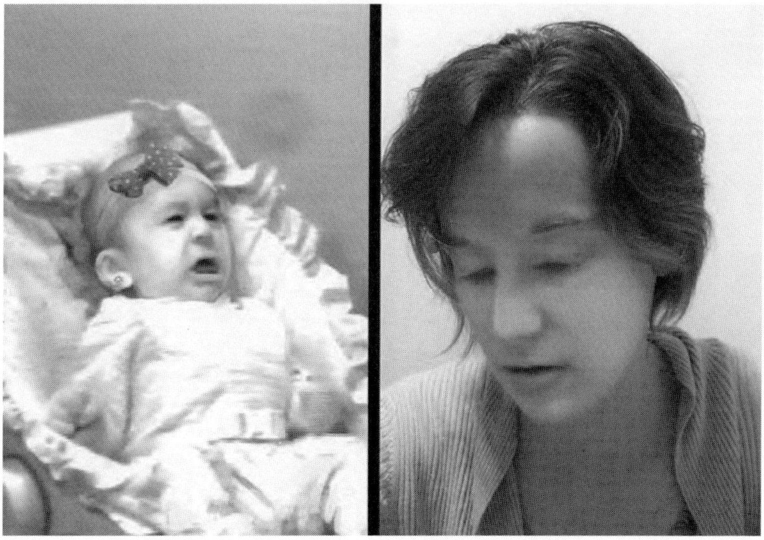

프레임 17. 분:초 35:06

4초 후, 아기는 계속해서 괴로워한다. 이제 아기는 갑작스럽게 그리고 불안정하게 움직이며 엄마에게서 멀어진다. 아기는 무서워하는 게 아니라 더욱 화가 난 듯하다. 이런 아기의 모습에 엄마는 아래를 바라보며 피한다. 엄마는 무기력하고 정서적으로 단절되어 보인다.

프레임 18. 분:초 35:07

4초 후, 아기는 매우 격렬하게 몸을 비틀며 엄마에게서 멀어진다. 이제 아기는 우는 얼굴로 엄마를 바라보지 않는다. 이런 아기의 행동은 강력한 항의이자 혐오의 표현이다. (영상에서 아기는 심하게 화를 내며 항의한다.) 이에 놀란 엄마는 충격을 받았다. 엄마의 왼손이 아기 다리에서 보인다.

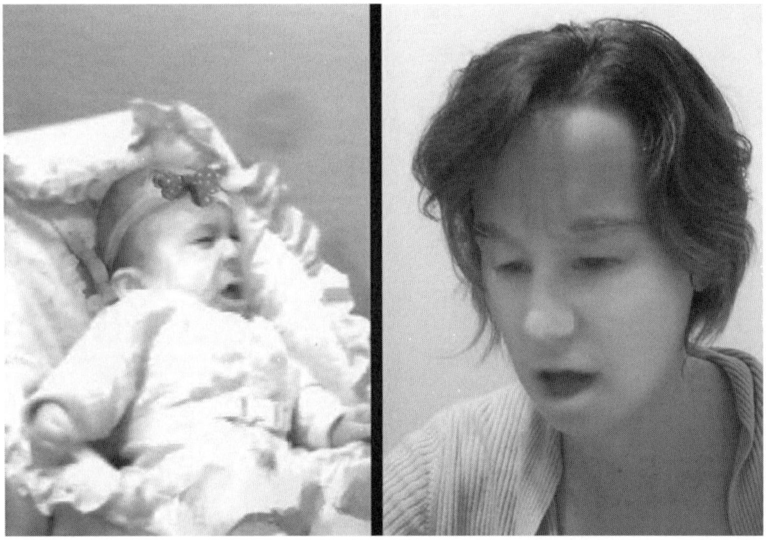

프레임 19. 분:초 35:08

1초 후, 아기가 몸을 바로 하고 엄마 쪽으로 향하지만 여전히 엄마로부터 시선을 돌리고 아래를 바라본다. 아기는 계속 매우 화가 나 있다. 엄마는 약간의 슬픈 모습으로 아기를 안쓰러워한다. 엄마의 왼손이 아기의 오른쪽 다리에 닿아 있다.

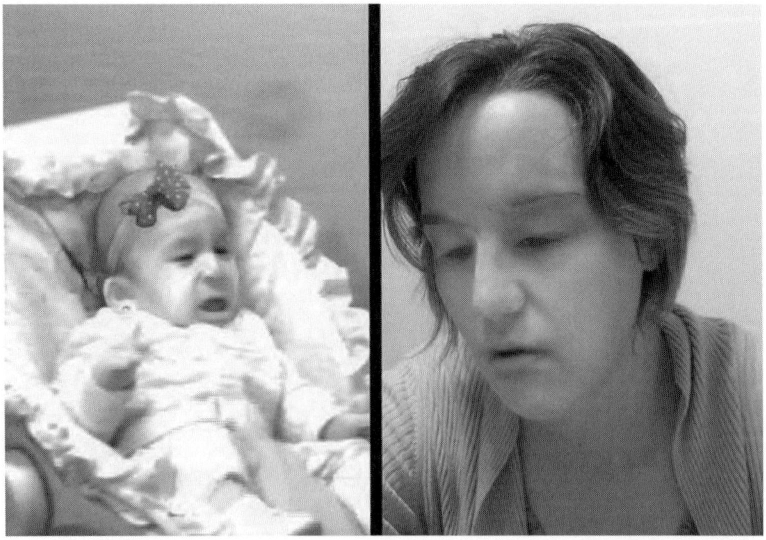

프레임 20. 분:초 35:10

2초 후, 아기는 오른쪽 다리를 걷어차며 심하게 화를 내고 울기 시작한다. 눈을 거의 감고 엄마를 바라보지 않고 스스로를 달래기 위해 손을 입으로 가져간다. 엄마는 무표정한 모습이다. 엄마는 정서적으로 단절되고 멀리 동떨어진 것처럼 보인다. 극도로 괴로워하는 아기를 돕는 게 불가능해 보인다. 이 장면 역시 둘의 모습이 서로 불일치하는 또 다른 순간이다.

낯선 사람에 대한 영아의 경계심

앞에서 살펴본 엄마와의 상호작용에 뒤이어 곧바로 아기는 새로운 파트너인 낯선 사람과 함께했다. 4초 동안의 4개의 그림에서 아기는 시각적으로는 참여하는 듯 보이지만 한편으로는 경계심을 보인다. 낯선 사람은 아기와 연결되기 위해 노력한다. 마지막까지 아기의 얼굴에는 미묘한 호기심이 감돈다. 4초 동안 계속해서 아기가 낯선 사람과 정면으로 눈을 마주치고 낯선 사람의 손을 잡고 있다는 사실은 놀랍다. 아기들이 처음에 낯선 사람을 경계하는 것은 매우 당연한 일이다. 하지만 이 아기는 2분 30초 동안의 상호작용에서 별도의 준비가 필요하지 않았다.

12.5 분:초 32:17~32:20

줄거리: 4초 동안 아기는 낯선 사람의 손을 잡고 상대방을 똑바로 바라본다. 마지막 순간에 낯선 사람은 시선을 아래로 해 아기를 바라본다.

프레임 1. 분:초 32:17

아기가 경계하는 눈빛으로 낯선 사람을 정면으로 바라본다. 아기의 입 오른쪽이 아주 살짝 벌어졌는데 이는 흥미롭다는 표현을 암시한다. 낯선 사람의 눈썹이 올라가며 마치 "우리 함께 할 수 있을까?"라고 말하는 듯하다. 낯선 사람은 아기를 바라보며 몸을 기울인다. 낯선 사람의 왼손이 아기의 오른팔 아랫부분을 잡고 있다. 아기는 오른팔을 뻗어 낯선 사람의 오른손을 잡는다.

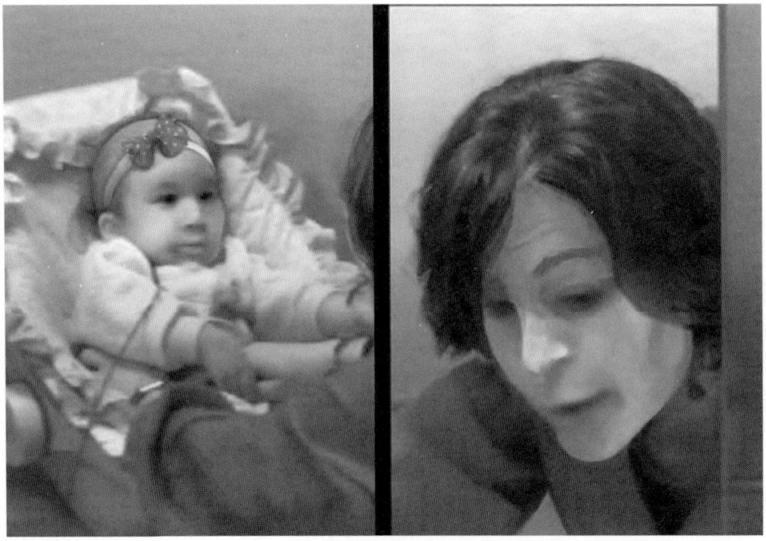

프레임 2. 분:초 32:18

1초 후, 아기가 계속해서 관심을 보인다. 아기는 여전히 낯선 사람의 손을 잡고 있다. 낯선 사람은 아랫입술을 살짝 끌어올리며 마치 "오오"라고 말하듯이 반응한다.

프레임 3. 분:초 32:19

1초 후, 아기가 몸의 방향이나 시선, 표정을 바꾸지 않고 계속해서 낯선 사람의 손을 잡고 있다. 아기는 거의 얼어붙은 채 경계심을 보인다. 낯선 사람이 "무슨 일이야? 괜찮니?"라고 말하듯 눈을 치켜올린다. 동시에 살짝 동정하는 듯한 슬픈 얼굴이 보인다.

프레임 4. 분:초 32:20

1초 후, 아기의 얼굴에 긍정적인 호기심이 사라진다. 아기는 좀 더 중립적이고 걱정하는 표정으로 낯선 사람의 손을 계속 잡고 있다. 낯선 사람은 좀 더 아기 쪽으로 몸을 기울인다. (낯선 사람의 머리카락이 아기 쪽 프레임에서 관찰된다.) 낯선 사람의 눈썹은 위로 올라갔고, 좀 더 침울한 표정으로 "아, 뭔가 잘못되었어."라고 말하는 듯하다.

아기의 괴로움과 엄마의 놀라움, 분노, 혐오, 정서적 단절에 대한 설명

우리가 이 상호작용 장면들을 선택한 것은 한 살 때 불안정-혼란 애착을 예상할 수 있는 다양한 패턴을 잘 보여 주기 때문이다(Beebe et al., 2010). 이번 장은 아기가 갑작스럽게 괴로워할 때 아기와 엄마가 이를 회복하고 다시 긍정적인 상호작용으로 돌아오는 모습을 잘 보여 준다. 다음 설명의 일부는 Beebe 박사와 그 동료들의 연구에서 인용했다(Beebe et al., 2010, 2012).

엄마와 아기에 대한 설명

제12장은 아기가 괴로워하는 장면으로 시작한다. 처음 엄마는 아기의 괴로움을 알지 못한 채 동떨어진 중립적인 얼굴을 한다(프레임 1). 하지만 즉시 엄마의 표정은 눈썹이 올라가고, 눈의 흰자위가 보이는 놀란 척하는 표정을 짓는다(프레임 2). 이 모습은 아기의 괴로움과 상당히 불일치하는 모습이다. 아마도 놀라는 척하는 모습은 부정적인 감정을 긍정적으로 바꾸려는 엄마의 시도일지도 모른다. 다시 말해 아기의 강력한 부정적인 정서를 긍정적으로 전환하려고 하는 것이다. 눈의 흰자위를 드러내는 엄마의 모습은 잠재적으로 두려운 일이 될 수 있다(Hesse & Main, 2006). 이번 장면에서 엄마는 아기의 괴로움을 인지하는 순간 공감하는 것이 아닌 아기의 상태와 불일치하고 아기를 두렵게 만드는 반응을 보인다.

그러자 아기의 괴로움이 점점 더 심해진다. 아기가 고개를 돌리고, 눈을 감고, 얼굴의 일부를 가릴 때 엄마는 입을 크게 벌리고 환하게 웃는다(프레임 3). 다시 한번 우리는 괴로워하는 아기와 웃고 있는 엄마 사이에서의 불일치를 확인할 수 있다. 아기가 눈을 감고 고개를 돌리는 것은 자신의 상태와 불일치하는 엄마의 얼굴로부터 자신을 보호하려는 것일지도 모른다. 또 다시 엄마는 이런 아기에게 공감의 표현이 아닌 웃음으로 대응하며 어긋나는 상태를 보여 준다.

단절된 얼굴을 하는 엄마는 아기와 동떨어져 단절된 것 같다(프레임 5). 아기가 우는 얼굴로 엄마를 보려고 고개를 돌릴 때 엄마는 아기의 괴로움이 당혹스럽다는 듯이 놀란 표정이다(프레임 6).

이번 상호작용에서 가장 힘든 부분이 바로 이어진다. 엄마가 아기의 입에 자신의 손가락을 넣자(프레임 7), 아기가 칭얼거린다. 아기의 입이 다친 것 같다. 영상에서 우리는 엄마가 "이러지 마."라고 말하는 것을 볼 수 있다. 엄마는 아기에게 불행해하지 말라고 애원하는 듯하다. 곧바로 엄마는 혐오스러운 표정으로 입을 벌리고 자신의 이를 보이며 아기를 위협하는 얼굴을 한다(프레임 10, 11). 아기의 괴로움에 혐오와 분노와 함께 엄마 자신의 괴로움을 명백하게 보여 주는 순간이다. 아마도 엄마는 아기에게 "괴로워하는 걸 당장 멈춰."라고 말하는 듯하다. 엄마는 아기에게 위협적인 모습이라는 사실을 알지 못한다.

14초 후, 아기는 점점 더 화를 내고 엄마는 크게 벌린 입을 하고 놀란 척한다. 아기는 매우 두려워하는 모습이다(프레임 14). 그리고 엄마는 입을 삐쭉 내밀고 닫힌 얼굴을 하고 나서 아기로부터 시선을 돌리며 정서적으로 단절된다(프레임 15~17).

이제 아기는 더욱더 화가 났다. 아기가 화가 난 듯 우는 얼굴로 성난 항의의 소리를 낸다. 아기가 우는 얼굴로 계속해서 항의의 소리를 내고 엄마를 피해 급작스럽고 불안정하게 몸을 움직이자, 엄마는 놀라서 충격을 받은 듯이 보인다(프레임 18). 처음 엄마는 동정 어린 얼굴을 보였지만(프레임 19), 아기가 격렬하게 울자 멍한 얼굴로 정서적으로 단절된다(프레임 20). 엄마는 아기를 돕기 위해 어떤 일도 할 수 없다. 엄마의 마음 문이 완전히 닫힌 것 같다.

이번 그림의 엄마는 아기의 다양한 행동을 인식하고 반응하지만, 아무것도 변하지 않았다. 따라서 엄마가 겪는 어려움은 반응의 부재로 인한 것이 아니다. 여기에는 서로가 상대방에게 영향을 미치지만, 이 영향이 불편하고 서로 맞지 않는 등 다양한 측면이 존재한다.

여러 장면에서 엄마는 아기의 괴로움에 웃거나 놀란 체하고, 정말로 놀라고 정서적으로 단절되는 여러 순간을 반복적으로 보여 준다. 치아를 보여 주며 위협적이고 혐오스러운 표정을 하고 나서 엄마는 다시 한번 정서적으로 단절된 모습을 보인다. 우리는 여기서 엄마가 아기의 괴로움에 고군분투하는 모습을 볼 수 있다. 엄마와 아기 모두 서로 다른 이유로 "이런 일은 일어날 수 없어."라고 느끼는 것처럼 보인다.

우리는 아기의 괴로움에 웃음과 놀란 척하는 엄마의 모습이나, 정서적으로 단절된 순간들이 엄마가 자신을 스스로 진정시키기 위해 그 상황에서 분리되고자 하는 노력일 것으로 생각된다. 엄마는 아기의 괴로움이 야기할 자신의 해결되지 않은, 견딜 수 없는 괴로움에서 자신을 보호하려는 것이다. 아마도 아기의 괴로움이 엄마의 어린 시절의 풀리지 않은 트라우마를 촉발했을 것이다. 무의식중에 보인 엄마의 복합적인 자기 보호 행동들은 아기의 괴로움과 반대되는 모습으로 상호작용에서 아기가 벗어나게 하는 것이다.

기대에 대한 설명

이제 우리는 상호작용에서 아기와 엄마가 예상하는 바를 생각해 볼 수 있다. 우리는 엄마와 아기가 경험한 바를 말로 표현할 수 있다고 가정하고 이들의 행동-대화를 언어 표현으로 해석했다.

그리고 우리는 이 아기가 상호작용에서 다음과 같은 절차적 행동 패턴을 예상할 것이라고 가정한다.

"내가 화가 나면 엄마는 나를 돕지 않아요. 때때로 내가 화를 낼 때 엄마는 놀라요. 내가 괴로워할 때 엄마는 웃기도 해요. 그런 엄마를 난 보기가 싫어요. 그럴 때마다 내가 어떻게 느끼는지, 엄마가 무슨 생각인지 알 수가 없어요. 엄마는 내 괴로움을 알아주지도, 공감해 주지도 않아요. 가끔 내가 화를 내면 엄마는 다른 곳을 봐요. 너무 끔찍해요. 엄마는 어디에 있어요? 난 외로워요. 게다가 가장 최악인 건 내가 괴로워할 때 엄마는 나를 바라보지만 정말로 나를 보고 있는 것 같지 않아요. 내가 더욱 화가 나고 괴로워할 때도 엄마는 표정 변화조차 없어요. 나를 차단해요. 그러면 난 정말 엄마가 어디 있는지 모르겠어요. 무서워요. 엄마는 나를 이해하지 못해요. 뭔가가 잘못되었어요. 내가 화가 났는데도 엄마는 행복해 보이거나 놀란 표정을 지어요. 엄마를 이해할 수 없어요. 엄마에게 난 어떤 영향도 못 미치는 것 같아요. 미칠 것 같아요."

우리는 엄마 역시 상호작용에서 무의식적으로 다음과 같은 절차적 예상을 할 것으로 가정한다. "네가 괴로워하면 난 불안하고 무능해진 기분이 들어. 왜 나를 보고 웃어 주지 않아? 뭐가 문제야? 너를 기쁘게 하려고 해도 소용이 없어. 그만해! 네가 내게 너무 많은 영향을 주게 둘 수 없어. 너나 네 기분이 내 감정을 좌우하게 둘 수 없어. 그냥 나를 보고 웃어 줘. 행복해해 줘. 그 외에는 어떤 것도 듣지 않을 거야!"

관련 연구

우리 연구에서 불안정 애착을 형성하는 아기 엄마들은 아기가 괴로워할 때 안정 애착 아기 엄마에 비해 더 많이 웃거나 놀란 표정을 짓는데(Bee et al., 2010), 이는 둘 사이의 정서적 갈등을 보여 준다. 이런 패턴은 앞서 제10장에서 많이 볼 수 있었는데 이번 장에서도 특히 프레임 2, 3, 6, 14에서 같은 모습을 관찰할 수 있었다. 우리는 이것이 아기의 괴로움을 정서적으로 부정하는 엄마의 모습을 잘 나타낸다고 보았다. 이는 아기의 괴로움을 긍정적인 상태로 바꾸려는 엄마의 노력일 수 있지만, 엄마는 아기의 상태를 먼저 인지하지 않고 있다. 그 결과 미래 불안정 애착 아기의 엄마는 글자 그대로 정반대의 정서로 향하며 아기의 괴로움에 반대하거나 대항한다.

이같이 아기의 괴로움에 반대되는 엄마의 대응이 아기를 혼란스럽게 하고, 아기는 엄마가 자신의 괴로움을 감지하고 인정한다는 것을 느끼기 어렵게 된다. 이런 불안정 애착 유형을 형성하는 아기는 엄마가 자신의 괴로움에 공감하지 않는다고 예상하게 된다. 이 발견은 Winnicott(1965)의 모성 침해(maternal impingement)를 연상하게 한다. 아기의 괴로움에 공감하며 아기의 행동을 반영하는 것이 아닌 엄마는 웃거나 놀란 척하는 자신만의 행동을 하는 것이다(personal communication, Lin Reicher, December 2, 2008).

우리 연구에서 불안정 애착을 형성하는 아기의 엄마가 안정 애착 아기의 엄마보다 표정이나 소리에서 드러나는 아기의 괴로움에 더 많이 웃거나 놀란 표정을 지을 가능성이 높다는 것을 발견했다(Beebe et al., 2010). Van Egeren, Baratt과 Roach(2001)는 애착 유형에 관계없이 첫째 아이로 구성된 대규모 표본에서 아기의 소리에 드러나는 괴로움에 대한 엄마의 반응을 분석했다. 연구에서 아기가 칭얼거릴 때 엄마들이 소리를 낼 가능성이 높았고, 아기가 칭얼거릴 때 엄마가 미소 짓거나 사회적 활동이 억압된다는 사실을 발견했는데, 이는 예상 밖의 결과였다.

이에 따르면 불안정 애착을 형성하는 아기 엄마가 아기의 괴로움에 미소 짓는 것은 상당히 이례적인 모습이었다. 이는 엄마가 아기 자신의 정서적 방향과 일치할 것이라 기대하게 하는 아기의 능력을 훼손시키는데 이 능력은 안정 애착을 예측할 수 있게 하는 상호작용의 특징 중 하나이다. 안정 애착에서 엄마는 아기가 괴로워할 때 긍정적 상태가 아닌, 슬프거나 공감하는 표정으로 엄마 또한 위축되고 공감할 가능성이 높다(Beebe et al., 2010).

아기의 괴로움에 대한 엄마의 반응

여러 연구에서 밝혀진 바와 같이 엄마의 민감한 반응(아기의 괴로움이 빠르고 적절하게)은 안정 애착과 최상의 결과를 예상할 수 있게 한다(Ainsworth et al., 1978 참조). 예를 들어, McElwain과 Booth-LaForce(2006)는 6개월 된 아기의 괴로움에 대응하는 엄마의 민감성이 클수록 12~18개월 사이의 아기에게 안정 애착이 예상된다고 말한다. 376쌍의 엄마와 아기를 대상으로 한 Leerkes와 동료들의 연구에서 아기가 고통을 겪거나 그렇지 않은 행동에 대한 엄마의 민감성이 아기의 사회-정서적 조절을 예측했다. 6개월 된 아기의 괴로워하는 행동(괴로워하지 않는 행동은 제외)에 대한 엄마의 민감성에서 아기가 2, 3살이 되었을 때 문제적 행동이 줄어들고 사교적 능력이 높아질 것으로 예상했다(Leerkes, Blankson, & O'Brien, 2009). 후자의 연구는 아기의 괴로움에 대한 엄마의 반응이 얼마나 중요한지를 잘 보여 준다.

Leerkes와 Crockenberg(2006)는 엄마들에게 자신의 어린 시절 경험이 아기의 괴로움에 대해 어떻게 반응하게 하는지에 대해 인터뷰했다. 어린 시절 정서적 욕구를 충족 받지 못했던 엄마들은 아기의 괴로움에 대응하는 능력에 있어 자신감과 공감 능력이 낮았고, 괴로워하는 아기에게 반응할 때 부정적 정서를 더 많이 경험했다.

또한 Leekers와 동료들은 엄마의 안정 애착이 아기의 괴로움에 대한 높은 엄마의 민간성을 예상하게 했다고 밝혔다(Leerkes et al., 2014). Leerkes와 Siepak(2006)은 불안정 애착 유형이 아기의 울음소리와 버릇없거나 까다로운 기질에 노출될 때 부정적인 귀인을 만들 가능성이 높다고 말한다. 이들은 아기의 정서를 제대로 파악하지 못하고 아기의 괴로움에 즐거워하거나 중립적인 반응을 보이는 것이다. 게다가 영상에서 우는 아기를 보았을 때 자신의 필요에 더 집중했던 엄마들은 아기의 괴로움에 덜 민감했다(Leerkes et al., 2014). 자신의 필요에 더 집중한 엄마들이 부정적 정서가 더 높았고, 자신들의 감정을 조절하기 어려웠으며, 아기의 울음소리에 반복적인 불안과 분노를 느꼈다. 연구에서 Leekers와 동료들은 엄마 자신의 과거와 기능이 아기의 괴로움에 대응하는 데 어려움을 겪게 하는 요소라고 확인했다.

아기의 괴로움에 대한 엄마의 반응에 주목한 또 다른 연구는 어릴 때 안정 애착이었던 엄마에 비해 불안정 애착 엄마들을 대상으로 첫째 아기가 태어나기 전 AAI(Dynamic Maturational Model로 부호화됨; Crittenden, 2004) 평가를 진행했다.

자기 아기의 웃는 얼굴과 우는 얼굴 사진을 보는 엄마의 MRI를 촬영한 결과, 안정 애착 엄마는 뇌의 보상 영역이 더 활성화되는 것으로 나타났다(Strathearn, Fonagy, Amico, & Montague, 2009). 이는 엄마의 안정 애착이 아기 표정이 긍정 부정 여부와 상관없이 뇌의 보상 영역 활성화와 관련이 있다는 사실을 보여 준다. 연구자들은 안정 애착 엄마들이 아기의 얼굴에 드러난 감정에 엄마의 보살핌을 강화하고 동기를 부여한다고 설명한다.

안정 애착과 비교하여 불안정 애착 이력을 가진 엄마들은 우는 아기 얼굴에 다른 모습을 보였다. 이 유형의 엄마들은 감정과 불공평, 고통, 그리고 혐오와 관련된 뇌의 영역(전측 뇌섬엽)에서 더 큰 활성화를 보였다. 연구자들은 이 발견이 아기의 웃는 얼굴에 대한 부정적 정서 반응을 인지적으로 통제하고 있음을 알 수 있다고 말한다. 우는 아기 얼굴에 반응하는 안정 애착 엄마와 불안정 애착 엄마를 비교하면 안정 애착 엄마들의 활성화 패턴이 증가하고 불안정 애착 엄마들은 활성화 패턴이 감소한다는 예상과 일치했다(Strathearn et al., 2009).

Strathearn과 동료들의 연구는 제12장의 우는 아기와 이에 혐오스러운 얼굴로 반응하는 엄마의 표정을 이해하는 데 도움이 된다. 우는 얼굴과 같은 아기의 극심한 괴로움이 불안정 애착 이력의 엄마에게 억울함, 고통, 혐오의 감정을 활성화시킬 수 있다. 우는 아기는 엄마에게 사랑의 상실, 자신을 보고 웃음 짓는 아기의 상실, 엄마 자신이 좋은 엄마임을 느낄 수 있게 하는 아기의 상실 중 하나일 수 있다.

불안정-혼란 애착의 기원에서 영아의 괴로움과 엄마의 냉소 및 정서적 단절

그림: 영아의 괴로움과 엄마의 냉소 및 정서적 단절

제13장은 한 살이 되었을 때 불안정-혼란 애착을 형성한다고 분류된 4개월 된 아기와 엄마의 모습을 보여 준다(Beebe et al., 2010).

이번 장은 8초 동안 11개의 그림으로 구성된다. 처음 살짝 괴로워하는 아기는 시간이 지나면서 괴로움의 정도가 심해진다. 엄마는 아기의 상태와 상반되게 웃는 얼굴을 한다. 이후 엄마는 닿을 수 없는 사람처럼 냉소적이고 정서적으로 단절된 모습이다. 마지막에 아기는 주저앉아 엄마와 연결되지 않는다. 엄마는 아기의 괴로움을 인지하거나 아기를 달래 줄 수 없었다.

엄마와의 상호작용에 이어 아기는 새로운 파트너인 낯선 사람과 함께했다.

13.1 분:초 37:55~37:57A

줄거리: 3초 동안 아기는 괴로워하고 엄마는 아기를 참여시키려고 노력한다. 그러나 엄마의 표정은 아기의 표정과 일치하지 않는다.

프레임 1. 분:초 37:55

약간 놀란 듯 눈썹이 올라간 엄마가 웃으며 아기를 바라본다. 아기는 경계하는 듯 조금 놀란 표정으로 엄마를 바라보고 얼굴을 살짝 찌푸린다. 엄마와 아기 모두 살짝 놀란 듯한 표정이지만 엄마의 웃음은 아기의 찌푸림과 상반된 모습이다.

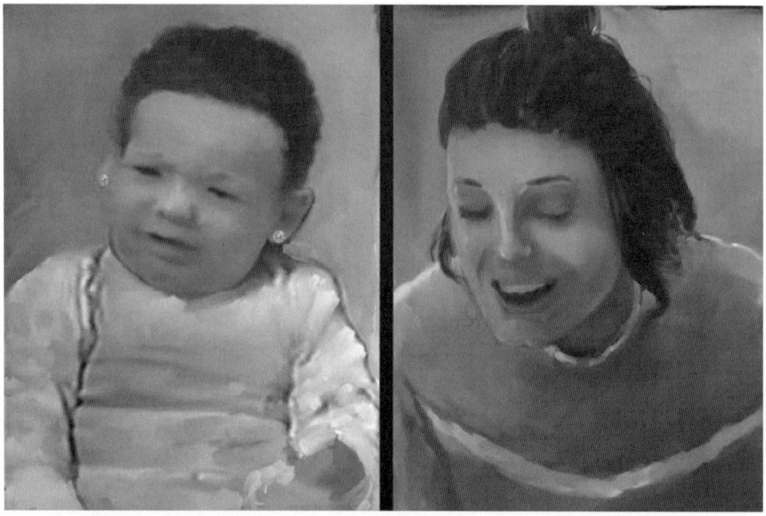

프레임 2. 분:초 37:56

1초 후, 아기의 눈썹이 찌푸려지며 괴로움이 커진다. 엄마는 입을 꽉 다문 채 침울한 표정으로 아기를 바라본다. 엄마가 아기 얼굴로 손을 가져간다.

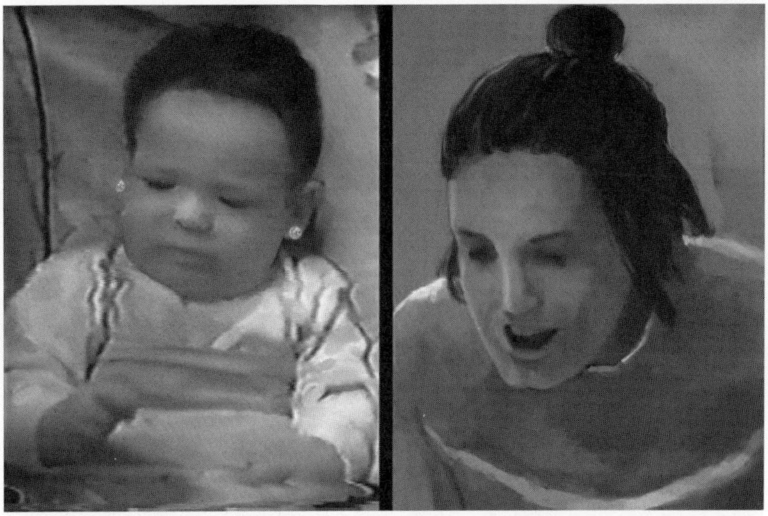

프레임 3. 분:초 37:57a

거의 동시에 아기가 엄마의 시선을 피해 아래를 바라본다. 여전히 눈썹을 찌푸린다. 엄마는 아기 상태에 반해 입을 조금 더 벌린다. 동시에 엄마가 아기 얼굴에서 손을 걷고, 아기가 자기 오른손을 들어 올린다.

13.2 분:초 37:57A~37:59A

줄거리: 2초에 걸쳐 아기의 괴로움이 최고조에 달한다. 엄마는 냉담한 표정으로 아기에게 갑작스레 얼굴로 다가간다. 이후 엄마는 무심한 표정이다.

프레임 4. 분:초 37:57b

거의 동시에 아기가 계속 찌푸리고 고개를 숙인 채로 엄마를 바라본다. 엄마의 윗입술이 살짝 올라가며 치아가 보이는데, 엄마는 짜증이 나거나 화가 난 것 같다. 갑작스레 엄마가 아기 얼굴에 다가간다. (참고: 엄마와 아기를 각각 촬영하는 두 대의 카메라는 서로 다른 높이에서 촬영하는데 엄마 쪽 카메라가 아기 쪽 카메라보다 더 높이 설치되었다. 그림에서는 엄마가 아래를 내려다보고 있는 듯하지만 실제로 엄마는 아기를 바라보고 있다.) 아기 역시 아래를 바라보는 것 같지만 (완전한 응시는 아니다.) 정확하게 엄마를 보고 있다.

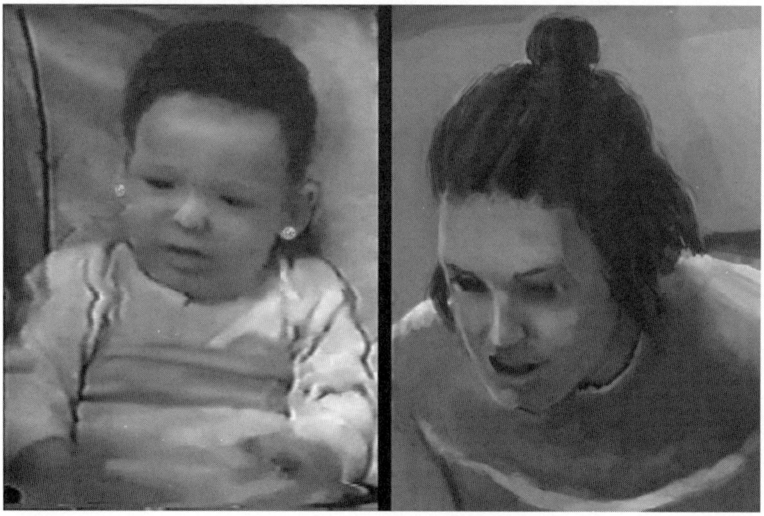

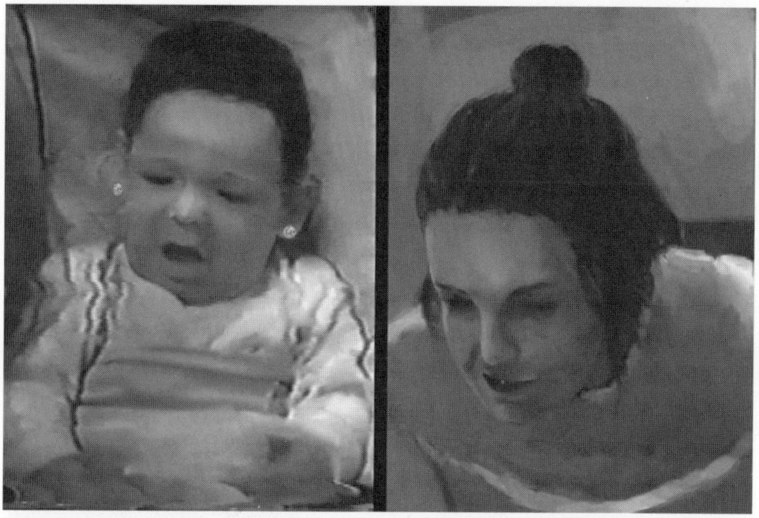

프레임 5. 분:초 37:58

0.5초 후, 엄마가 더욱더 아기에게 다가간다. 엄마의 오른쪽 입꼬리가 위로 올라가고 팔자 주름이 보이면서 냉소적인 표정이다. 아기는 입을 벌리고 울기 직전의 얼굴을 한다. 아기의 눈이 아래로 향하지만 여전히 엄마의 표정을 관찰하고 있다. 영상에서 아기가 화난 항의의 소리를 내는 것을 볼 수 있다. 엄마는 놀란 듯 하다.

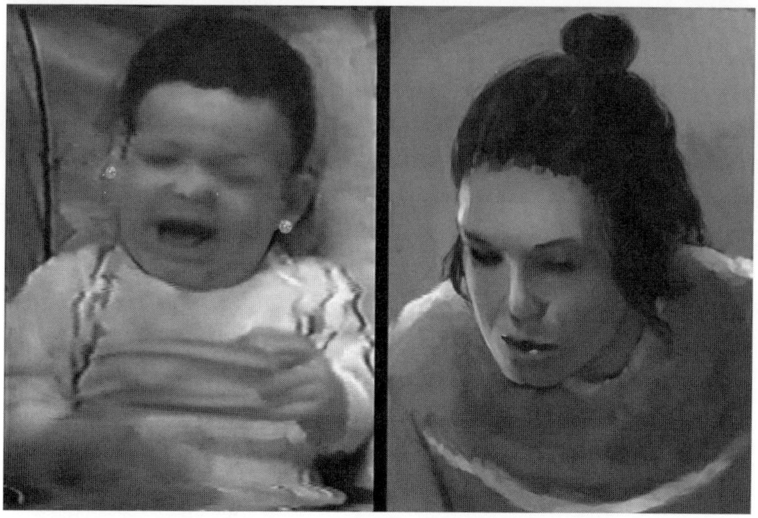

프레임 6. 분:초 37:59a

0.5초 후, 완전히 우는 얼굴을 하는 아기의 괴로움이 더욱 심해졌다. (영상에서) 아기는 화가 난 항의의 소리를 계속 낸다. 아기는 몸을 뒤로 하고 양손을 들어 올린다. 아기는 매우 흥분한 모습이다. 엄마가 머리를 뒤로 한다. 살짝 오므린 입술로 굳은 표정을 한다. 엄마의 냉소적인 얼굴은 거의 사라지고 흔적만 남았다. 마치 아기와 정서적으로 멀리 떨어진 듯 보인다.

13.3 분:초 37:59A~38:02

줄거리: 4초 동안 엄마는 다시 냉소적인 얼굴을 하고 아기는 매우 흥분한 모습이다. 그리고 나서 아기가 엄마를 보고 다시 흥분하고, 엄마를 외면하고 축 처져 괴로워한다. 엄마는 아기에게 반응하긴 하지만 전혀 공감하지 못한다.

프레임 7. 분:초 37:59b

거의 동시에 엄마의 단절된 표정은 냉소로 바뀐다. 엄마의 오른쪽 입가에서 팔자 주름이 잡힌 모습을 볼 수 있다. 아기의 우는 얼굴은 더욱 심해지고, (영상에서) 화가 난, 항의의 소리를 계속 내고 있다. 엄마를 피해 아기는 고개를 왼쪽으로 30도 정도 돌렸다. 아기는 매우 흥분했다.

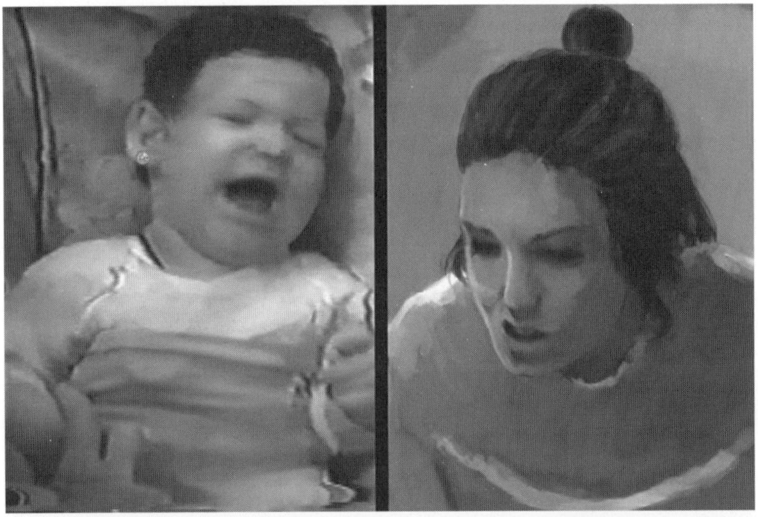

프레임 8. 분:초 37:59c

같은 시간 동안 아기는 엄마를 피해 60도 정도 고개를 돌린다. 여전히 매우 괴로워한다. 엄마는 입을 오므리고 프레임 6과 같은 표정이다. 아기의 괴로움을 인지하지 못했다.

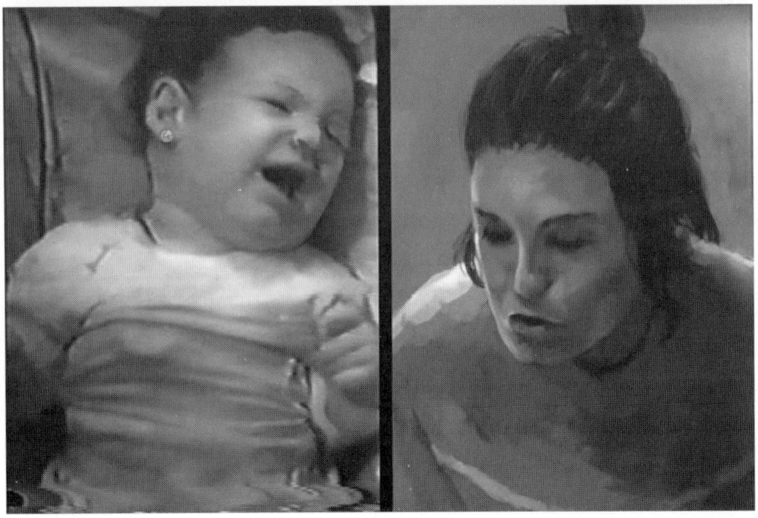

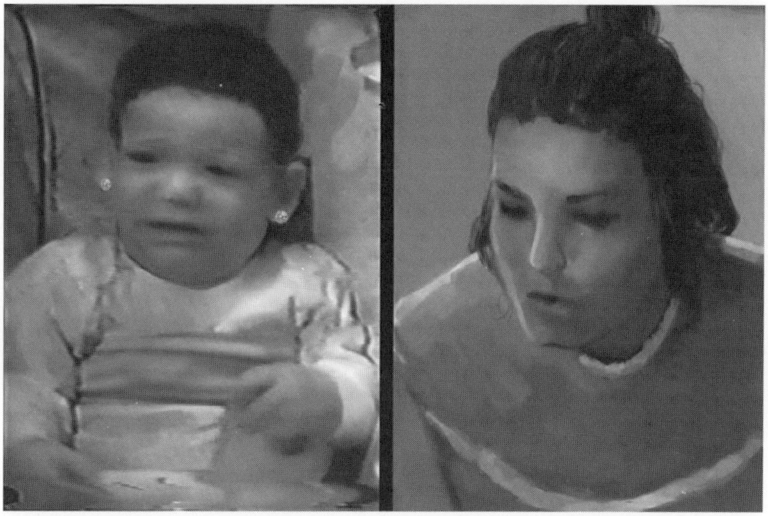

프레임 9. 분:초 38:00

1초 후, 마치 애원하는 듯이 아기는 두려움에 가득 찬 표정으로 엄마를 다시 바라본다. 입을 살짝 오므린 엄마는 단절된 표정이다. 엄마는 아기의 괴로움이나 방금 벌어진 일들을 전혀 인지하지 못하고 있다. 엄마는 아기와 정서적으로 단절되어 보인다.

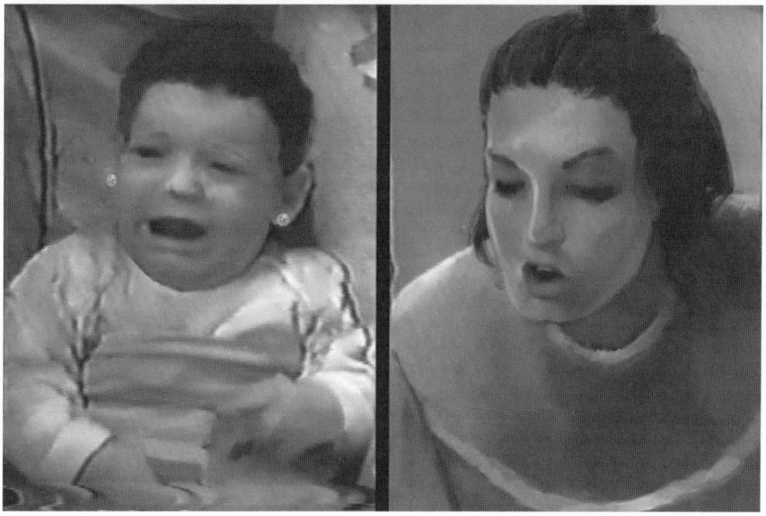

프레임 10. 분:초 38:01

1초 후, 아기는 더욱 흥분한다. 얼굴을 찡그리고 살짝 놀란 표정과 함께 극도로 괴로워하는 완전히 우는 얼굴이다. 영상에서 아기가 울부짖는다. 계속해서 엄마를 바라보는 아기는 마치 엄마에게 "내가 안 보여요? 무슨 일이 벌어졌는지, 내가 괴로워하는지 엄마는 모르는 것 같아요. 어떻게 나를 안 볼 수 있어요?"라고 말하는 듯하다. 눈썹이 위로 올라간 엄마는 놀란 모습이다. 엄마는 입을 오므리고 앞으로 내민다. 아기의 괴로움을 전혀 눈치채지 못했다. 엄마는 공감하지 못하고 마치 이전의 위협적인 표정을 지은 적이 없는 것 같다.

프레임 11. 분:초 38:02

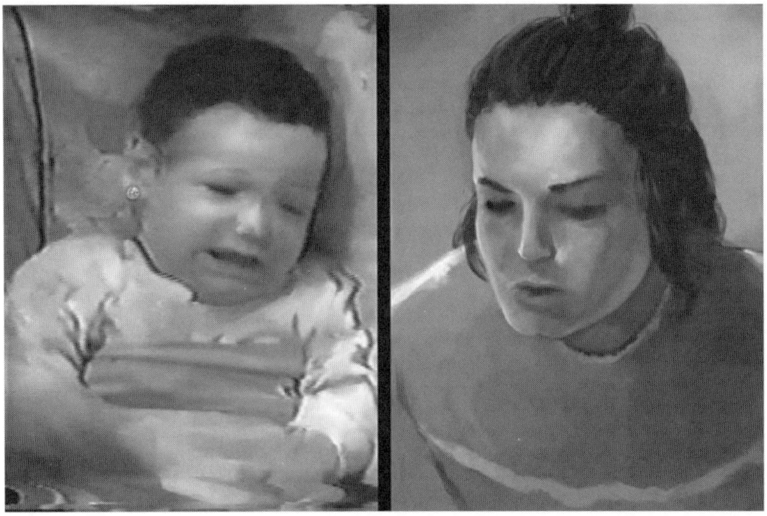

1초 후, 아기는 고개를 돌려 아래를 내려다본다. 아기의 몸은 부분적으로 힘이 빠지면서 축 늘어지고 고개를 비스듬히 숙이고 있다. 아기의 고통은 약간 완화되었지만, 여전히 매우 화가 나서 항의하고 있다. 엄마가 놀란 표정으로 눈썹이 올라간 채 아기를 바라본다. 프레임 6과 8에서 볼 수 있는 것과 비슷하게 입술을 살짝 다문 채 얼굴을 감싸고 있다. 엄마의 놀라움은 아기가 왜 화가 났는지 전혀 모른다는 것을 암시한다. 엄마는 침울하고 감정적으로 단절된 것처럼 보인다. 엄마는 아기의 고통을 인식하지 못하고 있다.

낯선 사람에 대한 영아의 정서 회복력

엄마와의 상호작용에 뒤이어 아기는 새로운 파트너인 낯선 사람과 함께했다. 6초 동안 5개의 그림에서 아기는 침울해하면서도 낯선 사람에게 반응하며 절제된 긍정적인 관계를 맺는다. 엄마와의 힘들었던 시간을 막 끝냈음에도 불구하고 아기는 새로운 파트너와의 관계에서 놀라운 회복력을 보인다.

13.4 분:초 16:16~16:21

줄거리: 아기는 시각적, 정서적으로 낯선 사람과 참여한다. 아기는 긍정적인 관심의 정도에 미묘한 변화를 보인다. 낯선 사람과 아기는 서로에게 긍정적인 모습으로 끝을 맺는다.

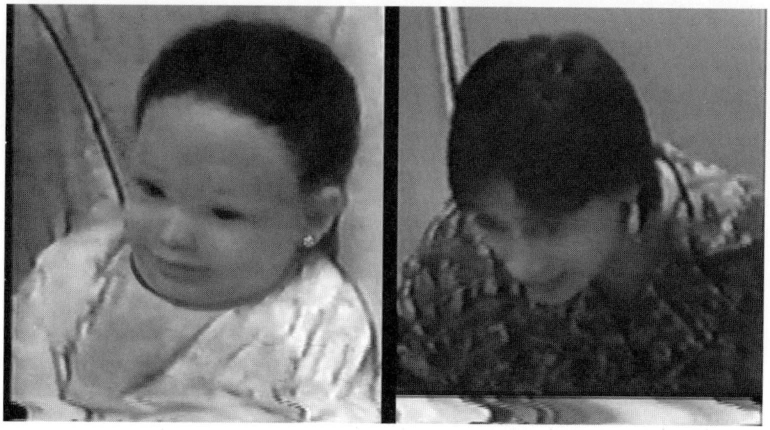

프레임 1. 분:초 16:16

아기와 낯선 사람은 긍정적인 표현을 내비치며 서로를 바라본다. 입을 살짝 벌린 아기는 흥미로워하는 모습이다. 낯선 사람은 마치 허락을 구하듯 호기심 어린 눈빛을 하고 있다. 낯선 사람의 머리가 살짝 앞쪽 아래로 향한다.

프레임 2. 분:초 16:17

1초 후, 아기는 살짝 미소짓는다. 낯선 사람은 즐거워하며 입을 벌려 미소로 화답한다. 낯선 사람은 살짝 앞으로 기울이면서도 몸을 약간 뒤로 젖히고 고개를 든다.

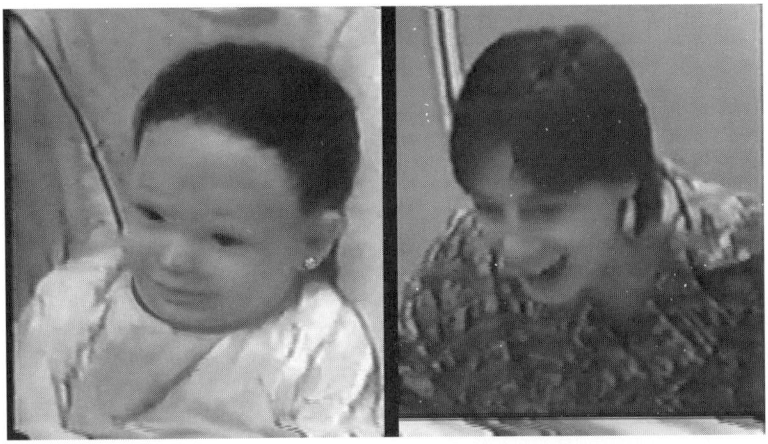

프레임 3. 분:초 16:19

1초 후, 아기의 미소가 살짝 사라지고 흥미로워하는 표정으로 낯선 사람을 계속 바라본다. 낯선 사람은 계속해서 미소를 짓는다. 낯선 사람은 마치 "무슨 일이야?"라고 말하는 것처럼 눈썹이 살짝 올라간 재미있어하는 표정이다. 낯선 사람은 아기가 살짝 진정되었음을 인지한 것처럼 보인다.

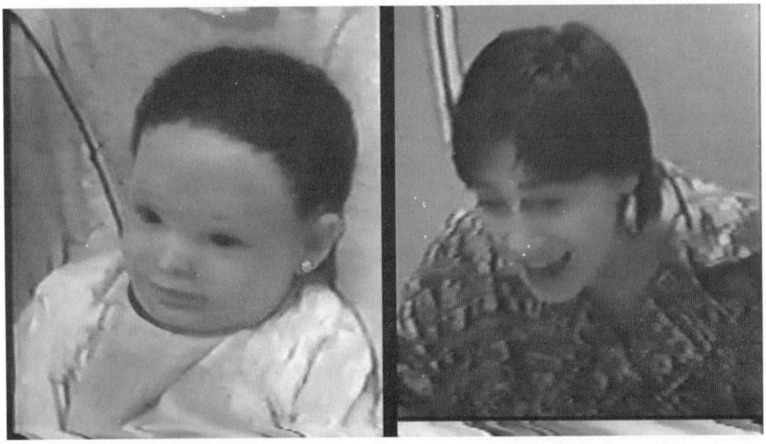

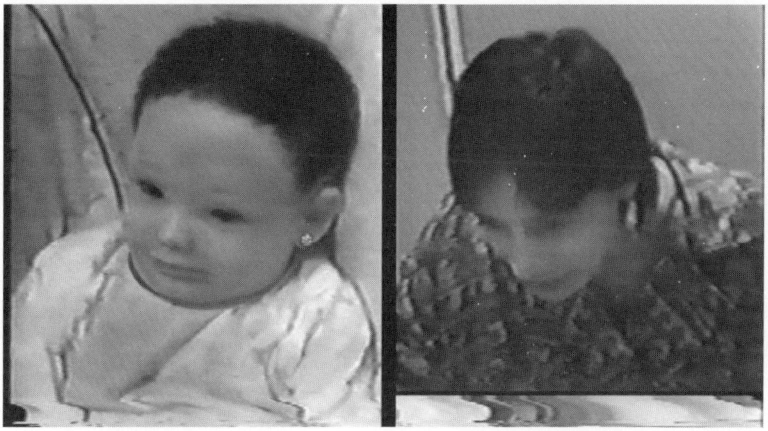

프레임 4. 분:초 16:20

1초 후, 낯선 사람은 살짝 진정된 모습으로 걱정스러워한다. 아기의 눈썹은 위로 올라가 있고 계속해서 흥미로워하는 얼굴이다.

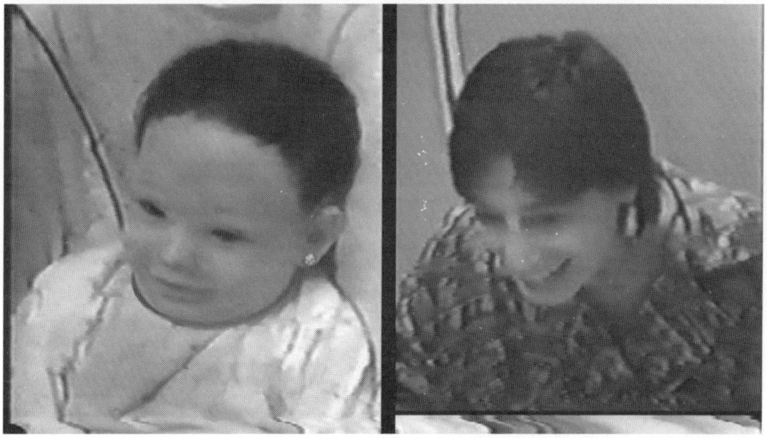

프레임 5. 분:초 16:21

1초 후, 조금 밝아진 아기가 미소를 보이려 한다. 낯선 사람은 활짝 웃으며 답하고 고개를 살짝 뒤로 들어 올린다. 서로 모두 긍정적인 순간이다.

영아의 괴로움과 엄마의 냉소 및 정서적 단절에 대한 해설

우리가 이 상호작용 장면들을 선택한 것은 한 살 때 불안정-혼란 애착을 예상할 수 있는 다양한 패턴을 잘 보여 주기 때문이다(Beebe et al., 2010). 이 엄마와 아기는 낯선 사람과 아기 사이의 상호작용에서 아기가 긍정적으로 자신의 감정 상태를 재구성하여 낯선 사람과 긍정적으로 연결되는 놀라운 회복력을 보여 준다. 다음 설명의 일부는 Beebe 박사와 동료들의 연구에서 인용했다(Beebe et al., 2010, 2012).

엄마와 아기에 대한 해설

상호작용이 시작되자 아기는 약간 찡그린 얼굴로 살짝 주저하면서 엄마를 바라본다. 엄마는 미소 짓고 있다. 두 번째 장면에서 엄마가 아기 쪽으로 손을 뻗자 아기는 좀 더 괴로워한다. 그러고 나서 아기는 아무 표정 없는 얼굴이다(프레임 3). 반면에 엄마는 입을 벌리고 약간의 미소를 띠고 있는데 이는 아기의 상태와 어긋나 보인다. 아직까지 눈에 띄게 특이한 상황은 벌어지지 않는다.

이어지는 네 개의 장면(프레임 4~8)에서 우리는 주목할 만한 불편한 순간을 볼 수 있다. 아기의 시선은 아래를 향하지만 여전히 눈을 뜨고 엄마의 표정을 관찰한다. 프레임 4에서 살짝 짜증난 혹은 화가 나기 시작한 아기가 조금씩 괴로워한다. 프레임 5에서 엄마의 냉소적 표정이 (팔자 주름이 접힌) 나타난다. 이는 위협하는 얼굴이다. 아기의 울기 직전 얼굴과 화가 나 항의하는 소리는 엄마를 놀라게 했다. 다음 순간(프레임 6) 엄마 얼굴에 냉소가 누그러져 약간만 남아 있다. 엄마는 입을 오므린 얼굴로 아기와 정서적으로 멀어져 단절된 모습이다. 오므린 입술은 엄마의 고통을 보여 주는 것 같다. 이제 아기가 완전히 우는 얼굴로 소리 내어 화난 듯이 항의를 하면서 괴로움이 가중되고 몹시 흥분 상태가 된다. 엄마는 이런 아기의 상태를 인지하지 못한다.

프레임 7에서 엄마의 냉소적인 얼굴이 다시 드러나고 여전히 흥분한 울상을 한 아기는 재빨리 몸을 돌려 엄마를 피한다. 아기의 급격한 움직임은 아기가 위협을 느꼈음을 말해 준다. 엄마의 표정이 정서적으로 단절된 듯 입을 오므리고 굳은 얼굴로 바뀌자 아기의 피하는 행동은 계속해서 이어진다(프레임 8). 엄마가 아기의 괴로움을 정서적으로 인지했다는 어떠한 기미도 보이지 않는다.

그러고 나서 아기는 무슨 일이 일어났는지 확인하려는 듯이 다시 엄마를 바라본다(프레임 9). 엄마도 아기를 다시 바라본다. 여전히 프레임 8에서와 같은 표정이다. 그러자 아기는 다시 매우 화가 나서 울상을 하고 울부짖는다(프레임 10). 이 순간 아기가 극도로 화가 난 이유가 무엇일까? 어쨌든 이 순간에 엄마는 냉소적인 표정이 아니다. 우리는 엄마가 자신의 괴로움을 알아준다는 어떠한 신호도 감지하지 못하고, 자신의 상태에 공감하지도 않고 무언가 아기 자신을 무섭게 하는 일이 벌어졌다는 걸 알지 못한다는 사실이 아기를 매우 화나게 했을 것으로 예상했다. 마치 엄마는 전혀 위협적인 얼굴을 보인 적이 없는 것 같다. 엄마의 상태 역시 아기의 상태와 불일치한다. 우리는 아기의 극심한 괴로움을 전혀 인지하지 못한 엄마의 실패가 아기를 두려움에 떨게 한다고 생각한다.

마지막 프레임(프레임 11)까지 아기는 엄마를 피해 몸을 돌리고 다른 곳을 바라본다. 이 와중에 엄마는 무의식적으로 다양한 감정을 느끼고 있을 것이다. 엄마의 꼭 오므린 입술은 엄마 스스로 괴롭다는 표시이다. 우리는 엄마가 이번 상호작용에서 무력감, 분노, 두려움과 불안정감을 경험했다고 본다. 그리고 매우 낙담한 엄마는 아기를 웃게 만들지 못했다. 엄마의 정서적 단절은 아기의 괴로움이 유발하는 강력한 두려움으로부터 엄마 자신을 지키려는 방안이라고 본다. 즉, 엄마의 정서적 단절은 괴로워하는 아기가 유발한, 자신이 과거에 해결하지 못한 견딜 수 없는 괴로움으로부터 스스로를 지키고 안정을 되찾기 위해 상황과 분리하려는 노력의 결과이다.

낯선 사람과 아기에 대한 해설

놀랍게도 제12장의 아기는 낯선 사람과 함께할 때 미묘하게 긍정적으로 반응하는 순간을 보인다. 낯선 사람은 조심스럽게 아기의 정서적 범위에서 긍정의 기미만 내보이는 절제된 관심을 보이며 다가간다. 낯선 사람과 놀 때, 이전 장면에서 보았던 동일한 아기라고 믿을 수 없을 정도로 아기는 다른 모습이다. 우리는 이를 '인간 정신의 회복력'이라 부른다. 이는 생후 4개월 된 아기가 자신에게 적절히 반응하는 상대방에게 긍정적으로 연결되도록 자신의 정서적 상태를 조절하는 능력을 말한다.

이 책에서 볼 수 있었던 엄마와의 어려운 상호작용에 뒤이어 아기와 낯선 사람의 상호작용은 아기가 자신에게 적절히 대응하는 낯선 사람과 참여할 방법을 찾고 조정할 수 있다는 아기의 능력에 관해 설명한다. 이 부류의 아기와 낯선 사람의 상호작용은 이 나이 또래의 모든 아기가 상황을 바로잡을 수 있는 회복력을 가질 수 있다는 점을 시사한다. 4개월이 되었을 때 아기의 시스템은 광범위한 상호작용의 경험에서 잠재적이고 유연하게 작동한다.

기대에 대한 설명

이제 우리는 상호작용에서 아기가 기대하는 바를 생각해 볼 수 있다. 우리는 엄마와 아기가 경험한 바를 말로 표현할 수 있다고 가정하고 이 둘의 행동-대화를 언어 표현으로 해석했다.

우리는 아기가 상호작용에서 다음과 같은 예상을 한다고 생각한다.

"난 너무 화가 나요. 내가 안 보이세요? 엄마는 지금 무슨 일이 벌어졌는지, 내가 괴로워하고 있는지 알지 못해요. 어떻게 내가 안 보일 수가 있어요? 너무 외로워요. 엄마는 저 멀리 떨어져 있는 것 같아요. 나를 전혀 모르는 것 같아요."

"조심스러워요. 엄마는 나를 무섭게 해요. 엄마가 다음에 무슨 행동을 할지 모르겠어요. 엄마가 저런 무서운 표정을 지으면 너무 두려워요. 화가 나요. 겁이 나요. 어쩔 줄 모르겠어요."

그리고 우리는 이 아기가 상호작용에서 다음과 같은 절차적 행동 패턴을 예상할 것으로 가정한다.

"내가 화가 나면 엄마도 화가 나요. 나한테 화가 난 것 같아요. 엄마는 무서운 얼굴로 날 두렵게 해요. 심지어 엄마는 내가 화가 난 것도 알아차리지 못해요. 엄마는 자신이 무슨 일을 했는지도 모를 거예요. 난 너무 외롭고 어쩔 줄 모르겠어요. 엄마한테 어떤 도움도 못 받을 것 같아요. 대신 엄마는 내게 화를 내요. 너무 무서워요. 내가 어떻게 해야 해요? 나는 여전히 엄마가 필요해요. 엄마의 사랑이 필요해요."

우리는 엄마 역시 상호작용에서 무의식적으로 다음과 같은 절차적 예상을 할 것으로 가정한다.

"왜 화가 났어? 놀랐잖아. 왜 행복하지 않니? 행복해야지! 넌 행복해야 해. 넌 날 너무 실망시켰어. 너를 웃게 만드는 건 너무 힘들어. 날 사랑하지 않는 것 같아. 그래서 무서워. 그만해! 너무 지나쳐. 항상 이런 식이야. 난 싫어. 너는 나를 사랑해야 해!"

이번 상호작용은 불안정-혼란 애착을 형성하는 아기가 엄마가 자신의 괴로움을 느끼고 알고 인정한다고 느끼는 게 얼마나 어려운지를 다시 한번 보여 준다. 대신 이러한 아기들은 엄마가 자신의 괴로움을 정서적으로 나눌 수 있기를 기대할 수 없게 된다고 생각한다.

이번 상호작용은 마치 노출된 상처처럼 아기의 괴로움이 엄마 자신의 해결되지 않은 괴로움을 유발했을 가능성을 보여 준다. 우리는 엄마가 자신이 아기를 위협했다는 것을 의식하지 못했다고 추측한다. 또한 엄마가 매우 화가 난 아기와 정서적으로 단절되었다는 것도 알지 못했다고 생각한다. 그리고 엄마가 아기의 반응에 깊은 상처를 받았다고 본다.

관련 연구

제13장의 엄마-아기의 상호작용에서 나타난 어려움은 제11장과 제12장에 나타난 것과 유사하다. 세 명의 엄마 모두 위협적인 얼굴을 한다. 제11장에서 엄마는 치아를 악무는 얼굴을 했고, 제12장의 엄마의 표정에는 혐오감이 보이는데, 이 모습은 치아를 드러내며 더욱 가중되었다. 제13장의 엄마는 오른쪽 입가의 팔자 주름에서 냉소적인 표정을 보였다. 제11장, 제12장, 제13장의 아기 모두 엄마의 위협적인 얼굴에 우는 얼굴을 하거나, 화난 항의의 소리를 내거나, 엄마로부터 몸을 돌려 피했다. 또한 아기들은 종종 엄마의 위협적인 표정이 극에 달하는 순간 눈을 감기도 한다.

이 세 쌍에서 보이는 유사성에서 우리는 엄마의 위협적인 얼굴과 이에 대한 아기의 고통스러운 반응의 패턴을 확인할 수 있다. 이 엄마들에게서 보인 위협적인 얼굴, 화가 났거나 이를 무는 표정, 치아를 보이는 혐오스러운 모습 그리고 냉소적인 표현은 우리가 나타낼 수 있는 여러 위협적인 얼굴을 이해하는 데 도움이 된다.

치아를 보이는 것은 포식자 행동의 한 면으로, 초기 인류의 생존을 위해 적응한 흔적으로 볼 수 있다(Hesse & Main, 2006; Jacobvitz, Leon, & Hazen, 2006). 한쪽 입꼬리가 올라간 모양은 냉소적인 표정과 비슷한 한쪽 입꼬리가 올라간 모습은 Hesse와 Main(2006, p. 322)이 언급했듯이 Darwin(1872)에 의해 기술된 위협적인 행동인 송곳니 흔적의 노출이다. 한 살 아기에게 시행된 Ainsworth 애착 패러다임에서는 쉬쉬하는 소리, 으르렁거림, 송곳니 노출과 같은 위협 행동이 독립적으로 불안정-혼란 애착이라고 진단된 아기가 있는 부모에게서 더 자주 보였다(Abrams, Rifkin, & Hesse, 2006; Jacobvitz et al., 2006). Schuengel과 동료들은 엄마의 무서운 행동으로 아기의 불안정-혼란 애착이 예측 가능하고, 해결되지 않은 상실과 불안정 애착을 가진 엄마들이 무서운 행동을 보일 가능성이 가장 높다는 것을 발견했다(Schuengel et al., 1999).

얼굴 표정 중 공포에 대한 주의 편향, 즉 행복하거나 중립적인 표정에 비해 무서운 표정에 대한 주의의 관심은 6~7개월 정도의 아기에게 일반적이다. 그러나 7개월 된 아기의 무서운 얼굴에 대한 더 적은 편향은 불안정(vs. 안정) 애착과 관련이 있는 것으로 밝혀졌다(Peltola, Forssman, Puura, van Ijzendoorn, & Leppanen, 2015). 이 실험에 사용된 자극은 두려운 얼굴이다. 눈은 완전히 뜨고 있어 흰자를 보여 준다. 눈썹은 강한 놀라움을 표현하며 올라가 있다. 입술은 약간 벌어져 있지만 이완되었다. 이 연구 결과는 불안정-혼란 애착을 형성하고 있는 아기들이 이미 7개월에 두려운 얼굴에 대한 민감성을 변화했음을 시사한다. 저자들은 이 두려운 얼굴이 위협과 관련된 신호라고 말한다. 안정 애착을 형성하고 있는 아기는 두려운 표정에 더 많은 주의를 기울이지만, 불안정 애착을 형성하고 있는 아기는 이에 덜 집중한다. 여기에 대해 저자들은 두 가지 가능성을 설명한다. 첫 번째는 불안정 애착(vs. 안정)을 형성하는 아기의 무서운 얼굴에 대한 민감성의 약화, 즉 감정적 자극의 둔화이다. 또 다른 설명은 불안정 애착은 두려운 얼굴로부터 주의를 돌리고, 감정이 자극되면 감정적인 각성을 억제하는 법을 배우는 경향과 관련이 있다는 것이다(Dykas & Cassidy, 2011). 우리가 관찰한 불안정 애착을 형성하는 아기 엄마의 위협적인 얼굴에 대한 아기의 경계심과 강렬한 부정적 반응을 바탕으로, 불안정 애착을 형성하는 아기들은 두려운 얼굴에 대한 민감성이 남아 있지만, 여기에서 관심을 돌리는 법을 배웠다.

4개월 된 아기의 면대면 놀이 중 관찰된 엄마의 위협 행동은 빠르고 순간적이며, 때로는 1초도 채 안 된다. Hesse와 Main(2006) 역시 Ainsworth의 애착 패러다임에서 한 살 아기에게 부모의 위협적인 형태가 갑작스럽고 짧게, 명백한 맥락 없이 나타났다는 사실에 주목했다. Hesse와 Main(2006)은 이러한 일시적인 위협 행동이 부모 자신의 트라우마나 두려움과 부분적으로 분리되고, 또 관련이 있다고 주장한다. 일반적으로 해리는 정체성, 기억 또는 의식의 통합된 기능이 변한 상태를 말한다. 해리의 순간 혹은 부분적으로 분리된 순간에 부모는 아기가 기대하는 일반적인 방식으로 있어 주지 않는다(Hesse & Main, 2006).

Hesse와 Main(2006)은 부모의 경험이 부모 자신의 과거 트라우마와 연관되어 있을 가능성이 높기 때문에 부모의 무서운 표현을 아기가 이해할 수 없고, 따라서 부모는 동시에 두렵고, 단절되어 보인다고 말한다.

Kim과 동료들이 제10장의 해설에서 인용한 Kim과 동료들의 연구도 이것과 관련이 있다. 엄마의 해결되지 않은 트라우마는 아기의 괴로움에 대한 엄마의 적절한 뇌의 반응을 무디게 할 수 있다(Kim et al., 2014). 그러나 Riem과 동료들(2012)의 연구에서 불안정(vs. 안정) 애착 이력이 있는 성인은 아기의 울음소리에 노출되었을 때 감정 과다의 지수인 편도체 활성화의 증가를 보였다. 고통스러운 자극에 직면했을 때 두 가지 유형의 사람이 있는데, 과민반응을 보이는 사람과 무감각하고 분열되는 사람이 바로 그것이다. 혹은 두 단계의 과정이 있는데, 처음에는 과민반응을 보이고, 그다음에는 압도되는 감정을 조절하고 방어하기 위해 무감각해지는 것이다(Lanius et al., 2010).

Schechter와 동료들이 제11장의 해설에서 인용한 연구도 여기와 관련이 있다. 연구에서는 어린 자녀를 잠재적인 위협으로 보는 엄마의 조절 장애와 관련해 정신적 충격을 받은 어머니의 뇌를 잘 보여 준다. 감정 조절과 사회인지에 중요한 뇌 영역의 활성화가 감소하고, 트라우마 기억의 흔적을 유지하는 뇌 영역의 활성화가 증가하는 것을 보여 주었다(Schechter et al., 2012, 2015).

제12장의 해설에서 인용한 Strathearn과 동료들(2009)의 연구 또한 여기와 관련이 있다. 아기의 얼굴 표정을 볼 때, 그것이 긍정적이든 부정적이든, 안정 애착을 가진 엄마는 불안정 애착을 가진 엄마보다 더 강렬한 뇌 보상 중추의 활성화를 보였다. 따라서 긍정적이든 부정적이든 아기의 얼굴에 나타나는 감정은 엄마의 반응적 보살핌에 동기를 부여할 수 있다(Strathearn et al., 2009). 아기의 우는 얼굴을 보면서 불안정(vs. 안정) 애착을 가진 엄마들은 억울함, 고통, 혐오감, 기대의 상실과 관련된 뇌 영역

의 활성화가 더 크게 나타났다. 따라서 불안정 애착을 가진 엄마는 울고 있는 자신의 아기를 사랑의 상실, 자신을 보고 웃음 지는 아기의 상실, 엄마 자신이 좋은 엄마임을 느낄 수 있게 하는 아기의 상실 중 하나로 경험할 수 있다.

이 연구는 불안정 애착을 형성하는 아기의 엄마가 왜 무서운 얼굴을 보이는지 설명하는 데 도움이 된다. 엄마는 어린 시절 무섭고 위협적인 경험을 했을 가능성이 높다. 아기가 화가 났을 때, 그것은 엄마의 위협적이고 두렵고 화가 나고 무력한 상태를 촉발시키기 쉽다. 엄마는 아기의 고통에 위협을 느끼기 쉽고, 그후 그에 대한 대응으로 엄마 역시 아기를 위협할 수도 있다. 엄마의 뇌는 이런 상태를 반영한다.

제11~13장에서 엄마의 무서운 얼굴을 처음 봤을 때, 차마 상상할 수 없을 정도로 극단적이었다. 그러나 엄마의 해결되지 않은 트라우마의 영향을 이해하고, 괴로워하는 아기를 볼 때 변화하는 뇌 활성화 패턴 연구를 이해한다면, 이 또한 이해할 수 있을 것이다. 불안정 애착을 형성하는 아기의 엄마는 아기의 괴로움이 자신을 위협할 수 있기 때문에 괴로워하는 아기를 위협할 수 있는 것이다.

결론

이 책은 면대면 상호작용에서 엄마와 생후 4개월 된 아기 사이의 복잡하고 신속하게 벌어지는 다양한 장면을 보여 주는 흔치 않은 기회를 제공한다. 이러한 강력한 상호작용은 친밀한 관계와 애착의 기원에 대한 우리의 관점을 확장한다. 미세하게 세분화된 그림을 보고 엄마와 아기의 상호작용을 탐구함으로써 이러한 초기 상호작용의 광범위한 범위와 중요한 세부 사항들 및 정서적 능력에 대한 이해를 높일 수 있다.

이 책은 대체로 정신화되지 않은 의사소통의 힘을 보여 준다. 이는 우리가 평소에 알고 있는, 언어를 기반으로 한 방식에 뿌리를 두고 있지 않다. 속도와 미묘함 때문에 면대면 의사소통의 많은 부분은—어른들 사이뿐만 아니라 부모와 아기들 사이에서도—의식적인 인식 밖에서 발생한다. 따라서 우리의 대인관계 이해의 많은 부분은 사전 반영적이라 할 수 있다. 이는 상대방이 자기 행동뿐만 아니라 다른 사람의 행동을 예측하는 행동-순서 형태의 절차적 지식을 기반으로 한다. 이러한 예상은 개개인이 일순간에 자기 행동을 파트너의 행동과 일치시킬 수 있게 한다. 또한 정서적 의사소통은 다른 사람의 감정을 인식하는 직접적인 뇌 활성화에 기초하는데, 이 역시 대부분 의식의 영역 밖에 있다.

영아와 엄마의 실시간 상호작용을 보면, 이들의 소통은 대개 간단해 보인다. 그러나 우리가 상호작용 속도를 늦추고 초 단위로 분석해 보면, 실시간으로는 관찰되지 않는 미묘하고 의미 있는 장면을 볼 수 있도록 우리 자신을 단련할 수 있다. 우리는 상상했던 것보다 훨씬 더 많은 것을 보게 된다. 이 책에 묘사된 장면은 몇 초 안에, 심지어 일순간에 상당히 많은 감정적 의사소통이 일어나는 것을 시각화하는 데 도움을 준다.

우리는 이러한 언어 이전에 정신화되지 않은 행동-순서의 대화를 말로 표현하려고 노력했다. 이렇게 하면 우리가 이러한 패턴을 언어를 통해 인지할 수 있다는 장점을 가진다. 대상에 대해 생각하고, 그 중요성을 이해하고, 예비 부모와 임상의에게 그들에 대해 가르치고, 필요한 경우 임상적 개입을 만드는 것이 더 쉬워진다.

우리는 유아기 소통의 본질이 성인 초기를 거치면서 발전의 토대를 형성한다는 것을 더 잘 이해하게 되었다. 그림에 묘사된 이러한 상호작용은 왜 유아기가 형성기인지 이해할 수 있게 도와준다. 이르면 4개월 전부터 부모와 아기가 이미 패턴을 함께 만들기 시작해 영아 발달의 궤도를 잡는다. 그러므로 부모와 영아가 의사소통하는 방법은 상당히 중요하다. 영아의 경험이 되풀이되는 것은 자신과 타인에 대한 절차적 기대를 하게 한다. 이러한 기대는 아기의 정서적 경험에 지속적으로 영향을 미치고, 1살 때의 안정 혹은 불안정 애착으로 이끈다. 이러한 1살 영아의 애착 패턴은 다시 아동기, 청소년기, 성인기의 발달 패턴을 차례로 예측하게 한다. 그런데도 우리는 발달이 결코 확정되는 것은 아니라고 말한다. 많은 중대한 영향과 변화들은 유아기 이후에 발생하고, 어느 나이 때에서나 개입은 발달의 경로를 잠재적으로 바꿀 수 있다.

우리의 연구를 이해하는 것은 면대면 상호작용에서 사람은 항상 서로에게 영향을 주고 있고, 이는 종종 순식간에 일어나며 무의식중에 발생한다는 것을 이해하는 것이다. 의사소통의 이러한 양면적 측면을 불안정하게 느낄 수도 있다. 우리가 누구인지, 자신의 정체성에 대한 바로 그 개념은 항상 지속적으로 이어지는 양면적인 과정에 내포되어 있다. 더욱이 이 양면적인 과정은 자신의 초기 부모와 영아 간 상호작용의 패턴에 뿌리를 두고 있다. 우리가 가진 관계의 맥락 안에서 우리 자신을 양면적으로 이해하는 것은 우리가 생각하는 것보다 우리 자신이 훨씬 더 타인의 상태와 행동을 반영하며 이에 취약하다고 보는 것이다.

이제 우리는 어디로 가야 할까? 유아 임상의들인 우리 학생들은, 부모들이 생후 몇 개월 된 아기들은 아무것도 모르고 아무것도 기억하지 못할 것이라고 말하는 경우가 많다고 한다. 나이가 조금 더 들어 1살이 가까워졌을 때에야 아기들은 무슨 일이 일어나고 있는지 알게 되는 경우가 많다는 것이다. 그러나 생후 4개월 된 아기들과의 상호작용 모습을 슬로우 모션 혹은 장면 단위로 나누어 부모들에게 보여 주면 그들은 "와, 정말 놀라워요! 우리 아기가 사소한 것까지 알아채네요. 전혀 몰랐어요!"라고 말한다.

우리의 연구, 그리고 영유아를 연구하는 동료들의 연구는 우리가 성인으로서, 그리고 하나의 문화로서 영아를 바라보는 방식에 극적인 변화가 있어야 할 것을 강조한다. 이미 4개월이 되면 영아들은 알아차리고, 기억하고, 모든 사소한 것들까지 예상한다. 우리는 독자들이 이 책을 읽으며 영아의 놀라운 사회적 능력을 이해하기를 바란다. 그리고 이 책을 통해 부모와 아기가 서로 영향을 미치면서 보고 듣는 방법을 보다 발전시켜 주기를 바란다. 영아들은 이미 자신의 감정을 너무나 많이 말하고 있다. 그리고 우리는 의식하지 못한 채 영아에게 우리의 감정을 전달하고 있다. 영아들은 이러한 의사소통 패턴을 받아들이고 어떤 유형의 성인이 되는지 이것을 기반으로 한다. 결론적으로 우리는 이 책을 통해 영아들을 더 잘 이해하고, 영아들 또한 우리를 더 잘 이해하도록 도울 수 있기를 바란다.

참고문헌

Abrams, K., Rifkin, A., & Hesse, E. (2006). Examining the role of parental frightened/frightening subcategories in predicting disorganized attachment within a brief observational procedure. *Development and Psychopathology, 18, 345–361.*

Ainsworth, M. (1969). Object relations, dependency and attachment: A theoretical review of the infant–mother relationship. *Child Development, 40(4), 969–1025.*

Ainsworth, M., Bell, S., & Stayton, D. (1974). Individual differences in the development of some attachment behaviors. *Merrill–Palmer Quarterly of Behavior and Development, 18(2), 123–143.*

Ainsworth, M., Blehar, M., Waters, E., & Wall, S. (1978). *Patterns of attachment: A psychological study of the strange situation.* Hillsdale, NJ: Erlbaum.

Als, H. (1977). The newborn communicates. *Journal of Communication, 27*(2), 66–73.

Als, H., & Brazelton, T. (1981). A new model of assessing the behavioral organization in preterm and fullterm infants. *Journal of the American Academy of Child Psychiatry, 20,* 239–263.

Ambady, H., & Rosenthal, R. (1992). Thin slices of expressive behavior as predictors of interpersonal consequences: A meta–analysis. *Psychological Bulletin, 111*(2), 256–274.

Antonucci, T., & Levitt, M. (1984). Early prediction of attachment security: A multivariate approach. *Infant Behavior and Development, 7*, 1–18.

Atzil, S., Hendler, T., & Feldman, R. (2011). Specifying the neurobiological basis of human attachment: Brain, hormones, and behavior in synchronous and intrusive mothers. *Neuropsychopharmacology, 36*, 2603–2615.

Bates, J., Maslin, C., & Frankel, K. (1985). Attachment security, mother–child interaction, and temperament as predictors of behavior–problem ratings at three years. *Monographs of the Society for Research in Child Development, 50*(1–2, Serial No. 209), 167–193.

Beebe, B. (1973). Ontogeny of positive affect in the third and fourth months of the life of one infant. *Dissertation Abstracts International, 35*(2), 1014B.

Beebe, B. (1982). Micro–timing in mother–infant communication. In M. R. Key (Ed.),

Nonverbal communication today (Vol. 33, pp. 169–195). New York, NY: Mouton.

Beebe, B. (1986). Mother–infant mutual influence and precursors of self and object representations. In J. Masling (Ed.), *Empirical studies of psychoanalytic theories* (Vol. 2, pp. 27–48). Hillsdale, NJ: The Analytic Press.

Beebe, B. (2000). Co–constructing mother–infant distress. *Psychoanalytic Inquiry, 20*, 421–440.

Beebe, B. (2003). Brief mother–infant treatment: Psychoanalytically informed video feedback. *Infant Mental Health Journal, 24*(1), 24–52.

Beebe, B. (2005). Mother–infant research informs mother–infant treatment. *Psychoanalytic Study of the Child, 60*, 7–46.

Beebe, B. (2014). My journey in infant research and psychoanalysis: Microanalysis, a social microscope. *Psychoanalytic Pyschology, 31*(1), 4–25.

Beebe, B., Bigelow, A., Messinger, M., Milne, D., Lee, S., & Buck, K. (2015). *Infant gaze affects mother–infant self–and interactive contingency.* New York: New York State Psychiatric Institute.

Beebe, B., Cohen, P., Sossin, M., & Markese, S. (Eds.). (2012). *Mothers, infants and young children of September 11, 2001: A primary prevention project*. New York, NY: Routledge.

Beebe, B., Igleheart, H., Steele, M., Steele, H., Lyons–Ruth, K., Feldstein, S., … Kala, J. (2015, March). *Infancy to adulthood: Vocal turn–taking in infancy, 12–month attachment, and adult attachment, depression, anxiety, dissociation.* Philadelphia, PA: Society for Research in Child Development.

Beebe, B., Jaffe, J., Chen, H., Buck, K., Cohen, P., Feldstein, S., & Andrews, H. (2008). Six–week postpartum depressive symptoms and 4–month mother–infant self–and interactive contingency. *Infant Mental Health Journal, 29*(5), 442–471.

Beebe, B., Jaffe, J., & Lachmann, F. (1992). A dyadic systems view of communication. In N. J. Skolnick & S. Warshaw (Eds.), *Relational perspectives in psychoanalysis* (pp. 61–81). Hillsdale, NJ: The Analytic Press.

Beebe, B., Jaffe, J., Markese, S., Buck, K., Chen, H., Cohen, P., … Feldstein, S. (2010). The origins of 12–month attachment: A microanalysis of 4–month mother–infant interaction. *Attachment & Human Development, 12*(1–2), 3–141.

Beebe, B., & Lachmann, F. (1988). The contribution of mother–infant mutual influence to the origins of self and object representations. *Psychoanalytic Psychology, 5*(4), 304–337.

Beebe, B., & Lachmann, F. (1994). Representation and internalization in infancy: Three principles of salience. *Psychoanalytic Psychology, 11*(2), 127–165.

Beebe, B., & Lachmann, F. (2002). *Infant research and adult treatment: Co–constructing interactions*. Hillsdale, NJ: The Analytic Press.

Beebe, B., & Lachmann, F. (2013). *The origins of attachment: Infant research and adult treatment*. New York, NY: Routledge.

Beebe, B., Lachmann, F., & Jaffe, J. (1997). Mother–infant interaction structures and presymbolic self and object representations. *Psychoanalytic Dialogues, 7*(2), 133–182.

Beebe, B., Margolis, A., Markese, S., Jaffe, J., Buck, K., Chen, H., … Reuben, J. (2009). *Mother–infant vs. stranger–infant: Depression and attachment* (Report to the International Psychoanalytic Association). New York: New York State Psychiatric Institute.

Beebe, B., Markese, S., Bahrick, L., Lachmann, F., Buck, K., Chen, H., … Jaffe, J. (2013). On knowing and being known in the 4–month origins of disorganized attachment: An emerging presymbolic theory of mind. In H. Terrace & J. Metcalfe (Eds.), *Agency and joint attention* (pp. 100–124). Oxford, England: Oxford University Press.

Beebe, B., & Steele, M. (2013). How does microanalysis of mother–infant communication inform maternal sensitivity and infant attachment? *Attachment & Human Development, 15*(5–6), 583–602.

Beebe, B., Steele, M., Jaffe, J., Buck, K., Chen, H., Cohen, P., … Feldstein, S. (2011). Maternal anxiety and 4–month mother–infant self–and interactive contingency. *Infant Mental Health Journal, 32*(2), 174–206.

Beebe, B., & Stern, D. (1977). Engagement–disengagement and early object experiences. In N. Freedman & S. Grand (Eds.), *Communicative structures and psychic structures* (pp. 35–55). New York, NY: Plenum.

Beebe, B., Stern, D., & Jaffe, J. (1979). The kinesic rhythm of mother–infant interactions. In A. W. Siegman & S. Feldstein (Eds.), *Of speech and time: Temporal patterns in interpersonal contexts* (pp. 23–24). Hillsdale, NJ: Erlbaum.

Bell, R. (1968). A reinterpretation of the direction of effects in studies of socialization. *Psychological Review, 75*, 81–95.

Bell, S., & Ainsworth, M. (1972). Infant crying and maternal responsiveness. *Child Development, 43*, 1171–1190.

Belsky, J., Rovine, M., & Taylor, D. (1984). The Pennsylvania infant family development project III: The origins of individual differences in infant–mother attachment: Maternal and infant contributions. *Child Development, 55*, 718–728.

Benjamin, J. (1995). *Like subjects, love objects.* New Haven, CT: Yale University Press.

Bennett, S. (1971). Infant–caretaker interaction. *Journal of the American Academy of Child Psychiatry, 10*(2), 321–335.

Berlyne, D. (1966). Curiosity and exploration. *Science, 153*, 25–33.

Blehar, M., Lieberman, A., & Ainsworth, M. (1977). Early face–to–face interaction and its relation to later infant–mother attachment. *Child Development, 48*, 182–194.

Bowlby, J. (1958). The nature of the child's tie to his mother. *Journal of Psychoanalysis*, 39, 350–373.

Bowlby, J. (1969). *Attachment and loss, Vol. I*. New York, NY: Basic Books.

Bowlby, J. (1973). *Attachment and loss, Vol. II: Separation*. New York, NY: Basic Books.

Bowlby, J. (1980). *Loss: Sadness & depression* (Vol. 3 of Attachment and Loss). New York, NY: Basic Books.

Brazelton, T. (1992, May). *Touch and the fetus*. Presented to Touch Research Institute, Miami, FL.

Brazelton, T. (1993). Neonatal behavioral assessment scale. *Clinics in Behavioral Medicine, 50*. London: Heinemann Medical Books.

Brazelton, T. (1994). Touchpoints: Opportunities for preventing problems in the parent–child relationship. *Acta Paediatrica, 394*, 35–39.

Brazelton, T., Koslowski, B., & Main, M. (1974). The origins of reciprocity. In M. Lewis & L. Rosenblum (Eds.), *The effect of the infant on its caregiver* (pp. 49–70, 137–154). New York, NY: Wiley–Interscience.

Bretherton, I. (2013). Revisiting Mary Ainsworth's conceptualization and assessments of maternal sensitivity insensitivity. *Attachment and Human Development, 15,* 460–484.

Bretherton, I., & Munholland, K. (1999). Internal working models in attachment: A construct revisited. In J. Cassidy & P. Shaver (Eds.), *Handbook of attachment: Theory, research and clinical application* (pp. 89–111). New York, NY: Guilford.

Bromberg, P. (2011). *The shadow of the tsunami and the growth of the relational mind.*

London, England: Routledge.

Bucci, W. (1985). Dual coding: A cognitive model for psychoanalytic research. *Journal of the American Psychoanalytic Association, 33*, 571–607.

Bucci, W. (1997). *Psychoanalysis and cognitive science.* New York, NY: Guilford.

Campbell, S. B., & Cohn, J. F. (1991). Prevalence and correlates of postpartum depression in first–time mothers. *Journal of Abnormal Psychology, 100,* 594–599.

Carlson, E. (1998). A prospective longitudinal study of attachment disorganization/disorientation. *Child Development, 69*(4), 1107–1128.

Carlson, E., & Sroufe, L. (1995). The contribution of attachment theory to developmental psychopathology. In D. Cicchetti & D. Cohen (Eds.), *Developmental processes and psychopathology: Vol. 1.* Theoretical perspectives and methodological approaches (pp. 581–617). New York, NY: Cambridge University Press.

Carrere, S., & Gottman, M. (1999). Predicting divorce among newlyweds from the first three minutes of a marital conflict discussion. *Family Processes, 38*(3), 293–301.

Carter, A., Garrity–Rokous, F., Chazan–Cohen, R., Little, C., & Briggs–Gowan, M. (2001). Maternal depression and comorbidity: Predicting early parenting, attachment security, and toddler social–emotional problems and competencies. *Journal of the American Academy of Child and Adolescent Psychiatry, 40*, 18–26.

Cassidy, J. (1994). Emotion regulation: Influences of attachment relationships. *Monographs of the Society for Research in Child Development, 59*(2–3, Serial No. 240), 228–249.

Cassidy, J., & Berlin, L. (1994). The insecure/ambivalent pattern of attachment: Theory and research. *Child Development, 65*, 971–991.

Chance, M. (1962). An interpretation of some agonistic postures. *Symposium of the Zoological Society of London, 8*, 71–89.

Chance, M., & Larsen, R. (Eds.). (1996). *The social structure of attention*. New York, NY: Wiley.

Chartrand, T., & Bargh, A. (1999). The chameleon effect: The perception–behavior link and social interaction. *Journal of Personality and Social Psychology, 76,* 893–910.

Cohen, L., Hien, D., & Batchelder, S. (2008). The impact of cumulative maternal trauma and diagnosis on parenting behavior. *Child Maltreatment, 13*, 27–38.

Cohen, P., & Beebe, B. (2002). Video feedback with a depressed mother and her infant: A collaborative individual psychoanalytic and mother–infant treatment. *Journal of*

Infant, Child & Adolescent Psychotherapy, 2(3), 1–55.

Cohn, J., & Beebe, B. (1990). Sampling interval affects timeseries regression estimates of mother–infant influence. *Infant Behavior and Development, 13*, 317.

Cohn, J., Campbell, S., Matias, R., & Hopkins, J. (1990). Face–to–face interactions of post–partum depressed and nondepressed mother–infant pairs at 2 months. *Developmental Psychology, 26*, 15–23.

Cohn, J., Campbell, S., & Ross, S. (1991). Infant response in the still–face paradigm at 6 months predicts avoidant and secure attachments at 12 months. *Development and Psychopathology, 26*, 15–23.

Cohn, J., & Elmore, M. (1988). Effect of contingent changes in mothers' affective expression on the organization of behavior in 3–month–old infants. *Infant Behavior and Development, 11*, 493–505.

Cohn, J., & Tronick, E. (1989). Infant–mother face–to–face interaction: Age and gender differences in coordination and miscoordination. *Child Development, 59,* 85–92.

Crittenden, P. (2004). *Patterns of attachment in adulthood: A dynamic–maturational approach to analyzing The Adult Attachment Interview* (Unpublished manuscript).

Crittenden, P., & Landini, A. (2011). *Assessing adult attachment: A dynamic–maturational approach to discourse analysis.* New York, NY: Norton.

Crockenberg, S. (1983). Early mother and infant antecedents of Bayley skill performance at 21 months. *Developmental Psychology, 19*, 727–730.

Darwin, C. (1872). *The origin of species by means of natural selection, or the preservation of favored races in the struggle for life* (6th ed.). London, England: Murray.

Davis, M., & Whalen, P. (2001). The amygdala: Vigilance and emotion. *Molecular Psychiatry, 6*, 13–34.

DeCasper, A., & Carstens, A. (1980). Contingencies of stimulation: Effects on learning and emotion in neonates. *Infant Behavior and Development, 4*, 19–36.

DeGangi, G., Di Pietro, J., Greenspan, S., & Porges, S. (1991). Psychophysiological characteristics of the regulatory disordered infant. *Infant Behavior and Development, 14*, 37–50.

Demetriades, H. (2003). *Maternal anxiety and maternal spatial proximity in 4–month mother–infant face–to–face interaction* (Unpublished doctoral dissertation). Long Island University, Brookville, NY.

De Wolff, M., & van IJzendoorn, M. (1997). Sensitivity and attachment: A meta-analysis on parental antecedents of infant attachment. *Child Development, 68*, 571–591.

Dimberg, U., Thunberg, M., & Elmehed, K. (2000). Unconscious facial reactions to emotional facial expressions. *American Psychological Society, 11*, 86–89.

Downing, G. (2004). Emotion, body, and parent-infant interaction. In J. Nadel & D. Muir (Eds.), *Emotional development: Recent research advances* (pp. 429–449). Oxford, England: Oxford University Press.

Dozier, M., Stovall-McClough, K., & Albus, K. (2008). Attachment and psychopathology in adulthood. In J. Cassidy & P. Shaver (Eds.), *Handbook of attachment: Theory, research and clinical application* (pp. 718–744). New York, NY: Guilford.

Dutra, L., Bureau, J., Holmes, B., Lyubchik, A., & Lyons-Ruth, K. (2009). Quality of early care and childhood trauma: A prospective study of developmental pathways to dissociation. *Journal of Nervous and Mental Disease, 197*(6), 383–390.

Dykas, M., & Cassidy, J. (2011). Attachment and the processing of social information across the life span: Theory and evidence. *Psychological Bulletin, 137*, 19–46.

Egeland, B., & Farber, E. (1984). Infant-mother attachment: Factors related to its development and changes over time. *Child Development, 55*(3), 753–771.

Eibl-Eibesfeldt, I. (1970). *Ethology: The biology of behavior.* New York, NY: Holt, Rinehart & Winston.

Eisenberg, N., & Fabes, R. (1992). Emotion, regulation, and the development of social competence. In M. Clark (Ed.), *Emotion and social behavior: Review of personality and social psychology* (pp. 119–150). Thousand Oaks, CA: Sage.

Ekman, P., & Friesen, W. (1969). The repertoire of nonverbal behavior: Categories, origins, usage, and coding. *Semiotica, 1*(1), 251–270.

Ekman, P., Levenson, R., & Friesen, W. (1983). Autonomic nervous system activity distinguishes among emotions. *Science, 221*, 1208–1210.

Emde, R., Birengen, Z., Clyman, R., & Oppenheim, D. (1991). The moral self of infancy: Affective core and procedural knowledge. *Developmental Review, 11*, 251–270.

Erickson, M., Sroufe, A., & Egeland, B. (1983). The relationship between quality of attachment and behavior problems in preschool in a high-risk sample. *Monographs of the Society for Research in Child Development, 50*(1–2, Serial No. 209), 147–166.

Fabes, R., Eisenberg, N., & Miller, P. (1990). Maternal correlates of children's vicarious emotional responsiveness. *Developmental Psychology, 26*, 639–648.

Fantz, R., Fagan, J., & Miranda, S. (1975). Early perceptual development as shown by visual discrimination, selectivity, and memory with varying stimulus and population parameters. In L. Cohen & P. Salapatek (Eds.), *Infant perception: From sensation to cognition: Vol 1. Basic visual processes* (pp. 249–346). New York, NY: Academic Press.

Feldman, R. (2007). Parent–infant synchrony and the construction of shared timing: Physiological precursors, developmental outcomes and risk conditions. *Journal of Child Psychology and Psychiatry, 48*(3–4), 329–354.

Feeney, J., Noller, P., & Callan, V. (1994). Attachment style, communication and satisfaction in the early years of marriage. *Advances in Personal Relationships, 5,* 259–308.

Fernald, A. (1993). Approval and disapproval: Infant responsiveness to vocal affect in familiar and unfamiliar languages. *Child Development, 64*(3), 657–674.

Field, T. (1981). Infant gaze aversion and heart rate during face–to–face interactions. *Infant Behavior and Development, 4*, 307–315.

Field, T. (1995). Infants of depressed mothers. *Infant Behavior and Development, 18*, 1–13.

Field, T., Healy, B., Goldstien, S., & Guthertz, M. (1990). Behavior–state matching and synchrony in mother–infant interactions of nondepressed versus depressed dyads. *Developmental Psychology, 26*, 7–14.

Field, T., Healy, B., Goldstein, S., Perry, D., Bendell, D., Schanberg, S., … & Kuhn, C. (1988). Infants of depressed mothers show "depressed" behavior even with nondepressed adults. *Child Development, 59*, 1569–1579.

Fogel, A. (1992). Movement and communication in human infancy: The social dynamics of development. *Human Movement Science, 11*, 387–423.

Fogel, A. (1993). Two principles of communication: Coregulation and framing. In J. Nadel & L. Camaioni (Eds.), *New perspectives in early communicative development* (pp. 9–22). London, England: Routledge.

Fonagy, P., Gergely, G., Jurist, E., & Target, M. (2002). *Affect regulation, mentalization, and the development of self*. New York, NY: Other Press.

Fonagy, P., Steele, H., & Steele, M. (1991). Maternal representations of attachment during pregnancy predict the organization of infant–mother attachment at one year of age.

Child Development, 62(5), 891–905.

Fraiberg, S. (1982). Pathological defenses in infancy. *Psychoanalytic Quarterly, 51*, 612–635.

Gergely, G., & Watson, J. (1997). The social biofeedback theory of parental affect-mirroring. *The International Journal of Psychoanalysis, 77*, 1181–1212.

Gianino, A., & Tronick, E. (1988). The mutual regulation model: The infant's self and interactive regulation coping and defense. In T. Field, P. McCabe, & N. Schneiderman (Eds.), *Stress and coping* (pp. 47–68). Hillsdale, NJ: Erlbaum.

Gottman, J., Katz, L., & Hooven, C. (1996). Parental meta-emotion philosophy and the emotional life of families: Theoretical models and preliminary data. *Journal of Family Psychology, 10*, 243–268.

Grigsby, J., & Hartlaub, G. (1994). Procedural learning and the development and stability of character. *Perceptual Motor Skills, 79*, 355–370.

Groh, A., Roisman, G., Booth-LaForce, C., Fraley, R., Owen, M., Cox, M., & Burchinal, M. (2014). IV. Stability of attachment security from infancy to late adolescence. *Monographs of the Society for Research in Child Development, 79*(3), 51–66.

Grossmann, K., Grossmann, K., Spangler, G., Suess, G., & Unzner, L. (1985). Maternal sensitivity and newborn orienting responses as related to quality of attachment in northern Germany. *Monographs of the Society for Research in Child Development, 50*(1–2, Serial No. 209), 233–256.

Grossmann, K., Grossmann, K., Winter, M., & Zimmerman, P. (2002). Attachment relationships and appraisal of partnership: From early experience of sensitive support to later relationship representation. In L. Pulkkinen & A. Caspi (Eds.), *Paths to successful development* (pp. 73–105). Cambridge, England: Cambridge University Press.

Haith, M., Hazan, C., & Goodman, G. (1988). Expectation and anticipation of dynamic visual events by 3.5-month-old babies. *Child Development, 59*, 467–479.

Haltigan, J., Leerkes, E., Supple, A., & Calkins, S. (2014). Infant negative affect and maternal interactive behavior during the still-face procedure: The moderating role of adult attachment states of mind. *Attachment & Human Development, 16*(2), 149–173.

Hay, D. (1997). Postpartum depression and cognitive development. In L. Murray & P. Cooper (Eds.), *Postpartum depression and child development* (pp. 85–110). New

York, NY: Guilford.

Hennelenlotter, A., Dresel, C., Castrop, F., Ceballos-Baumann, A., Wohlschlager, A., & Haslinger, B. (2008). The link between facial feedback and neural activity within central circuitries of emotion: New insights from botulinum toxin-induced denervation of frown muscles. *Cerebral Cortex, 19*(3), 537-542.

Hesse, E. (2008). The Adult Attachment Interview: Protocol, method of analysis, and empirical studies. In J. Cassidy & P. R. Shaver (Eds.), *Handbook of attachment: Theory, research, and clinical applications* (2nd ed., pp. 552-598). New York, NY: Guilford.

Hesse, E., & Main, M. (2006). Frightened, threatening, and dissociative parental behavior in low-risk samples: Description, discussion, and interpretations. *Development and Psychopathology, 18*, 309-343.

Hodges, S., & Wegner, D. (1997). Automatic and controlled empathy. In W. Ickes (Ed.), *Empathic accuracy* (pp. 311-339). New York, NY: Guilford.

Holland, A., & Roisman, G. (2010). Adult attachment security and young adults' dating relationships over time: Self-reported, observational, and physiological evidence. *Developmental Psychology, 46*(2), 552-557.

Iacoboni, M. (2009). Imitation, empathy, and mirror neurons. *Annual Review of Psychology, 60*, 653-670.

Iacoboni, M., Molnar-Szakacs, I., Gallese, V., Buccino, G., Mazziotta, J., & Rizzolatti, G. (2005). Grasping the intentions of others with one's own mirror neuron system. *PLoS Biology, 3*, 529-535.

Isabella, R., & Belsky, J. (1991). Interactional synchrony and the origins of infant-mother attachment: A replication study. *Child Development, 62*, 373-384.

Jacobsen, T., Edelstein, W., & Hofmann, V. (1994). A longitudinal study of the relation between representations of attachment in childhood and cognitive functioning in childhood and adolescence. *Developmental Psychology, 30*(1), 112-124.

Jacobvitz, D., Hazen, N., & Riggs, S. (1997). Disorganized mental processes in mothers: Frightening/frightened caregiving and disoriented, disorganized behavior in infancy. Paper presented in the biennial meeting of the Society for Research in Child Development, Washington, D.C.

Jacobvitz, D., Leon, K., & Hazen, N. (2006). Does expectant mothers' unresolved trauma predict frightened/frightening maternal behavior? Risk and protective factors. *Development and Psychopathology, 18*, 363–380.

Jaffe, J., Beebe, B., Feldstein, S., Crown, C., & Jasnow, M. (2001). Rhythms of dialogue in infancy. *Monographs of the Society for Research in Child Development, 66*(2 Serial No. 265), 1–132.

Kaye, K., & Fogel, A. (1980). The temporal structure of face–to–face communication between mothers and infants. *Developmental Psychology, 16*(5), 454–464.

Kendon, A. (1970). Movement coordination in social interaction: Some examples described. *Acta Psychologica, 32*, 101–125.

Kessen, W., Haith, M., & Salapatek, P. (1970). Human infancy: A bibliography and guide. In P. Mussen (Ed.), *Carmichael's manual of child psychology* (pp. 287–445). New York, NY: Wiley.

Keysers, C., & Gazzola, V. (2006). Towards a unifying neural theory of social cognition. *Progress in Brain Research, 156*, 379–401.

Kim, S., Fonagy, P., Allen, J., & Strathearn, L. (2014). Mothers' unresolved trauma blunts amygdala response to infant distress. *Social Neuroscience, 9*(4), 352–363.

Kobak, R., & Sceery, A. (1988). Attachment in late adolescence: Working models, affect regulation, and representations of self and others. *Child Development, 8*(59), 135–146.

Kopp, C. (1989). Regulation of distress and negative emotions: A developmental view. *Developmental Psychology, 25*(3), 343–354.

Kopp, C. (2002). Commentary: The codevelopments of attention and emotion regulation. *Infancy, 3*(2), 199–208.

Korner, A., & Grobstein, R. (1976). Individual differences at birth. In E. Rexford, L. Sander, & T. Shapiro (Eds.), *Infant psychiatry* (pp. 69–78). New Haven, CT: Yale University Press.

Koulomzin, M., Beebe, B., Anderson, S., Jaffe, J., Feldstein, S., & Crown, C. (2002). Infant gaze, head, face, and self–touch at four months differentiate secure vs. avoidant attachment at one year: A microanalytic approach. *Attachment and Human Development, 4*, 3–24.

Kovan, N., Chung, A., & Sroufe, L. (2009). The intergenerational continuity of observed early parenting: A prospective, longitudinal study. *Developmental Psychology, 45*,

1205–1213.

Kronen, J. (1982). *Maternal facial mirroring at four months* (Unpublished doctoral dissertation). Yeshiva University, New York.

Kushnick, G. (2002). *Maternal spatial intrusion patterns in mother–infant face–to–face play: Maternal dependency, depression, and mother–infant chase and dodge* (Unpublished doctoral dissertation). Long Island University, Brookville, NY.

Langhorst, B., & Fogel, A. (1982). *Cross–validation of microanalytic approaches to face–to–face interaction*. International Conference on Infant Studies, Austin, TX.

Lanius, R., Vermetten, E., Loewenstein, R., Brand, B., Schmahl, C., Bremner, J., & Spiegel, D. (2010). Emotion modulation in PTSD: Clinical and neurobiological evidence for a dissociative subtype. *American Journal of Psychiatry, 167*, 640–647.

Lay, K., Waters, E., Posada, G., & Ridgeway, D. (1995). Attachment security, affect regulation, and defensive responses to mood induction. *Monographs of the Society for Research in Child Development, 60*(2–3), 179–196.

Leerkes, E., Blankson, A., & O'Brien, M. (2009). Differential effects of maternal sensitivity to infant distress and nondistress on social–emotional functioning. *Child Development, 80*, 762–775.

Leerkes, E., & Crockenberg, S. (2006). Antecedents of mothers' emotional and cognitive responses to infant distress: The role of family, mother, and infant characteristics. *Infant Mental Health Journal, 27*(4), 405–428.

Leerkes, E., & Siepak, K. (2006). Attachment linked predictors of women's emotional and cognitive responses to infant distress. *Attachment & Human Development, 8*, 11–32.

Leerkes, E., Supple, A., O'Brien, M., Calkins, S., Hatigan, J., & Wong, M. (2014). Antecedents of maternal sensitivity during distressing tasks: Integrating attachment, social information processing, and psychobiological perspectives. *Child Development, 86*, 1–18.

Lester, B., Hoffman, J., & Brazelton, T. (1985). The rhythmic structure of mother–infant interaction in term and preterm infants. *Child Development, 56*, 15–27.

Levenson, R., Ekman, P., & Friesen, W. (1990). Voluntary facial action generates emotion–specific autonomic nervous system activity. *Psychophysiology, 27*, 363–384.

Levenson, R., & Ruef, A. Physiological aspects of emotional knowledge and rapport. In W. Ickes (Ed.), *Empathic accuracy* (pp. 44–73). New York, NY: Guilford Press.

Lewis, M., & Brooks, J. (1975). Infants' social perception: A constructionist view. In L. Cohen & P. Salapatek (Eds.), *Infant perception: From sensation to cognition* (Vol. 2, pp. 101–148). New York, NY: Wiley–Interscience.

Lewis, M., & Feiring, C. (1989). Infant, mother, and mother–infant behavior and subsequent attachment. *Child Development, 60*, 831–837.

Lewis, M., Feiring, C., & Rosenthal, S. (2000). Attachment over time. *Child Development, 71*, 707–720.

Lewis, M., & Goldberg, S. (1969). Perceptual–cognitive development in infancy: A generalized expectancy model as a function of the mother–infant interaction. *Merrill–Palmer Quarterly, 15*, 81–100.

Lewis, M., & Rosenblum, L. (Eds.). (1974). *The effect of the infant on its caregiver* (pp. 49–76). New York, NY: Wiley–Interscience.

Leyendecker, B., Lamb, M., Fracasso, M., Scholmerich, A., & Larson, C. (1997). Playful interaction and the antecedents of attachment: A longitudinal study of Central American and Euro–American mothers and infants. *Merrill–Palmer Quarterly, 43*(1), 24–47.

Lieberman, A., Ghosh Ippen, C., & Van Horn, P. (2006). Child–parent psychotherapy: 6–month follow–up of a randomized controlled trial. *Journal of the American Academy of Child and Adolescent Psychiatry, 45,* 913–918.

Lyons–Ruth, K. (2008). Contributions of the mother–infant relationship to dissociative, borderline, and conduct symptoms in young adulthood. *Infant Mental Health Journal, 29*(3), 883–911.

Lyons–Ruth, K., Bronfman, E., & Parsons, E. (1999). Maternal disrupted affective communication, maternal frightened or frightening behavior, and disorganized infant attachment strategies. *Monographs of the Society for Research in Child Development, 64*(3), 67–96.

Lyons–Ruth, K., Bureau, J., Holmes, B., Easterbrooks, M., & Henninghausen, K. (2011). *Borderline features and suicidality/self–injury: Prospective and concurrent relationship correlates from infancy to young adulthood* (Unpublished manuscript).

Lyons–Ruth, K., & Jacobvitz, D. (2008). Disorganized attachment: Genetic factors, parenting contexts, and developmental transformation from infancy to adulthood. In J. Cassidy & P. Shaver (Eds.), *Handbook of attachment: Theory research and clinical applications* (2nd ed., pp. 666–697). New York, NY: Guilford.

Lyons–Ruth, K., Repacholi, B., McLeod, S., & Silva, E. (1991). Disorganized attachment behavior in infancy: Short–term stability, maternal and infant correlates, and risk–related subtypes. *Development and Psychopathology, 3*, 377–396.

Main, M. (1981). Avoidance in the service of attachment: A working paper. In K. Immelmann, G. Barlow, M. Main, & L. Petrinovich (Eds.), *Behavioral development: The bielfield interdisciplinary project* (pp. 651–693). New York, NY: Cambridge University Press.

Main, M., & Goldwyn, R. Adult attachment rating and classification system: Manual in draft (Version 6.0). Unpublished manuscript, University of California at Berkeley.

Main, M., & Hesse, E. (1990). Parents' unresolved traumatic experiences are related to infant disorganized attachment status: Is frightened and/or frightening parental behavior the linking mechanism? In M. Greenberg, D. Cicchetti, & E. Cummings (Eds.), *Attachment in the preschool years: Theory, research, and intervention* (pp. 161–182). Chicago, IL: University of Chicago Press.

Main, M., Hesse, E., & Goldwyn, R. (2008). Studying differences in language usage in recounting attachment history: An introduction to the AAI. In H. Steele & M. Steele (Eds.), *Clinical applications of the adult attachment interview* (pp. 31–68). New York, NY: Guilford.

Main, M., Hesse, E., & Kaplan, N. (2005). Predictability of attachment behavior and representational processes at 1, 6, and 19 years of age. In K. E. Grossman, K. Grossman, & E. Waters (Eds.), *Attachment from infancy to adulthood: The major longitudinal studies* (pp. 245–304). New York, NY: Guilford.

Main, M., Kaplan, N., & Cassidy, J. (1985). Security in infancy, childhood, and adulthood: A move to the level of representation. *Monographs of the Society for Research in Child Development, 54*(1–2, Serial No. 209), 60–106.

Main, M., & Solomon, J. (1986). Discovery of an insecure–disorganized/disoriented attachment pattern. In M. Yogman & T. B. Brazelton (Eds.), *Affective development in infancy* (pp. 95–125). Norwood, NJ: Ablex.

Main, M., & Solomon, J. (1990). Procedures for identifying infants as disorganized/disoriented during the Ainsworth strange situation. In M. T. Greenberg, D. Cicchetti, & E. M. Cummings (Eds.), *Attachment in the preschool years: Theory, research, and intervention* (pp. 121–160). Chicago, IL: University of Chicago Press.

Malatesta, C., Culver, C., Tesman, J., & Shepard, B. (1989). The development of emotion expression during the first two years of life. *Monographs of the Society for Research in Child Development, 54*(1–2, Serial No. 219).

Malatesta, C., & Haviland, J. (1983). Learning display rules: The socialization of emotion in infancy. *Child Development, 53*, 991–1003.

Martin, J. (1981). A longitudinal study of consequences in early mother–infant interaction: A microanalytic approach. *Monographs of the Society for Research in Child Development, 46*(3, Serial No. 190), 1–52.

McElwain, N., & Booth–LaForce, C. (2006). Maternal sensitivity to infant distress and nondistress as predictors of infant–mother attachment security. *Family Psychology, 20*, 247–255.

McGrew, W. (1972). *An ethological study of children's behavior*. New York, NY: Academic Press.

Meltzoff, A. (1990). Foundations for developing a concept of self: The role of imitation in relating self to other and the value of social mirroring, social modeling, and self practice in infancy. In D. Cicchetti & M. Beeghly (Eds.), *The self in transition: Infancy to childhood* (pp. 1–30). Norwood, NJ: Ablex.

Messinger, D. (2002). Positive and negative: Infant facial expressions and emotions. *Current Directions in Psychological Science, 11*, 1–6.

Messinger, D., Fogel, A., & Dickson, K. (2001). All smiles are positive, but some smiles are more positive than others. *Developmental Psychology, 37*(5), 642–653.

Mikaye, K., Chen, S., & Campos, J. (1985). Infant temperament, mother's mode of interaction, and attachment in Japan: An interim report. In I. Bretherton & E. Waters (Eds.), Growing points in attachment theory and research (pp. 276–297). *Monographs of the Society for Research in Child Development, 50*(1–2, Serial No. 209).

Monk, C. (2001). Stress and mood disorders during pregnancy: Implications for child development. *Psychiatric Quarterly, 72*(4), 347–357.

Moore, G., Cohn, J., & Campbell, S. (2001). Infant affective responses to mother's still face at 6 months differentially predict externalizing and internalizing behaviors at 18 months. *Developmental Psychology, 27*(5), 706–714.

Murphy, A., Steele, H., Bate, J., Nikitiades, A., Allman, B., Bonuck, K., … Steele, M. (2015). Group attachment-based intervention: Trauma-informed care for families with adverse childhood experiences. *Journal of Family and Community Health, 38*, 268–279.

Murray, L., & Cooper, P. (1997). *Postpartum depression and child development.* New York, NY: Guilford.

Murray, L., & Trevarthen, C. (1985). Emotional regulations of interactions between two-month-olds and their mothers. In T. M. Field & N. A. Fox (Eds.), *Social perception in infants* (pp. 177–197). Norwood, NJ: Ablex.

Niedenthal, P., Mermillod, M., Maringer, M., & Hess, U. (2010). The Simulation of Smiles (SIMS) model: Embodied simulation and the meaning of facial expression. *Behavioral and Brain Sciences, 33*, 417–480.

Oberman, L., Winkielman, P., & Ramachandran, V. (2007). Face to face: Blocking facial mimicry can selectively impair recognition of emotional expressions. *Social Neuroscience, 2*(3–4), 167–178.

Ogawa, J., Sroufe, L., Weinfeld, N., Carlson, E., & Egeland, B. (1997). Development and the fragmented self: Longitudinal study of dissociative symptomatology in a nonclinical sample. *Development and Psychopathology, 9*, 855–879.

Oster, H. (1978). Facial expression and affect development. In M. Lewis & L. Rosenblum (Eds.), *The development affect.* New York, NY: Plenum Press.

Pally, R. (2000). *The mind-brain relationship.* London, England: Karnac Books.

Pally, R. (2002). The neurobiology of borderline personality disorder: The synergy of "nature and nurture." *Journal of Clinical Psychiatry, 8*, 133–142.

Papousek, H. (1992). Early ontogeny of vocal communication in parent-infant interaction. In H. Papousek, U. Juergens, & M. Papousek (Eds.), *Nonverbal vocal communication* (pp. 230–261). New York, NY: Cambridge University Press.

Papousek, H., & Papousek, M. (1979). Early ontogeny of human social interaction. In M. Von Cranach, K. Koppa, W. Lelenies, & P. Ploog (Eds.), *Human ethology: Claims and limits of a new discipline* (pp. 63–85). Cambridge, England: Cambridge University Press.

Peck, C. (2003). Measuring sensitivity moment-by-moment: A microanalytic look at the transmission of attachment. *Attachment and Human Development, 5*, 38–63.

Peery, J. (1980). Neonate-adult head movement. *Developmental Psychology, 16*, 245–250.

Peltola, M., Forssman, L., Puura, K., van IJzendoorn, M., & Leppanen, J. (2015). Attention to faces expressing negative emotion at 7 months predicts attachment security at 14 months. *Child Development, 86*, 1321–1332.

Porges, S. (2003). Social engagement and attachment: A phylogenetic perspective. *Annals of the New York Academy of Sciences, 1008*, 31–47.

Porges, S. (2011). *The polyvagal theory: Neurophysiological foundations of emotions, attachment, communication, self-regulation*. New York, NY: Norton.

Powell, B., Cooper, G., Hoffman, K., & Marvin, B. (2013). *The circle of security intervention*. New York, NY: Guilford.

Raby, K., Steele, R., Carlson, E., & Sroufe, L. (2015). Continuities and changes in infant attachment patterns across two generations. *Attachment and Human Development, 17*(4), 1–15.

Rauch, S., Whalen, P., Shin, L., McInerney, S., Macklin, M., Lasko, N., … Pitman, R. (2000). Exaggerated amygdala response to masked facial stimuli in posttraumatic stress disorder: A functional MRI study. *Biological Psychiatry, 47,* 769–776.

Riem, M., Bakermans-Kranenburg, M., van IJzendoorn, M., Out, D., & Rombouts, S. (2012). Attachment in the brain: Adult attachment representations predict amygdala and behavioral responses to infant crying. *Attachment & Human Development, 14,* 533–551.

Rizzolatti, G., Fadiga, L., Fogassi, L., & Gallese, V. (1996). Premotor cortex and the recognition of motor actions. *Cognitive Brain Research, 3*, 131–141.

Roe, K., Roe, A., Drivas, A., & Bronstein, R. (1990). A curvilinear relationship between maternal vocal stimulation and 3 month olds' cognitive processing. *Infant Mental Health Journal, 2*, 175–189.

Rosenthal, R., Hall, J., DiMatteo, M., Rogers, P., & Archer, D. (1979). *Sensitivity to nonverbal communication: The PONS test.* Baltimore, MD: Johns Hopkins University Press.

Saffran, J., Aslin, R., & Newport, E. (1996). Statistical learning by 8-month-old infants. *Science, 274*, 1926–1928.

Sameroff, A. (1983). Developmental systems: Contexts and evolution. In W. Kessen (Ed.), *Mussen's handbook of child psychology* (Vol. 1, pp. 237–294). New York, NY: Wiley.

Sander, L. (1977). The regulation of exchange in the infant-caretaker system and some aspects of the context–content relationship. In M. Lewis & L. Rosenblum (Eds.), *Interaction, conversation, and the development of language* (pp. 133–156). New York, NY: Wiley.

Sander, L. (1995). Identity and the experience of specificity in a process of recognition. *Psychoanalytic Dialogues, 5*, 579–593.

Saunders, R., Jacobvitz, D., Zaccagnino, M., Beverung, L., & Hazen, N. (2011). Pathways to earned–security: The role of alternative support figures. *Attachment & Human Development, 13*(4), 403–420.

Schechter, D., Moser, D., Paoloni–Giacobino, A., Stenz, L., Gex–Fabry, M., Aue, T., ⋯ Rusconi Serpa, S. (2015). Methylation of NR3C1 is related to maternal PTSD, parenting stress and maternal medial prefrontal cortical activity in response to child separation among mothers with histories of violence exposure. *Frontiers in Psychology, 6*, 690.

Schechter, D., Moser, D., Wang, Z., Marsh, R., Hao, X. J., ⋯ Peterson, B. (2012). An fMRI study of the brain responses of traumatized mothers to viewing their toddlers during separation and play. *Journal of Social, Cognitive and Affective Neuroscience, 7*(8), 969–979.

Schechter, D., Willheim, E., Hinojosa, C., Scholfield–Kleinman, K., Turner, J., Mccaw, J., ⋯ Myers, M. (2010). Subjective and objective measures of parent–child relationship dysfunction, child separation distress, and joint attention. *Psychiatry, 73*, 130–144.

Schuengel, C., Bakermans–Kranenburg, M., & van IJzendoorn, M. (1999). Frightening maternal behavior linking unresolved loss and disorganized infant attachment. *Journal of Consulting and Clinical Psychology, 67*, 54–63.

Shi, Z., Bureau, J., Easterbrooks, M., Zhao, X., & Lyons–Ruth, K. (2012). Childhood maltreatment and prospectively observed quality of early care as predictors of antisocial personality disorder. *Infant Mental Health Journal, 33*, 1–14.

Siegel, D. (1999). *The developing mind.* New York, NY: Guilford.

Siegel, D. (2012). *Pocket guide to interpersonal neurobiology*. New York, NY: Norton.

Slade, A., Dermer, M., Gerber, J., Gibson, L., Graf, F., Siegel, N., & Tobias, K. (1995, March). *Prenatal representation, dyadic interaction and quality of attachment*. Paper presented at the meeting of the Society for Research in Child Development, Indianapolis, IN.

Sroufe, L. (1983). Infant–caregiver attachment and patterns of adaptation in the pre–

school: The roots of maladaptation and competence. In M. Permutter (Ed.), *Minnesota symposia on child psychology* (pp. 41–79). Hillsdale, NJ: Erlbaum.

Sroufe, L. A. (2005). Attachment and development: A prospective, longitudinal study from birth to adulthood. *Attachment & Human Development, 7*, 349–367.

Sroufe, L., Carlson, E., Levy, A., & Egeland, B. (1999). Implications of attachment theory for developmental psychopathology. *Development and Psychopathology, 11*, 1–13.

Sroufe, L., Egeland, B., Carlson, E., & Collins, W. (2005a). *The development of the person: The Minnesota study of risk and adaptation from birth to adulthood*. New York, NY: Guilford.

Sroufe, L., Egeland, B., Carlson, E., & Collins, W. (2005b). Placing early attachment experiences in developmental context. In K. E. Grossmann, K. Grossmann, & E. Waters (Eds.), *The power of longitudinal attachment research: From infancy and childhood to adulthood* (pp. 48–70). New York, NY: Guilford.

Sroufe, L., & Fleeson, J. (1986). Attachment and the construction of relationships. In W. Hartup & Z. Rubin (Eds.), *Relationships and development* (pp. 51–71). Hillsdale, NJ: Erlbaum.

Stayton, D., Ainsworth, M., & Main, M. (1973). Individual differences in infant responses to brief everyday separations as related to other infant and maternal behaviors. *Developmental Psychology, 9*, 213–225.

Stechler, G., & Carpenter, G. (1967). A viewpoint on early affective development. In J. Hellmuth (Ed.), *The exceptional infant* (Vol. 1, pp. 163–190). Seattle, WA: Straub & Hellmuth.

Steele, H., & Steele, M. (2005). Understanding and resolving emotional conflict: The London parent–child project. In K. Grossmann, K. Grossmann, & E. Waters (Eds.), *Attachment from infancy to adulthood: The major longitudinal studies* (pp. 137–164). New York, NY: Guilford.

Steele, H., & Steele, M. (2008). Ten clinical uses of the adult attachment interview. In H. Steele & M. Steele (Eds.), *Clinical applications of the adult attachment interview* (p. 3–30). New York, NY: Guilford.

Steele, H., Steele, M., & Fonagy, P. (1996). Associations among attachment classifications of mothers, father, and their infants. *Child Development, 67*(2), 541–555.

Steele, M., Steele, H., Bate, J., Knafo, H., Kinsey, M., Bonuck, K., … Murphy, A. (2014).

Looking from the outside in: The use of video in attachment-based interventions. *Attachment & Human Development, 16*, 402-415.

Stepakoff, S., Beebe, B., & Jaffe, J. (2000). *Mother-infant tactile communication at four months: Infant, gender, maternal ethnicity, and maternal depression*. International conference on infant studies, Brighton, England.

Stern, D. (1971). A microanalysis of the mother-infant interaction. *Journal of the American Academy of Child and Adolescent Psychiatry, 10,* 501-507.

Stern, D. (1974). Goal and structure of mother-infant play. *Journal of the American Academy of Child and Adolescent Psychiatry, 13*, 402-421.

Stern, D. (1977). *The first relationship: Infant and mother*. Cambridge, Mass: Harvard University Press.

Stern, D. (1985). *The interpersonal world of the infant: A view from psychoanalysis and developmental psychology*. New York, NY: Basic Books.

Stern, D. (1995). *The motherhood constellation*. New York, NY: Basic Books.

Stern, D., Hofer, L., Haft, W., & Dore, J. (1985). Affect attunement: The sharing of feeling states between mother and infant by means of intermodal fluency. In T. J. Field & N. A. Fox (Eds.), *Social perception in early infancy* (pp. 249-268). Norwood, NJ: Ablex.

Stone, L., Smith, H., & Murphy, L. (Eds.). (1973). *The competent infant: Research and commentary*. New York, NY: Basic Books

Strathearn, L., Fonagy, P., Amico, J., & Montague, P. (2009). Adult attachment predicts maternal brain and oxytocin response to infant cues. *Neuropsychopharmacology, 34*, 2655-2666.

Squire, L., & Cohen, N. (1984). Human memory and amnesia. In G. Lynch, M. McGaugh, & N. Weinberger (Eds.), *Neurobiology of learning memory* (pp. 3-64). New York, NY: Guilford.

Tarabulsy, G., Tessier, R., & Kappas, A. (1996). Contingency detection and the contingent organization of behavior interactions: Implications for socioemotional development in infancy. *Psychological Bulletin, 120*, 25-41.

Thomas, E., & Martin, J. (1976). Analyses of parent-infant interaction. *Psychological Review, 83*(2), 141-155.

Tobias, K. (1995). The relation between maternal attachment and patterns of mother-infant interaction at four months (Doctoral dissertation). The City University of New

York.

Trevarthen, C. (1977). Descriptive analyses of infant communicative behavior. In H. R. Schaffer (Ed.), *Studies in mother–infant interaction* (pp. 227–270). London, England: Academic Press.

Trevarthen, C. (1979). Communication and cooperation in early infancy: A description of primary intersubjectivity. In M. Bullowa (Ed.), *Before speech: The beginnings of human communication* (pp. 321–347). London, England: Cambridge University Press.

Trevarthen, C. (1998). The concept and foundations of infant intersubjectivity. In S. Braten (Ed.), *Intersubjective communication and emotion in early ontogeny* (pp. 15–26). Cambridge, England: Cambridge University Press.

Tronick, E. (1989). Emotions and emotional communication in infants. *American Psychologist, 44*(2), 112–119.

Tronick, E. (2007). *The neurobehavioral and social emotional development of infants and young children*. New York, NY: Norton.

Tronick, E., & Reck, C. (2009). Infants of depressed mothers. *Harvard Review of Psychiatry, 17*, 147–156.

Van den Boom, D. (1995). Do first–year intervention effects endure: Follow–up during toddlerhood of a sample of Dutch irritable infants. *Child Development, 66*, 1798–1816.

Van Egeren, L., Barratt, S., & Roach, M. (2001). Mother–infant responsiveness: Timing, mutual regulation, and interactional context. *Developmental Psychology, 37*(5), 684–697.

Van Hooff, J. (1967). The facial displays of the Catarrhine monkeys and apes. In D. Morris (Ed.), *Primate ethology* (pp. 7–68). London, England: Wiedenfeld and Nicolson.

van IJzendoorn, M. (1995). Adult attachment representations, parental responsiveness, and infant attachment: A meta–analysis on the predictive validity of the adult attachment interview. *Psychological Bulletin, 117*, 387–403.

van IJzendoorn, M., Goldberg, S., Kroonenberg, P., & Frenkel, O. (1992). The relative effects of maternal and child problems on the quality of attachment: A meta–analysis of attachment in clinical samples. *Child Development, 63*, 840–858.

van IJzendoorn, M., Schuengel, C., & Bakermans–Kranenburg, M. (1999). Disorganized attachment in early childhood: Meta–analysis of precursors, concomitants and sequelae. *Development and Psychopathology, 11*, 225–250.

Vrticka, P. (2012). Interpersonal closeness and social reward processing. *The Journal of Neuroscience, 32*(37), 12649–12650.

Ward, M., & Carlson, E. (1995). Associations among adult attachment representations, maternal sensitivity, and infant–mother attachment in a sample of adolescent mothers. *Child Development, 66,* 69–79.

Waters, E., Merrick, S., Treboux, D., Crowell, J., & Albersheim, L. (2000). Attachment security in infancy and early adulthood: A twenty–year longitudinal study. *Child Development, 7,* 684–689.

Weinberg, K. (1991). *Sex differences in 6 month infants' behavior: Impact on maternal caregiving* (Unpublished doctoral dissertation). University of Massachusetts, Amherst.

Weinberg, K., & Tronick, E. (1998). The impact of maternal psychiatric illness on infant development. *Journal of Clinical Psychiatry, 59*, 53–61.

White, B., Castle, P., & Held, R. (1964). Observations of the development of visually–directed reaching. *Child Development, 35*, 349–364.

Winnicott, D. (1965). *The maturational processes and the facilitating environment.* New York, NY: International Universities Press.

Wolf, N., Gales, M., Shane, E., & Shane, M. (2001). The developmental trajectory from amodal perception to empathy and communication: The role of mirror neurons in this process. *Psychoanalytic Inquiry, 21*, 94–112.

Yang, T., Simmons, A., Matthews, S., Tapert, S., Frank, G., Max, J., ··· Paulus, M. (2010). Adolescents with major depression demonstrate increased amygdala activation. *Journal of the American Academy of Child and Adolescent Psychiatry, 49*, 42–51.

Zajonc, R. (1985). Emotion and facial efference: A theory reclaimed. *Science, 228,* 15–22.

Zelner, S. (1982). *The organization of vocalization and gaze in early mother–infant interactive regulation* (Unpublished doctoral dissertation). Yeshiva University, New York.

Zelner, S., Beebe, B., & Jaffe, J. (1982). *The organization of vocalization and gaze in early mother–infant interactive regulation*. International Conference Infant Studies, New York, NY.

Zlochower, A., & Cohn, J. (1996). Vocal timing in face–to–face interaction of clinically depressed and nondepressed mothers and their 4–month old infants. *Infant Behavior and Development, 19*, 371–374.

찾아보기

인명

내용

저자 소개

Beatrice Beebe, PhD

컬럼비아 대학교(Columbia University)에서 박사학위를 받았으며, 동 대학교 의과대학 심리학 임상교수 및 뉴욕 주립 정신과연구소(NYSPI) 소장을 맡고 있다. 애착과 초기 유아-부모 의사소통 연구로 6권의 책을 출간했고, 이와 관련된 20편이 넘는 수많은 연구를 했으며, 초기 아동 발달에서 비언어적 의사소통의 중요성을 확립하는 데 도움을 주었다. 이와 관련된 방대하고 획기적인 연구실적으로 1999년부터 2008년 사이에 여러 번 수상을 하였으며, 2008년에는 Frank Lachmann과 함께 정신분석 이론에 대한 '독특하고 근본적인 기여'를 한 공로로 Morton Schillinger 상을 수상하기도 했다. 특히 4개월 된 영아가 어머니와 놀고 있는 영상의 프레임별 분석(비디오 미세 분석)을 사용하여 1년이 됐을 때의 유아 애착을 예측함으로써, 아기의 건강한 애착 형성을 지원하는 데 기여한 바가 크다.

Phyllis Cohen, PhD

뉴욕시에서 개인 진료를 하는 심리학자/정신분석가이다. 뉴욕 대학교(New York University) 임상 지도교수이며, 유아, 아동 및 청소년을 위한 뉴욕 심리치료 교육연구소의 설립자이자 이사로 많은 전문 교육 프로그램에서 아동, 부부 및 가족 치료를 가르쳤다.

Frank M. Lachmann, PhD

주관성 정신분석연구소(Institute for the Psychoanalytic Study of Subjectivity)의 창립 교수이다. 그의 전문성은 정신건강 대학원센터에서 교육과 감독, 뉴욕 대학교에서 심리치료 및 정신분석 박사과정 임상 조교수로서의 역할을 통해 더욱 인정받았다. 다작 작가이자 학자인 그는 정신분석 분야를 크게 발전시킨 수많은 획기적인 출판물을 저술했다. 그는 저명한 저널에 150편 이상의 기사를 투고했으며, 심리학적 관점에서 음악의 자기 회복력, 나르시시즘 변화, 공격성 변화, 탐구정신(정신분석에서의 의사소통) 등을 다룬 영향력 있는 책을 출간하기도 했다.

역자 소개

오현숙 (Hyunsook, Oh)

독일 프랑크푸르트 대학교(J. W. Goethe University Frankfurt/M)에서 심리학 전공으로 학부, 석사, 박사 과정을 마쳤다. 1999년에 동 대학교에서 임상 및 상담심리로 박사학위를 취득했다. 1999년부터 2001년까지 프랑크푸르트 대학병원 아동 및 청소년 정신병원에서 연구원으로 일하면서 주로 대규모 신경심리 연구와 심리평가 업무를 수행하였으며, 귀국 후에는 2년여간 심리치료자 및 연구소장으로 활동하였다. 2010년도에는 세인트루이스의 워싱턴 대학교(Washington University in St. Louis)에서 교환교수로 있으면서 C. R. Cloninger의 행복심리치료(Well-being Psychotherapy; Coherence Therapy)를 연구하였다. 한국심리학회 및 한국임상심리학회 정회원이며, 한국여성심리학회 및 한국문화및사회문제심리학회 회장직을 역임하였다. 2004년부터 한신대학교에서 교수로 재직 중이다.

〈주요 저역서〉

K-MBI 한국형 만하임 개안력 검사: 아동 · 청소년용/성인용(역, 인싸이트, 2024)
한국모아기질애착심리검사 매뉴얼(공저, 마음동네, 2024)
과거로 지어진 현재: 심리치료 스케치(역, 학지사, 2021)
IBPI, 한국대인관계균형심리검사: 아동용/청소년용/성인용(공저, 마음동네, 2021)
대인관계 능력 및 리더십 향상을 위한 집단코칭(역, 학지사, 2019)
FACT-II(개인적응형 주의력검사) 전문가 지침서(저, 인싸이트, 2016)
놀이치료 · 아동심리치료로 행복을 되찾은 아메트(역, 학지사, 2014)
TCI, 기질 및 성격검사: 유아용/아동용/청소년용/성인용(공저, 마음사랑, 2007)
놀이치료로 행복을 되찾은 아이, 베티(역, 학지사, 2005)

남상철 (Nam Sangcheul)

1999년부터 2005년까지 Management Technologies International 경영컨설팅 회사에서 컨설턴트로 재직하였으며, 미국 시애틀 신학 및 상담 대학원(The Seattle School of Theology and Psychology) 상담학 석사, 썬더버드 국제 경영대학원(Thunderbird Graduate School of International Business) 국제경영학 석사, 아가페 크리스천 대학교 종교교육심리 박사학위를 취득하였다. 귀국 후에는 기업 경영 및 심리치료자로 활동하고 있다. 균형의 관점에서 심리이론 및 치료기법을 연구 · 개발하였고, 그 이론을 근거로 육아, 교육, 독서, 경영 및 심리치료 관련 연구를 진행하고 있다. 2018년부터 2021년까지 웨스턴 커버넌트 대학교(Western Covenant University) 상담대학원 학장을 역임했으며, 현재 한국심리학회 정회원, 한국여성심리학회 교수회원으로 활동하고 있다.

〈주요 저서〉

한국모아기질애착심리검사 매뉴얼(공저, 마음동네, 2024)

독서, 심리학을 만나다(마음동네, 2018)

IBPI, 한국대인관계균형심리검사: 아동용/청소년용/성인용(공저, 마음동네, 2021)

내 아이의 해석 능력을 키워주는 균형독서법(자상의놀이터, 2012)

내 아이의 생명력을 키워주는 균형교육법(자상의놀이터, 2012)

유기농 육아(자상의놀이터, 2011)

유진숙 (Jinsook, Yoo)

치유상담대학원 상담학 석사, 국제뇌교육대학원대학교 뇌교육학과 박사수료 및 웨스턴 커버넌트 대학교(Western Covenant University) 심리상담 박사학위를 취득하였다. 청소년상담사, 국제공인 부모아동상호작용 치료사(PCIT), Brainspotting 치료사, 미술놀이치료학회 수련감독전문가, 한국청소년상담학회 전문상담사 및 가족상담사 자격을 취득하였다. 현재 한국상담심리학회 정회원이며, 법무부 산하 성남보호관찰소에서 보호관찰위원으로, 서울 성북구청소년상담복지센터와 장위청소년문화누림센터에서 청소년상담 자문위원으로 활동하고 있다. 세계적인 상담 치료자 및 임상가들이 주관하는 다수의 세미나에 참석하였다.

〈주요 세미나〉

Polyvagal Theory, Principles Practice: by Dr. Stephen Porges & Deb Dana
Innovative Trauma Therapy: by Dr. Peter Levine
IFS Therapy & Complex Trauma based Neuroscience: by Dr. Frank Anderson
IFS Level 1, 2 Training: by Einat Bronstein & Dr. Hea-Kyung Kwon
Working with Inner Critic: by Kathy Steele
Working with Chronic Shame: by Kathy Steele
Working with Dissociative Parts: by Kathy Steele
Self-harm and Suicidality: by Kathy Steele
The Therapeutic Relationship: by Kathy Steele
IFS & Addictim: by Einat Bronstein
Flash Technique Basic & Advanced: by Philip Manfield, Ph.D. & Lewis Engel Ph.D.

〈주요 저서〉

한국모아기질애착심리검사 매뉴얼(공저, 마음동네, 2024)

엄마와 아기의 애착 상호작용 그림책

The Mother-Infant Interaction Picture Book: Origins of Attachment

2025년 1월 5일 1판 1쇄 인쇄
2025년 1월 10일 1판 1쇄 발행

지은이 • Beatrice Beebe · Phyllis Cohen · Frank Lachmann
옮긴이 • 오현숙 · 남상철 · 유진숙
펴낸이 • 김진환
펴낸곳 • (주) 학지사
04031 서울특별시 마포구 양화로 15길 20 마인드월드빌딩
대표전화 • 02)330-5114 팩스 • 02)324-2345
등록번호 • 제313-2006-000265호

홈페이지 • http://www.hakjisa.co.kr
인스타그램 • https://www.instagram.com/hakjisabook

ISBN 978-89-997-3261-4 93370

정가 22,000원

역자와의 협약으로 인지는 생략합니다.
파본은 구입처에서 교환해 드립니다.